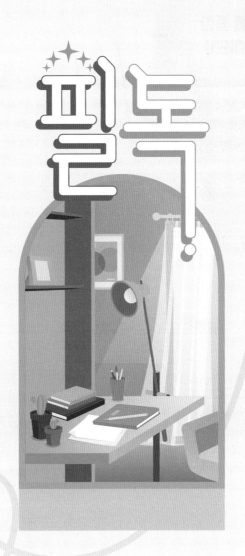

필독

중학 국어 | 문학 2

주제로 문학 읽기

이 책의 구성과 특징

주제별 작품 읽기를 통한 문학 공부 업그레이드!!

- 문학 작품에 자주 등장하는 주제를 선정해, 주제별로 깊이 있게 공부할 수 있도록 했습니다.
  주제에 대한 심화 학습을 하다 보면 문학에 대한 이해력도 쑥쑥 올라갈 것입니다.
- 교과서에 실린 작품은 물론 시험에 자주 출제되는 다양한 작품을 제시하여 작품을 폭넓게 이
  해하고 감상 능력을 향상시킬 수 있도록 했습니다.

01 주제로 독해하기

주제에 대한 필수 개념 체크!
주제와 관련된 기본 개념과 꼭 알아 두어야 할 학습 내용을 쉽게
공부할 수 있도록 정리했습니다.

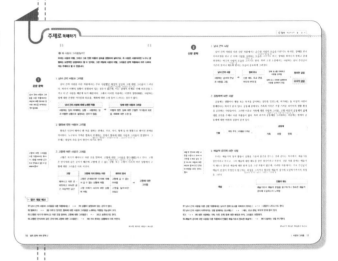

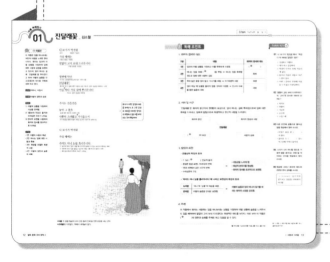

02 작품 독해하기

주제별 작품 읽기를 통한 주제 완전 정복!
주제별로 다양한 갈래의 작품을 제시했습니다. '독해 포인트'를 활
용한 상세한 해설은 작품의 감상 능력을 높여 줄 것입니다. 또한
'어휘력 체크'를 통해 낱말 뜻과 한자 성어의 의미를 확인하고 어
휘력을 높일 수 있도록 했습니다.

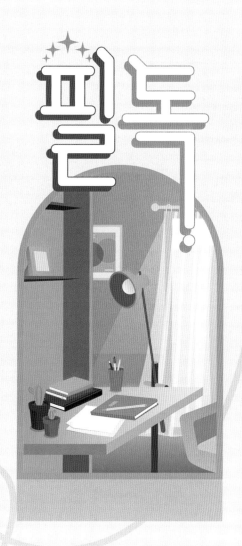

필독!

중학 국어 | 문학 2
주제로 문학 읽기

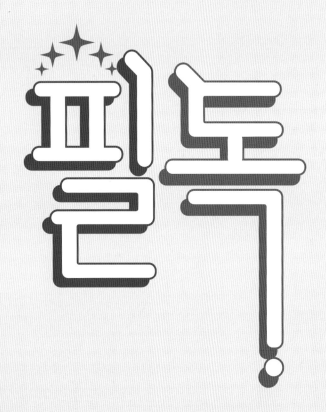

필독

중학 국어로 수능 잡기 시리즈

과목	학년	중학 1학년	중학 2학년	중학 3학년
문학		문학 1	문학 2	문학 3
비문학 독해		비문학 독해 1	비문학 독해 2	비문학 독해 3
문법		문법, 문법 완성 2000제		

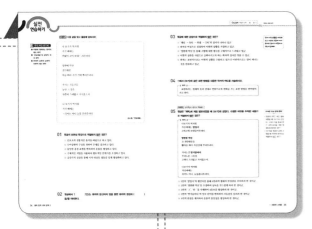

03 실전 연습하기

실전 연습으로 다지고 또 다지기!
〈작품 독해하기〉의 학습 내용을 복습하고 시험에 대비할 수 있도록
다양한 유형의 문항들을 실전 문제 형태로 제시했습니다.

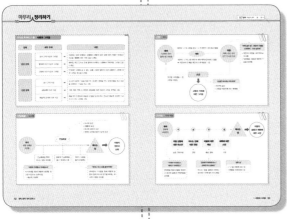

04 마무리 정리하기

한 번 더 정리하면 머릿속에는 두 배로 쏙쏙!
앞서 제시된 작품의 핵심 내용을 도표와 다양한 형식으로 정리해
서 다시 한번 보여 줍니다. 학습한 내용을 확실하게 자신의 것으로
만들 수 있을 것입니다.

05 더 읽어 보기

같은 주제 다른 작품, 배경지식 쌓기!
유사한 주제를 다룬 다른 작품을 소개하여 배경지식을 쌓을 수 있
도록 했으며, 감상의 폭을 한 단계 넓힐 수 있도록 했습니다.

정답과 해설

정답과 오답의 이유를 내 손안에!
상세한 정답 해설과 오답 해설을 통해 확실하게 문제를 파악할 수
있도록 하였습니다.

이 책의 차례

contents

학습 계획표

언제 할까	무엇을 할까		어떻게 했지
1일차 ☐월☐일	I **사랑과 그리움**	• 주제로 독해하기 • 작품 독해하기 　❶ 진달래꽃_김소월 / ❷ 고향_백석	• 화자 • 주제
2일차 ☐월☐일		• 작품 독해하기 　❸ 가시리_작자 미상 　❹ 동백꽃_김유정	• 화자/인물 • 주제
3일차 ☐월☐일		• 작품 독해하기 　❺ 사랑손님과 어머니_주요섭	• 인물 • 주제
4일차 ☐월☐일		• 작품 독해하기 　❻ 춘향전_작자 미상	• 인물 • 주제
5일차 ☐월☐일		• 작품 독해하기 　❼ 운영전_작자 미상	• 인물 • 주제
6일차 ☐월☐일		• 실전 연습하기 01~20번	• 맞힌 문제 • 틀린 문제
7일차 ☐월☐일		• 실전 연습하기 21~35번 • 마무리 정리하기 • 더 읽어 보기	• 맞힌 문제 • 틀린 문제 • 요약정리
8일차 ☐월☐일	II **자연과 삶**	• 주제로 독해하기 • 작품 독해하기 　❶ 낙화_이형기 / ❷ 가난한 사랑 노래_신경림	• 화자 • 주제
9일차 ☐월☐일		• 작품 독해하기 　❸ 오우가_윤선도	• 화자 • 주제
10일차 ☐월☐일		• 작품 독해하기 　❹ 자전거 도둑_박완서	• 인물 • 주제
11일차 ☐월☐일		• 작품 독해하기 　❺ 심청전_작자 미상	• 인물 • 주제
12일차 ☐월☐일		• 작품 독해하기 　❻ 일야구도하기_박지원	• 제재 • 주제
13일차 ☐월☐일		• 실전 연습하기 01~15번	• 맞힌 문제 • 틀린 문제
14일차 ☐월☐일		• 실전 연습하기 16~30번 • 마무리 정리하기 • 더 읽어 보기	• 맞힌 문제 • 틀린 문제 • 요약정리

언제 할까	무엇을 할까		어떻게 했지
15일차 ☐ 월 ☐ 일	III 인간과 사회	● 주제로 독해하기 ● 작품 독해하기 ❶ 청포도_이육사 / ❷ 성북동 비둘기_김광섭	• 화자 • 주제
16일차 ☐ 월 ☐ 일		● 작품 독해하기 ❸ 천만리 머나먼 길에 ~_왕방연 ❹ 수난이대_하근찬	• 화자/인물 • 주제
17일차 ☐ 월 ☐ 일		● 작품 독해하기 ❺ 홍길동전_허균	• 인물 • 주제
18일차 ☐ 월 ☐ 일		● 작품 독해하기 ❻ 들판에서_이강백	• 인물 • 주제
19일차 ☐ 월 ☐ 일		● 작품 독해하기 ❼ 당신이 나무를 더 사랑하는 까닭_신영복	• 제재 • 주제
20일차 ☐ 월 ☐ 일		● 실전 연습하기 01~20번	• 맞힌 문제 • 틀린 문제
21일차 ☐ 월 ☐ 일		● 실전 연습하기 21~35번 ● 마무리 정리하기 ● 더 읽어 보기	• 맞힌 문제 • 틀린 문제 • 요약정리
22일차 ☐ 월 ☐ 일	IV 비판과 풍자	● 주제로 독해하기 ● 작품 독해하기 ❶ 슬픔이 기쁨에게_정호승 ❷ 풀벌레들의 작은 귀를 생각함_김기택	• 화자 • 주제
23일차 ☐ 월 ☐ 일		● 작품 독해하기 ❸ 두꺼비 파리를 물고 ~_작자 미상 ❹ 꺼삐딴 리_전광용	• 화자/인물 • 주제
24일차 ☐ 월 ☐ 일		● 작품 독해하기 ❺ 유자소전_이문구	• 인물 • 주제
25일차 ☐ 월 ☐ 일		● 작품 독해하기 ❻ 토끼전_작자 미상	• 인물 • 주제
26일차 ☐ 월 ☐ 일		● 작품 독해하기 ❼ 오아시스 세탁소 습격 사건_김정숙	• 인물 • 주제
27일차 ☐ 월 ☐ 일		● 실전 연습하기 01~25번	• 맞힌 문제 • 틀린 문제
28일차 ☐ 월 ☐ 일		● 실전 연습하기 26~35번 ● 마무리 정리하기 ● 더 읽어 보기	• 맞힌 문제 • 틀린 문제 • 요약정리

I

사랑과 그리움

주제로 독해하기

😊 왜 사랑과 그리움일까?

우리는 사랑과 이별, 그리고 그로 인한 아픔과 성숙을 경험하며 살아가요. 즉 사랑은 사람이라면 누구나 경험하는 보편적인 감정이라고 할 수 있지요. 그런 까닭에 사랑과 이별, 그리움은 문학 작품에서 자주 다루어지는 주제라고 할 수 있답니다.

①
운문 문학

> 남녀 간의 사랑과 그리움을 다룬 작품에서는 대상에 대한 화자의 정서와 태도를 파악하는 것이 중요해.

1. 남녀 간의 사랑과 그리움

남녀 간의 사랑을 다룬 작품에서는 주로 사랑했던 대상의 상실과 그에 대한 그리움이 드러난다. 따라서 이별의 상황이 설정되어 있는 경우가 많은데, 이는 상대의 부재로 인해 허무감을 느끼고 더 큰 사랑을 깨닫게 되기 때문이다. 그래서 이러한 작품에는 이별의 정한(情恨), 사랑하는 임에 대한 간절한 기다림과 외로움, 재회에 대한 소망 등이 드러나는 경우가 많다.
<small>김소월의 「진달래꽃」, 정지용의 「호수」 등</small>

남녀 간의 사랑에 대해 노래한 작품		임에 대한 사랑과 그리움
사랑하는 임이 부재하는 상황 – 사랑하는 임과 이별한 상황으로 설정되는 경우가 많음.	➡	이별의 정한, 임에 대한 간절한 기다림과 외로움, 재회에 대한 소망 등

2. 혈육에 대한 사랑과 그리움

혈육은 인간이 태어나 맨 처음 접하는 관계로, 부모, 자식, 형제 등 한 혈통으로 맺어진 관계를 의미한다. 누구보다 가까운 혈육이 부재하는 것에서 혈육에 대한 사랑과 그리움이 발생한다. 그 부재는 대상의 죽음 등이 원인이 되기도 한다.
<small>월명사의 「제망매가」, 정지용의 「유리창 1」, 김광균의 「은수저」 등</small>

> 고향에 대한 그리움을 다룬 작품에서는 화자가 고향을 어떠한 공간으로 인식하고 있는지 살펴봐야겠지?

3. 고향에 대한 사랑과 그리움

고향은 자기가 태어나고 자란 곳을 말하며, 고향에 대한 그리움을 향수(鄕愁)라고 한다. 고향은 안식처와 같은 곳이기 때문에 고향에 갈 수 없는 상황, 또는 고향이 사라져 버린 상황에서 고향에 대한 그리움은 더욱 커진다.
<small>정지용의 「향수」, 이용악의 「그리움」 등</small>

고향	고향에 가지 못하는 이유	화자의 정서	
태어나고 자란 곳 – 따뜻하고 아늑한 공간, 이상적인 공간	고향은 존재하지만 타의에 의해서 갈 수 없는 상황에 처함.	고향에 갈 수 없는 아쉬움	고향에 대한 그리움
	고향 자체가 사라져 버린 상황에 처함.	고향을 잃어버린 상실감	

🔖 필수 개념 체크

01 남녀 간의 사랑과 그리움을 다룬 작품에서는 (ㅇㅂ)의 상황이 설정되어 있는 경우가 많다.

02 혈육의 (ㅈㅇ)을 다루고 있다면, 혈육에 대한 사랑과 그리움을 노래하는 작품일 가능성이 크다.

03 고향은 자기가 태어나고 자란 곳을 말하며, 고향에 대한 그리움은 (ㅎㅅ)라고 표현되기도 한다.

04 고향은 안식처와 같은 곳이기에 고향에 대한 그리움은 (ㄱㅎ)에 가지 못하는 상황에서 더욱 커진다.

01 이별 **02** 죽음 **03** 향수 **04** 고향

2 산문 문학

1. 남녀 간의 사랑

남녀 간의 사랑을 다룬 산문 작품에서는 순수한 사랑의 모습을 다루기도 하지만, 장애를 만나 우여곡절을 겪고 난 뒤에 사랑을 성취하는 모습을 그리기도 하고, 장애를 뛰어넘지 못하고 끝내 좌절하는 비극적 사랑의 모습을 그리기도 한다. 특히 고전 소설에서는 사랑하는 남녀 주인공이 기존의 질서나 제도와 맞서는 모습이 중요하게 그려진다.

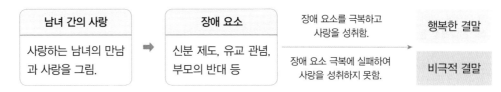

2. 공동체에 대한 사랑

공동체는 생활이나 행동 또는 목적을 같이하는 집단을 일컫는데, 여기에는 둘 이상의 사람이 함께한다는 의미가 담겨 있다. 공동체 중에서도 가족과 이웃은 가장 가까운 타인이자 생활 환경을 공유하는 사람들이다. 그러한 이유로 가족에 대한 사랑과 그리움, 고향 마을의 공동체적 삶에 대한 추억을 주제로 다룬 작품들이 많다. 특히 과거의 공동체를 그리워하는 마음에는 현재의 공동체에 대한 비판과 성찰이 담겨 있다.

3. 예술적 경지에 대한 사랑

> 예술적 경지에 대한 사랑을 다룬다고 하여 이 것만을 주제로 삼는 것은 아니야. 예술에 대한 태도와 함께 인간 본연의 애정을 다루는 경우도 많아.

우리는 예술가의 창작 활동이 심혈을 기울여 물건을 만드는 것과 같다는 의미에서, 예술가를 장인이라고 부르고, 그의 예술에 대한 태도를 장인 정신이라고 부른다. 산문 작품 중에는 예술가의 태도나 참다운 예술에 대한 탐색 등을 그린 작품이 많은데, 이러한 작품에서는 주로 주인공이 예술의 본질이 무엇인지 탐구하는 과정을 그리거나 원숙한 예술적 경지에 도달하기까지의 과정을 그린다.

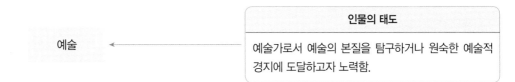

---

01 남녀 간의 사랑을 다룬 산문 작품에서는 남녀가 장애 요소를 극복하지 못하는 (ㅂㄱㅈ) 결말이 나타나기도 한다.

02 남녀 간의 사랑이 이루어지는 것을 방해하는 요소에는 (ㅅㅂ) 제도, 유교 관념, 부모의 반대 등이 있다.

03 (ㄱㄷㅊ)에 대한 사랑에는 가족, 이웃, 민족 등에 대한 애정과 추억, 그리움도 포함된다.

04 예술적 경지에 대한 사랑을 다룬 작품에서 인물은 예술가로서 원숙한 예술적 (ㄱㅈ)에 도달하는 것을 추구한다.

01 비극적 **02** 신분 **03** 공동체 **04** 경지

작품 독해하기

01 진달래꽃 _ 김소월

🧶 **이 작품은**

이 작품은 임을 떠나보내는 여인의 마음을 노래한 현대 시이다. 화자는 임과의 이별 상황을 가정하여 임에 대한 사랑의 감정을 표현하고 있으며, 임이 떠나는 길에 '진달래꽃'을 뿌리겠다고 하며 이별의 슬픔을 인고(忍苦)의 의지로 극복해 내려 하고 있다.

갈래 자유시, 서정시

주제 이별의 정한과 승화

특징
① 이별의 상황을 가정하여 시상을 전개함.
② 3음보의 민요조 율격과 수미상관 구조가 나타남.
③ 반어적 표현을 사용하여 화자의 정서를 효과적으로 드러냄.

구성
• 1연: 이별의 수용과 체념
• 2연: 떠나는 임에 대한 사랑과 축복
• 3연: 원망을 초월한 희생적 사랑
• 4연: 이별의 정한과 슬픔의 극복

<u>나</u> 보기가 <u>역겨워</u>
화자　　　　　마음에 거슬려

가실 때에는
이별 상황을 가정함.

<u>말없이 고이 보내 드리우리다</u>
　　　　　이별 상황을 수용함.

<u>영변에 약산</u>
작가의 고향(평안북도)에 있는 지역 이름

│진달래꽃│
화자의 분신. 임에 대한 사랑의 표상. 떠나는 임의 앞날을 축복하는 소재

<u>아름</u>✿ 따다 가실 길에 뿌리우리다
　　　　　떠나는 임의 앞날을 축복함.

가시는 걸음걸음

놓인 그 꽃을
임에 대한 화자의 희생적 사랑

사뿐히 <u>즈려밟고</u>✿ 가시옵소서
자기희생을 통해 이별의 한을 숭고한 사랑으로 승화시킴.

나 보기가 역겨워

가실 때에는

<u>죽어도 아니 눈물 흘리우리다</u>
① 표면적 의미: 임이 나를 떠나신다면 슬퍼도 꾹 참고 보내 드리겠다는 의미
② 이면적 의미: 임을 붙잡고 싶으며 제발 나를 떠나지 말라는 의미
→ 애이불비(哀而不悲)의 자세가 나타남.

> 화자가 어떤 감정과 태도를 보이는지, 또 그런 감정과 태도를 어떠한 방식으로 표현하고 있는지를 파악하는 것이 핵심이야!

✿ **아름**: 두 팔을 둥글게 모아 만든 둘레 안에 들 만한 분량을 세는 단위.
✿ **즈려밟다**: 지르밟다. 위에서 내리눌러 밟다.

독해 포인트

1. 화자의 정서와 태도

구분	내용	화자의 정서와 태도
1연	임과의 이별 상황을 가정하고 이를 묵묵하게 수용함.	(❶)
2연	떠나는 임을 위해 (❷)을 뿌림. ➡ 떠나는 임을 축복할 정도로 임에 대한 사랑이 깊음.	축복
3연	뿌려 놓은 꽃을 임이 밟고 가시기를 바람. ➡ 자기희생적 사랑	희생
4연	임이 떠날 때 눈물을 흘리지 않을 것이라 다짐함. ➡ 인고의 자세를 통한 슬픔의 극복	극복

2. 시어 및 시구

'진달래꽃'은 화자의 분신이자 한(恨)의 표상으로, 임이 떠나는 길에 뿌려짐으로써 임에 대한 축복을 드러내고, 임에게 밟힘으로써 희생적이고 헌신적 사랑을 드러낸다.

3. 발상과 표현

- **운율상의 특징과 효과**

• 7·5조 (❹   ), 민요적 율격 • 동일한 종결 표현(−우리다)의 반복 • 1연과 4연에서 같은 시구의 반복 • 수미상관의 구조

➡

- 리듬감을 느끼게 함.
- 애상적 분위기를 형성함.
- 화자의 정서를 효과적으로 표현함.

- **'죽어도 아니 눈물 흘리우리다'에 나타난 표현상의 특징과 효과**

도치법	'아니'와 '눈물'의 어순을 바꿈.
반어법	이별의 슬픔을 반대로 표현함.

➡ 이별의 슬픔과 임이 떠나지 않기를 바라는 화자의 소망을 강조함.

4. 주제

이 작품에서 화자는 사랑하는 임을 떠나보내는 상황을 가정하여 이별 상황에 슬픔을 느끼면서도 임을 배려하여 말없이 고이 보내 드리겠다는 희생적인 태도를 보인다. 이로 보아 이 작품은 (❺   )의 정한과 승화를 주제로 하고 있음을 알 수 있다.

❶ 체념 ❷ 진달래꽃 ❸ 한(恨) ❹ 3음보 ❺ 이별

작품 독해하기

02 고향 _ 백석

🧶 **이 작품은**

이 작품은 화자가 낯선 타향에서 홀로 병을 앓다가 한 의원을 만나면서 고향의 따뜻한 정을 느끼는 상황을 그려 내고 있다. 대화 형식의 서사적 구조를 통해 시상을 전개하고 있으며, 차분하고 담담한 어조로 고향에 대한 그리움을 표현하고 있다.

갈래 자유시, 서정시

주제 고향과 가족에 대한 그리움

특징
① 인물 간의 대화를 통해 시상을 전개함.
② 서사적 구성을 통해 한 편의 짧은 이야기를 읽는 듯한 느낌을 줌.
③ 시각적, 촉각적 심상을 사용하여 화자의 정서를 효과적으로 드러냄.

구성
• 1~2행: 타향에서 병이 들어 의원을 만나게 됨.
• 3~7행: 신선 같아 보이는 의원이 '나'에게 고향을 물음.
• 8~12행: 의원이 '나'의 고향 아무개 씨와 막역지간이라고 말함.
• 13~17행: 의원의 따스한 손길에서 고향과 가족에 대한 그리움을 느낌.

나는 북관(北關)에 혼자 앓어누워서
　　화자　　　　타향에서 혼자 앓아누운 외로운 처지

어느 아츰 의원을 뵈이었다
　　　　　화자로 하여금 아버지와 고향을 떠올리게 함.

의원은 여래(如來) 같은 상을 하고 관공(關公)의 수염을 드리워서
　　　　　　　　인자해 보이는 모습　　　　　　관우처럼 수염을 길렀음.

먼 옛적 어느 나라 신선 같은데

새끼손톱 길게 돋은 손을 내어

묵묵하니 한참 맥을 짚더니
말없이 잠잠하니

문득 물어 고향이 어데냐 한다

평안도 정주라는 곳이라 한즉
　　　　화자의 고향

그러면 아무개 씨 고향이란다

그러면 아무개 씰 아느냐 한즉

의원은 빙긋이 웃음을 띠고
　　　　　'나'에 대한 친근감의 표현

막역지간(莫逆之間)이라며 수염을 쓴다

나는 아버지로 섬기는 이라 한즉
　　　　아버지라 부를 만큼 가까운 사람

의원은 또다시 넌즈시 웃고
　　　　　　'나'에 대한 친근감의 표현

말없이 팔을 잡어 맥을 보는데

손길은 따스하고 부드러워

고향도 아버지도 아버지의 친구도 다 있었다
　　　의원의 손길을 통해 친근감과 따스함을 느낌.

> '나'와 의원이 어떠한 관계인지를 파악하고 이를 통해 화자가 어떠한 정서를 느끼고 있는지를 파악하는 것이 핵심이야!

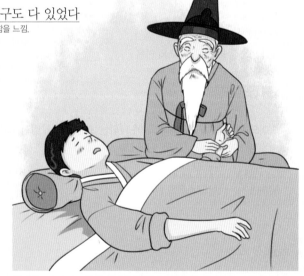

❖ **북관**: '함경도'의 다른 이름.
❖ **아츰**: '아침'의 방언.
❖ **여래**: '부처'를 달리 이르는 말.
❖ **관공**: '관우'를 높여 부르는 말.
❖ **막역지간**: 서로 거스르지 않는 사이라는 뜻으로, 허물이 없는 아주 친한 사이를 이르는 말.

독해 포인트

1. 화자의 정서와 태도

시적 상황	화자가 타향에서 혼자 앓아누워 의원을 만남.	⇒	의원이 아버지로 섬기는 이와 절친한 사이임을 알게 됨.	⇒	의원이 말없이 웃으며 진맥함.
화자의 정서	(❶), 고독감	⇒	(❷)	⇒	따뜻함, 친근함

2. 시어 및 시구

• **감각적 심상의 활용**

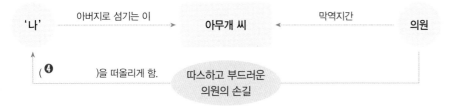

• 여래 같은 상 • 관공의 수염을 드리워서 • 먼 옛적 어느 나라 신선 같은데 • 손길은 따스하고 부드러워	⇒	• 의원의 외양을 (❸)으로 묘사함. • 직유법을 통해 의원의 모습을 '여래'와 '신선'에 빗댐. • 촉각적 심상을 활용하여 화자의 정서를 드러냄.

• **'손길'의 역할**

3. 발상과 표현

의원		'나'
• 고향이 어디냐고 물음. • 그곳은 아무개 씨 고향이라고 함. • 아무개 씨와 막역지간이라고 답함.	대화 형식	• 평안도 정주라고 답함. • 아무개 씨를 아느냐고 물음. • 아버지로 섬기는 이라고 말함.

↓

• 이야기를 보는 것같이 시상을 전개함.
• 시적 상황을 극적이고 생생하게 보여 줌.
• 고향과 아버지에 대한 그리움의 정서를 더욱 깊고 절실하게 나타냄.

4. 주제

이 작품에서 화자는 낯선 타향에서 홀로 앓아누웠다가 한 의원을 만나면서 고향의 따뜻한 정을 느끼는 상황에 있으며, 고향과 가족을 향한 (❺)을 노래하고 있다.

❶ 외로움 ❷ 반가움 ❸ 시각적 ❹ 고향 ❺ 그리움

---

01 '관공의 수염을 <u>드리워서</u>'에서 '드리우다'의 의미로 알맞은 것은?

① 잡아매어서 달려 있게 하다.
② 아랫사람에게 가르침을 주다.
③ 아래로 늘어지다. 또는 그렇게 되게 하다.
④ 깃들거나 뒤덮이다. 또는 그렇게 되게 하다.
⑤ 이름이나 공적 따위를 널리 전하여 후세에 자취를 남기다.

02 다음 빈칸에 공통으로 들어갈 말을 윗글에서 찾아 쓰시오.

• 두 손으로 머리를 부여잡고는 그대로 ( )하였다.
• 어려운 여건에서도 아내는 ( )하게 살림을 꾸려 나갔다.

03 '의원은 빙긋이 웃음을 <u>띠고</u>'의 '띠다'와 유사한 의미로 사용된 것은?

① 허리에 띠를 띠다.
② 중대한 임무를 띠다.
③ 추천서를 띠고 회사에 갔다.
④ 그의 얼굴에 노기가 띠었다.
⑤ 벼가 누른빛을 띠기 시작했다.

04 '서로 거스르지 않는 사이라는 뜻으로, 허물이 없는 아주 친한 사이.'를 의미하는 단어를 윗글에서 찾아 쓰시오.

05 윗글의 주제와 관련된 한자 성어로 알맞은 것을 고르시오.

ㄱ. 관포지교(管鮑之交)
ㄴ. 사면초가(四面楚歌)
ㄷ. 수구초심(首丘初心)
ㄹ. 풍수지탄(風樹之嘆)

01 ③ 02 묵묵 03 ④ 04 막역지간 05 ㄷ

03 가시리 _ 작자 미상

 이 작품은

이 작품은 입에서 입으로 전승되다가 훈민정음이 창제된 이후 문자로 기록된 고려 가요로, 사랑하는 임을 보내는 여인의 애절한 마음과 재회에 대한 소망을 노래하고 있다.

갈래 고려 가요

주제 이별의 슬픔과 재회에 대한 소망

특징
① 민족의 전통적 정서인 한(恨)의 정서를 형상화함.
② 3음보의 전통적 율격과 기승전결의 4단 구성을 취함.
③ 간결하고 소박한 표현을 사용하여 화자의 정서를 표현함.

구성
• 1연(기): 이별의 안타까움
• 2연(승): 떠나는 임에 대한 원망
• 3연(전): 절제와 체념
• 4연(결): 재회에 대한 간절한 소망

가시리 가시리잇고 나는❖
　　　가시렵니까 가시렵니까

버리고 가시리잇고 나는

위 증즐가 대평성대(大平盛代)❖
　　　악기 소리를 흉내 낸 후렴구, 여음구

날러는❖ 어찌 살아 하고
임에게 버림받은 화자

버리고 가시리잇고 나는

위 증즐가 대평성대(大平盛代)

> 이 작품의 화자가 누구인지, 내용에 따라 화자의 정서가 어떻게 변화하는지, 그리고 어떤 표현 방법을 사용하여 그 정서를 강조하고 있는지를 파악하는 것이 핵심이야!

잡사와 두어리마나는
　　　붙잡아 두고 싶지만
선하면❖ 아니 올세라
임을 잡지 못하는 이유
위 증즐가 대평성대(大平盛代)

설온 님❖ 보내옵나니 나는
① '나'를 서럽게 하는 임 ② 이별을 서러워하는 임
가시는 듯 돌아오소서 나는

위 증즐가 대평성대(大平盛代)

현대어 풀이

가시렵니까, 가시렵니까?
(나를) 버리고 가시렵니까? //
나는 어찌 살아 하고
(나를) 버리고 가시렵니까? //
붙잡아 두고 싶지만
서운하면 아니 오실까 두렵습니다. //
서러운 임을 보내옵나니
가시자마자 곧 돌아오십시오.

❖ **나는**: 가락을 맞추기 위한 무의미한 여음구.
❖ **위 증즐가 대평성대**: 노래의 의미와는 관계없이 가락을 맞추기 위해 더 보태어 넣은 구절.
❖ **날러는**: 나더러는.
❖ **선하면**: 서운하면, 귀찮게 하면.
❖ **설온**: 서러운.

독해 포인트

1. 화자의 정서와 태도

• **화자의 상황**

'나'	임과의 이별을 안타까워하지만 임을 붙잡지 못하며 임이 다시 돌아와 주기를 바람. ➡ 소극적, 수동적

• **화자의 정서 변화**

구분	내용	화자의 정서
1연	임이 떠나는 사실을 거듭 확인함.	이별의 슬픔, 안타까움
2연	임이 떠나면 어찌 살라는 말이냐며 떠나는 임을 원망함.	(❶　　　)의 고조
3연	떠나는 임을 붙잡으면 다시는 돌아오지 않을까 봐 임을 붙잡지 못함.	이별에 대한 두려움과 체념, 감정의 (❷　　　)
4연	가시자마자 돌아오시라며 재회에 대한 소망을 드러냄.	임과의 재회에 대한 소망, 기원

2. 시어 및 시구

• **'설온 님'의 의미**

'설온 님'의 의미 ── 서러움의 주체에 따라 ── 화자 ── '나'를 서럽게 하는 임
임 ── (❸　　　)을 서러워하는 임

3. 발상과 표현

• (❹　　　)의 활용

반복되는 시구	효과
• 가시리 가시리잇고 • 버리고 가시리잇고	• 음악적 효과를 줌. • 임을 보내야만 하는 화자의 안타까운 심정과 임을 붙잡고 싶어 하는 화자의 마음을 효과적으로 드러냄.
• 나는 • 위 증즐가 대평성대	• 고려 가요의 특징인 여음과 후렴구임. • 특별한 의미가 없는 구절로 음악적 효과와 형태적 안정감을 줌.

• **형식상의 특징**

3음보(민요조) ＋ 분연체(4연) ＋ 여음, 후렴구 ➡ 고려 가요

4. 주제

이 작품은 고려 가요로, 사랑하는 임을 보내는 여인의 애절한 마음과 (❺　　　)에 대한 소망을 노래하고 있다.

❶ 원망 ❷ 절제 ❸ 이별 ❹ 반복법 ❺ 재회

어휘력 체크 ✔

01 다음 시어의 의미를 쓰시오.

(1) 날러는: (　　　)
(2) 선하면: (　　　)

02 윗글에서 다음 설명에 해당하는 부분을 찾아 쓰시오.

> 시(詩)의 각 절 끝에 되풀이되는 같은 시구.

03 다음 시구의 현대어 풀이로 가장 알맞은 것은?

> 잡사와 두어리마나는

① 잡수시게 두고 싶지만
② 붙들어서 손에 넣고 싶지만
③ 붙잡는 것을 그만두고 싶지만
④ 붙잡아서 내 곁에 두고 싶지만
⑤ 달아나지 못하게 잡아 두고 싶지만

04 '설온 님 보내옵나니'에서 '설온'의 의미로 알맞은 것은?

① 선한
② 새로운
③ 서러운
④ 신비로운
⑤ 사랑하는

05 고려 시대에 평민들이 부르던 노래로 평민들의 생활 감정이나 사랑을 내용으로 하는 갈래를 무엇이라고 하는지 쓰시오.

01 (1) 나더러는 (2) 서운하면, 귀찮게 하면
02 위 증즐가 대평성대 **03** ④ **04** ③
05 고려 가요

동백꽃 _ 김유정

나흘 전 감자 쪼간만 하더라도 나는 저에게 조금도 잘못한 것은 없다.

계집애가 나물을 캐러 가면 갔지 남 울타리 엮는 데 쌩이질을 하는 것은 다 뭐냐. 그것도 발소리를 죽여 가지고 등 뒤로 살며시 와서

"얘! 너 혼자만 일하니?"

하고 긴치 않은 수작을 하는 것이다.

어제까지도 저와 나는 이야기도 잘 않고 서로 만나도 본척만척하고 이렇게 점잖게 지내던 터이련만 오늘로 갑작스레 대견해졌음은 웬일인가. 항차 망아지만 한 계집애가 남 일하는 놈 보고……

"그럼 혼자 하지 떼루 하디?"

내가 이렇게 내뱉은 소리를 하니까

"너 일하기 좋니?"

또는

"한여름이나 되거던 하지 벌써 울타리를 하니?"

잔소리를 두루 늘어놓다가 남이 들을까 봐 손으로 입을 틀어막고는 그 속에서 깔깔댄다. 별로 우스울 것도 없는데 날씨가 풀리더니 이놈의 계집애가 미쳤나 하고 의심하였다. 게다가 조금 뒤에는 제 집께를 할금할금 돌아다보더니 행주치마의 속으로 꼈던 바른손을 뽑아서 나의 턱 밑으로 불쑥 내미는 것이다. 언제 구웠는지 아직도 더운 김이 홱 끼치는 굵은 감자 세 개가 손에 뿌듯이 쥐였다.

"느 집엔 이거 없지?"

하고 생색 있는 큰소리를 하고는 제가 준 것을 남이 알면 큰일 날 테니 여기서 얼른 먹어 버리란다. 그리고 또 하는 소리가

"너 봄 감자가 맛있단다."

"난 감자 안 먹다, 니나 먹어라."

나는 고개도 돌리지 않고 일하던 손으로 그 감자를 도로 어깨 너머로 쑥 밀어 버렸다.

그랬더니 그래도 가는 기색이 없고, 뿐만 아니라 쌔근쌔근하고 심상치 않게 숨소리가 점점 거칠어진다. 이건 또 뭐야 싶어서 그때에야 비로소 돌아다보니 나는 참으로 놀랐다. 우리가 이 동리에 들어온 것은 근 삼 년째 되어 오지만 여지껏 가무잡잡한 점순이의 얼굴이 이렇게까지 홍당무처럼 새빨개진 법이 없었다. 게다 눈에 독을 올리고 한참 나를 요렇게 쏘아보더니 나중에는 눈물까지 어리는 것이 아니냐. 그리고 바구니를 다시 집어 들더니 이를 꼭 악물고는 엎어질 듯 자빠질 듯 논둑으로 횡허케 달아나는 것이다.

어쩌다 동리 어른이

"너 얼른 시집을 가야지?"

하고 웃으면

어휘 풀이

❖ **쪼간**: 어떤 사건.
❖ **쌩이질**: 한창 바쁠 때에 쓸데없는 일로 남을 귀찮게 구는 짓.
❖ **항차**: 황차. 하물며.
❖ **휭허케**: '휑하니'를 예스럽게 이르는 말.
❖ **얼병이**: 얼뜨기. 겁이 많고 어리석으며 다부지지 못하여 어수룩하고 얼빠져 보이는 사람을 낮잡아 이르는 말.
❖ **쌔리다**: '때리다'의 방언.
❖ **호드기**: 봄철에 물오른 버드나무 가지의 껍질이나 짤막한 밀짚 토막 등으로 만든 피리.
❖ **빈사지경**: 거의 죽게 된 처지나 형편.
❖ **걱실걱실히**: 성질이 너그러워 말과 행동을 시원스럽게 하는 모양.
❖ **단매**: 단 한 번 때리는 매.
❖ **홉뜨다**: 눈알을 위로 굴리고 눈시울을 위로 치뜨다.
❖ **복장**: 가슴의 한복판.

"염려 마서유. 갈 때 되면 어련히 갈라구!"

이렇게 천연덕스레 받는 점순이었다. 본시 부끄럼을 타는 계집애도 아니거니와 또한 분하다고 눈에 눈물을 보일 얼병이도 아니다. 분하면 차라리 나의 등어리를 바구니로 한번 모질게 후려 쌔리고 달아날지언정.

그런데 고약한 그 꼴을 하고 가더니 그 뒤로는 나를 보면 잡아먹으려고 기를 복복 쓰는 것이다.

[중략 부분의 줄거리] 점순은 '나'가 감자를 거절한 것에 대한 서운함으로 '나'의 수탉을 자신의 수탉과 싸움을 붙이고 '나'는 점순네 수탉을 이기기 위해 '나'의 수탉에게 고추장을 먹인다. 그러나 '나'의 이러한 계획은 실패로 돌아가고 오히려 닭에게 고추장 물을 먹이다가 닭을 죽일 뻔한다. 그런데 또 점순이 닭싸움을 붙인 채 천연덕스럽게 호드기를 불자 '나'는 화가 나서 달려간다.

나는 약이 오를 대로 다 올라서 두 눈에서 불과 함께 눈물이 퍽 쏟아졌다. 나무 지게도 벗어 놀 새 없이 그대로 내동댕이치고는 지게막대기를 뻗치고 허둥지둥 달려들었다.

가까이 와 보니, 과연 나의 짐작대로 우리 수탉이 피를 흘리고 거의 빈사지경에 이르렀다. 닭도 닭이려니와 그러함에도 불구하고 눈 하나 깜짝 없이 고대로 앉아서 호드기만 부는 그 꼴에 더욱 치가 떨린다. 동리에서도 소문이 났거니와 나도 한때는 걱실걱실히 일 잘하고 얼굴 이쁜 계집애인 줄 알았더니 시방 보니까 그 눈깔이 꼭 여우 새끼 같다.

나는 대뜸 달려들어서 나도 모르는 사이에 큰 수탉을 단매로 때려 엎었다. 닭은 푹 엎어진 채 다리 하나 꼼짝 못 하고 그대로 죽어 버렸다. 그리고 나는 멍하니 섰다가 점순이가 매섭게 눈을 홉뜨고 닥치는 바람에 뒤로 벌렁 나자빠졌다.

"이놈아! 너 왜 남의 닭을 때려죽이니?"

"그럼 어때?" / 하고 일어나다가

"뭐 이 자식아! 누 집 닭인데?"

하고 복장을 떠미는 바람에 다시 벌렁 자빠졌다. 그러고 나서 가만히 생각을 하니 분하기도 하고 무안도 스럽고 또 한편 일을 저질렀으니 인젠 땅이 떨어지고 집도 내쫓기고 해야 될는지 모른다.

나는 비슬비슬 일어나며 소맷자락으로 눈을 가리고는 얼김에 엉 하고 울음을 놓았다. 그러다 점순이가 앞으로 다가와서

"그럼, 너 이담부텀 안 그럴 터냐?"

하고 물을 때에야 비로소 살길을 찾은 듯싶었다. 나는 눈물을 우선 씻고 뭘 안 그러는지 명색도 모르건만

"그래!" / 하고 무턱대고 대답하였다.

"요담부터 또 그래 봐라, 내 자꾸 못살게 굴 터니."

"그래 그래, 인젠 안 그럴 테야!"

구절 풀이

＊"너 봄 감자가 ~ 니나 먹어라.": 점순이 감자를 내밀면서 한 말을 통해 '나'에게 애정을 지니고 있음을 알 수 있으며, 이러한 점순의 호의를 거절한 '나'의 말은 점순이 '나'를 괴롭히는 계기가 됨.
＊닭도 닭이려니와 ~ 치가 떨린다.: 점순에 대한 '나'의 분노가 극에 달함.
＊그러고 나서 가만히 ~ 해야 될는지 모른다.: 점순네 수탉을 죽인 후 '나'는 마름 집인 점순네의 미움을 사서 소작하는 땅을 빼앗길까 걱정스러워함.
＊나는 눈물을 우선 씻고 ~ "그래 그래, 인젠 안 그럴 테야!": '나'는 자신이 점순네 닭을 죽였다는 사실에 경황이 없어서 점순이 하는 말이 무슨 뜻인지도 모르고 "그래 그래"라고 답하고 있음.

❖ **알싸하다**: 매운맛이나 독한 냄새 따위로 코 속이나 허끝이 알알하다.

❖ **역정**: 몹시 언짢거나 못마땅해서 내는 성.

❖ **치빼다**: (속되게) 냅다 달아나다.

"닭 죽은 건 염려 마라. 내 안 이를 테니."

그리고 뭣에 떠다밀렸는지 나의 어깨를 짚은 채 그대로 픽 쓰러진다. 그 바람에 나의 몸뚱이도 겹쳐서 쓰러지며 한창 피어 퍼드러진 노란 동백꽃 속으로 폭 파묻혀 버렸다.

'나'와 점순 사이에 생긴 사랑의 감정을 감각적으로 표현해 주는 소재

알싸한 그리고 향긋한 그 냄새에 나는 땅이 꺼지는 듯이 온 정신이 고만 아찔하였다.

"너 말 마라." / "그래!"

조금 있더니 요 아래서

"점순아! 점순아! 이년이 바느질을 하다 말구 어딜 갔어!"

하고 어딜 갔다 온 듯싶은 그 어머니가 역정이 대단히 났다.

점순이가 겁을 잔뜩 집어먹고 꽃 밑을 살금살금 기어서 산 아래로 내려간 다음 나는 바위를 끼고 엉금엉금 기어서 산 위로 치빼지 않을 수 없었다.

∞ 전체 줄거리 엿보기

발단

점순은 오늘도 자신의 집 수탉과 '나'의 집 수탉을 싸움 붙여 '나'를 약 올린다.

전개 본문 수록 부분

나흘 전에 '나'가 점순이 준 감자를 거절하자 점순은 눈물까지 보이며 달아났다.

위기

점순은 닭싸움을 붙여 '나'를 괴롭히고 '나'는 닭에게 고추장 물을 먹이지만 싸움에서 지고 만다.

결말 본문 수록 부분

울음을 터뜨린 '나'에게 점순은 다시는 그러지 말라고 하고, 점순과 '나'는 동백꽃 속으로 쓰러진다.

절정 본문 수록 부분

점순이 또다시 닭싸움을 벌이자 '나'는 화가 나서 점순네 닭을 때려죽인다.

독해 포인트

1. 인물과 배경

- **작품의 배경**: 1930년대 봄, 강원도 산골 마을
- **인물의 처지와 성격**

	'나'	점순
처지	소작농의 아들인 사춘기 소년	마름의 딸인 사춘기 소녀
성격	• 눈치 없고 어리숙함. • 무뚝뚝하고 순박함. • 소극적 ➡ 점순의 마음을 알지 못함.	• 나이에 비해 조숙하고 영악함. • 감정에 솔직하고 당돌함. • (❶) ➡ '나'에게 호감과 애정을 표현함.

2. 사건과 갈등

시작	진행	해결
점순이 '나'에게 감자를 주며 호감을 표현했으나 '나'가 이를 거절함.	점순이 (❷)을 붙여 '나'를 괴롭히고 '나'가 점순네 수탉을 때려죽임.	점순이 '나'가 닭을 죽인 사실을 감추어 주고 '나'와 함께 동백꽃 속으로 쓰러짐.

➡ '나'에게 호감이 있는 점순과 이를 몰라주는 '나' 사이에 일어나는 갈등

3. 시점과 서술 방식

1인칭 주인공 시점	주인공 '나'의 시선으로 사건을 전달함. ➡ '나'의 마음을 생생하게 표현함. 순박하고 우둔하게 상황을 판단하는 '나'로 인해 해학적인 분위기가 조성됨.
(❸) 구성	'현재 – 과거 – 현재'의 순서로 이야기가 전개됨. ➡ 사건의 긴밀성을 높이고 독자의 호기심을 유발함.

4. 소재와 주제

감자	(❺)
• '나'를 향한 점순의 관심과 호감을 보여 줌. • 토속적인 분위기를 느끼게 함. • '나'와 점순 사이에 (❹)이 일어나는 계기가 됨.	• 서정적, 향토적 분위기를 조성함. • '나'와 점순이 극적으로 화해하는 분위기를 조성함. • '나'와 점순 사이에 생긴 풋풋한 사랑의 감정을 감각적으로 표현함.

주제	사춘기 소년·소녀의 순박한 사랑

❶ 적극적 ❷ 닭싸움 ❸ 역순행적 ❹ 갈등 ❺ 동백꽃

어휘력 체크 ✓

01 '알싸한 그리고 향긋한 그 냄새'에서 '알싸하다'의 의미로 알맞은 것은?

① 은근히 향기로운 느낌이 있다.
② 상처 따위로 몹시 아린 느낌이 있다.
③ 술에 취하여 몹시 정신이 어리숭하다.
④ 텁텁하거나 해서 목을 자극하는 맛이 조금 있다.
⑤ 매운맛이나 독한 냄새 따위로 코 속이나 혀끝이 알알하다.

02 다음 문장의 밑줄 친 '오르다'와 유사한 의미로 사용된 것은?

> 나는 약이 오를 대로 다 올라서 두 눈에서 불과 함께 눈물이 퍽 쏟아졌다.

① 멀리서 불길이 올랐다.
② 달리기를 하면 체온이 오른다.
③ 모처럼 저녁상에 갈비가 올랐다.
④ 인기가 오르니까 사람이 달라졌다.
⑤ 그 모습을 보니 부아가 치밀어 올랐다.

03 '한창 바쁠 때에 쓸데없는 일로 남을 귀찮게 구는 짓.'을 의미하는 단어를 윗글에서 찾아 쓰시오.

04 '우리 수탉이 피를 흘리고 거의 빈사지경에 이르렀다.'에서 '빈사지경'과 바꾸어 쓸 수 있는 한자 성어를 고르시오.

> ㄱ. 점입가경(漸入佳境)
> ㄴ. 첩첩산중(疊疊山中)
> ㄷ. 명재경각(命在頃刻)
> ㄹ. 아비규환(阿鼻叫喚)

01 ⑤ 02 ⑤ 03 쌩이질 04 ㄷ

05 사랑손님과 어머니 _ 주요섭

 이 작품은

이 작품은 남편을 잃고 딸과 함께 사는 젊은 여인과 죽은 남편의 친구인 아저씨 사이의 사랑을 여섯 살 난 소녀의 눈으로 그려 낸 소설이다. 어린아이를 서술자로 하여 이야기를 전달함으로써 어른들의 사랑을 순수하게 승화시키고 있다.

갈래 현대 소설, 단편 소설, 순수 소설

주제 어머니와 사랑손님의 애틋한 사랑과 이별

특징
① 시간의 흐름에 따라 내용을 전개함.
② 어린아이의 말투를 사용하여 친밀감을 줌.
③ 어린아이를 서술자로 내세워 어른들의 사랑을 아름답게 그려 냄.

내용 구조도

아저씨가 준 것이라며 옥희가 어머니에게 준 꽃
아저씨에 대한 어머니의 관심과 애정이 드러남.
↓
어머니의 갈등
풍금을 통해 어머니의 내적 갈등이 드러남.
↓
아저씨에 대한 어머니의 감정 정리
어머니가 풍금 뚜껑을 닫고 마른 꽃송이를 버리며 더 이상 달걀을 사지 않음.

[앞부분의 줄거리] 과부인 어머니와 같이 사는 '나'(옥희)의 집에 아버지의 친구이자 학교 선생님인 아저씨가 하숙생으로 온다. '나'는 아저씨와 점점 가까운 사이가 되고 아저씨가 아빠였으면 좋겠다고 말하자 아저씨는 얼굴을 붉히며 그런 말 하면 못쓴다고 한다. 며칠 후 '나'는 어머니를 골려 주려고 벽장 안에 숨어 잠이 들고 내가 없어진 것으로 여긴 어머니는 자신을 자책하며 운다. 이튿날 미안한 마음이 든 '나'는 유치원에서 꽃을 뽑아 온다.

"그 꽃은 어디서 났니? 퍽 곱구나."

하고 어머니가 말씀하셨습니다. 그러나 나는 갑자기 말문이 막혔습니다. '이걸 엄마 드리려고 유치원서 가져왔어.' 하고 말하기가 어째 몹시 부끄러운 생각이 들었습니다. 그래 잠깐 망설이다가,

*"응, 이 꽃! 저, 사랑 아저씨가 엄마 갖다주라고 줘."

하고 불쑥 말했습니다. 그런 거짓말이 어디서 그렇게 툭 튀어나왔는지 나도 모르지요.

꽃을 들고 냄새를 맡고 있던 어머니는 내 말이 끝나기가 무섭게 무엇에 몹시 놀란 사람처럼 화닥닥하였습니다. 그러고는 금시에 어머니 얼굴이 그 꽃보다 더 빨갛게 되었습니다. 그 꽃을 든 어머니 손가락이 파르르 떠는 것을 나는 보았습니다. 어머니는 무슨 무서운 것을 생각하는 듯이 방 안을 휘 한번 둘러보시더니,

"옥희야, 그런 걸 받아 오면 안 돼."

하고 말하는 목소리는 몹시 떨렸습니다. 나는 꽃을 그렇게도 좋아하는 어머니가 이 꽃을 받고 그처럼 성을 낼 줄은 참으로 뜻밖이었습니다. 「어머니가 그렇게도 성을 내는 것을 보니까 그 꽃을 내가 가져왔다고 그러지 않고 아저씨가 주더라고 거짓말을 한 것이 참 잘되었다고 나는 속으로 생각했습니다. 어머니가 성을 내는 까닭을 나는 모르지만 하여튼 성을 낼 바에는 내게 내는 것보다 아저씨에게 내는 것이 내게는 나았기 때문입니다.」한참 있더니 어머니는 나를 방 안으로 데리고 들어와서,

"옥희야, 너 이 꽃 이야기 아무보구도 하지 마라, 응?"

하고 타일러 주었습니다. 나는,

"응."

하고 대답하면서 고개를 여러 번 까닥까닥했습니다.

*어머니가 그 꽃을 곧 내버릴 줄로 나는 생각했습니다마는 내버리지 않고 꽃병에 꽂아서 풍금 위에 놓아두었습니다. 아마 퍽 여러 밤 자도록 그 꽃은 거기 놓여 있어서 마지막에는 시들었습니다. 꽃이 다 시들자 어머니는 가위로 그 대는 잘라 내 버리고 꽃만은 찬송가 갈피에 곱게 끼워 두었습니다.

내가 어머니께 꽃을 갖다주던 날 밤에 나는 또 사랑에 놀러 나가서 아저씨 무릎에 앉아서 그림책을 보고 있었습니다. 갑자기 아저씨 몸이 흠칫하였습니다. 그러고는 귀를 기울입니다. 나도 귀를 기울였습니다.

[주석/설명]
- 나: 서술자
- 꽃: 어머니의 내적 갈등을 심화시키는 소재
- 외양 및 행동 묘사를 통한 심리의 간접 제시 – 당황, 놀라움, 부끄러움
- 갈등의 심화
- 「 」: 어린아이다운 천진한 표현으로 웃음을 유발함.
- 다른 사람을 의식하는 어머니의 보수적인 성격이 드러남.
- 아저씨가 준 꽃을 아끼는 모습 → 아저씨에 대한 어머니의 사랑이 간접적으로 드러남.

 이 작품에서는 여섯 살 난 여자아이인 '옥희'를 서술자로 삼아 어른들의 사랑을 아름답게 그리고 있다는 점을 꼭 기억하자.

어휘 풀이

❖ **성**: 노엽거나 언짢게 여겨 일어나는 불쾌한 감정.
❖ **갈피**: 겹치거나 포갠 물건의 하나하나의 사이. 또는 그 틈.
❖ **함빡**: 분량이 차고도 남도록 넉넉하게.
❖ **반짇고리**: 바늘, 실, 골무, 헝겊 따위의 바느질 도구를 담는 그릇.

풍금 소리!
① 아버지의 죽음 이후 닫혔던 어머니의 마음이 아저씨로 인하여 열림을 보여 줌. ② 어머니의 내적 갈등을 보여 줌.

그 풍금 소리는 분명 안방에서 흘러나오는 것이었습니다.

"엄마가 풍금을 타나 보다."

하고 나는 벌떡 일어나서 안으로 뛰어왔습니다. 안방에는 불을 켜지 않았습니다. 그러나 그때는 음력으로 보름께나 되어서 달이 낮같이 밝은데 은빛 같은 흰 달빛이 방 한 절반 가득히 차 있었습니다. *나는 흰옷을 입은 어머니가 풍금 앞에 앉아서 고요히 풍금을 타는 것을 보았습니다.

(중략)

*그러나 얼마 오래지 않아 목소리는 약간 떨리기 시작하였습니다. 가늘게 떨리는 노랫소리, 그에 따라 풍금의 가는 소리도 바르르 떠는 듯했습니다. 노랫소리는 차차 가늘어지더니 마지막에는 사르르 없어져 버렸습니다. 풍금 소리도 사르르 없어졌습니다. 어머니는 고요히 풍금에서 일어나시더니 옆에 서 있는 내 머리를 쓰다듬었습니다. 그다음 순간 어머니는 나를 안고 마루로 나오셨습니다. 어머니는 아무 말씀도 없이 나를 꼭꼭 껴안는 것이었습니다. 달빛을 함빡 받은 내 어머니 얼굴은 몹시도 새하얗다고 생각되었습니다. 우리 어머니는 참으로 천사 같다고 나는 생각하였습니다.

우리 어머니의 새하얀 두 뺨 위로 쉴 새 없이 두 줄기 눈물이 줄줄 흘러내리고 있는 것을 나는 보았습니다. 그것을 보니 나도 갑자기 울고 싶어졌습니다.

"어머니, 왜 울어?"

하고 나도 훌쩍거리면서 물었습니다.

"옥희야." / "응?"

한참 동안 어머니는 아무 말씀도 없었습니다. 그러나 한참 후에,

"옥희야, 나는 너 하나면 그뿐이다." / "엄마."
옥희를 통해 아저씨에 대한 사랑을 억누름.

[중략 부분의 줄거리] 아저씨로부터 사랑 고백 편지가 담긴 하얀 봉투를 받은 어머니는 아버지의 옷들을 쓸어 보고 '나'와 기도를 하며 아저씨에 대한 감정을 억누르고 '나'의 앞날을 걱정하여 거절하는 편지를 하얀 손수건에 넣어 보낸다. 그리고 아저씨는 이 편지를 받고 짐을 챙겨서 떠난다.
아저씨의 사랑을 거절하는 어머니의 뜻이 담김.

*뒷동산에서 내려오자 어머니는 방으로 들어가시더니 이때까지 늘 열어 두었던 풍금 뚜껑을 닫으십니다. 그러고는 거기 쇠를 채우고 그 위에다가 이전 모양으로 반짇고리를 얹어 놓으십니다. 그러고는 그 옆에 있는 찬송가를 맥없이 들고 뒤적뒤적하시더니 빼빼 마른 꽃송이를 그 갈피에서 집어내시더니,

"옥희야, 이것 내다 버려라."
아저씨에 대한 마음 정리 ②

하고 그 마른 꽃을 내게 주었습니다. 그 꽃은 내가 유치원에서 갖다가 어머니께 드렸던 그 꽃입니다. 그러자 옆 대문이 삐꺽하더니,

"달걀 사소."

구절 풀이

* **"응, 이 꽃! 저, 사랑 아저씨가 ~ 몹시 놀란 사람처럼 화닥닥하였습니다.**: 어머니는 아저씨가 꽃을 준 것이 자신에 대한 사랑을 고백한 것이라고 생각하여 몹시 놀람.
* **어머니가 그 꽃을 ~ 곱게 끼워 두었습니다.**: 아저씨가 준 꽃을 아끼는 모습을 통해 아저씨에 대한 어머니의 사랑을 간접적으로 드러냄.
* **나는 흰옷을 ~ 풍금을 타는 것을 보았습니다.**: 어머니의 내적 갈등이 시작되고 있음을 보여 주고 있는 부분으로, 어머니가 풍금을 타는 것은 그동안 굳게 닫혀 있었던 마음이 조금씩 열리고 있기 때문임.
* **그러나 얼마 오래지 않아 ~ 풍금 소리도 사르르 없어졌습니다.**: 자신의 사랑이 사회적으로 용납될 수 없는 현실을 인식하고 내적 갈등이 심화됨.
* **뒷동산에서 내려오자 ~ 마른 꽃을 내게 주었습니다.**: 뒷동산에서 내려온 후 어머니가 한 행동들은 어머니가 아저씨에 대한 마음을 정리하고 있음을 보여 줌.

하고 매일 오는 달걀 장수 노파가 달걀 광주리를 이고 들어왔습니다.

"이젠 우리 달걀 안 사요. 달걀 먹는 이가 없어요."

　　　　　　　┗ 아저씨에 대한 어머니의 정성을 상징함.

하시는 어머니 목소리는 맥이 한 푼어치도 없었습니다.

아저씨에 대한 마음 정리 ③

　나는 어머니의 이 말씀에 놀라서 떼를 좀 써 보려 했으나 석양에 빨히 비치는 어머니 얼굴을 볼 때 그 용기가 없어지고 말았습니다. 그래서 아저씨가 주신 인형 귀에다가 내 입을 갖다 대고 가만히 속삭이었습니다.

　"애, 우리 엄마가 거짓부리❖ 썩 잘하누나. 내가 달걀 좋아하는 줄 잘 알면서 먹을 사람이 없대누나. 떼를 좀 쓰구 싶다만 저 우리 엄마 얼굴 좀 봐라. 어쩌면 저리도 새파래졌을까? 아마 어데가 아픈가 보다." / 라고요.

∞ 전체 줄거리 엿보기

발단

'나', 어머니, 외삼촌이 살고 있는 집에 아버지의 옛 친구인 아저씨가 와서 하숙을 하기로 한다.

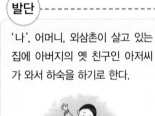

전개

'나'는 아저씨가 아빠였으면 좋겠다고 말하고 이 말을 들은 아저씨가 '나'를 꾸짖는다.

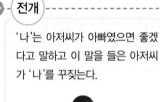

위기 본문 수록 부분

'나'는 유치원에서 가져온 꽃을 아저씨가 주었다고 거짓말을 하고 어머니는 몹시 당황한다.

결말 ◁ 본문 수록 부분

아저씨가 떠나자 어머니는 풍금 뚜껑을 닫고 마른 꽃을 버리고 더 이상 달걀을 사지 않는다고 말한다.

절정 ◁

아저씨는 편지로 어머니에게 사랑을 전하지만 어머니는 거절의 편지로 답한다.

독해 포인트

1. 인물과 배경

보수적 윤리관에서 개방적 가치관으로 전환되던 시기
- **작품의 배경**: 1930년대, 어느 시골 마을
- **인물의 성격 및 특징**

인물	성격 및 특징
옥희	이 작품의 서술자로, 순수하고 천진난만한 여섯 살 난 여자아이
어머니	옥희의 어머니. 젊은 나이에 과부가 되었으며 아저씨를 향한 마음과 (❶) 윤리 의식 사이에서 갈등함.
아저씨	돌아가신 옥희 아버지의 옛 친구로 점잖고 다정다감한 인물. 어머니에게 사랑을 느끼지만 사랑이 이루어지지 않자 떠남.

2. 사건과 갈등

옥희의 어머니와 사랑손님 아저씨가 서로 호감을 품고 있었으나 어머니가 아저씨의 사랑을 거절함으로써 이별하게 됨.

내적 갈등(어머니)	+	외적 갈등(개인과 사회의 갈등)
봉건적 윤리관과 옥희의 장래에 대한 염려 ↔ 아저씨에 대한 사랑		아저씨와 어머니의 서로에 대한 관심과 애정 ↔ 여성의 재혼을 부정적으로 바라보는 사회

➡ 어머니가 아저씨의 사랑을 거절하고 아저씨가 떠남으로써 갈등이 해결됨.

3. 시점과 서술 방식

1인칭 (❷) 시점	• 여섯 살 난 소녀인 '나'(옥희)가 사건을 전달함. • 천진난만한 말투로 친근감을 느끼게 함. • 어른들의 사랑을 순수하고 아름답게 전달함. • 독자가 상상하며 읽는 즐거움을 느끼게 해 줌. • (❸)가 가진 한계로 어른들의 심리나 행동의 의미를 이해하지 못하여 웃음을 유발함.
순행적 구성	시간의 흐름에 따라 이야기가 전개됨.

4. 소재와 주제

꽃	+	(❺)
• 어머니의 (❹)을 심화시킴. • 아저씨에 대한 어머니의 관심과 애정을 드러냄.		• 아버지의 죽음 이후 닫혔던 어머니의 마음이 아저씨로 인하여 열림을 보여 줌. • 어머니의 내적 갈등을 보여 줌.

⬇

주제	사랑과 봉건적 윤리관 사이에서 갈등하는 어머니와 사랑손님의 애틋한 사랑과 이별

❶ 봉건적 ❷ 관찰자 ❸ 어린아이 ❹ 내적 갈등 ❺ 풍금 소리

---

01 '꽃만은 찬송가 갈피에 곱게 끼워 두었습니다.'에서 '갈피'의 의미로 알맞은 것은?

① 일의 차례.
② 책장과 책장의 사이.
③ 칡덩굴을 벗긴 껍질.
④ 일이나 사물의 갈래가 구별되는 어름.
⑤ 겹치거나 포갠 물건의 하나하나의 사이. 또는 그 틈.

02 다음 문장의 밑줄 친 '채우다'와 유사한 의미로 사용된 것은?

> 어머니는 방으로 들어가시더니 이때까지 늘 열어 두었던 풍금 뚜껑을 닫으십니다. 그리고는 거기 쇠를 채우고 그 위에다가 이전 모양으로 반짇고리를 얹어 놓으십니다.

① 생선을 얼음에 채워 두어라.
② 아기의 엉덩이에 기저귀를 채웠다.
③ 이삿짐이 방 안을 가득 채우고 있다.
④ 경찰이 범인의 손에 수갑을 채웠다.
⑤ 민수는 가방의 지퍼를 채우며 말했다.

03 '노엽거나 언짢게 여겨 일어나는 불쾌한 감정.'을 의미하는 단어를 윗글에서 찾아 쓰시오.

04 윗글에 나타난 '어머니'의 처지와 관련 있는 한자 성어를 고르시오.

ㄱ. 군계일학(群鷄一鶴)
ㄴ. 금지옥엽(金枝玉葉)
ㄷ. 장삼이사(張三李四)
ㄹ. 청상과부(靑孀寡婦)

01 ⑤ 02 ⑤ 03 성 04 ㄹ

06 춘향전 _ 작자 미상

이 작품은

이 작품은 판소리로 불리다가 소설로 정착된 판소리계 소설의 하나로, 100여 종이 넘는 이본(異本)이 있다. 판소리의 극적 요소가 잘 나타나며, 유교적 정절에 대한 강조, 부정한 관리에 대한 저항, 신분을 초월한 남녀 간의 사랑, 민중의 신분 상승 욕구 등 다양한 주제가 나타나 있다.

갈래 고전 소설, 판소리계 소설, 애정 소설

주제 유교적 정절, 신분을 초월한 남녀 간의 사랑, 탐관오리에 대한 응징, 평등한 사회에 대한 갈망

특징
① 판소리의 영향으로 운문체와 산문체가 함께 나타남.
② 서술자가 자신의 의견을 표출하는 편집자적 논평이 나타남.
③ 풍자와 해학을 통한 골계미가 드러남.

내용 구조도

┌─────────────────┐
│ 어사또의 출현 │
└─────────────────┘
걸인으로 변장한 어사또가 변 사또를 비판하는 한시를 지음.

↓

┌─────────────────┐
│ 암행어사 출두 │
└─────────────────┘
어사가 출두했음을 알리자 변 사또와 수령들이 혼비백산하여 달아남.

↓

┌─────────────────┐
│ 어사또와 춘향의 재회 │
└─────────────────┘
어사또가 변 사또를 봉고파직하고 춘향과 재회함.

[앞부분의 줄거리] 전라도 남원 땅의 기생 월매와 성 참판 사이에서 태어난 춘향은 어려서부터 용모와 재주가 뛰어났다. 춘향이 열여섯이 되던 해, 남원 부사로 부임한 아버지를 따라 한양에서 내려온 이몽룡은 단옷날 그네를 타러 나온 춘향을 보고 한눈에 반하여 백년가약을 맺는다. 하지만 이몽룡은 동부승지로 임명된 아버지를 따라 한양으로 떠나고, 홀로 남은 춘향은 새로 부임한 변 사또의 수청을 거부하다 고초를 겪고 옥에 갇힌다. 한편 한양에서 장원 급제한 이몽룡은 암행어사가 되어 신분을 숨긴 채 춘향을 만나러 남원으로 내려온다. 이몽룡은 변 사또의 횡포를 모두 듣고 변 사또의 생일잔치에 찾아갔다가 홀대를 당한다.

> 젊은 남녀가 부부가 되어 평생을 같이 지낼 것을 굳게 다짐하는 아름다운 언약
> 아녀자나 기생이 높은 벼슬아치에게 몸을 바쳐 시중을 들던 일

> 이 작품은 표면적으로 드러나는 주제가 있고 또 이면에 숨어 있는 주제가 있어. 내용에 따른 주제를 꼭 알아 두자!

운봉이 하는 말이,

"이런 잔치에 풍류로만 놀아서는 맛이 적으니 운자를 따라 시 한 수씩 지어 보면 어떻겠소?"

"그 말이 옳다."

다들 찬성을 했다. 운봉이 먼저 운을 낼 때 '높을 고(高)' 자, '기름 고(膏)' 자 두 자를 내놓고 차례로 운을 달아 시를 지었다. 앞사람이 끝나면 뒷사람이 받아 시를 지을 때 어사또 끼어들어 하는 말이,
> 이몽룡

"이 걸인도 어려서 글을 좀 읽었는데, 좋은 잔치를 맞아 술과 안주를 포식하고 그냥 가기가 염치가 아니니 한 수 하겠소이다."

운봉이 반갑게 듣고 붓과 벼루를 내주니, 백성들의 사정과 본관 사또의 정체를 생각하여 시 한 편을 써 내려갔다.
> 탐관오리
> ① 현실 상황에 대한 비판 의식을 형상화함. ② 새로운 사건이 전개될 것임을 예고하여 긴장감을 높임.

금 술잔의 좋은 술은 수많은 사람의 피요	金樽美酒 千人血
옥쟁반의 좋은 안주는 만백성의 기름이라	玉盤佳肴 萬姓膏
촛농이 떨어질 때 백성들 눈물도 떨어지고	燭淚落時 民淚落
노랫소리 높은 곳에 원망의 소리도 높구나	歌聲高處 怨聲高

> 백성들의 고통
> 백성들의 원망

이렇게 시를 지어 보이니 술에 취한 변 사또는 무슨 뜻인지도 모르지만, 글을 받아 본 운봉은 속으로,
> 변 사또의 어리석음을 풍자함.

'아뿔싸! 일 났다.'
> 어사또가 단순한 걸인임이 아님을 알아챔.
가슴이 철렁 내려앉았다.

[중략 부분의 줄거리] 암행어사가 갑작스럽게 출두하고 변 사또와 수령들은 이에 놀라 넋을 잃고 정신없이 달아난다.

좌수·별감은 넋을 잃고, 이방·호장은 혼을 잃고, 삼색 옷 입은 나졸들은 분주하네. 모든 수령이 도망하는데 그 꼴이 가관이다.*도장 궤 잃고 유밀과 들고, 병부 잃고 송편 들고, 탕건 잃고 용수 쓰고, 갓 잃고 밥상 쓰고, 칼집 쥐고 오줌 누기, 부서지니 거문고

요, 깨지나니 북·장고라.

*본관 사또 똥을 싸고, 멍석 구멍에 생쥐 눈 뜨듯 하면서 관아 깊숙한 안채로 들어가며
_{겁이 나서 몸을 숨기고 바깥을 살피는 모양을 비유적으로 이르는 말}
급히 내뱉는 말이,

"어, 추워라. 문 들어온다 바람 닫아라. 물 마르다 목 들여라."

관청색은 상을 잃고 문짝을 이고 내달으니 서리, 역졸 달려들어 후다닥 딱 친다.

"애고, 나 죽네."

이때 암행어사 분부하되,

*이 고을은 대감께서 계시던 곳이다. 소란을 금하고 객사로 옮기라."
_{이몽룡의 아버지}　　　　　　　　　_{다른 곳에서 온 관원들이 묵는 곳}
관아를 한차례 정리하고 동헌에 올라앉은 후에,

"본관은 봉고파직하라."
_{탐관오리의 척결 → 인과응보(因果應報), 사필귀정(事必歸正)}
"본관은 봉고파직이오."

동서남북 문밖에 봉고파직이라는 암행어사의 명이 나붙었다. 절차에 따라 옥의 형리
　　　　　　　　　　　　　　　　　　　　　　　　　_{지방 관아의 형방에 속한 구실아치}
를 불러 분부하되,

"옥에 갇힌 죄인들을 다 올리라."

호령하니 죄인을 올리거늘 다 각각 죄를 물은 후에 죄 없는 자들을 풀어 줄 때,

"저 계집은 무엇인고?"

형리가 아뢴다.

"기생 월매의 딸인데 관가에서 포악을 떤 죄로 옥중에 있사옵니다."
_{춘향}
"무슨 죄인고?"

"본관 사또를 모시라고 불렀더니 절개를 지킨다면서 사또 명을 거역하고 사또 앞에서
　　　　　　　　　　　_{춘향이 옥에 갇힌 이유를 알 수 있음.}
악을 쓴 춘향이로소이다."

어사또 분부하되,

"너만 한 년이 수절한다고 나라의 관리를 욕보였으니 살기를 바랄 것이냐. 죽어 마땅
　　　　　　　　　_{춘향의 정절에 대한 의지와 속마음을 떠보기 위해 춘향을 시험함.}
할 것이나 기회를 한 번 더 주마. 내 수청도 거역할 테냐?"

이 어사는 춘향의 마음을 떠보려고 짐짓 한번 다그쳐 보는 것인데, 춘향은 어이가 없
고 기가 콱 막힌다.

"내려오는 사또마다 빠짐없이 명관이로구나! 어사또 들으시오. *층층이 높은 절벽 높
_{어사또 또한 변 사또 못지않은 부정한 관리라고 비꼼.}
은 바위가 바람이 분들 무너지며, 푸른 솔 푸른 대가 눈이 온들 변하리까. 그런 분부
마옵시고 어서 빨리 죽여 주오."

하면서 무슨 생각이 났는지 황급히 이리저리 두리번거리며 향단이를 찾는다.

"향단아, 서방님 혹시 어디 계신가 살펴보아라. 어젯밤 오셨을 때 천만당부했는데 어
디를 가셨는지, 나 죽는 줄도 모르시는가? 어서 찾아보아라."

어사또 다시 분부하되,

❖ **운자**: 한시의 운으로 다는 글자.
❖ **유밀과**: 밀가루나 쌀가루 반죽을 적당한 모양으로 빚어 바싹 말린 후에 기름에 튀기어 꿀이나 조청을 바르고 튀밥, 깨 따위를 입힌 과자.
❖ **병부**: 병사의 이름, 주소 따위를 적어 넣은 명부.
❖ **용수**: 싸리나 대로 만들어 술 거를 때 쓰는 둥근 통처럼 생긴 기구.
❖ **봉고파직**: 어사나 감사가 못된 짓을 많이 한 고을의 원을 파면하고 관가의 창고를 봉하여 잠금. 또는 그런 일.
❖ **호령**: 부하나 동물 따위를 지휘하여 명령함. 또는 그 명령.
❖ **포악**: 사납고 악함.

구절 풀이

* **도장 궤 잃고 ~ 북·장고라.**: 관리에게 매우 중요한 물건인 도장과 병부를 잃고 쓸데없는 물건들을 손에 들고 허둥대는 모습을 해학적으로 그려 냄.
* **본관 사또 ~ 물 마르다 목 들여라.**: 갑자기 등장한 어사또에 혼비백산한 변 사또의 모습을 과장하여 표현함. 언어의 도치를 통한 말장난으로 해학적인 웃음을 유발하고 있음.
* **이 고을은 ~ 객사로 옮기라.**: 이몽룡의 아버지가 고을 사또로 있던 곳이었으므로 예의를 지키려는 이몽룡의 효심이 드러남.
* **층층이 높은 ~ 눈이 온들 변하리까.**: '층층이 높은 절벽 높은 바위', '푸른 솔 푸른 대'는 춘향의 절개를, '바람', '눈'은 시련과 고난을 상징함. 이를 통해 이몽룡에 대한 절개를 굽히지 않겠다는 춘향의 의지를 드러냄.

어휘 풀이

❖ **오라**: 도둑이나 죄인을 묶을 때에 쓰던, 붉고 굵은 줄.

"얼굴을 들어 나를 보아라."

<u>춘향과 이몽룡의 극적 재회</u>

하시기에 춘향이 천천히 고개를 들어 대 위를 살펴보니, 거지로 왔던 낭군이 어사또로 뚜렷이 앉아 있었다. 순간, 춘향은 깜짝 놀라 눈을 질끈 감았다가 떴다.

"나를 알아보겠느냐? 네가 찾는 서방이 바로 여기 있느니라."

어사또는 즉시 춘향의 몸을 묶은 오라를 풀고 동헌 위로 모시라고 명을 내렸다. 몸이 풀린 춘향은 웃음 반 울음 반으로,

"얼씨구나 좋을씨고, 어사 낭군 좋을씨고. 「남원읍에 가을 들어 낙엽처럼 질 줄 알았더니 객사에 봄이 들어 봄바람에 핀 오얏꽃이 날 살리네.」 꿈이냐 생시냐? 꿈이 깰까 염려로다."

『 』: 변 사또 때문에 죽을 위기에 처했던 춘향이 어사출두로 다시 살아나게 됨.

∞ 전체 줄거리 엿보기

발단 ▸ ▸ **전개** ▸ ▸ **위기**

발단

남원 부사의 아들 이몽룡은 기생 월매의 딸인 춘향을 만나 사랑에 빠지고, 둘은 백년가약을 맺는다.

전개

이몽룡의 아버지가 한양으로 돌아가게 되면서 이몽룡과 춘향은 이별하게 된다.

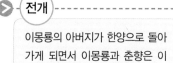

위기

새로 부임한 변 사또는 춘향에게 수청을 강요하고 춘향이 이를 거절하자 옥에 가둔다.

결말 ◂

절정 ◂ ◂ 본문 수록 부분

결말

임금이 춘향을 정렬부인에 봉하고, 춘향과 이몽룡은 백년해로를 한다.

절정

이몽룡이 변 사또의 생일잔치에 참석하고, 어사출두를 하여 탐관오리를 벌한 후 춘향과 재회한다.

독해 포인트

1. 인물과 배경

- **작품의 배경**: 조선 후기, 전라북도 남원
- **인물의 성격**

춘향	이몽룡	변 사또
기생의 딸로 변 사또의 횡포에 맞서 절개를 지킴. (❶　　　) 제약을 뛰어넘어 사랑을 성취하는 인물	전 남원 부사의 아들로 암행어사가 되어 탐관오리를 처벌하고 춘향을 구해 사랑을 성취하는 인물	권력을 이용하여 백성을 괴롭히는 탐욕스럽고 부패한 탐관오리의 전형

2. 사건과 갈등

변 사또가 권력을 이용해 춘향에게 수청을 강요하나 춘향은 절개를 지키고, 이몽룡이 암행어사가 되어 변 사또를 징벌하고 춘향을 구해 사랑을 이룸.

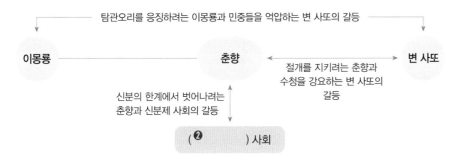

3. 시점과 서술 방식

3인칭 전지적 시점	이 작품은 고전 소설로, 3인칭 전지적 시점을 취함. ➡ (❸　　　)가 작품에 개입해 자기 생각과 판단을 직접 드러냄.
풍자적 표현	열거, 과장 등을 통한 해학적 묘사와 어휘의 도치를 이용한 (❹　　　)를 통해 어사출두로 혼비백산한 관리들의 모습을 희화화하여 표현함.

4. 소재와 주제

- **한시의 내용과 기능**

어사또가 지은 한시		기능
부패한 사회상과 백성들의 피폐한 삶, 부조리한 현실의 모순을 고발하고 변 사또의 정체를 폭로함.	➡	• 새로운 사건의 전개를 예고하고 극적 긴장감을 고조시킴. • 현실 상황을 비판하고 풍자하며 주제를 형상화함.

- **작품의 주제**

표면적 주제	유교적 정절, 신분을 초월한 남녀 간의 사랑
이면적 주제	(❺　　　)에 대한 응징, 평등한 사회에 대한 갈망

---

❶ 신분적 ❷ 신분제 ❸ 서술자 ❹ 언어유희 ❺ 탐관오리

01 '술과 안주를 포식하고'에서 '포식하다'의 뜻으로 알맞은 것은?

① 배부르게 먹다.
② 음식을 훔쳐 먹다.
③ 지나치게 많이 먹다.
④ 다른 동물을 잡아먹다.
⑤ 가리지 않고 아무것이나 마구 먹다.

02 다음 빈칸에 공통으로 들어갈 말을 윗글에서 찾아 쓰시오.

- 백상아리는 성질이 (　　　)하기로 유명하다.
- (　　　)한 정치에 저항하는 민란이 전국에서 일어났다.

03 다음 속담의 뜻을 참고하여 빈칸에 알맞은 말을 쓰시오.

> 멍석 구멍에 (　　　) 눈 뜨듯: 겁이 나서 몸을 숨기고 바깥을 살피는 모양을 비유적으로 이르는 말.

04 윗글의 주제와 관련 있는 한자 성어를 고르시오.

> ㄱ. 소탐대실(小貪大失)
> ㄴ. 사필귀정(事必歸正)
> ㄷ. 사생결단(死生決斷)
> ㄹ. 후회막급(後悔莫及)

01 ① 02 포악 03 생쥐 04 ㄴ

운영전 _ 작자 미상

이 작품은

이 작품은 궁녀 운영과 김 진사의 신분을 초월한 사랑을 그려 낸 애정 소설로, 서술자로 등장하는 유영이라는 선비가 꿈에서 들은 이야기를 중심으로 삼고 있다는 점에서 몽유 형식의 작품이라고 할 수 있다. 고전 소설 작품으로서는 보기 드물게 비극적 결말로 마무리된다.

갈래 고전 소설, 애정 소설, 몽유 소설, 액자 소설

주제 신분적 제약을 초월한 남녀 간의 비극적 사랑. 억압된 삶에 대한 저항

특징
① 액자식 구성으로 이루어짐.
② 궁중이라는 특수한 사회를 배경으로 함.
③ 시를 통해 작품을 전개하며 인물의 내면을 효과적으로 드러냄.

내용 구조도

운영에 대한 안평 대군의 의심
안평 대군이 운영이 지은 시를 보고 운영의 마음을 의심함.

↓

상사병에 걸린 운영과 김 진사
운영은 김 진사에 대한 마음을 시로 표현하고 김 진사는 상사병을 앓다가 궁에 초대받음.

↓

김 진사에게 편지를 전달한 운영
운영이 벽의 구멍을 통해 김 진사에게 편지를 건네고 김 진사는 상사병이 깊어짐.

[앞부분의 줄거리] 선비 유영은 안평 대군의 옛집인 수성궁에 놀러 가서 혼자 술을 마시다가 취하여 누웠는데, 그곳에서 김 진사와 운영을 만나 그들의 슬픈 사랑 이야기를 듣게 된다. 세종 대왕의 왕자였던 안평 대군은 열 명의 궁녀를 뽑아 자신의 궁에 두고서 외부와의 교류를 금하고 시 짓기를 가르쳤다.

*"처음 보았을 때에는 우열을 가릴 수 없었으나 거듭 읽노라니 자란의 시가 뜻이 심원하여 나도 모르게 감탄하고 흥겨운 마음이 드는구나. 나머지 시들 또한 모두 맑고 좋은데, 유독 운영의 시만은 서글피 누군가를 그리워하는 마음이 보이거늘 그리는 사람이 누군지 모르겠다. *준엄히 캐물을 일이로되 그 재주가 아까워 그냥 덮어 두기로 한다."

저는 뜰로 내려가 엎드려 울며 대답했습니다.

"시를 짓는 중에 우연히 나온 말이지. 어찌 다른 뜻이 있겠습니까? 지금 주군께 의심을 받으니 첩은 만 번 죽어도 유감이 없나이다."

대군은 자리에 앉으라 명하고 이렇게 말했습니다.

"시는 진정한 마음에서 우러나오는 것이라서 가리고 숨길 수가 없는 법이다. 너는 더 말하지 말아라."

그리고는 비단 열 꾸러미를 내어 우리 열 사람에게 나누어 주었습니다. 대군이 일찍이 제게 사사로운 마음을 보인 적이 없으나 궁중 사람들은 모두 대군의 마음이 제게 있다는 걸 알고 있었습니다.

우리 열 사람은 방으로 돌아와 아름다운 등불을 환히 밝히고는 칠보로 만든 책상 위에 『당율』한 권을 놓아두고 궁녀들의 원망을 담은 옛사람들의 시 중 어떤 작품이 훌륭한지 토론을 벌였습니다. 저 혼자 병풍에 기대어 흙으로 빚어 놓은 인형처럼 근심스레 말이 없자 소옥이 저를 돌아보고 말했습니다.

"낮에 연기를 읊은 시로 주군에게 의심을 받더니 그 때문에 근심스러워 말이 없는 거니? 아니면 주군의 뜻이 네게 있겠기에 속으로 기뻐서 말이 없는 거니? 네 속을 모르겠구나."

제가 옷깃을 여미고 대답했습니다.

『너는 내가 아닌데 어찌 내 마음을 안단 말이니? 지금 막 시 한 편을 지으려는데, 묘안이 떠오르지 않아 고심하느라 말하지 않았던 것뿐이야.』

은섬이 이렇게 말했습니다.

"어딘가 뜻이 향하는 곳이 있어 마음이 여기 있지 않으니 옆 사람의 말이 지나가는 바람 소리처럼 들리겠지. 네가 말하지 않는 까닭을 알긴 어렵지 않아. 어디 내가 한번 맞혀 볼까?"

그러더니 창밖의 포도 시렁을 주제로 칠언 사운의 시를 지어 보라 재촉하더군요.

어휘 풀이

❖ **심원하다**: 헤아리기 어려 울 만큼 깊다.
❖ **준엄히**: 조금도 타협함이 없이 매우 엄격하게.
❖ **사사롭다**: 공적(公的)이 아 닌 개인적인 범위나 관계 의 성질이 있다.
❖ **어슴푸레**: 기억이나 의식 이 분명하지 못하고 희미 한 모양.
❖ **월하노인**: 부부의 인연을 맺어 주는 전설상의 늙은 이.
❖ **굴원**: 중국 전국 시대 초나 라의 정치가이자 시인. 모 함을 입어 자신의 뜻을 펴 지 못하다가 마침내 물에 빠져 죽었음.
❖ **전폐**: 아주 그만둠. 또는 모 두 없앰.

[중략 부분의 줄거리] 운영은 자란에게 김 진사와 처음 만났을 때의 일을 들려주며 김 진사에 대한 자신의 마음을 털어놓는다.
궁녀 중 하나. 운영의 마음을 이해해 줌.

"나는 이때부터 자려 해도 잠을 이루지 못하고 먹는 것이 줄었으며 마음이 답답하여 모르는 사이에 옷과 허리띠가 헐렁해졌단다. 너는 이 일을 기억 못 하겠니?"

자란이 이렇게 대답했습니다.

"잊고 있었는데 지금 네 말을 듣고 보니 술에서 막 깨어난 듯 어슴푸레 생각이 날 듯 말 듯 하구나."

그 뒤로 대군이 진사와 자주 만났으나 저희들을 가까이 두지 않았기에 저는 그때마다 문틈으로 엿보고 했답니다. 하루는 고운 종이에 오언 사운의 시 한 수를 적었어요.
김 진사에 대한 운영의 사랑이 담김.

베옷 입고 가죽 띠 두른 선비
김 진사를 의미함.
옥 같은 얼굴 신선과 같지.
늘 주렴 사이로만 바라보나니
월하노인의 인연 어디 없는지?
얼굴 씻으매 눈물이 물을 이루고
거문고 타매 한스러움 현을 울리네.
가슴 속 원망 끝이 없어서
고개 들고 하늘에 하소연하네.
→ 한시의 주제: 김 진사에 대한 흠모의 마음과 인연을 맺지 못하는 안타까움

이 작품에서 운영이 갈 등하는 건 궁녀라는 신분 때문이야. 이에 주목해 서 갈등의 대상과 갈등 의 양상을 꼭 알아 두자.

구절 풀이

* **"처음 보았을 때에는 우열 을 ~ 누군지 모르겠다."**: 안평 대군이 여러 궁녀들 의 시를 비교하면서 운영 의 시에 대한 평가를 내리 고 있음.
* **"준엄히 캐물을 ~ 그냥 덮어 두기로 한다."**: 안평 대군은 궁녀라는 신분을 생각하면 운영의 일을 추 궁해야 하지만 이를 드러 내지 않고자 함. 이를 통해 안평 대군이 운영을 아끼 고 있음을 알 수 있음.
* **베옷 입고 가죽 띠 두른 선 비 / 옥 같은 얼굴 신선과 같지**: '베옷 입고 가죽 띠 두른 선비'는 김 진사를 의 미하며, '옥 같은 얼굴 신 선과 같지.'는 김 진사에 대 한 운영의 호감을 반영한 표현임.

이 시와 금비녀 하나를 함께 싸서 열 겹으로 거듭 봉하여 진사에게 주고자 했지만 전 달할 방법이 없었답니다. 그날, 달 밝은 밤에 대군이 술자리를 크게 열어 손님을 모으고 진사의 재주를 매우 칭찬하며 일전에 진사가 지은 시 두 편을 내보였습니다. 모인 사람 들이 돌려 보며 칭찬하기를 마지않더니 모두들 진사를 한번 만나보고 싶어 했습니다. 대군이 즉시 하인과 말을 보내 진사를 초청했습니다. 잠시 후 진사가 도착하여 자리로 오는데, 얼굴이 수척하고 몸은 홀쭉한 것이 예전의 기상이라곤 전혀 찾아볼 수가 없었 습니다. 대군이 위로하며 이렇게 말했습니다.
김 진사도 운영에 대한 상사병을 앓았음을 보여 줌.

"진사는 굴원의 마음이 있는 것도 아니면서 연못가에서의 초췌한 모습부터 미리 가진 게요?"

모여 있던 이들이 한바탕 크게 웃었지요. 진사가 일어나 인사하고 말했습니다.

"저는 빈천한 유생으로서 외람되이 나리의 은총을 받았습니다. 그러나 복이 지나치면 재앙이 생기는 법인지, 질병이 온몸을 휘감아 요사이 식음을 전폐하고 있습니다. 다 른 사람의 도움 없이는 움직이기 어려우나 지금 부르심을 받자와 겨우 부축을 받고 와서 인사드립니다."

어휘 풀이

❖ **바루다**: 비뚤어지거나 구부러지지 않도록 바르게 하다.
❖ **방도**: 어떤 일을 하거나 문제를 풀어 가기 위한 방법과 도리.

손님들이 모두 몸가짐을 바루어 공손함을 표했습니다. 진사는 나이 어린 유생으로서 말석에 앉았기에 저희가 있던 안쪽 방과는 단지 벽 하나를 사이에 두고 있을 뿐이었습니다.

가까운 곳에 있지만 만날 수 없는 상황에 처함.

밤이 이미 다하여 손님들이 모두 취했을 때입니다. 제가 벽에 구멍을 뚫고 엿보니 진사 역시 제 뜻을 알고 모퉁이를 향해 앉아 있더군요. 저는 봉한 편지를 구멍 사이로 던졌습니다. 진사는 편지를 주워 집으로 돌아가서 뜯어보고는 슬픔을 이기지 못해 편지를 차마 손에서 놓지 못했답니다. 그리워하는 정이 지난날보다 곱절이 되어 버틸 수 없을 지경이었고, 답장을 보내고자 하나 전할 방도가 없는지라 홀로 수심에 잠겨 탄식할 뿐이었지요.

이심전심(以心傳心)

◌◌◌ 전체 줄거리 엿보기

발단

유영은 수성궁에 놀러 가서 홀로 술을 마시다가 잠이 들고, 꿈속에서 김 진사와 운영을 만나 그들의 비극적 사랑 이야기를 듣는다.

전개 본문 수록 부분

안평 대군의 궁녀였던 운영은 김 진사를 보고 사랑에 빠진다. 둘은 궁을 드나드는 무녀를 통해 편지를 주고받으며 사랑을 나눈다.

위기

김 진사와 운영은 함께 도망칠 계획을 세우지만 이러한 사실이 안평 대군에게 발각되고 운영은 스스로 목을 매어 자결한다.

결말

유영이 꿈에서 깨었을 때는 옆에 김 진사와 운영의 일을 기록한 책이 놓여 있었다.

절정

운영의 자결 소식을 들은 김 진사는 식음을 전폐하다가 세상을 떠나고 만다.

독해 포인트

1. 인물과 배경

- 작품의 배경: 조선 초기 ~ 중기, 한양의 수성궁
- 인물의 성격 운영과 김 진사의 사랑을 가로막는 현실의 장애물, 사회적 제약을 의미하는 폐쇄적 공간

운영	김 진사	안평 대군
안평 대군의 궁녀. 억압된 삶에서 벗어나 사랑을 이루고자 하는 인물	시를 짓는 솜씨가 뛰어난 선비. 운영과의 사랑이 좌절되자 운영을 따라 죽음.	겉으로만 품위 있는 척 행동하는 위선적 · (❶) 사고방식을 지닌 인물

2. 사건과 갈등

운영, 김 진사		안평 대군
운영이 김 진사에게 자신의 마음을 담은 시를 전달함. – (❷)라는 신분을 초월하여 사랑을 이루고자 함.	⟷ 갈등	봉건적인 당시의 관습이나 제도를 상징함.

➡ 표면적으로는 개인과 개인 간의 갈등으로 보이지만, 이면적으로는 개인과 사회 간의 갈등이 핵심 갈등으로 작용함.

3. 시점과 서술 방식

1인칭 주인공 시점(내화)	주인공 (❸)의 시선으로 운영과 김 진사의 사랑 이야기를 전달함. ※ 외부 이야기인 외화는 3인칭 전지적 시점을 취함.
(❹) 구성	유영에 대한 외부 이야기와 운영과 김 진사에 대한 내부 이야기로 이루어져 액자식 구성 방식으로 사건이 전개됨.

4. 소재와 주제

- 삽입시의 내용과 기능

삽입시의 내용	김 진사에 대한 흠모의 마음과 인연을 맺지 못하는 안타까움을 노래함.
삽입시의 기능	• 산문 형식의 단조로움에 변화를 줌. • 인물의 내면 심리와 정서(김 진사에 대한 운영의 애틋한 마음과 궁녀의 신분으로 인해 사랑하는 사람과 인연을 맺을 수 없는 현실에 대한 원망과 한, 안타까움)를 효과적으로 나타냄.

- 작품의 주제

표면적 주제	(❺)적 제약을 초월한 남녀 간의 비극적 사랑
이면적 주제	억압된 삶에 대한 저항

❶ 봉건적 ❷ 궁녀 ❸ 운영 ❹ 액자식 ❺ 신분

어휘력 체크 ✓

01 '자란의 시가 뜻이 심원하여 나도 모르게 감탄하고'에서 '심원하다'의 의미로 알맞은 것은?

① 느낌이 은근하다.
② 헤아리기 어려울 만큼 깊다.
③ 깊숙하여 아늑하고 고요하다.
④ 상태나 정도가 매우 깊고 중대하다.
⑤ 사상이나 이론 따위가 깊이가 있고 오묘하다.

02 다음 빈칸에 공통으로 들어갈 말을 윗글에서 찾아 쓰시오.

- 고향을 생각하면 초가집이 (   ) 떠오른다.
- 어릴 때 철수와 놀던 기억이 (   ) 되살아났다.

03 다음 문장의 밑줄 친 '열다'와 유사한 의미로 사용된 것은?

> 대군이 술자리를 크게 열어 손님을 모았다.

① 나무에 열매가 열었다.
② 왕건은 이 땅에 새 왕조를 열었다.
③ 그 가게는 오전 10시에 문을 열었다.
④ 그는 정원에서 바비큐 파티를 열었다.
⑤ 용의자는 마침내 형사에게 입을 열었다.

04 '부부의 인연을 맺어 준다는 전설상의 늙은이.'를 의미하는 단어를 윗글에서 찾아 쓰시오.

05 '마음과 마음으로 서로 뜻이 통함.'을 뜻하는 한자 성어를 고르시오.

ㄱ. 이심전심(以心傳心)
ㄴ. 동병상련(同病相憐)
ㄷ. 물아일체(物我一體)
ㄹ. 역지사지(易地思之)

01 ② 02 어슴푸레 03 ④ 04 월하노인
05 ㄱ

01~05 다음 글을 읽고 물음에 답하시오.

문제 해결 포인트
❶ 이별에 대처하는 화자의
 태도 파악
❷ '진달래꽃'의 상징적 의
 미 파악
❸ 반어적 표현의 표면적·
 이면적 의미 파악

나 보기가 역겨워

가실 때에는

말없이 고이 보내 드리우리다

영변에 약산

진달래꽃

아름 따다 가실 길에 뿌리우리다

가시는 걸음걸음

놓인 그 꽃을

사뿐히 즈려밟고 가시옵소서

나 보기가 역겨워

가실 때에는

㉠죽어도 아니 눈물 흘리우리다

— 김소월, 「진달래꽃」

01 윗글의 표현상 특징으로 적절하지 않은 것은?

① 민요조의 전통적인 율격을 바탕으로 하고 있다.

② 수미상관의 구성을 취하여 주제를 강조하고 있다.

③ 동일한 종결 표현을 반복하여 운율을 형성하고 있다.

④ 구체적인 지명을 사용하여 향토적인 분위기를 조성하고 있다.

⑤ 공감각적 심상을 통해 시적 대상을 생동감 있게 형상화하고 있다.

02 윗글에서 '(　　　　　)'은/는 화자의 분신이자 임을 향한 화자의 정성과 (　　　　　) 을/를 의미한다.

03 윗글에 대한 감상으로 적절하지 <u>않은</u> 것은?

① '체념 → 축복 → 희생 → 극복'의 정서가 나타나 있군.

② 화자를 여성으로 설정하여 이별의 상황을 가정하고 있군.

③ '영변에 약산'을 통해 고향에 대한 향수를 구체적으로 드러내고 있군.

④ 이별의 정한을 사랑으로 승화시키고자 하는 화자의 정서를 엿볼 수 있군.

⑤ 화자는 표면적으로는 이별의 상황을 수용하고 있으나 이면적으로는 임이 떠나는 것을 만류하고 있군.

> 먼저 시적 상황을 파악해 보고 시상의 흐름에 따라 화자의 정서가 어떻게 바뀌는지 살펴봐!

04 ㉠에서 〈보기〉와 같은 표현 방법을 사용한 작가의 의도를 서술하시오.

┤ 보기 ├

　표현하려는 원래의 뜻과 반대로 말함으로써 변화를 주는 표현 방법을 반어법이라고 한다.

수능형 | 2017학년도 9월 고1 학력평가

05 윗글은 『개벽』에 처음 발표되었을 때 〈보기〉와 같았다. 수정한 이유를 추측한 내용으로 적절하지 <u>않은</u> 것은?

┤ 보기 ├

나보기가 역겨워
가실째에는 **말업시**
고히고히 보내들이우리다.

영변엔 약산
그 진달내꼿을
한아름 싸다 가실길에 쌕리우리다.

가시는길 **발거름마다**
쌕려노흔 그꼿을
고히나 즈려밟고 가시옵소서.

나보기가 역겨워
가실째에는
죽어도 아니, 눈물흘니우리다.

① 1연의 '말업시'의 행갈이를 통해 4연과의 형태적 안정감을 부여하려 한 것이군.

② 2연의 '영변엔 약산'을 수정하여 낭독을 부드럽게 하려 한 것이군.

③ 2연의 '그', '한—'을 삭제하여 4음보를 형성하려 한 것이군.

④ 3연의 '발거름마다'의 일부 단어를 반복하여 리듬감을 살리려 한 것이군.

⑤ 4연의 반점을 제거하여 운율의 통일성을 형성하려 한 것이군.

> 유사한 수능 문제 형식
>
> • 윗글의 3연은 처음 발표되었을 때 〈보기〉와 같았다. 고쳐쓰기를 통해 얻은 시적 효과를 가장 적절하게 평가한 것은?
> • 〈보기〉를 윗글과 같이 고쳤을 때 작가의 생각으로 적절하지 <u>않은</u> 것은?

문제 해결 포인트
❶ 화자가 처한 시적 상황 파악
❷ 화자의 정서 파악
❸ 대화 형식의 시상 전개 방식 파악

㉠나는 북관(北關)에 혼자 앓어누워서

어느 아츰 의원을 뵈이었다

의원은 ㉡여래(如來) 같은 상을 하고 관공(關公)의 수염을 드리워서

먼 옛적 어느 나라 신선 같은데

새끼손톱 길게 돋은 손을 내어

묵묵하니 한참 맥을 짚더니

문득 물어 고향이 어데냐 한다

평안도 정주라는 곳이라 한즉

그러면 ㉢아무개 씨 고향이란다

그러면 아무개 씰 아느냐 한즉

의원은 빙긋이 웃음을 띠고

막역지간(莫逆之間)이라며 수염을 쓴다

나는 아버지로 섬기는 이라 한즉

㉣의원은 또다시 넌즈시 웃고

말없이 팔을 잡어 맥을 보는데

손길은 따스하고 부드러워

㉤고향도 아버지도 아버지의 친구도 다 있었다

− 백석, 「고향」

06 윗글의 화자는 타향에서 혼자 앓아누워 외로운 처지에 있다가 의원을 만나 그와 (   )을/를 나누며 (   )와/과 아버지를 떠올리고 있다.

시적 상황과 화자가 의원에게 느끼는 감정을 중심으로 '손길'의 의미를 살펴보자.

07 윗글의 '손길'이 하는 역할을 〈조건〉에 맞게 서술하시오.

┤ 조건 ├
화자의 정서에 미친 영향을 중심으로 쓸 것.

08 윗글에 대한 설명으로 적절하지 <u>않은</u> 것은?

① 화자가 시의 표면에 드러나 있다.

② 담담한 어조로 유년 시절의 추억을 노래하고 있다.

③ 촉각적 심상을 활용하여 고향에 대한 감정을 표현하고 있다.

④ 화자의 정서가 '외로움 → 반가움 → 친근감'으로 변하고 있다.

⑤ 인물, 사건, 배경이 제시되어 한 편의 짧은 이야기와 같은 느낌을 주고 있다.

09 ㉠~㉤에 대한 설명으로 적절하지 <u>않은</u> 것은?

① ㉠: 고향을 떠나 홀로 병이 든 화자의 처지를 알 수 있다.

② ㉡: 의원의 모습을 비유적 표현을 통해 시각적으로 묘사하고 있다.

③ ㉢: 화자와 의원이 서로 관계가 있음을 알게 되는 계기가 되는 인물이다.

④ ㉣: 의원이 환자를 진찰하는 단순한 의료 행위 이상의 의미를 담고 있다.

⑤ ㉤: 화자가 고향으로 돌아가 아버지와 아버지의 친구를 만나게 될 것임을 암시하고 있다.

수능형 | 2003학년도 10월 고2 학력평가 변형

10 윗글을 〈보기〉처럼 시나리오로 각색해 보았다. ⓐ~ⓔ 중 적절하지 <u>않은</u> 것은?

유사한 수능 문제 형식

윗글을 〈보기〉와 같은 시나리오로 각색했을 때 고려했을 내용과 효과로 적절하지 <u>않은</u> 것은?

┌─ 보기 ┐

S# 1 어느 허름한 집, 마당.

  (흰 수염을 길게 드리운 의원이 서 있다.)

의원: 안에 있는가?

S# 2 방 안.

  (청년이 맥없이 누워 있다.)

청년: (ⓐ 힘없는 목소리로) 누구십니까?

의원: (방문을 열고 들어오면서) 의원일세.

청년: 예, 와 주셨군요.

의원: (ⓑ 부드러운 시선으로 바라보며 청년 곁으로 다가앉는다.) 그래, 어디가 아픈가?

청년: 온몸에 기운이 없습니다.

의원: 어디 팔을 내밀어 보게.

청년: 예. (여윈 팔을 힘없이 내민다.)

의원: (ⓒ 눈을 지그시 감고 맥을 짚으며) 자네 고향은 어딘가?

청년: 평안도 정주(定州)라는 곳입니다.

의원: 그곳이라면, ○○○ 씨의 고향이구먼.

청년: ○○○ 씨를 아십니까? 제가 아버지로 섬기는 분입니다.

의원: (ⓓ 온화한 표정으로) 그래, 나와는 막역(莫逆)한 사이라네.

청년: ……. (ⓔ 쓸쓸한 표정으로 눈을 감으며, 고향과 아버지의 모습을 떠올린다.) − O. L. −

└──────────────────────────┘

① ⓐ   ② ⓑ   ③ ⓒ   ④ ⓓ   ⑤ ⓔ

11~15 다음 글을 읽고 물음에 답하시오.

문제 해결 포인트
❶ 화자의 정서를 강조하는 표현 방식 파악
❷ 이별 상황에서 화자의 정서 변화 파악
❸ 고려 가요의 형식상 특징 파악

가시리 가시리잇고 나는
버리고 가시리잇고 나는
위 증즐가 대평성대(大平盛代)

날러는 어찌 살라 하고
버리고 가시리잇고 나는
위 증즐가 대평성대(大平盛代)

잡사와 두어리마나는
선하면 아니 올세라
위 증즐가 대평성대(大平盛代)

설온 님 보내옵나니 나는
가시는 듯 돌아오소서 나는
위 증즐가 대평성대(大平盛代)

– 작자 미상, 「가시리」

11 윗글에 대한 설명으로 적절하지 <u>않은</u> 것은?

① 가락을 맞추기 위한 여음을 사용하고 있다.
② '기–승–전–결'의 구조로 내용이 전개되고 있다.
③ 동일한 시구를 반복하여 음악적 효과를 거두고 있다.
④ 의문형 문장을 활용하여 화자의 정서를 드러내고 있다.
⑤ 자연물에 감정을 이입하여 주제 의식을 강조하고 있다.

12 윗글의 화자가 떠나는 임을 잡지 못하는 이유를 서술하시오.

13 윗글에 나타난 화자의 정서 변화로 가장 적절한 것은?

① 거부 → 갈등 → 애원 → 염원

② 걱정 → 허탈감 → 불안 → 기원

③ 두려움 → 체념 → 안타까움 → 절망

④ 놀람 → 슬픔과 절망 → 하소연 → 이해

⑤ 안타까움 → 원망 → 체념과 절제 → 소망

14 '설온 님'은 서러움을 느끼는 것이 (   )(이)라면 '나를 서럽게 하는 임'이라고 해석할 수 있고, 서러움을 느끼는 것이 (   )(이)라면 '이별을 서러워하는 임'이라고 해석할 수 있다.

> 서러움을 느끼는 주체가 누구인지를 생각하며 '설온 님'의 뜻을 파악해 보자.

수능형 | 2014학년도 3월 고1 학력평가

15 윗글을 심화 학습하는 과정에서 〈보기〉의 자료를 접하였다. 이를 바탕으로 윗글을 감상한 내용으로 적절하지 않은 것은?

> 유사한 수능 문제 형식
>
> 〈보기〉의 자료를 바탕으로 할 때, 윗글을 감상한 내용으로 적절하지 않은 것은?

┤ 보기 ├

[「가시리」의 형식상 특징]

○ 3음보를 기본 율격으로 하여 리듬감을 형성함.

○ 음악적 효과를 높여 주는 역할을 하는 후렴구를 반복함.

[「가시리」의 내용상 특징]

○ 자신에게 닥친 부당한 상황을 어쩔 수 없이 받아들이는 데서 오는 한(恨)의 정서가 나타남.

○ 이별의 상황에 적극적으로 대응하지 못하고 체념하는 소극적인 화자의 태도가 담겨 있음.

① '가시리 가시리잇고'에서 3·3·2조의 3음보 율격을 확인할 수 있군.

② '위 증즐가 대평성대'는 음악적 효과를 높여 주는 후렴구라고 할 수 있군.

③ '날러는 어찌 살라 하고'는 임을 붙잡지 못하고 체념한 심정을 드러내고 있군.

④ '선하면 아니 올세라'에는 이별의 상황에 소극적으로 대응하는 이유가 드러나 있군.

⑤ '설온 님 보내옵나니'에는 어쩔 수 없이 이별을 받아들이는 한의 정서가 담겨 있군.

가 ㉠나흘 전 감자 쪼간만 하더라도 나는 저에게 조금도 잘못한 것은 없다.

계집애가 나물을 캐러 가면 갔지 남 울타리 엮는 데 쌩이질을 하는 것은 다 뭐냐. 그것도 발소리를 죽여 가지고 등 뒤로 살며시 와서

"얘! 너 혼자만 일하니?" / 하고 긴치 않은 수작을 하는 것이다.

어제까지도 저와 나는 이야기도 잘 않고 서로 만나도 본척만척하고 이렇게 점잖게 지내던 터이련만 오늘로 갑작스레 대견해졌음은 웬일인가. 항차 망아지만 한 계집애가 남 일하는 놈 보고……

"그럼 혼자 하지 떼루 하디?" / 내가 이렇게 내뱉은 소리를 하니까

"너 일하기 좋니?" / 또는 / "한여름이나 되거던 하지 벌써 울타리를 하니?"

잔소리를 두루 늘어놓다가 남이 들을까 봐 손으로 입을 틀어막고는 그 속에서 깔깔댄다. 별로 우스울 것도 없는데 날씨가 풀리더니 이놈의 계집애가 미쳤나 하고 의심하였다. 게다가 조금 뒤에는 제 집께를 할금할금 돌아다보더니 행주치마의 속으로 꼈던 바른손을 뽑아서 나의 턱 밑으로 불쑥 내미는 것이다. 언제 구웠는지 아직도 더운 김이 홱 끼치는 굵은 감자 세 개가 손에 뿌듯이 쥐였다.

㉡"느 집엔 이거 없지?"

하고 생색 있는 큰소리를 하고는 제가 준 것을 남이 알면 큰일 날 테니 여기서 얼른 먹어 버리란다. 그리고 또 하는 소리가

"너 봄 감자가 맛있단다." / "난 감자 안 먹다. 니나 먹어라."

나는 고개도 돌리지 않고 일하던 손으로 그 감자를 도로 어깨 너머로 쑥 밀어 버렸다.

그랬더니 그래도 가는 기색이 없고, 뿐만 아니라 쌔근쌔근하고 심상치 않게 숨소리가 점점 거칠어진다. 이건 또 뭐야 싶어서 그때에야 비로소 돌아다보니 나는 참으로 놀랐다. 우리가 이 동리에 들어온 것은 근 삼 년째 되어 오지만 ㉢여지껏 가무잡잡한 점순이의 얼굴이 이렇게까지 홍당무처럼 새빨개진 법이 없었다. 게다 눈에 독을 올리고 한참 나를 요렇게 쏘아보더니 나중에는 눈물까지 어리는 것이 아니냐. 그리고 바구니를 다시 집어 들더니 이를 꼭 악물고는 엎어질 듯 자빠질 듯 논둑으로 힝허케 달아나는 것이다.

어쩌다 동리 어른이 / "너 얼른 시집을 가야지?" / 하고 웃으면

"염려 마서유. 갈 때 되면 어련히 갈라구!"

이렇게 천연덕스레 받는 점순이었다. 본시 부끄럼을 타는 계집애도 아니거니와 또한 분하다고 눈에 눈물을 보일 얼병이도 아니다. 분하면 차라리 나의 등어리를 바구니로 한번 모질게 후려 쌔리고 달아날지언정. / 그런데 고약한 그 꼴을 하고 가더니 그 뒤로는 나를 보면 잡아먹으려고 기를 복복 쓰는 것이다.

나 나는 약이 오를 대로 다 올라서 두 눈에서 불과 함께 눈물이 퍽 쏟아졌다. 나무 지게도 벗어 놓을 새 없이 그대로 내동댕이치고는 지게막대기를 뻗치고 허둥지둥 달려들었다.

가까이 와 보니, 과연 나의 짐작대로 우리 수탉이 피를 흘리고 거의 빈사지경에 이르렀다. 닭도 닭이려니와 그러함에도 불구하고 눈 하나 깜짝 없이 고대로 앉아서 호드기만 부는 그 꼴에 더욱 치가 떨린다. 동리에서도 소문이 났거니와 나도 한때는 걱실걱실히 일 잘하고 얼굴 이쁜 계집애인 줄 알았더니 시방 보니까 그 눈깔이 꼭 여우 새끼 같다.

ⓔ나는 대뜸 달려들어서 나도 모르는 사이에 큰 수탉을 단매로 때려 엎었다. 닭은 푹 엎어진 채 다리 하나 꼼짝 못 하고 그대로 죽어 버렸다. 그리고 나는 멍하니 섰다가 점순이가 매섭게 눈을 흡뜨고 닥치는 바람에 뒤로 벌렁 나자빠졌다.

"이놈아! 너 왜 남의 닭을 때려죽이니?"

"그럼 어때?" / 하고 일어나다가 / "뭐 이 자식아! 누 집 닭인데?"

하고 복장을 떠미는 바람에 다시 벌렁 자빠졌다. 그러고 나서 가만히 생각을 하니 분하기도 하고 무안도 스럽고 또 한편 일을 저질렀으니 인젠 땅이 떨어지고 집도 내쫓기고 해야 될는지 모른다.

나는 비슬비슬 일어나며 소맷자락으로 눈을 가리고는 얼김에 엉 하고 울음을 놓았다. 그러다 점순이가 앞으로 다가와서 / "그럼, 너 이담부텀 안 그럴 터냐?"

하고 물을 때에야 비로소 살길을 찾은 듯싶었다. 나는 눈물을 우선 씻고 뭘 안 그러는지 명색도 모르건만

"그래!" / 하고 무턱대고 대답하였다.

"요담부터 또 그래 봐라, 내 자꾸 못살게 굴 터니."

ⓜ"그래 그래, 인젠 안 그럴 테야!"

"닭 죽은 건 염려 마라. 내 안 이를 테니."

그리고 뭣에 떠다밀렸는지 나의 어깨를 짚은 채 그대로 픽 쓰러진다. 그 바람에 나의 몸뚱이도 겹쳐서 쓰러지며 한창 피어 퍼드러진 노란 동백꽃 속으로 폭 파묻혀 버렸다. / 알싸한 그리고 향긋한 그 냄새에 나는 땅이 꺼지는 듯이 온 정신이 고만 아찔하였다.

"너 말 마라." / "그래!" / 조금 있더니 요 아래서

"점순아! 점순아! 이년이 바느질을 하다 말구 어딜 갔어!"

하고 어딜 갔다 온 듯싶은 그 어머니가 역정이 대단히 났다.

점순이가 겁을 잔뜩 집어먹고 꽃 밑을 살금살금 기어서 산 아래로 내려간 다음 나는 바위를 끼고 엉금엉금 기어서 산 위로 치빼지 않을 수 없었다.

— 김유정, 「동백꽃」

16 윗글의 서술상 특징으로 적절하지 <u>않은</u> 것은?

① 역순행적 구성으로 사건이 전개된다.
② 등장인물이 사투리를 사용하여 현장감을 높인다.
③ 작품 안에 등장하는 인물이 자신의 이야기를 전달한다.
④ 신분 차이로 인한 계층 간의 갈등을 중심 사건으로 다룬다.
⑤ 산골 마을을 배경으로 하여 향토적이고 서정적인 분위기를 형성한다.

서술자가 누구인지, 서술자가 어떤 특징을 지니고 있는지 생각해 봐!

17 윗글에서 서술자 '나'의 성격적 특징이 작품에 미치는 영향과 효과를 서술하시오.

18 (가)에서 '(   )'은/는 '나'에 대한 '점순'의 관심과 애정을 보여 주는 소재로, '나'와 '점순' 사이에 (   )이/가 일어나는 계기가 된다.

19 ㉠~㉢에 대한 설명으로 적절하지 <u>않은</u> 것은?

① ㉠: '나'는 점순의 마음을 전혀 눈치채지 못하고 있다.
② ㉡: '나'가 점순이 건넨 감자를 거절하는 이유가 된다.
③ ㉢: 인물의 외양을 묘사하여 인물의 심리를 짐작하게 하고 있다.
④ ㉣: '나'와 점순 사이의 갈등이 최고조에 이르렀음을 알 수 있다.
⑤ ㉤: '나'가 점순의 마음을 이해하고 자신의 잘못을 뉘우치게 되었음을 알 수 있다.

수능형 | 2000학년도 대학수학능력시험 변형

유사한 수능 문제 형식

• 윗글의 내용을 바탕으로 가상 인터뷰를 진행하였을 때의 내용으로 적절하지 않은 것은?
• (가)의 서술자와 (나)의 화자가 나눈 대화의 내용으로 적절하지 않은 것은?

20 윗글을 바탕으로 '나'가 50년 후에 자서전을 쓴다고 할 때, 그 내용으로 적절하지 <u>않</u>은 것은?

① 점순이가 자신의 집 수탉과 우리 집 수탉을 싸움 붙이던 일을 생각하면 내 입가에 웃음이 번지곤 한다.
② 농촌 생활을 소재로 한 드라마를 볼 때마다 새빨개진 얼굴로 논둑을 달려가던 점순이의 모습이 떠오르곤 한다.
③ 소작인의 아들로서 점순이네 수탉을 죽인 후 당황하고 겁이 났지만 되돌아보면 그래도 순박했던 시절로 기억되곤 한다.
④ 지금도 알싸한 동백꽃 향기가 나는 계절이 오면 그 시절 고향의 모습과 점순이와의 풋풋했던 감정이 아련하게 머릿속을 맴돌곤 한다.
⑤ 요즘 젊은이들의 대담한 감정 표현을 볼 때 점순이가 그때 좀 더 적극적이었더라면 내가 그토록 숙맥처럼 행동하지는 않았으리라는 생각이 든다.

21~25 다음 글을 읽고 물음에 답하시오.

"그 꽃은 어디서 났니? 퍽 곱구나."

하고 어머니가 말씀하셨습니다. 그러나 나는 갑자기 말문이 막혔습니다. '이걸 엄마 드리려고 유치원서 가져왔어.' 하고 말하기가 어째 몹시 부끄러운 생각이 들었습니다. 그래 잠깐 망설이다가, / "응, 이 꽃! 저, 사랑 아저씨가 엄마 갖다주라고 줘."

하고 불쑥 말했습니다. 그런 거짓말이 어디서 그렇게 툭 튀어나왔는지 나도 모르지요.

㉠꽃을 들고 냄새를 맡고 있던 어머니는 내 말이 끝나기가 무섭게 무엇에 몹시 놀란 사람처럼 화닥닥하였습니다. 그러고는 금시에 어머니 얼굴이 그 꽃보다 더 빨갛게 되었습니다. 그 꽃을 든 어머니 손가락이 파르르 떠는 것을 나는 보았습니다. 어머니는 무슨 무서운 것을 생각하는 듯이 방 안을 휘 한번 둘러보시더니,

"옥희야, 그런 걸 받아 오면 안 돼."

하고 말하는 목소리는 몹시 떨렸습니다. 나는 꽃을 그렇게도 좋아하는 어머니가 이 꽃을 받고 그처럼 성을 낼 줄은 참으로 뜻밖이었습니다. 어머니가 그렇게도 성을 내는 것을 보니까 그 꽃을 내가 가져왔다고 그러지 않고 아저씨가 주더라고 거짓말을 한 것이 참 잘되었다고 나는 속으로 생각했습니다. 어머니가 성을 내는 까닭을 나는 모르지만 하여튼 성을 낼 바에는 내게 내는 것보다 아저씨에게 내는 것이 내게는 나았기 때문입니다. 한참 있더니 어머니는 나를 방 안으로 데리고 들어와서,

㉡"옥희야, 너 이 꽃 이야기 아무보구도 하지 마라, 응?"

하고 타일러 주었습니다. 나는,

"응." / 하고 대답하면서 고개를 여러 번 까닥까닥했습니다.

[A] ⌈ 어머니가 그 꽃을 곧 내버릴 줄로 나는 생각했습니다마는 내버리지 않고 꽃병에 꽂아서 풍금 위에 놓아두었습니다. 아마 퍽 여러 밤 자도록 그 꽃은 거기 놓여 있어서 마지막에는 시들었습니다. 꽃이 다 시들자 어머니는 가위로 그 대는 잘라 내 버리고 꽃만은 찬송가 갈피에 곱게 끼워 두었습니다.

내가 어머니께 꽃을 갖다주던 날 밤에 나는 또 사랑에 놀러 나가서 아저씨 무릎에 앉아서 그림책을 보고 있었습니다. 갑자기 아저씨 몸이 흠칫하였습니다. 그러고는 귀를 기울입니다. 나도 귀를 기울였습니다.

풍금 소리!

그 풍금 소리는 분명 안방에서 흘러나오는 것이었습니다.

"엄마가 풍금을 타나 보다."

하고 나는 벌떡 일어나서 안으로 뛰어왔습니다. 안방에는 불을 켜지 않았습니다. 그러나 그때는 음력으로 보름께나 되어서 달이 낮같이 밝은데 은빛 같은 흰 달빛이 방 한 절반 가득히 차 있었습니다. 나는 흰옷을 입은 어머니가 풍금 앞에 앉아서 고요히 풍금을 타는 것을 보았습니다.

─────────

문제 해결 포인트

❶ 서술자의 특징과 서술 효과 파악
❷ 주요 소재의 의미 파악
❸ '어머니'의 내적 갈등 파악

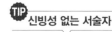**신빙성 없는 서술자**

여섯 살 소녀의 눈으로 어른들의 애정 심리를 파악하는 것은 불가능하기 때문에 이 글의 서술자인 옥희는 이른바 신빙성 없는 서술자, 혹은 오류에 빠진 서술자라고 할 수 있음.

(중략)

그러나 얼마 오래지 않아 목소리는 약간 떨리기 시작하였습니다. 가늘게 떨리는 노랫소리, ⓒ그에 따라 풍금의 가는 소리도 바르르 떠는 듯했습니다. 노랫소리는 차차 가늘어지더니 마지막에는 사르르 없어져 버렸습니다. 풍금 소리도 사르르 없어졌습니다. 어머니는 고요히 풍금에서 일어나시더니 옆에 서 있는 내 머리를 쓰다듬었습니다. 그다음 순간 어머니는 나를 안고 마루로 나오셨습니다. 어머니는 아무 말씀도 없이 나를 꼭꼭 껴안는 것이었습니다. 달빛을 함빡 받은 내 어머니 얼굴은 몹시도 새하얗다고 생각되었습니다. 우리 어머니는 참으로 천사 같다고 나는 생각하였습니다. / 우리 어머니의 새하얀 두 뺨 위로 쉴 새 없이 두 줄기 눈물이 줄줄 흘러내리고 있는 것을 나는 보았습니다. 그것을 보니 나도 갑자기 울고 싶어졌습니다.

"어머니, 왜 울어?" / 하고 나도 훌쩍거리면서 물었습니다. / "옥희야." / "응?" 한참 동안 어머니는 아무 말씀도 없었습니다. 그러나 한참 후에,

ⓔ"옥희야, 나는 너 하나면 그뿐이다." / "엄마."

[중략 부분의 줄거리] 아저씨로부터 사랑 고백 편지가 담긴 하얀 봉투를 받은 어머니는 아버지의 옷들을 쓸어 보고 '나'와 기도를 하며 아저씨에 대한 감정을 억누르고 '나'의 앞날을 걱정하여 거절하는 편지를 하얀 손수건에 넣어 보낸다. 그리고 아저씨는 이 편지를 받고 짐을 챙겨서 떠난다.

뒷동산에서 내려오자 어머니는 방으로 들어가시더니 이때까지 늘 열어 두었던 풍금 뚜껑을 닫으십니다. 그러고는 거기 쇠를 채우고 그 위에다가 이전 모양으로 반짇고리를 얹어 놓으십니다. 그러고는 그 옆에 있는 찬송가를 맥없이 들고 뒤적뒤적하시더니 빼빼 마른 꽃송이를 그 갈피에서 집어내시더니,

"옥희야, 이것 내다 버려라."

하고 그 마른 꽃을 내게 주었습니다. 그 꽃은 내가 유치원에서 갖다가 어머니께 드렸던 그 꽃입니다. 그러자 옆 대문이 삐꺽하더니,

"달걀 사소." / 하고 매일 오는 달걀 장수 노파가 달걀 광주리를 이고 들어왔습니다.

"이젠 우리 달걀 안 사요. 달걀 먹는 이가 없어요."

하시는 어머니 목소리는 맥이 한 푼어치도 없었습니다.

나는 어머니의 이 말씀에 놀라서 떼를 좀 써 보려 했으나 석양에 빤히 비치는 어머니 얼굴을 볼 때 그 용기가 없어지고 말았습니다. 그래서 아저씨가 주신 인형 귀에다가 내 입을 갖다 대고 가만히 속삭이었습니다.

"ⓜ얘, 우리 엄마가 거짓부리 썩 잘하누나. 내가 달걀 좋아하는 줄 잘 알면서 먹을 사람이 없대누나. 떼를 좀 쓰구 싶다만 저 우리 엄마 얼굴 좀 봐라. 어쩌면 저리도 새파래졌을까? 아마 어데가 아픈가 보다." / 라고요.

– 주요섭, 「사랑손님과 어머니」

21 윗글에 대한 감상으로 적절하지 <u>않은</u> 것은?

① 순차적인 시간의 흐름에 따라 사건이 전개되고 있어.

② 천진스러운 구어체를 사용하여 독자에게 친밀감을 형성하고 있어.

③ 겉으로 드러낼 수 없는 어머니와 아저씨의 사랑이 애틋하게 느껴졌어.

④ 어린아이가 어른들의 세계를 관찰하며 정신적으로 성숙해 가는 모습을 그리고 있어.

⑤ 이야기를 전달하는 서술자가 어른들의 마음을 이해하지 못한 채 서술하는 내용이 재미를 더하고 있어.

22 서술자 '나'의 특징이 윗글의 주제에 미치는 영향을 서술하시오.

23 '어머니'는 '아저씨'에 대한 (   )와/과 봉건적 윤리관 및 '옥희'의 장래에 대한 염려 사이에서 (   )을/를 겪고 있다.

24 ㉠~㉤의 의미 및 역할에 대한 설명으로 적절하지 <u>않은</u> 것은?

① ㉠: 아저씨에 대한 어머니의 마음을 알 수 있게 한다.

② ㉡: 어머니가 다른 사람의 이목을 신경 쓰고 있음을 알 수 있다.

③ ㉢: 어머니의 감정이 사물에 이입되어 나타나고 있다.

④ ㉣: 어머니가 아저씨와의 사랑을 포기할 것임을 암시하고 있다.

⑤ ㉤: 어머니의 거짓말이 탄로 나면서 이전까지의 갈등이 해소되었음을 알 수 있다.

수능형
25 〈보기〉는 [A]의 내용을 바꾸어 쓴 것이다. [A]와 〈보기〉를 비교하여 이해한 내용으로 적절하지 <u>않은</u> 것은?

┌─ 보기 ├─

　나는 사랑손님이 주었다는 그 꽃을 꽃병에 꽂아서 풍금 위에 놓아두었다. 꽤 여러 날 동안 놓아두었기 때문에, 결국에는 꽃이 시들었다. 꽃이 다 시들자 나는 사랑손님의 사랑이 담긴 그 꽃을 잘 간직하기 위해 가위로 그 대는 잘라 내 버리고, 꽃만은 찬송가 갈피에 잘 끼워 두었다.

① [A]와 〈보기〉 모두 서술자가 작품 속에 위치해 있다.

② 〈보기〉와 달리 [A]에서는 서술자가 인물의 심리를 이해하지 못하고 있다.

③ [A]와 달리 〈보기〉에서는 인물이 자신의 이야기를 전달하고 있다.

④ [A]와 달리 〈보기〉에는 상대에 대한 사랑의 감정이 분명하게 제시되고 있다.

⑤ [A]와 달리 〈보기〉에서는 대상에 대해 관찰한 내용을 객관적으로 서술하고 있다.

유사한 수능 문제 형식

• [A]를 〈보기〉와 같이 고쳤을 때, 얻게 되는 효과로 적절하지 않은 것은?

• [A]와 〈보기〉를 비교했을 때, [A]에 드러나는 특징으로 가장 적절한 것은?

26~30 다음 글을 읽고 물음에 답하시오.

문제 해결 포인트

❶ 한시의 기능 파악
❷ 인물 간의 갈등 양상과 이에 따른 주제 파악
❸ 풍자적 표현 파악

TIP 장면의 극대화

장면의 극대화란 관객이 관심을 보이는 대목을 집중적으로 열거, 과장, 부연한 확장적 문체를 통해 생동감을 주는 것을 의미함. 이 지문에서는 암행어사가 출두하여 관리들이 혼비백산하는 모습을 확장시켜 표현하고 있음.

[앞부분의 줄거리] 전라도 남원 땅의 기생 월매와 성 참판 사이에서 태어난 춘향은 어려서부터 용모와 재주가 뛰어났다. 춘향이 열여섯이 되던 해, 남원 부사로 부임한 아버지를 따라 한양에서 내려온 이몽룡은 단옷날 그네를 타러 나온 춘향을 보고 한눈에 반하여 백년가약을 맺는다. 하지만 이몽룡은 동부승지로 임명된 아버지를 따라 한양으로 떠나고, 홀로 남은 춘향은 새로 부임한 변 사또의 수청을 거부하다 고초를 겪고 옥에 갇힌다. 한편 한양에서 장원 급제한 이몽룡은 암행어사가 되어 신분을 숨긴 채 춘향을 만나러 남원으로 내려온다. 이몽룡은 변 사또의 횡포를 모두 듣고 변 사또의 생일잔치에 찾아갔다가 홀대를 당한다.

운봉이 하는 말이, / "이런 잔치에 풍류로만 놀아서는 맛이 적으니 운자를 따라 시 한 수씩 지어 보면 어떻겠소?" / "그 말이 옳다."

다들 찬성을 했다. 운봉이 먼저 운을 낼 때 '높을 고(高)' 자, '기름 고(膏)' 자 두 자를 내놓고 차례로 운을 달아 시를 지었다. 앞사람이 끝나면 뒷사람이 받아 시를 지을 때 어사또 끼어들어 하는 말이,

"이 걸인도 어려서 글을 좀 읽었는데, ㉠좋은 잔치를 맞아 술과 안주를 포식하고 그냥 가기가 염치가 아니니 한 수 하겠소이다."

운봉이 반갑게 듣고 붓과 벼루를 내주니, 백성들의 사정과 본관 사또의 정체를 생각하여 시 한 편을 써 내려갔다.

[A]
금 술잔의 좋은 술은 수많은 사람의 피요	金樽美酒 千人血
옥쟁반의 좋은 안주는 만백성의 기름이라	玉盤佳肴 萬姓膏
촛농이 떨어질 때 백성들 눈물도 떨어지고	燭淚落時 民淚落
노랫소리 높은 곳에 원망의 소리도 높구나	歌聲高處 怨聲高

이렇게 시를 지어 보이니 술에 취한 변 사또는 무슨 뜻인지도 모르지만, 글을 받아 본 운봉은 속으로, / '아뿔싸! 일 났다.' / 가슴이 철렁 내려앉았다.

[중략 부분의 줄거리] 암행어사가 갑작스럽게 출두하고 본관 사또와 수령들은 이에 놀라 넋을 잃고 정신없이 달아난다.

㉡좌수·별감은 넋을 잃고, 이방·호장은 혼을 잃고, 삼색 옷 입은 나졸들은 분주하네. 모든 수령이 도망하는데 그 꼴이 가관이다. 도장 궤 잃고 유밀과 들고, 병부 잃고 송편 들고, 탕건 잃고 용수 쓰고, 갓 잃고 밥상 쓰고, 칼집 쥐고 오줌 누기, 부서지니 거문고요, 깨지나니 북·장고라.

본관 사또 똥을 싸고, 멍석 구멍에 생쥐 눈 뜨듯 하면서 관아 깊숙한 안채로 들어가며 급히 내뱉는 말이,

ⓐ"어, 추워라. 문 들어온다 바람 닫아라. 물 마르다 목 들여라."

관청색은 상을 잃고 문짝을 이고 내달으니 서리, 역졸 달려들어 후다닥 딱 친다.

"애고, 나 죽네." / 이때 암행어사 분부하되,

"이 고을은 대감께서 계시던 곳이다. 소란을 금하고 객사로 옮기라."

관아를 한차례 정리하고 동헌에 올라앉은 후에,

"본관은 봉고파직하라." / "본관은 봉고파직이오."

동서남북 문밖에 봉고파직이라는 암행어사의 명이 나붙었다. 절차에 따라 옥의 형리를 불러 분부하되, / "옥에 갇힌 죄인들을 다 올리라."

호령하니 죄인을 올리거늘 다 각각 죄를 물은 후에 죄 없는 자들을 풀어 줄 때,

"저 계집은 무엇인고?" / 형리가 아뢴다.

"기생 월매의 딸인데 관가에서 포악을 떤 죄로 옥중에 있사옵니다."

"무슨 죄인고?"

"본관 사또를 모시라고 불렀더니 절개를 지킨다면서 사또 명을 거역하고 사또 앞에서 악을 쓴 춘향이로소이다." / 어사또 분부하되,

"너만 한 년이 수절한다고 나라의 관리를 욕보였으니 살기를 바랄 것이냐. 죽어 마땅할 것이나 기회를 한 번 더 주마. 내 수청도 거역할 테냐?"

이 어사는 춘향의 마음을 떠보려고 짐짓 한번 다그쳐 보는 것인데, 춘향은 어이가 없고 기가 콱 막힌다.

"내려오는 사또마다 빠짐없이 명관이로구나! 어사또 들으시오. ⓒ층층이 높은 절벽 높은 바위가 바람이 분들 무너지며, 푸른 솔 푸른 대가 눈이 온들 변하리까. ⓓ그런 분부 마옵시고 어서 빨리 죽여 주오."

하면서 무슨 생각이 났는지 황급히 이리저리 두리번거리며 향단이를 찾는다.

"향단아, 서방님 혹시 어디 계신가 살펴보아라. 어젯밤 오셨을 때 천만당부했는데 어디를 가셨는지, 나 죽는 줄도 모르시는가? 어서 찾아보아라."

어사또 다시 분부하되, / "얼굴을 들어 나를 보아라."

하시기에 춘향이 천천히 고개를 들어 대 위를 살펴보니, 거지로 왔던 낭군이 어사또로 뚜렷이 앉아 있었다. 순간, 춘향은 깜짝 놀라 눈을 질끈 감았다가 떴다.

"나를 알아보겠느냐? 네가 찾는 서방이 바로 여기 있느니라."

어사또는 즉시 춘향의 몸을 묶은 오라를 풀고 동헌 위로 모시라고 명을 내렸다. 몸이 풀린 춘향은 웃음 반 울음 반으로,

"얼씨구나 좋을씨고, 어사 낭군 좋을씨고. ⓔ남원읍에 가을 들어 낙엽처럼 질 줄 알았더니 객사에 봄이 들어 봄바람에 핀 오얏꽃이 날 살리네. 꿈이냐 생시냐? 꿈이 깰까 염려로다."

- 작자 미상, 「춘향전」

26 윗글의 내용에 대한 이해로 적절하지 <u>않은</u> 것은?

① 변 사또는 어사또가 지은 한시를 이해하지 못했다.

② 운봉은 한시의 내용을 보고 어사또의 정체를 눈치챘다.

③ 어사또는 춘향의 마음을 확인하고 싶어 춘향을 떠보았다.

④ 춘향은 암행어사가 되어 돌아온 이몽룡을 명관이라고 칭송하였다.

⑤ 어사또는 탐관오리를 벌주고 옥에 갇힌 억울한 백성들을 구제하였다.

한시가 어떤 내용을 담고 있는지 먼저 생각해 보자.

27 윗글의 사건 전개 과정에서 [A]가 하는 역할을 서술하시오.

28 ㉠~㉤에 대한 설명으로 적절하지 <u>않은</u> 것은?

① ㉠: 어사또가 형편없는 대접을 받았음을 반어적으로 드러내고 있다.

② ㉡: 요약적 제시를 통해 관리들의 모습을 우스꽝스럽게 표현하고 있다.

③ ㉢: 은유법과 설의법을 사용하여 춘향의 지조와 절개를 강조하고 있다.

④ ㉣: 죽음으로 절개를 지키고자 하는 춘향의 강한 의지를 보여 주고 있다.

⑤ ㉤: 위기에 처했던 춘향이 다시 살아나게 되었다는 의미를 담고 있다.

29 ⓐ는 어휘의 (   )을/를 이용한 언어유희가 나타나는 부분으로 인물들이 당황하는 모습을 (   )적으로 표현하고 있다.

유사한 수능 문제 형식

• 〈보기〉와 같은 선생님의 안내에 따라 학생들이 윗글을 감상한 내용으로 적절하지 않은 것은?

• 〈보기〉의 선생님의 질문에 대한 대답으로 적절한 것은?

수능형

30 〈보기〉의 밑줄 친 부분에 들어갈 내용으로 가장 적절한 것은?

┤ 보기 ├

선생님: 고전 소설에서는 겉으로 드러나는 주제와 함께 속에 숨겨져 있는 주제도 함께 발견할 수 있어요. 「춘향전」 역시 표면적 주제와 이면적 주제를 가지고 있지요. 춘향이 모진 고난을 이겨 내고 이몽룡과의 사랑을 성취하는 모습으로 볼 때 작품의 겉으로 드러나는 주제는 여성의 굳은 정절이라고 할 수 있어요. 하지만 춘향이 이몽룡의 부인이 됨으로써 기생의 딸이라는 신분적 한계를 극복하는 모습을 보여 준다는 점에 주목하면, 이 작품의 이면적 주제는 _____ (이)라고 할 수 있어요.

① 탐관오리에 대한 응징

② 남녀 차별에 대한 비판

③ 평등한 사회에 대한 갈망

④ 신분제의 속박으로 인한 비극

⑤ 양반들의 특권 의식에 대한 풍자

31~35 다음 글을 읽고 물음에 답하시오.

📜 **문제 해결 포인트**
❶ 삽입시의 기능 파악
❷ 인물 간의 갈등 양상 파악
❸ 액자식 구성 파악

[앞부분의 줄거리] 선비 유영은 안평 대군의 옛집인 수성궁에 놀러 가서 혼자 술을 마시다가 취하여 누웠는데, 그곳에서 김 진사와 운영을 만나 그들의 슬픈 사랑 이야기를 듣게 된다. 세종 대왕의 왕자였던 안평 대군은 열 명의 궁녀를 뽑아 자신의 궁에 두고서 외부와의 교류를 금하고 시 짓기를 가르쳤다.

"처음 보았을 때에는 우열을 가릴 수 없었으나 거듭 읽노라니 자란의 시가 뜻이 심원하여 나도 모르게 감탄하고 흥겨운 마음이 드는구나. 나머지 시들 또한 모두 맑고 좋은데, 유독 운영의 시만은 서글피 누군가를 그리워하는 마음이 보이거늘 그리는 사람이 누군지 모르겠다. 준엄히 캐물을 일이로되 그 재주가 아까워 그냥 덮어 두기로 한다."

저는 뜰로 내려가 엎드려 울며 대답했습니다.

㉠"시를 짓는 중에 우연히 나온 말이지. 어찌 다른 뜻이 있겠습니까? 지금 주군께 의심을 받으니 첩은 만 번 죽어도 유감이 없나이다."

대군은 자리에 앉으라 명하고 이렇게 말했습니다.

"시는 진정한 마음에서 우러나오는 것이라서 가리고 숨길 수가 없는 법이다. 너는 더 말하지 말아라."

그리고는 비단 열 꾸러미를 내어 우리 열 사람에게 나누어 주었습니다. 대군이 일찍이 제게 사사로운 마음을 보인 적이 없으나 궁중 사람들은 모두 대군의 마음이 제게 있다는 걸 알고 있었습니다.

[중략 부분의 줄거리] 운영은 자란에게 김 진사와 처음 만났을 때의 일을 들려주며 김 진사에 대한 자신의 마음을 털어놓는다.

"나는 이때부터 자려 해도 잠을 이루지 못하고 먹는 것이 줄었으며 마음이 답답하여 모르는 사이에 옷과 허리띠가 헐렁해졌단다. 너는 이 일을 기억 못 하겠니?"

자란이 이렇게 대답했습니다.

"잊고 있었는데 지금 네 말을 듣고 보니 술에서 막 깨어난 듯 어슴푸레 생각이 날 듯 말 듯 하구나."

그 뒤로 대군이 진사와 자주 만났으나 저희들을 가까이 두지 않았기에 저는 그때마다 문틈으로 엿보고 했답니다. 하루는 고운 종이에 오언 사운의 시 한 수를 적었어요.

> 베옷 입고 가죽 띠 두른 선비
> 옥 같은 얼굴 신선과 같지.

삽입시의 기능

이 작품에서 한시는 인물의 심리 상태를 보여 주는 장치로, 안평 대군은 운영이 지은 시에서 누군가를 그리워하는 운영의 마음을 알아차리고, 운영은 김 진사를 좋아하는 마음을 시를 통해 드러냄. 또한 한시의 삽입은 산문 형식으로 사건만 전개되던 글에 변화를 주며 함축된 의미를 통해 주제와 의미를 더욱 부각하기도 함.

[A]
늘 주렴 사이로만 바라보나니
월하노인의 인연 어디 없는지?
얼굴 씻으매 눈물이 물을 이루고
거문고 타매 한스러움 현을 울리네.
가슴 속 원망 끝이 없어서
고개 들고 하늘에 하소연하네.

이 시와 금비녀 하나를 함께 싸서 열 겹으로 거듭 봉하여 진사에게 주고자 했지만 전달할 방법이 없었답니다. 그날, 달 밝은 밤에 대군이 술자리를 크게 열어 손님을 모으고 진사의 재주를 매우 칭찬하며 일전에 진사가 지은 시 두 편을 내보였습니다. 모인 사람들이 돌려 보며 칭찬하기를 마지않더니 모두들 진사를 한번 만나보고 싶어 했습니다. 대군이 즉시 하인과 말을 보내 진사를 초청했습니다. 잠시 후 진사가 도착하여 자리로 오는데, 얼굴이 수척하고 몸은 홀쭉한 것이 예전의 기상이라곤 전혀 찾아볼 수가 없었습니다. 대군이 위로하며 이렇게 말했습니다.

"진사는 굴원의 마음이 있는 것도 아니면서 연못가에서의 초췌한 모습부터 미리 가진 게요?"

모여 있던 이들이 한바탕 크게 웃었지요. 진사가 일어나 인사하고 말했습니다.

"저는 빈천한 유생으로서 외람되이 나리의 은총을 받았습니다. 그러나 복이 지나치면 재앙이 생기는 법인지, 질병이 온몸을 휘감아 요사이 식음을 전폐하고 있습니다. 다른 사람의 도움 없이는 움직이기 어려우나 지금 부르심을 받자와 겨우 부축을 받고 와서 인사드립니다."

손님들이 모두 몸가짐을 바루어 공손함을 표했습니다. 진사는 나이 어린 유생으로서 말석에 앉았기에 저희가 있던 안쪽 방과는 단지 벽 하나를 사이에 두고 있을 뿐이었습니다.

밤이 이미 다하여 손님들이 모두 취했을 때입니다. 제가 벽에 구멍을 뚫고 엿보니 진사 역시 제 뜻을 알고 모퉁이를 향해 앉아 있더군요. 저는 봉한 편지를 구멍 사이로 던졌습니다. 진사는 편지를 주워 집으로 돌아가서 뜯어보고는 슬픔을 이기지 못해 편지를 차마 손에서 놓지 못했답니다. 그리워하는 정이 지난날보다 곱절이 되어 버틸 수 없을 지경이었고, 답장을 보내고자 하나 전할 방도가 없는지라 홀로 수심에 잠겨 탄식할 뿐이었지요.

– 작자 미상, 「운영전」

31 윗글에 대한 설명으로 적절하지 <u>않은</u> 것은?

① 시간의 순서에 따라 사건이 전개되고 있다.

② 궁이라는 특별한 장소를 배경으로 삼고 있다.

③ 궁녀와 선비의 사랑을 중심 소재로 다루고 있다.

④ '나'가 자신의 이야기를 들려주는 방식을 취하고 있다.

⑤ 이야기 속에 이야기가 들어 있는 구조로 이루어져 있다.

32 윗글의 등장인물에 대한 설명으로 가장 적절한 것은?

① 안평 대군은 운영을 의심하여 운영을 엄히 벌하였다.

② 자란은 운영에게 김 진사와의 만남에 대한 이야기를 들었다.

③ 운영은 김 진사에게 편지를 전하기 위해 술자리에 참석하였다.

④ 사람들은 김 진사의 외모를 칭찬하며 깍듯하게 예의를 갖추었다.

⑤ 김 진사는 안평 대군의 질투심으로 인해 사람들 앞에서 망신을 당했다.

33 윗글의 [A]에 담겨 있는 '운영'의 심리에 대해 서술하시오.

34 ㉠에서 '운영'이 궁녀라는 (   )(으)로 인해 '안평 대군'에게 거짓말을 하고 있는 것으로 볼 때, '운영'이 겪고 있는 갈등은 이면적으로는 개인과 (   ) 간의 갈등이라고 할 수 있다.

수능형 2008학년도 3월 고1 학력평가 변형

35 〈보기〉의 질문에 대한 학생의 답변으로 가장 적절한 것은?

┤ 보기 ├

  조선 시대에 궁녀가 되면 평생을 궁의 주인만을 바라보면서 살아야 했습니다. 궁녀가 궁문을 함부로 나가기만 해도 그 죄는 용서받지 못하였으며, 궁의 주인이 아닌 다른 이성(異性)과 사랑을 할 경우에는 남녀 모두 참형을 당하였습니다. 따라서 궁녀는 이성과의 사랑 등 인간의 자연스러운 본성마저 포기하고, 제한된 삶을 살 수밖에 없었습니다. 이러한 사실을 고려할 때 작가가 윗글을 통해 말하고자 하는 핵심은 무엇이었을까요?

① 비극적 운명에 체념하며 살아가는 운영의 삶을 보여 주려 했습니다.

② 시대의 모순을 외면할 수밖에 없는 운영의 내적 고뇌를 제시하려 했습니다.

③ 불합리한 현실 속에서 신분 상승을 꾀하는 운영의 의지를 드러내려 했습니다.

④ 부정적 현실에서 벗어나 이상향을 건설하려는 운영의 노력을 드러내려 했습니다.

⑤ 현실의 억압에도 불구하고 인간의 본성을 추구하고자 하는 운영의 행동을 보여 주려 했습니다.

유사한 수능 문제 형식

• 〈보기〉의 설명을 듣고, 학생들이 윗글에 대해 보일 반응으로 적절한 것은?

• 〈보기〉의 선생님의 질문에 대한 대답으로 적절한 것은?

마무리 정리하기

갈래	세부 주제	내용
운문 문학	남녀 간의 사랑과 그리움	➡ 사랑하는 임이 부재하는 상황에서 이별의 정한, 임에 대한 간절한 기다림과 외로움, 재회에 대한 소망 등을 드러냄.
	혈육에 대한 사랑과 그리움	➡ 헤어짐, 죽음 등으로 인해 혈육이 부재하는 상황에서 안타까움, 그리움 등을 드러냄.
	고향에 대한 사랑과 그리움	➡ 안식처인 고향에 갈 수 없는 상황, 고향이 없어져 버린 상황에서 고향에 대한 그리움, 향수를 드러냄.
산문 문학	남녀 간의 사랑	➡ 순수한 사랑의 모습을 다루기도 하지만, 장애를 만나 우여곡절을 겪고 사랑을 성취하는 모습을 주로 그림.
	공동체에 대한 사랑	➡ 가족, 이웃, 민족 등 다양한 공동체에 대한 사랑과 그리움, 추억을 그림.
	예술적 경지에 대한 사랑	➡ 예술가가 등장하여 예술의 본질을 탐구하거나 원숙한 예술적 경지에 도달하고자 하는 과정을 그림.

진달래꽃 _ 김소월

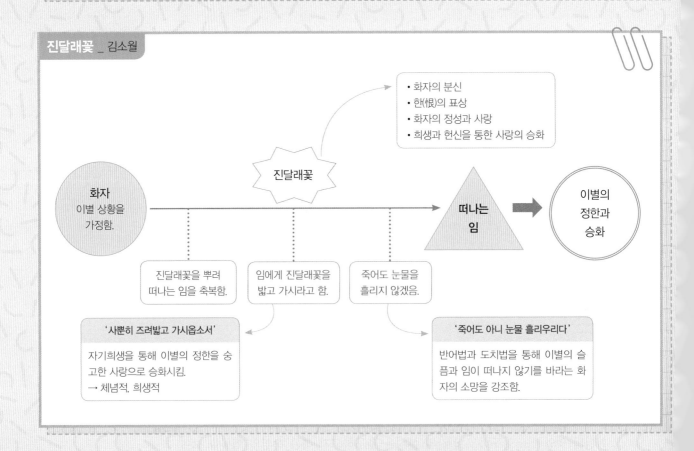

고향 _ 백석

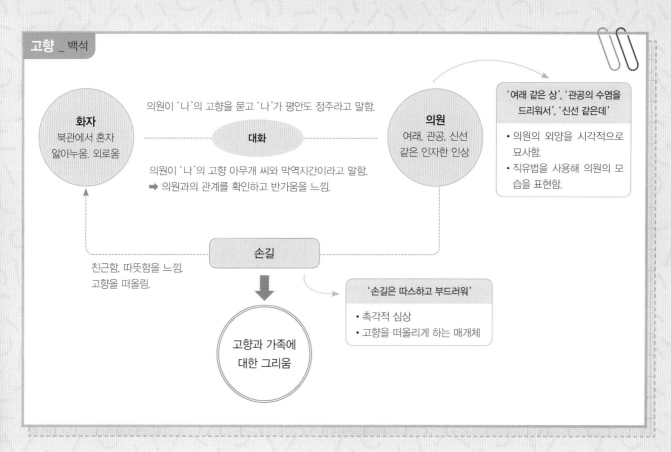

가시리 _ 작자 미상

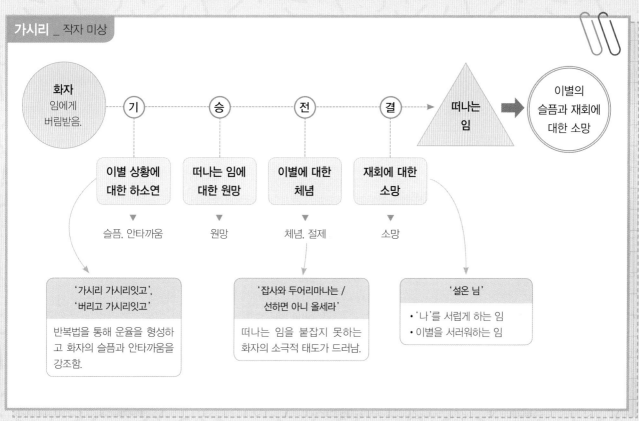

마무리 정리하기

동백꽃 _ 김유정

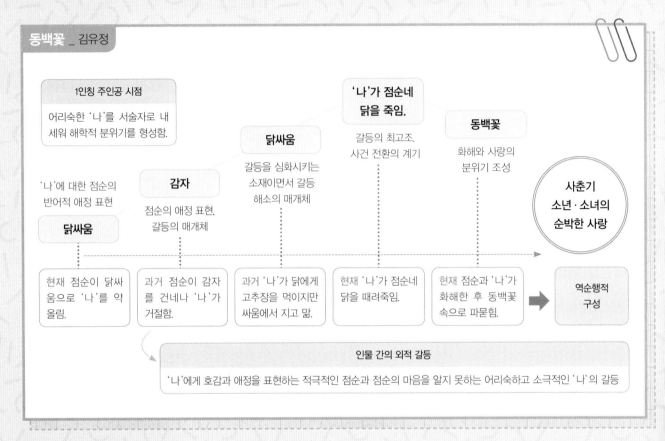

사랑손님과 어머니 _ 주요섭

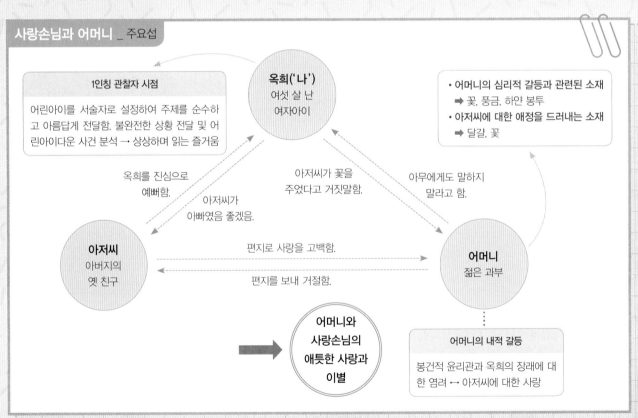

춘향전 _ 작자 미상

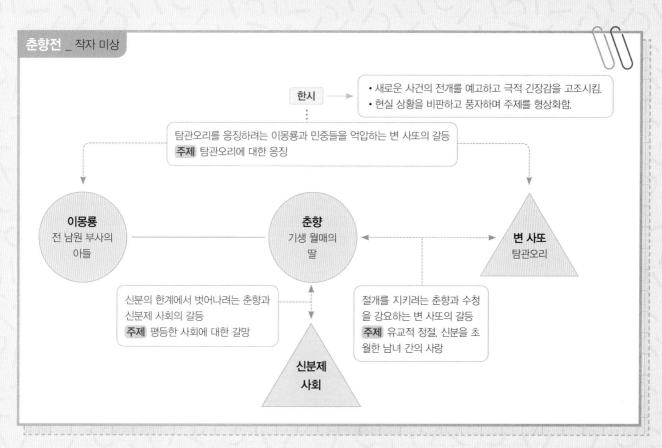

운영전 _ 작자 미상

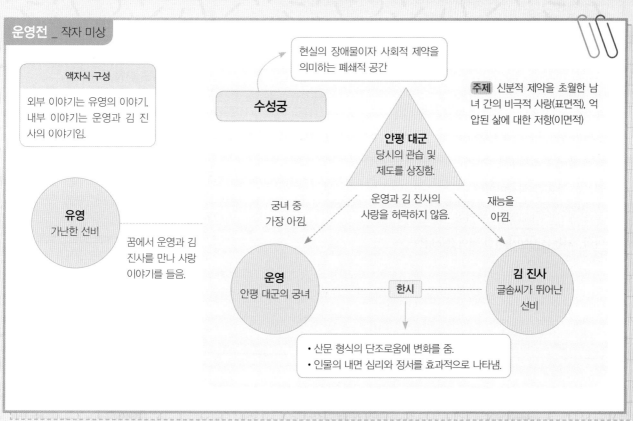

더 읽어 보기

❂ **감상 넓히기** _ 사랑과 그리움을 다룬 작품

사랑과 그리움은 인간의 본연의 감정이기에 이와 관련한 작품이 많아요. 앞서 남녀 간의 사랑과 그리움, 고향에 대한 사랑과 그리움을 다룬 운문 작품을 감상하였으니, 여기에서는 혈육에 대한 사랑과 그리움을 다룬 시를 살펴보도록 해요. 또한 산문 문학에서는 주로 소설을 다루었으니, 순수한 사랑의 모습을 담은 시나리오를 감상해 보도록 해요.

■ 유리창 1 _ 정지용

이 시는 어린 자식의 죽음에 대한 아버지의 애절한 슬픔을 노래하고 있습니다. 화자가 시인 자신이자 슬픔의 주체임에도 맑고 차가운 감각적 이미지를 통해 주관적 감정을 절제하여 표현하고 있습니다. 특히 시인은 자신의 슬픔을 선명한 시각적 이미지를 통해 표현하고 있으며, 어린 자식의 죽은 이유 또한 감각적 표현을 통해 구체적으로 나타내고 있습니다.

■ 내 마음의 풍금 _ 하근찬 원작, 이영재 각색

하근찬의 소설 「여제자」를 제목을 바꿔 각색한 시나리오입니다. 1960년대 시골 초등학교에 부임한 젊은 교사 수하와 그를 짝사랑하는 17세 늦깎이 초등학생 홍연의 이야기로 두 사람의 결혼을 암시하며 행복한 결말로 끝납니다. 감정의 기복이나 두드러지는 사건은 없지만 잔잔한 감동을 불러일으키는 작품입니다.

유리창 1 _ 정지용

유리(琉璃)에 [차고 슬픈 것]이 어른거린다. ☐: 죽은 아이의 환영
_{화자와 죽은 아이를 단절시키는 동시에 연결하는 매개체}
열없이 붙어 서서 입김을 흐리우니

길들은 양 [언 날개]를 파닥거린다.

지우고 보고 지우고 보아도
_{죽은 아이에 대한 간절한 그리움이 반영된 행동}
새까만 밤이 밀려 나가고 밀려와 부딪치고,

[물먹은 별]이 반짝, 보석(寶石)처럼 박힌다.

밤에 홀로 유리를 닦는 것은

외로운 황홀한 심사이어니,
_{아이의 죽음으로 인한 외로움과 아이의 환영을 볼 수 있다는 황홀함이 공존함. 역설법}
고운 폐혈관(肺血管)이 찢어진 채로

아아, 늬는 [산(山)새]처럼 날아갔구나!
_{감정의 집약}

▶ **갈래** 자유시, 서정시

▶ **주제** 자식을 잃은 슬픔과 죽은 아이에 대한 그리움

▶ **특징**
① 화자의 감정을 절제하여 표현함.
② 선명한 시각적 이미지를 사용함.
③ 역설적 표현을 통해 화자의 정서를 효과적으로 드러냄.

▶ **구성**
• 1~3행: 유리창에 어린 죽은 아이의 모습
• 4~6행: 창밖으로 보이는 밤의 영상
• 7~8행: 밤에 홀로 유리창을 닦는 이유
• 9~10행: 아이의 죽음에 대한 슬픔과 비애

내 마음의 풍금 _ 하근찬 원작. 이영재 각색

#36 복도(오후)

창문을 두드리는 빗줄기.

누군가의 시선으로 보이는 복도 창문 너머 수하네 반 교실 풍경. 일과가 끝나고 모두들 빠져나간 텅 빈 실내에 홀로 남아 아이들 숙제 공책을 빨간 색연필로 일일이 <u>첨삭하며</u> 꼼꼼히 검사하는 수하가 보인다. 그런
<small>시문(時文)이나 답안 등의 내용 일부를 보태거나 삭제하여 고치며</small>
<u>수하를 복도 창문께에 붙어서 교실 안을 빠끔히 들여다보고 선 시선의 주</u>
<small>홍연이 수하를 짝사랑하고 있음이 드러남.</small>
<u>인공은 홍연이다.</u>   ▶ 수하의 모습을 몰래 엿보는 홍연

#38 복도(오후)

놀라 창문에서 떨어져 재빨리 돌아서는 홍연의 어깨 너머로 들리는.

수하: (소리) 어? 너 홍…… 단이 아니냐?
<small>홍연의 이름을 기억하지 못하는 수하</small>

홍연: (낯 붉히며 돌아서서) 저…… 선생님…… 저…….

수하: ……?

홍연: 전 홍단이가 아니라, 홍연인데요. 윤홍연.

수하: 아, 미, 미안! 선생님이 아직 이름을 다 못 익혀서…….

홍연: …… <u>괜찮아요, 선생님. 전 다 이해해요.</u>
<small>수하의 마음을 이해하고 싶은 홍연의 마음</small>

수하: (으잉?) …… 근데, 여태 집에 안 가구 뭐 하는 거냐?

홍연: 저…… 벤또를 놓구 가서요.
<small>수하를 보러 왔으면서 도시락을 가지러 왔다고 둘러댐.</small>

수하: 허어, 그래. 얼른 찾아보거라.

<u>돌아서는 수하에 홍연은 어쩔 수 없이 도시락 찾는 척 교실로 들어서</u>
<small>도시락을 가지러 왔다고 둘러댔으나 홍연은 도시락을 가지고 갔음.</small>
려는데.

홍연이 발걸음을 옮길 때마다 둘러맨 책보 속 빈 도시락에서 수저가 맞부딪치며 내는 달그락거리는 소리. <u>의아한 얼굴로 돌아보는 수하에 놀라 얼른 멈춰 서는 홍연, 얼굴이 빨개진다.</u>
<small>책보 속 빈 도시락에서 수저가 맞부딪치며 달그락거리는 소리를 내자 홍연이 당황함.</small>
홍연, 엉겁결에 허리 굽혀 인사하고 부리나케 달아나는데. 빈 도시락의 수저가 맞부딪치며 내는 '따다다다다다―' 요란스러운 따발총 소리가 빈 복도에 크게 울려 퍼진다.
▶ 수하에게 도시락을 찾으러 왔다고 둘러댄 후 당황해 달아나는 홍연

▶ **갈래** 시나리오

▶ **주제** 선생님을 향한 소녀의 순수한 사랑

▶ **특징**
① 하근찬의 「여제자」를 각색한 시나리오임.
② 17세 늦깎이 여학생의 초등학교 생활과 첫사랑을 다룸.
③ 토속적인 소재들과 일화를 통해 소박한 시골 마을의 모습을 그림.

▶ **전체 줄거리**
강원도 산속 마을 산리, 그곳에 사는 홍연은 늦깎이 초등학생이다. 어느 날 길모퉁이에서 산리 초등학교 부임한 21세의 총각 선생님 강수하와 우연히 마주친 후, 홍연은 그를 짝사랑하게 된다. 그러나 수하는 홍연의 마음을 대수롭지 않게 생각하고 넘겨 버린다. 수하의 마음은 동료 여선생 은희를 향해 있었는데 은희가 서울에 있는 약혼자와 유학을 떠나자 실연의 아픔으로 괴로워한다. 1년 뒤, 어느 날 아이들의 불장난으로 학교에 불이 나는 소동이 벌어진다. 수하는 마을을 떠나게 되고, 수하는 떠나는 차 안에서 홍연의 일기장을 보고 가슴 아파한다. 세월이 흘러 중년이 된 홍연은 음악을 들으며 남편이 된 수하와의 추억에 잠긴다.

II

자연과 삶

주제로 독해하기

॥॥   **॥॥**

🙂 왜 자연과 삶일까?

자연은 오랫동안 인간의 삶의 터전이자 동경의 대상이었어요. 유한하고 변화무쌍한 인간 세계와 달리 자연은 한결같은 모습으로 존재하기 때문이지요. 그런 까닭에 자연과 인간의 삶의 모습은 문학 작품에서 자주 다루어지는 주제라고 할 수 있답니다.

운문 문학

1. 자연에서의 삶

　자연에서 사는 삶의 즐거움을 노래하는 작품은 주로 고전 시가가 많다. 자연에서의 한가로운 생활을 노래한 강호한정가가 대표적이다. 또한 가난하게 살면서도 편안한 마음을 잃지 않겠다는
_{정극인의 「상춘곡」, 송순의 「면앙정가」 등}
안빈낙도의 태도를 드러낸 작품들도 많다. 이러한 작품들 속에서 자연은 아름다움의 대상으로 인
_{박인로의 「누항사」, 윤선도의 「만흥」 등}   _{자연을 감상하며 풍류를 즐기는 태도. 자연과의 물아일체가 나타남.}
식되기도 하고 이상적인 공간으로 인식되기도 한다.
_{속세를 멀리하며 자연에서 소박한 삶의 살아가려 함. 안빈낙도, 안분지족의 태도가 나타남.}

2. 자연을 통해 얻은 감동과 깨달음

　자연을 통해 얻은 감동과 깨달음을 노래하는 작품은 대체로 현대시에서 많이 나타난다. 자연에서 생명과 생명 의식을 발견하고 이를 작품으로 표현한 것들이 많은데, 화자의 태도에 따라 자연의 생명력에 대한 감탄을 드러내는 작품과 자연과 인간의 삶을 관련지어 자연과 인간의 동질성을
_{조지훈의 「풀잎 단장」, 이호우의 「개화」 등}   _{이형기의 「낙화」, 이성부의 「벼」 등}
바탕으로 깨달음을 드러내는 작품 등으로 나눌 수 있다.

3. 자아 성찰과 깨달음

　자아 성찰과 이에 대한 깨달음을 다룬 작품에서 화자는 사물과 현상에 대해 깨닫게 된 점을 통해 자아를 성찰하고 반성과 극복 의지를 나타내면서 현실에 대한 삶의 태도를 표현한다. 암울한 현실 속에서 자아 성찰을 통해 극복 의지를 드러내는 작품, 자신의 삶의 태도를 성찰하고 새로운
_{윤동주의 「참회록」 등}   _{곽재구의 「구두 한 켤레의 시」 등}
삶의 태도를 다짐하는 작품, 자신의 시작(詩作) 태도나 창작한 시에 대해 반성적 성찰을 보이는
작품 등이 있다.
_{정일근의 「어머니의 그릇」 등}

4. 민중의 삶의 모습

> 해학은 익살스럽고도 품위가 있는 말이나 행동을 의미해. 해학적 태도는 힘들고 슬픈 상황을 웃음으로 넘기는 태도를 말해.

　고전 시가에는 사설시조, 민요 등과 같이 민중의 삶의 모습이 드러나는 작품이 많다. 이러한 작품들은 민중의 삶의 모습뿐 아니라 노동에 대한 생활 감정, 삶의 힘겨움을 웃음으로 승화하는
_{「논매기 노래」, 정학유의 「농가월령가」 등}   _{「시집살이 노래」, 우탁의 「한 손에 막대 잡고 ～」 등}
해학 등도 함께 담고 있다. 반면 현대시에서는 역사적·시대적 문제, 산업화, 도시화, 가난 등으
_{김광규의 「희미한 옛사랑의 그림자」 등}
로 인해 아픔과 슬픔을 겪는 민중의 삶의 모습을 드러낸다. 또한 현실의 고통을 극복하는 민중의 모습, 건강한 민중의 모습을 그려 낸 작품들도 많다.

📌 필수 개념 체크

01 자연을 이상적 공간으로 보는 경우 화자는 (ㅇㅂㄴㄷ), 안분지족의 태도를 드러낸다.

02 자연과 인간의 삶이 지닌 (ㄷㅈㅅ)을 바탕으로 자연에 대한 깨달음을 노래하기도 한다.

03 자아 성찰과 깨달음을 다룬 작품에서 화자는 자신의 삶의 태도를 (ㅂㅅ)하는 모습을 보인다.

04 민중의 삶의 모습을 노래한 민요 등에서는 웃음을 통해 삶의 힘겨움을 극복하려는 (ㅎㅎ)이 나타난다.

산문 문학

1. 인물의 성장과 성숙

어른이 되어 가는 과정인 성장을 주제로 한 작품에서는 소년기에서 성인의 세계로 입문하는 과정에서 특정 인물이 겪는 갈등을 다루며 이를 통해 주인공이 자아의 깨달음과 정신적 성장, 사회에 대한 각성 등을 이루어 내는 모습을 그려 낸다. 이러한 작품에서는 어린아이나 소년, 소녀를 주인공으로 삼아 미성숙했던 주인공이 자신을 둘러싼 세계와 갈등을 겪으며 성숙해짐으로써 자신의 고유한 가치나 세계의 의미를 깨닫게 되는 모습을 보여 준다.

김려령의 「완득이」, 현덕의 「하늘은 맑건만」 등

2. 사람들의 다양한 삶의 모습

고전 소설에서는 우리 선조들이 살아가면서 가장 중요하게 여겼던 가치인 충(忠)과 효(孝)를 주제로 삼는 경우가 많다. 즉 임금과 나라에 대한 충성, 그리고 부모에 대한 효심을 주제로 삼아 당대 사람들의 가치관과 생활 모습을 그려 냈다. 한편 현대 소설에서는 사건과 갈등 속에서 사람들의 모습을 그리기도 하지만, 특정한 사건 전개 없이 사람들의 일상적인 삶의 모습을 그리기도 한다. 풍속이나 세태의 한 단면을 그려 내는 작품을 통해 당시 세태와 풍속을 세밀하게 알 수 있고, 당대를 살아가는 서민들의 삶의 애환도 엿볼 수 있다.

「조웅전」 등   「심청전」 등   박태원의 「천변 풍경」 등

> 세태란 사람들의 일상생활, 풍습 따위에서 보이는 세상의 상태나 형편을 말해.

문학 작품	당대의 가치관, 생활 양식 속에 담긴 사람들의 삶의 모습을 보여 줌.	당시 세태와 풍속, 서민들의 삶의 애환을 알 수 있음.
임금과 나라에 대한 충성, 부모에 대한 효심 등 특정 시기나 시대의 단면을 그림.		

3. 자아 성찰과 깨달음

자아 성찰과 깨달음을 주제로 하는 산문 문학에는 수필이 많다. 사물에 대한 이야기나 경험담을 먼저 제시하고 그로부터 교훈을 이끌어 내는 '설(說)'이 대표적이라고 할 수 있다. 한편 현대 소설에서도 자아 성찰과 깨달음이라는 주제를 다루는 경우가 있는데, 이러한 작품에서는 시대적 문제보다는 개인의 일상과 내면에 집중하여 자아 정체성을 탐색하고 그로 인한 성장의 모습을 보여 준다.

김승옥의 「무진기행」, 윤대녕의 「은어 낚시 통신」 등

---

01 성장을 주제로 한 작품에서는 미성숙했던 인물이 갈등을 겪으며 (ㅅㅅ)해지는 과정을 그린다.

02 사람들의 일상생활, 풍습 따위에서 보이는 세상의 상태나 형편을 (ㅅㅌ)라고 한다.

03 어떤 특정 시기나 시대의 모습을 다룬 작품을 통해 당시 사람들의 (ㄱㅊㄱ), 생활 양식 등을 알 수 있다.

04 자아 성찰과 깨달음을 주제로 한 작품에서 주인공은 자신의 (ㄴㅁ)에 집중하는 모습을 보인다.

01 성숙 **02** 세태 **03** 가치관 **04** 내면

작품 독해하기

01 낙화 _ 이형기

🧶 **이 작품은**

이 작품은 꽃이 지는 모습에 인간의 이별을 대응시켜 표현한 시로, 낙화가 '무성한 녹음'과 '열매'를 위한 일이듯, 인간이 삶 속에서 겪게 되는 이별의 아픈 체험이 삶을 성숙시킴을 노래하고 있다.

갈래 자유시, 서정시

주제 이별을 통한 영혼의 성숙

특징
① '낙화'라는 자연 현상을 인간의 삶과 관련지어 표현함.
② 자연 현상을 통해 얻은 깨달음을 역설적인 표현을 사용하여 전달함.

구성
• 1연: 낙화를 통해 인식하는 이별의 아름다움
• 2연: 이별의 순간
• 3연: 낙화를 통한 이별의 숙명 인식
• 4연: 낙화의 결과
• 5연: 녹음과 열매를 위한 희생
• 6연: 이별(낙화)의 아름다운 모습
• 7연: 이별을 통한 영혼의 성숙

가야 할 때가 언제인가를
　　　이별해야 할 때

분명히 알고 가는 이의
이별의 순간을 알고 가는 이 → '낙화'의 의인화

뒷모습은 얼마나 아름다운가.

봄 한철 / 격정*을 인내한

ⓝ의 사랑은 지고 있다.
　화자　　　　낙화(이별)

분분한* 낙화……

결별이 이룩하는 축복에 싸여
역설적 표현 - 이별을 통해 영혼의 성숙을 이룰 수 있음.

지금은 가야 할 때,
　　　이별의 숙명 인식

무성한 녹음과 그리고
└─ 낙화의 결과. 영혼의 성숙. 자기희생의 결과를 빗댄 표현

머지않아 열매 맺는

가을을 향하여
결실의 계절. 내적으로 성숙해지는 시간

나의 청춘은 꽃답게 죽는다.

헤어지자.

섬세한 손길을 흔들며

하롱하롱* 꽃잎이 지는 어느 날

나의 사랑, 나의 결별,
꽃이 피고 지는 자연 현상과 대응됨.

샘터에 물 고이듯 성숙하는

내 영혼의 슬픈 눈.
이별의 아픔을 통한 영혼의 성숙

> 이 작품은 '낙화'와 인간의 삶을 관련지어 표현하고 있어. 꽃이 떨어져야 열매가 맺히듯 이별의 고통을 경험하는 것이 영혼의 성숙을 이룬다는 거야.

❖ **격정**: 강렬하고 갑작스러워 누르기 어려운 감정.
❖ **분분하다**: 여럿이 한데 뒤섞여 어수선하다.
❖ **녹음**: 푸른 잎이 우거진 나무나 수풀. 또는 그 나무의 그늘.
❖ **하롱하롱**: 작고 가벼운 물체가 떨어지면서 잇따라 흔들리는 모양.

독해 포인트

1. 화자의 정서와 태도

이 작품의 화자는 낙화 이후에 맺히는 (❶)에 주목하여 이별로 인한 아픔이 영혼의 성숙을 가져올 것이라는 깨달음을 얻고 이별을 담담하게 받아들이고 있다.

화자
늦은 봄 꽃잎이 어지럽게 흩날리며 떨어지는 장면을 바라보고 있음.

→ 이별의 슬픔이 영혼의 성숙으로 이어진다는 깨달음 / 이별의 수용 → **낙화** ↓ **열매**

2. 시어 및 시구

꽃	사랑, 청춘, 젊음 등
낙화	이별, 결별, 죽음 등
녹음, 열매	(❷)의 성숙 등

3. 발상과 표현

- 자연 현상과 인간의 삶의 연관성을 통해 얻은 깨달음

자연 현상	인간의 삶
• 꽃이 피고 짐. • 열매를 맺음.	• 사랑과 (❸) • 영혼의 성숙, 내면의 성장

↓

이별의 아픔이 영혼의 성숙으로 이어진다는 깨달음을 표현함.

- '결별이 이룩하는 축복'의 표현상 특징과 효과

역설법	효과
'결별'과 '축복'이 서로 모순되어 이치에 어긋나는 듯하지만 '결별'이 '영혼의 성숙'을 위한 '(❹)'이라는 깨달음을 담고 있음.	• 참신하고 인상적인 느낌을 줌. • 전달하고자 하는 의미를 강조함.

4. 주제

이 작품의 화자는 '(❺)'라는 자연 현상을 인간의 삶과 관련지어 꽃이 지는 것이 '열매'라는 결과로 이어지듯이, 이별은 슬프고 고통스러운 체험이지만 그러한 체험을 통해 삶(영혼)의 성숙을 이룰 수 있음을 노래하고 있다.

❶ 열매 ❷ 영혼 ❸ 이별 ❹ 축복 ❺ 낙화

어휘력 체크 ✓

01 다음 뜻풀이를 참고하여 빈칸에 들어갈 알맞은 말을 윗글에서 찾아 쓰시오.

(ㄴㅇ)이 우거져 실내가 조금 어둡다.

➡ 푸른 잎이 우거진 나무나 수풀. 또는 그 나무의 그늘.

02 '무성한 녹음'의 '무성하다'와 유사한 의미로 사용된 것은?

① 나무에 잎이 무성하다.
② 소문이 온 동네에 무성하다.
③ 그는 벌써 백발이 무성하다.
④ 새로운 감독을 두고 말들이 무성했다.
⑤ 아이의 머리가 무성하게 자라 있었다.

03 다음 빈칸에 공통으로 들어갈 말을 윗글에서 찾아 쓰시오.

• 꽃잎이 ( )하게 떨어지다.
• 책상 위에 책과 필기도구들이 ( )하게 놓여 있었다.

04 '작고 가벼운 물체가 떨어지면서 잇따라 흔들리는 모양.'을 의미하는 단어를 윗글에서 찾아 쓰시오.

05 다음의 밑줄 친 부분과 유사한 의미를 지닌 단어를 윗글에서 찾아 쓰시오.

유미는 강렬하고 갑작스러워 누르기 어려운 감정으로 몸부림쳤다.

01 녹음 02 ① 03 분분 04 하롱하롱
05 격정

작품 독해하기

02 가난한 사랑 노래 _ 신경림

이 작품은

이 작품은 가난 때문에 외로움, 두려움, 그리움, 사랑 등의 인간적인 감정을 모두 버려야 하는 현실을 설의적 표현으로 드러내면서 가난한 삶에 대한 연민을 노래하고 있다.

갈래 자유시, 서정시

주제 가난한 젊은이들의 아픈 사랑과 외로운 삶

특징
① 설의법을 사용하여 화자의 정서를 강조함.
② 다양한 감각적 심상을 통해 화자의 정서를 구체화함.
③ '가난하다고 해서 ~겠는가'라는 문장을 반복하여 운율을 살리고 주제를 강조함.

구성
• 1~3행: 이별로 인한 가난한 이의 외로움
• 4~7행: 현실에 대한 가난한 이의 두려움
• 8~11행: 고향에 대한 가난한 이의 그리움
• 12~15행: 사랑하지만 이별할 수밖에 없는 가난한 이의 사랑
• 16~18행: 가난 때문에 모든 것을 버려야 하는 서러움

▨ : 인간적인 감정

가난하다고 해서 외로움을 모르겠는가

너와 헤어져 돌아오는
　'너'와 이별함.
눈 쌓인 골목길에 새파랗게 달빛이 쏟아지는데.

가난하다고 해서 두려움이 없겠는가

두 점을 치는 소리
새벽 두 시. 통금을 알리던 소리
방범대원의 호각 소리 메밀묵 사려 소리에

눈을 뜨면 멀리 육중한 기계 굴러가는 소리.
　　　　　도시의 기계 문명을 상징함.
가난하다고 해서 그리움을 버렸겠는가

어머님 보고 싶소 수없이 뇌어 보지만
그리움의 대상　　고향을 그리워하지만 돌아갈 수 없는 상황
집 뒤 감나무에 까치밥으로 하나 남았을

새빨간 감 바람 소리도 그려 보지만.

가난하다고 해서 사랑을 모르겠는가

내 볼에 와 닿던 네 입술의 뜨거움
화자
사랑한다고 사랑한다고 속삭이던 네 숨결

돌아서는 내 등 뒤에 터지던 네 울음.

가난하다고 해서 왜 모르겠는가

가난하기 때문에 이것들을
　　　　　　외로움, 두려움, 그리움, 사랑
이 모든 것들을 버려야 한다는 것을.
가난 때문에 인간적인 감정들을 포기하고 살아야 함.

> 이 작품에서는 화자인 젊은이가 어떠한 처지에 있는지 이해하고 시에 반영된 사회·문화적 상황을 파악해 두는 것이 핵심이야!

❖ **점**: 예전에, 시각을 세던 단위.
❖ **육중하다**: 투박하고 무겁다.
❖ **뇌다**: 지나간 일이나 한 번 한 말을 여러 번 거듭 말하다.
❖ **까치밥**: 까치 따위의 날짐승이 먹으라고 따지 않고 몇 개 남겨 두는 감.

독해 포인트

1. 화자의 정서와 태도

화자	시적 상황	화자의 정서
화자인 '나'는 고향을 떠나 (❶)로 온 젊은이로, 공장이 있는 도시 변두리에서 가난하게 살아감.	• 사랑하는 사람과 이별함. • 고향에 계신 어머니를 그리워함.	외로움, (❷), 그리움, 사랑을 느끼지만 가난하기 때문에 이 모든 것을 버려야 함. → 안타까움, 서러움

2. 시어 및 시구와 심상

• 감각적 심상의 활용

시각적 심상	눈 쌓인 골목길, 새파랗게 달빛이 쏟아지는데, 새빨간 감
청각적 심상	두 점을 치는 소리, 방범대원의 호각 소리, 메밀묵 사려 소리, 육중한 기계 굴러가는 소리, 바람 소리, 네 울음
(❸) 심상	네 입술의 뜨거움, 네 숨결

• 사회·문화적 배경이 드러나는 시구

사회·문화적 배경이 드러나는 시구	시대적 배경
두 점을 치는 소리, 방범대원의 호각 소리, 육중한 기계 굴러가는 소리	1970~1980년대 (❹) 시기

3. 발상과 표현

• '가난하다고 해서 ~겠는가'에 사용된 표현 방법과 효과

표현 방법	• 설의법을 사용함. • 동일한 형태의 시구를 반복함.

↓

효과	• 운율을 형성하고 시에 통일감을 부여함. • 설의법을 사용하여 가난하지만 인간적인 감정들을 알고 있다는 의미를 강조함. • 비슷한 표현을 반복하여 시적 의미를 강조하고 화자가 느끼는 감정을 강하게 드러냄.

4. 주제

이 작품은 작가가 당시 젊은이들을 안타깝게 여기고 그들을 (❺   )하고자 창작한 것이다. 작가는 고향을 떠나 도시 노동자로 힘겹게 살아가는 가난한 젊은이의 삶을 표현하며 당시 젊은이들의 아픈 사랑과 외로운 삶을 노래하고 있다.

❶ 도시 ❷ 두려움 ❸ 촉각적 ❹ 산업화 ❺ 위로

---

01 다음 뜻풀이를 참고하여 빈칸에 들어갈 알맞은 말을 윗글에서 찾아 쓰시오.

> 나는 시계가 다섯 (ㅈ)을 치는 소리를 듣고 눈을 떴다.

➡ 예전에, 시각을 세던 단위.

02 다음 빈칸에 공통으로 들어갈 말을 윗글에서 찾아 쓰시오.

• (   )한 대문이 철꺼덕 잠겼다.
• (   )한 체구의 남자가 나를 향해 걸어왔다.

03 '어머님 보고 싶소 수없이 뇌어 보지만'의 '뇌다'와 의미가 다른 것은?

① 입버릇처럼 같은 말을 뇌었다.
② 그는 조금 마음이 뇌는 눈치였다.
③ 너만이 유일한 친구라고 뇌어 보았다.
④ 나는 입속으로 그녀의 이름을 몇 번이고 뇌었다.
⑤ 아무리 마음속으로 뇌어도 말이 되어 나오지 않았다.

04 '까치 따위의 날짐승이 먹으라고 따지 않고 몇 개 남겨 두는 감.'을 의미하는 단어를 윗글에서 찾아 쓰시오.

01 점 02 육중 03 ② 04 까치밥

03 오우가 _ 윤선도

📎 **이 작품은**

이 작품은 자연물을 벗으로 의인화하여 벗이 지닌 덕성을 예찬하며 유교적 덕목을 지향하는 자세를 노래하고 있다. 제1수는 다섯 벗을 소개하는 서사이고 제2수부터는 다섯 벗의 장점을 다양한 표현 방식으로 형상화하고 있다.

갈래 평시조, 연시조(전 6수)

주제 다섯 자연물의 덕성 예찬

특징
① 자연물을 의인화한 후 그 속성을 예찬함.
② 다른 대상과의 대조를 통해 화자가 지향하는 바를 표현함.

구성
• 제1수: 다섯 벗에 대한 소개
• 제2수: 물의 깨끗함과 불변함을 예찬함.
• 제3수: 바위의 영원성을 예찬함.
• 제4수: 소나무의 지조와 절개를 예찬함.
• 제5수: 대나무의 겸허함과 절개를 예찬함.
• 제6수: 달의 밝음과 과묵함을 예찬함.

내 벗이 몇이나 하니 수석(水石)과 송죽(松竹)이라.
  화자   ▨▨▨: 화자가 벗으로 삼은 다섯 자연물

동산에 달 오르니 그 더욱 반갑구나.

두어라 이 다섯밖에 또 더하여 무엇하리.　　　　　　　〈제1수〉

> 이 작품의 화자는 자연물의 속성을 유교적 이념과 연결하고 있으니 각각의 속성과 그와 연결되는 유교적 이념을 반드시 기억해 두렴!

구름 빛이 좋다❖ 하나 검기를 자주 한다.

바람 소리 맑다 하나 그칠 적이 많구나.

좋고도 그칠 때 없기는 물뿐인가 하노라.　　　　　　〈제2수〉
물의 좋은 점 – 깨끗함. 불변함

꽃은 무슨 일로 피면서 쉬이 지고
                        쉽게
풀은 어이하여 푸른 듯 누르느냐.

아마도 변치 않는 것 바위뿐인가 하노라.　　　　　　〈제3수〉
바위의 좋은 점 – 영원성. 불변함

더우면 꽃 피고 추우면 잎 지거늘

솔아 너는 어찌 눈서리를 모르는가.
                소나무의 좋은 점 ①: 고난과 시련을 이겨 냄.
구천(九泉)에 뿌리 곧은 줄을 그것으로 미루어 아노라.　〈제4수〉
땅속 깊은 밑바닥　　소나무의 좋은 점 ②: 굽히지 않는 의지를 지님.

나무도 아닌 것이 풀도 아닌 것이

곧기는 뉘 시키며 속은 어이 비었는가.
            대나무의 좋은 점 ①: 곧고 욕심이 없음.
저렇고 사시(四時)에 푸르니 그를 좋아하노라.　　　　〈제5수〉
            대나무의 좋은 점 ②: 변함없는 모습

작은 것이 높이 떠서 만물을 다 비추니
      달   세상의 모든 것
밤중의 광명이 너만 한 이 또 있느냐.
달의 좋은 점 ①: 만물을 밝게 비춤.
보고도 말 아니하니 내 벗인가 하노라.　　　　　　　〈제6수〉
달의 좋은 점 ②: 침묵의 미덕을 지님.

❖ **좋다**: 깨끗하다.

독해 포인트

1. 화자의 정서와 태도

'나(내)' -------- 자신의 (**❶**   )이라고 생각하는 다섯 자연물을 제시하고 각각의 속성을 근거로 삼아 그들이 지닌 덕성을 본받고자 함. ➡ 만족감, 예찬적, 자연 친화적

2. 시어 및 시구

• 중심 소재와 특성

소재	속성	덕성
물	깨끗하고 그침이 없음.	영원성, 불변성
바위	변하지 않음.	영원성, 불변성
소나무	뿌리가 곧아 눈서리를 모름.	지조, 절개
대나무	곧고 속이 비었으며, 항상 푸름.	겸허함, 절개
(**❷**)	만물을 비추고 보고도 말하지 않음.	광명, 과묵함

• 시어의 대조적 의미

구름, 바람, 꽃, 풀	⟷	(**❸**)
가변적이고 순간적인 속성을 지님.		불변하고 영원한 속성을 지님.

3. 발상과 표현

• 자연물의 의인화

물, 바위, 소나무, 대나무, 달 → 자연물의 속성 ──의인화──→ 인간적 덕성

• 다양한 표현 방식 활용

문답법	질문과 대답의 형식으로 다섯 벗을 소개함.
대구법, 대조법	대구법을 통해 운율을 형성함. 쉽게 변하며 순간적인 '구름, 바람, 꽃, 풀'과, 변하지 않으며 영원한 '물, 바위'를 대조하여 대상의 특성을 강조함.
(**❹**)	'너만 한 이 또 있느냐.' 등에서 의문형 문장을 사용하여 대상을 예찬함.

4. 주제

이 작품은 다섯 자연물의 (**❺**   )을 예찬하고 있다. 화자는 자연물이 지닌 특성을 유교적 덕목의 매개물로 삼아 이를 예찬함으로써 지조와 절개를 지키면서 겸허하게 사는 삶에 대한 지향을 보여 주고 있다.

❶ 벗 ❷ 달 ❸ 물, 바위 ❹ 설의법 ❺ 덕성

어휘력 체크 ✓

01 다음 문장의 밑줄 친 부분과 바꾸어 쓸 수 있는 단어는?

> 구름 빛이 좋다 하나 검기를 자주 한다.

① 많다
② 가깝다
③ 특이하다
④ 깨끗하다
⑤ 활기차다

02 다음 뜻풀이를 참고하여 빈칸에 들어갈 알맞은 말을 윗글에서 찾아 쓰시오.

> 나는 자연을 (ㅂ) 삼아 농촌에서 지낸다.

➡ 비슷한 또래로서 서로 친하게 사귀는 사람.

03 다음 빈칸에 공통으로 들어갈 말을 윗글에서 찾아 쓰시오.

• 인간은 (   )의 영장이다.
• 봄은 (   )이 소생하는 계절이다.

04 〈제4수〉에 나타난 '솔'의 모습과 관련 있는 한자 성어로 알맞은 것은?

① 괄목상대(刮目相對)
② 대기만성(大器晚成)
③ 독야청청(獨也靑靑)
④ 설왕설래(說往說來)
⑤ 과유불급(過猶不及)

01 ④ 02 벗 03 만물 04 ③

자전거 도둑 _ 박완서

 이 작품은

이 작품은 소년 수남이 성장하게 되면서 겪게 되는 갈등과 정신적 성숙을 다룬 성장 소설이다. 작가는 순수한 수남의 시선을 통해 물질적 이익만을 좇는 비인간적인 사람들을 비판하고 있다.

갈래 현대 소설, 단편 소설, 성장 소설

주제 물질적 이익만을 추구하는 도시 사람들에 대한 비판

특징
① 순진한 소년의 시각에서 어른들의 부도덕성을 비판함.
② 3인칭 전지적 시점으로 인물의 심리를 구체적으로 드러냄.

내용 구조도

수남의 위기
수남의 자전거가 바람에 쓰러져 고급 자동차에 흠집을 내는 바람에 자전거를 빼앗길 위기에 처함.

↓

수남의 도망
수남이 자전거를 들고 도망침.

↓

수남의 갈등
수남이 자신의 행동을 되돌아보며 갈등함.

[앞부분의 줄거리] 시골에서 서울로 올라와 전기용품점에서 일하는 소년 수남은 자신에게 친절한 주인 영감님을 잘 따르며 성실하게 일한다. 바람이 세게 부는 어느 날 수남은 주인 영감님의 심부름으로 거래처에 배달을 하던 중, 세워 둔 자전거가 바람에 넘어져 신사의 고급 자동차에 작은 흠집을 내 자전거를 빼앗길 위기에 처한다.

"아저씨, 잘못했습니다. 한 번만 용서해 주십시오. 네, 아저씨."

제법 또렷한 소리로 용서를 빈다.

"용서라니, 이만큼 했으면 됐지 어떻게 더 용서를 해."

"아저씨, 그러시지 말고 한 번만 봐주셔요. 네, 아저씨."

<u>수남이는 주머니에 든 만 원을 생각하면 얼굴이 화끈대고 공연히 무섭기까지 하다.</u>
<small>수금한 돈을 빼앗길까 봐 두려워함.</small>
그렇지만 주인 영감님을 위해 그 돈만은 죽기를 무릅쓰고 지킬 각오를 단단히 한다.

"아니 요석이 이제 보니 이런 큰일을 저지르고 그냥 내뺄 심사 아냐? 요런 악질 녀석 같으니라고."

신사의 표정은 은은히 감돌던 연민이 싹 가시고 점잖게 무표정해진다.

그러고는 옆에 섰던 운전사인 듯한 남자에게,

"안 되겠네. 요런 악질 깡패 녀석하고 시비해 봤댔자 공연히 시간만 낭비니, 자네 자물쇠 하나 마련해다 주게. 이 녀석 자전걸 잡아 놓기로 하세. 언제든지 오천 원 가져와서 찾아가라고."
<small>수남이 수리비를 가져올 때까지 자전거를 담보로 잡아 놓음.</small>

그러고는 주머니에서 오백 원짜리를 한 장 꺼내서 운전사에게 주는 것이었다. 수남이로서는 전혀 예기치 못했던 사태였다.
<small>앞으로 닥쳐올 일을 미리 생각하고 기다리지</small>
주머니의 만 원에 대해서만 생각했었지 자전거에 대해선 전혀 생각이 미치지 못했었다.

운전사는 금방 커다란 자물쇠를 하나 사 가지고 왔다. 신사는 다시 네놈은 쳐다보기도 싫다는 듯이 수남이를 전혀 상대 안 하고, 묵묵히 자전거 바퀴에다 자물쇠를 채우고, 앞에 빌딩을 가리키면서,

"나 저기 306호실에 있으니까 돈 오천 원 갖고 와. 그러면 열쇠 내줄 테니."

하고는 수남이를 힐끗 흘겨보고 유유히 빌딩 속으로 사라져 갔다.

(중략)

이상한 용기가 솟았다. <u>수남이는 자전거를 마치 검부러기처럼 가볍게 옆구리에 끼고 질풍같이 달렸다.</u>
<small>수남이 내적 갈등을 일으키는 계기가 되는 사건</small>

정말이지 조금도 안 무거웠다. 타고 달릴 때보다 더 신나게 달렸다. 달리면서 마치 오래 참았던 오줌을 시원스레 내깔기는 듯한 쾌감까지 느꼈다.

주인 영감님은 자전거를 옆에 끼고 질풍처럼 달려온 놈을 눈을 휘둥그렇게 뜨고 바라볼 뿐이었다. 오늘 바람이 세더니만 필시 이 조그만 놈이 바람에 날아왔나, 설마 그럴

리야 없을 텐데 내 눈이 어떻게 된 것인가 그런 눈치였다.

수남이는 너무 숨이 차서 이런 <u>주인 영감님의 궁금증</u>을 시원히 풀어 주지 못하고 한
동안 헉헉대기만 한다.

"인마, 말을 해. 무슨 일이야?＊ 네놈 꼴이 영락없이◆ 도둑놈 꼴이다, 인마."

<u>도둑놈 꼴이라는 소리가 수남이의 가슴에 가시처럼 걸린다.</u> 수남이는 겨우 숨을 가라
앉히고 자초지종◆을 주인 영감님께 고해바친다. 다 듣고 난 주인 영감님은 무엇이 그리
좋은지 무릎을 치면서 통쾌해한다.

"<u>잘했다, 잘했어. 만날 촌놈인 줄만 알았더니 제법인데, 제법이야.</u>"

그러고는 가게에서 쓰는 드라이버나 펜치를 가지고 자전거에 채운 자물쇠를 분해하
기 시작한다. ⌜엎드려서 그 짓을 하고 있는 주인 영감님이 수남이의 눈에 흡사 도둑놈 두
목 같아 보여 속으로 정이 떨어진다. 주인 영감님 얼굴이 누런 똥빛인 것조차 지금 깨달
은 것 같아 속이 메스껍다.⌟

마침내 자물쇠를 깨뜨렸나 보다. 영감님 얼굴에 회심◆의 미소가 떠오르더니 자유롭게
된 자전거 바퀴를 시험이라도 하려는 듯이 자전거로 골목을 한 바퀴 빙그르르 돌아 들
어와서는,

"네놈 오늘 운 텄다."

그러고는 수남이의 머리를 쓰다듬고 볼과 턱을 두둑한 손으로 귀여운 듯이 감싼다.
영감님이 기분이 좋을 때면 수남이에 대한 애정의 표시로 으레 그렇게 했었고, 수남이
도 그걸 좋아했었다.

그런데 오늘은 싫다. 영감님의 손이 싫다. 그것이 운 트기는커녕 재수 옴 붙었다는 생
각이 여전하고, <u>수남이는 그날 온종일 우울했다.</u> 그러나 자기가 왜 그렇게 우울한지 그
걸 차분히 생각할 새도 없는 바쁜 하루였다.

가게 문을 닫고 주인댁에서 날라 온 저녁밥을 먹고 나면 비로소 수남이 혼자만의 시
간이다. 꿀 같은 시간이었다. 책을 펴 놓고 영어 단어를 찾고, 수학 문제를 풀어 보고,
턱을 괴고 소년답게 감미로운 공상◆에 잠길 수 있는 그런 시간이었다.

그러나 오늘 수남이는 그게 되지를 않았다. 책을 집어 던졌다.

낮에 내가 한 짓은 옳은 짓이었을까? 옳을 것도 없지만 나쁠
것은 또 뭔가.＊ 자가용까지 있는 주제에 나 같은 아이에게 오천
원을 우려내려고 그렇게 간악하게◆ 굴던 신사를 그 정도 골려
준 것이 뭐가 나쁜가? 그런데도 왜 무섭고 떨렸던가. 그때의 내 꼴이 어땠으면, 주인 영
감님까지 "네놈 꼴이 꼭 도둑놈 꼴이다."라고 하였을까.

그럼 내가 한 짓은 도둑질이었단 말인가. 그럼 나는 도둑질을 하면서 그렇게 기쁨을
느꼈더란 말인가.

　　수남이는 몸을 부르르 떨면서 낮에 자전거를 갖고 달리면서 맛본 공포와 함께 그 까닭 모를 쾌감을 회상한다. 마치 참았던 오줌을 내깔길 때처럼 무거운 억압이 갑자기 풀리면서 전신이 날아갈 듯이 가벼워지는 그 상쾌한 해방감 — 한번 맛보면 도저히 잊힐 것 같지 않은 그 짙은 쾌감, 아아 도둑질하면서도 나는 죄책감보다는 쾌감을 더 짙게 느꼈던 것이다.

　　혹시 내 피 속에 도둑놈의 피가 흐르고 있기 때문이 아닐까. 순간 수남이는 방바닥에서 송곳이라도 치솟은 듯이 후다닥 일어서서 안절부절못하고 좁은 방 안을 헤맸다.

∞ 전체 줄거리 엿보기

발단

고향을 떠나 전기용품 도매상의 점원이 된 수남은 자신을 이해해 주는 주인 영감을 아버지처럼 느끼며 열심히 일한다.

전개

바람이 심하게 부는 날에 간판 사고를 목격한 수남은 불길함을 느끼면서 배달을 하러 간다.

위기 본문 수록 부분

바람 때문에 자전거가 넘어져 고급 자동차의 수리비를 물어 주어야 할 처지에 놓인 수남은 자전거를 들고 도망친다.

결말

수남은 자신의 행동에 양심의 가책을 느끼고 도덕적으로 자신을 견제해 줄 아버지가 계신 고향으로 돌아갈 결심을 한다.

절정 본문 수록 부분

자초지종을 들은 주인 영감이 수남을 칭찬하자 수남은 그에게 혐오감을 느끼고, 그날 밤 자신이 한 행동을 떠올리며 괴로워한다.

독해 포인트

1. 인물과 배경

- **작품의 배경**: 1970년대, 서울 청계천 세운 상가
- **인물의 성격**

수남	돈을 벌기 위해 시골에서 서울로 와 전기용품 도매상에서 일하는 소년. 성실하고 순수한 인물
주인 영감	열심히 일하는 수남을 아끼는 가게 주인. 개인적 (❶) 때문에 수남의 잘못을 칭찬하는 부도덕한 인물
신사	수남의 자전거가 흠집을 낸 고급 자동차의 주인. 수남에게 과한 수리비를 요구하는 몰인정한 인물

2. 사건과 갈등

- **사건**

자전거가 바람에 넘어져 자동차에 흠집을 냄.	➡	신사가 자동차 수리비를 요구함.	➡	수남이 (❷)를 들고 도망침.

- **신사와 수남의 외적 갈등**

갈등 양상		갈등의 해결
수남에게 자동차 수리비를 요구하는 신사와 이를 주지 않으려는 수남 사이에 갈등이 발생함.	➡	신사가 수리비의 담보로 수남의 자전거에 자물쇠를 채우자 수남이 자전거를 들고 도망침.

- **수남의 내적 갈등**

갈등 양상		갈등의 해결
자전거를 들고 도망치면서 (❸)을 느꼈던 자신의 행동을 떠올리며 자신의 행동이 옳은 일이었는지 갈등함.	➡	자신을 도덕적으로 견제해 줄 어른이 필요하다고 판단하여 아버지가 계신 고향으로 돌아가기로 결심함.

3. 시점과 서술 방식

이 작품은 (❹   ) 시점으로 서술자가 주인공 수남의 행동과 상황에 대한 태도, 내면 심리에 초점을 두어 사건을 서술하고 있다.

4. 주제

이 작품은 때 묻지 않은 주인공 소년의 눈을 통해 어른들의 부도덕성을 보여 주며 (❺   )만을 추구하는 도시 사람들을 비판하고 있다.

❶ 이익 ❷ 자전거 ❸ 쾌감 ❹ 3인칭 전지적 ❺ 물질적 이익

어휘력 체크 ✓

01 다음 뜻풀이를 참고하여 빈칸에 들어갈 알맞은 말을 윗글에서 찾아 쓰시오.

> 그녀는 울면서 나에게 (ㅈㅊㅈㅈ)을 낱낱이 털어놓았다.

➡ 처음부터 끝까지의 과정.

02 다음 빈칸에 공통으로 들어갈 말을 윗글에서 찾아 쓰시오.

- 쓸데없는 일에 (   ) 헛돈 쓰지 마라.
- 그는 화풀이로 (   ) 혼자서 구시렁거렸다.

03 다음 문장의 밑줄 친 부분의 의미로 가장 알맞은 것은?

> "네놈 오늘 운 텄다."

① 운수가 나쁘다.
② 운세가 바뀔 조짐이 있다.
③ 좋은 일이 생길 징조가 있다.
④ 피할 수 없는 운명이 닥치다.
⑤ 막혀 있던 운이 열려 좋은 상태가 되다.

04 '마음에 흐뭇하게 들어맞음. 또는 그런 상태의 마음.'을 의미하는 단어를 윗글에서 찾아 쓰시오.

05 윗글에서 '수남'이 안절부절못하고 좁은 방 안에서 헤매는 모습과 관련 있는 한자 성어를 쓰시오.

> (ㅈㅂㅇㅅ): 마음이 불안하거나 걱정스러워서 한군데에 가만히 앉아 있지 못하고 안절부절못하는 모양을 이르는 말.

01 자초지종 **02** 공연히 **03** ⑤ **04** 회심
05 좌불안석(坐不安席)

작품 독해하기

05 심청전 _ 작자 미상

이 작품은

이 작품은 판소리 「심청가」가 소설로 정착된 판소리계 소설이다. 아버지 심 봉사의 눈을 뜨게 하기 위해 딸 심청이 인당수의 제물이 되는 이야기로, 당대의 유교적 효 사상을 형상화하고 있다.

갈래 고전 소설, 판소리계 소설

주제 부모에 대한 지극한 효성과 인과응보

특징
① 조선 시대에 중시되던 유교적 덕목인 '효'를 강조함.
② 전래되는 설화가 판소리로 불리다가 고전 소설로 정착됨.
③ 불교의 인과응보, 유교의 효, 도교의 신선 사상이 담겨 있음.

내용 구조도

심청과 남경 뱃사람들의 거래
심청이 공양미 3백 석을 마련하기 위해 남경 뱃사람들에게 자신을 팔기로 함.

↓

심청과 심 봉사의 이별
심청이 떠나기 전에 아버지를 극진히 봉양함.

[앞부분의 줄거리] 심학규라는 장님이 늦은 나이에 딸 청이를 얻었으나 아내가 죽자 온갖 고생을 하며 딸을 기른다. 심청은 효성이 지극하여 아버지를 지극정성으로 봉양한다. 그러던 어느 날 심 봉사는 물에 빠지는 사고를 당하고, 이때 자신을 구해 준 몽운사 화주승으로부터 공양미 3백 석을 시주하면 눈을 뜰 수 있다는 말을 듣고 덜컥 시주를 약속한다. 뒤늦게 이 일을 후회하는 아버지를 위해 심청은 제물로 바칠 처녀를 사러 다니는 남경 뱃사람들에게 자신을 팔기로 한다.

"나는 이 동네 사람인데, *우리 아버지가 앞을 못 보서서 '공양미 3백 석을 지성으로 불공하면 눈을 떠 보리라.' 하기로, 집안 형편이 어려워 장만할 길이 전혀 없어 내 몸을 팔려 하니 나를 사 가는 것이 어떠하실는지요?"

_{심청이 남경 뱃사람들에게 자신을 팔려는 까닭}

뱃사람들이 이 말을 듣고,

"효성이 지극하나 가련하군요."

하며 허락하고, 즉시 쌀 3백 석을 몽운사로 날라다 주고,

"오는 3월 보름날에 배가 떠나기로 되어 있습니다."

하고 가니, 심청이 아버지께 여쭙기를,

"공양미 3백 석을 이미 실어다 주었으니, 이제는 근심치 마서요."

심 봉사가 깜짝 놀라,

"너, 그 말이 웬 말이냐?"

심청같이 타고난 효녀가 어찌 아버지를 속이랴마는, 어찌할 수 없는 형편이라 잠깐 거짓말로 속여 대답한다.

*"장 승상 댁 노부인이 달포 전에 저를 수양딸로 삼으려 하셨는데 차마 허락지 않았습니다. 그러나 지금 형편으로는 공양미 3백 석을 장만할 길이 전혀 없기로 이 사연을 노부인께 말씀드렸더니, 쌀 3백 석을 내어 주시기에 수양딸로 팔리기로 했습니다."

_{남의 자식을 데려다가 제 자식처럼 기른 딸}

심 봉사가 물색도 모르면서 이 말만 반겨 듣고,

_{심청의 말이 거짓인 줄을 모름.}

"그렇다면 고맙구나. 그 부인은 한 나라 재상의 부인이라 아마도 다르리라. 복을 많이 받겠구나. 저러하기에 그 아들 삼 형제가 벼슬길에 나아갔나 보구나. 그나저나 양반의 자식으로 몸을 팔았단 말이 듣기에 괴이하다마는 장 승상 댁 수양딸로 팔린 거야 어떻겠느냐. 언제 가느냐?"

"다음 달 보름날에 데려간다 합디다."

"어허, 그 일 매우 잘되었다."

심청이 그날부터 곰곰 생각하니, 눈 어두운 백발 아비 영 이별하고 죽을 일과 사람이 세상에 나서 열다섯 살에 죽을 일이 정신이 아득하고 일에도 뜻이 없어 식음을 전폐하고 근심으로 지내다가, 다시금 생각하기를,

'엎질러진 물이요, 쏘아 논 화살이다.'

_{한번 저지른 일을 다시 고치거나 중지할 수 없음을 비유적으로 이르는 말}

날이 점점 가까워 오니 생각하기를,

'이러다간 안되겠다. 내가 살았을 제 아버지 의복 빨래나 해 두리라.'

하고, 춘추 의복 상침° 겹것°, 하절 의복 한삼 고의° 박아 지어 들여놓고, 동절 의복 솜을 넣어 보에 싸서 농에 넣고, 청목°으로 갓끈 접어 갓에 달아 벽에 걸고, 망건° 꾸며 당줄° 달아 걸어 두고, 배 떠날 날을 헤아리니 하룻밤이 남아 있다. 밤은 깊어 삼경인데 은하수 기울어졌다. 촛불을 대하여 두 무릎을 마주 꿇고 머리를 숙이고 한숨을 길게 쉬니, 아무리 효녀라도 마음이 온전하겠는가.

'아버지 버선이나 마지막으로 지으리라.'

하고 바늘에 실을 꿰어 드니, 가슴이 답답하고 두 눈이 침침, 정신이 아득하여 하염없는 울음이 가슴속에서 솟아나니, 아버지가 깰까 하여 크게 울지는 못하고 흐느끼며 얼굴도 대어 보고 손발도 만져 본다.

(중략)

어느덧 동방이 밝아 오니, 심청이 아버지 진지나 마지막 지어 드리리라 하고 문을 열고 나서니, 벌써 뱃사람들이 사립문 밖에서,

"오늘이 배 떠나는 날이오니 수이 가게 해 주시오."
　　　　　　　　　쉬이

하니, 심청이 이 말을 듣고 얼굴빛이 없어지고 손발에 맥이 풀리며 목이 메고 정신이 어지러워 뱃사람들을 겨우 불러,

"여보시오 선인네들, 나도 오늘이 배 떠나는 날인 줄 이미 알고 있으나, 내 몸 팔린
　　　　　뱃사람
줄을 우리 아버지가 아직 모르십니다. 만일 아시게 되면 지레 야단이 날 테니, 잠깐
　　　　　　　　　　　　　　　　　어떤 일이 일어나기 전에
기다리면 진지나 마지막 지어 잡수시게 하고 말씀 여쭙고 떠나게 하겠어요."

하니 뱃사람들이,

"그리하시지요."

하였다. 심청이 들어와 눈물로 밥을 지어 아버지께 올리고, 상머리에 마주 앉아 아무쪼록 진지 많이 잡수시게 하느라고 자반°도 떼어 입에 넣어 드리고 김쌈°도 싸서 수저에 놓으며,
아버지를 극진히 봉양하는 모습

"진지를 많이 잡수셔요."

심 봉사는 철도 모르고,

"야, 오늘은 반찬이 유난히 좋구나. 뉘 집 제사 지냈느냐."
　심청이 팔려 가는지 모른 채 속없이 좋아함.
*그날 밤에 꿈을 꾸었는데, 부자간은 천륜지간°이라 꿈에 미리 보여 주는 바가 있었다.

"아가 아가, 이상한 일도 있더구나. 간밤에 꿈을 꾸니, 네가 큰 수레를 타고 한없이
　　　　　　　　　　　　　　　　심 봉사의 꿈이 심청에게 앞으로 벌어질 일을 암시함.
가 보이더구나. 수레라 하는 것이 귀한 사람이 타는 것인데 우리 집에 무슨 좋은 일이 있을란가 보다. 그렇지 않으면 장 승상 댁에서 가마 태워 갈란가 보다."

심청이는 저 죽을 꿈인 줄 짐작하고 둘러대기를,

"그 꿈 참 좋습니다."

이 작품이 판소리계 소설이라는 점을 기억하고 심 봉사가 꾼 꿈의 의미와 역할을 꼭 파악해 두어야 해.

어휘 풀이

❖ **지성**: 지극한 정성.
❖ **달포**: 한 달이 조금 넘는 기간.
❖ **물색**: 어떤 일의 까닭이나 형편.
❖ **괴이하다**: 정상적이지 않고 별나며 괴상하다.
❖ **상침**: 박아서 지은 겹옷이나 보료, 방석 따위의 가장자리를 실밥이 겉으로 드러나도록 꿰매는 일.
❖ **겹것**: 솜을 두지 않고 거죽과 안을 맞붙여 지은 옷.
❖ **고의**: 남자의 여름 홑바지.
❖ **청목**: 검푸른 물을 들인 무명.
❖ **망건**: 상투를 튼 사람이 머리카락을 걷어 올려 흘러내리지 아니하도록 머리에 두르는 그물처럼 생긴 물건.
❖ **당줄**: 망건에 달아 상투에 동여매는 줄.
❖ **자반**: 생선을 소금에 절여서 만든 반찬감. 또는 그것을 굽거나 쪄서 만든 반찬.
❖ **김쌈**: 김으로 밥을 싼 음식.
❖ **천륜지간**: 천륜으로 맺어진 사이. '천륜'은 부모와 자식 간에 하늘의 인연으로 정하여져 있는 사회적 관계나 혈연적 관계를 뜻함.

구절 풀이

＊"**우리 아버지가 ~ 하기로**": 신적 대상에게 소원을 빌면 소원이 이루어진다고 믿었던 과거 사람들의 생각을 엿볼 수 있음.
＊"**장 승상 댁 노부인이 ~ 팔리기로 했습니다.**": 심청은 자신이 인당수 제물로 팔렸다고 하면 아버지가 가슴 아파하실까 봐 거짓말을 함.
＊**그날 밤에 꿈을 ~ 보여 주는 바가 있었다.**: 서술자가 심 봉사의 꿈이 앞으로 일어날 일을 암시하고 있음을 독자에게 알려 줌.

하고 진짓상을 물려 내고 담배 태워 드린 뒤에 밥상을 앞에 놓고 먹으려 하니 간장이 썩
는 눈물은 눈에서 솟아나고, 아버지 신세 생각하며 저 죽을 일 생각하니 정신이 아득하
고 몸이 떨려 밥을 먹지 못하고 물렸다. 그런 뒤에 심청이 사당에 하직하려고 들어갈
제, 다시 세수하고 사당 문을 가만히 열고 하직 인사를 올렸다.

마음이 몹시 상하는

∞ 전체 줄거리 엿보기

발단

심청이 태어나자마자 아내인 곽씨 부인이 죽자 심 봉사는 동냥젖을 먹이며 심청을 어렵게 키운다. 심청은 그러한 아버지를 지극정성으로 봉양한다.

전개 본문 수록 부분

심청은 공양미 3백 석을 시주하면 아버지가 눈을 뜰 수 있다는 말에 인당수의 제물로 자신의 몸을 팔아 공양미 3백 석을 몽운사로 보낸다.

위기

인당수에 몸을 던진 심청은 용왕의 도움으로 구출되어 어머니 곽씨 부인을 만나고 인간 세상으로 환생한다.

결말

우여곡절 끝에 맹인 잔치에 찾아온 심 봉사와 심청이 재회하고 심 봉사는 눈을 뜨게 된다.

절정

뱃사람들이 심청이 탄 연꽃을 발견하여 왕에게 바치고 왕은 심청을 왕비로 삼는다. 왕비가 된 심청은 맹인 잔치를 벌인다.

독해 포인트

1. 인물과 배경

- **배경 사상**: 유교, (❶　　　　　), 도교, 민간 신앙의 모습도 나타남.
- **인물의 성격** └부처의 신통력을 빌려 눈을 뜨려 함.　└뱃사람들이 사람을 제물로 바치는 모습

인물	성격
심청	아버지를 위해 자신의 목숨을 공양미 3백 석에 팔 만큼 효성이 지극함.
심 봉사	딸 심청을 사랑하지만, 자신의 처지를 생각하지 못하고 화주승과의 시주 약속으로 딸 심청을 위기에 빠뜨림. → 현실적이지 못하고 무능력함.
뱃사람들	자신들의 순탄한 뱃길을 위해 사람을 사서 제물로 바치지만, 심청의 마음을 헤아려 심청이 마지막 진짓상을 차릴 때까지 기다려 줌. → 너그럽고 인정이 있음.

2. 사건과 갈등

공양미 3백 석을 시주하면 눈을 뜰 수 있다고 하는 몽운사 화주승의 말에 심 봉사는 공양미 3백 석을 (❷　　　　　)하기로 약속함.

⬇

심청은 공양미 3백 석을 마련하기 위해 뱃사람에게 몸을 팔기로 하여 아버지와 이별하게 됨.

3. 시점과 서술 방식

3인칭 전지적 시점	이 작품은 고전 소설로, 3인칭 전지적 시점을 취함. ➡ (❸　　　　　)가 작품에 개입해 자기 생각과 판단을 직접 드러냄.
판소리계 소설의 특징	운문과 산문이 결합된 형식을 지님. ➡ 4·4조의 운문체가 나타남.

4. 소재와 주제

- **꿈의 의미와 역할**

심 봉사의 꿈		의미와 역할
심청이 큰 수레를 타고 한없이 가는 꿈	➡	• 심청의 (❹　　　　　)을 암시함. • 심청이 효에 대한 인과응보로 왕비가 될 것임을 암시함.

- **주제**: 아버지의 눈을 뜨게 하기 위해 스스로 인당수 제물로 팔려 가는 심청의 이야기를 통해 부모에 대한 지극한 (❺　　　　　)이라는 주제를 전달함.

❶ 불교 ❷ 시주 ❸ 서술자 ❹ 죽음 ❺ 효성

어휘력 체크 ✅

01 다음 뜻풀이를 참고하여 빈칸에 들어갈 알맞은 말을 윗글에서 찾아 쓰시오.

> (　ㄷㅍ　) 전에 보았을 때보다 아들의 얼굴은 많이 상해 있었다.

➡ 한 달이 조금 넘는 기간.

02 다음 빈칸에 공통으로 들어갈 말을 윗글에서 찾아 쓰시오.

- 나는 수족관에서 (　　　) 한 물고기를 보았다.
- 마을에는 예로부터 (　　　) 한 전설이 전해져 내려오고 있다.

03 다음 빈칸에 들어갈 알맞은 말을 윗글에서 찾아 쓰시오.

> (　ㅊㄹㅈㄱ　)은 천륜으로 맺어진 사이를 말하는데, '천륜'은 부모와 자식 간에 하늘의 인연으로 정하여져 있는 사회적 관계나 혈연적 관계를 뜻한다.

04 '한번 저지른 일을 다시 고치거나 중지할 수 없음을 비유적으로 이르는 말.'에 해당하는 속담을 윗글에서 찾아 쓰시오.

05 윗글의 주제와 관련 있는 한자 성어를 고르시오.

> ㄱ. 오매불망(寤寐不忘)
ㄴ. 전전반측(輾轉反側)
ㄷ. 풍수지탄(風樹之嘆)
ㄹ. 반포지효(反哺之孝)

01 달포 **02** 괴이 **03** 천륜지간
04 엎질러진 물이요, 쏘아 논 화살이다.
05 ㄹ

일야구도하기 _ 박지원

이 작품은

이 작품은 조선 후기 실학자인 연암 박지원이 청나라에 다녀온 경험을 적은 기행문 『열하일기』에 실린 글이다. 하룻밤에 강을 아홉 번이나 건넜던 경험을 통해 외물에 현혹되지 않는 마음가짐의 중요성을 드러내고 있다.

갈래 고전 수필, 한문 수필, 기행 수필

주제 외물에 현혹되지 않는 삶의 자세, 마음을 다스리는 일의 중요성

특징
① 자신의 구체적인 경험을 바탕으로 결론을 이끌어 냄.
② 치밀하고 예리한 관찰력으로 사물의 본질을 꿰뚫어 봄.

내용 구조도

기
강물 소리는 사람의 마음가짐에 따라 달리 들림.

↓

승
인간들은 외물에 현혹되기 쉬운 존재임.

↓

전
외물에 현혹되지 않고 마음을 평정하면 사나운 강물에도 익숙해짐을 깨달음.

↓

결
외물에 현혹되는 삶을 경계해야 함.

강물이 두 산 사이에서 흘러나와 바위와 마주쳐 싸우는 듯 거세게 흐른다. 놀란 파도, 성난 물결, 우는 여울, 흐느끼는 돌창이 굽이를 치고 뒤번지면서 울부짖는 듯 고래고래 소리를 치는 듯 만리장성을 부서뜨릴 기세다. 전차 만 대, 군마 만 마리, 대포 만 틀, 쇠북 만 개쯤으로는 그 야단스러운 소리를 형용할 수 없다.

모래밭에는 큰 바윗돌이 우뚝이 떨어져 섰고, 강 둔치 버드나무 숲은 까마득하게도 어두컴컴하여 물귀신과 강 도깨비가 다투어 사람을 놀리는 듯하다. 이곳이 옛 전쟁터여서 강물이 이렇게 운다고 하나 그런 까닭도 아니다. 물소리란 듣기에 달린 것이다.

연암 산골 집 앞에 큰 개울이 있다. 해마다 여름철에 소낙비가 한바탕 지나가면 개울
 글쓴이 박지원이 은거했던 곳
물이 갑자기 불어나 늘 수레 소리, 말 달리는 소리, 대포 소리, 전쟁의 북소리를 듣게 되
세찬 개울물 소리
니, 아주 귀에 탈이 날 지경이었다.

나는 언젠가 문을 닫고 누워 물소리를 다른 소리에 견주어 들어 보았다. 「깊숙한 소나
무가 퉁소 소리를 내는 듯하니 이는 청아한 마음으로 들은 것이다. 산이 찢어지고 절벽 『』 마음속 생각에 따라 달라지는 물소리를 나열함.
청아한 마음   분노하는 마음
이 무너지는 듯한 것은 분노하는 마음으로 들은 것이요, 뭇 개구리가 다투어 운다 싶은
것은 발칙스러운 마음으로 들은 것이다. 수없는 축이 마주 어울려 내는 듯한 소리는 성
발칙스러운 마음   성난 마음
난 마음으로 들은 것이다. 벼락이 치고 천둥이 우는 듯한 것은 놀란 마음으로 들은 것이
요, 찻물이 보글보글 끓는 듯한 소리는 운치 있는 마음으로 들은 것이다. 거문고가 높고
놀란 마음
낮은 가락으로 어우러져 나는 듯한 소리는 슬퍼하며 들은 것이요, 창호지 우는 듯한 소
운치 있는 마음   의심하는 마음
리는 의심스럽게 들은 탓이다.」무엇이나 제 소리대로 듣지 못하고, 더구나 가슴속에 무
슬픈 마음
슨 딴생각을 먹고 있으면 그것이 귀에서 소리가 되는 것이다.

 오늘 나는 한밤중에 한 줄기 강물을 아홉 번이나 건넜다. 강물은 북쪽 변방에서 흘러
이 글의 제목
나와 만리장성을 뚫고 유하와 조하와 황화, 진천 등 여러 강물과 한군데 모여 밀운성 아
래를 거쳐 백하가 된다. 나는 어제 배로 백하를 건넜는데, 바로 이 강의 하류다.

내가 요동에 처음 들어섰을 때는 한여름이었다. 뙤약볕 아래 길을 가다가 갑자기 큰 강이 앞을 가로막는데, 붉은 흙탕물이 산처럼 솟구쳐 끝이 보이지 않았다. 이런 때는 대체로 천 리 밖 상류에 폭우가 내린 까닭이다.

강물을 건널 때 사람들이 고개를 쳐들고 하늘을 우러러보는 것을 보고 나는 하늘에 비는가 보다 생각했다. 훨씬 뒤에야 알았지만, 「물을 건너는 사람이 늠실늠실 소용돌이 치 『』 사람들이 강을 건널 때 고개를 쳐들고 하늘을 우러러보는 이유 쳐 돌아가는 강물을 보면 제 몸이 물을 거슬러 올라가는 것 같고 눈은 강물을 따라 내려 가는 것만 같아서, 갑자기 빙빙 도는 듯 어지럼증이 생기면서 물에 빠진다고 한다.」그러 니 고개를 젖히고 우러러보는 것은 하늘에 대고 기도를 하는 것이 아니라 물을 보지 않 으려 함이다. 역시 그렇다. 목숨이 경각에 달렸는데 어느 겨를에 기도할 수 있으랴.

 이토록 위험하다 보니 물소리도 미처 듣지 못하는 것이다. 다들 말하기를 요동 벌은 넓고 편편하기 때문에 물소리가 요란하지 않다고 한다. 허나 이는 물소리를 모르는 말

이다. 요동 땅 강물들이 물소리를 안 내는 것이 아니라 밤에 건너지 않았기 때문이다.

낮에는 눈으로 물을 볼 수 있으니 눈이 위험한 데에만 쏠려, 눈 달린 것을 걱정해야 할
<small>낮에 강을 건너며 강물 소리를 듣지 못한 이유 – 눈에 보이는 것에만 현혹되어 귀에 들리는 것에는 신경 쓰지 못함.</small>
판이다. 그러니 귀에 무엇이고 들릴 리가 있겠는가?

오늘 나는 밤중에 물을 건너는지라 눈으로는 위험을 볼 수 없다. 그러니 위험은 듣는
<small>강물이 세차게 흐르는 것</small>
데만 쏠려, 귀가 무서워 부들부들 떨리니 걱정을 놓을 수 없다.
<small>밤에는 눈에 보이는 것이 없어서 귀에 들리는 위험에 현혹됨.</small>

나는 오늘에야 이치를 알았다. 마음이 고요한 사람은 귀와 눈이 탈이 될 턱이 없으나,
<small>이 글의 주제. 글쓴이의 깨달음</small>
귀와 눈만 믿는 사람은 보고 듣는 힘이 밝아져서 더욱 병이 되는 것이다.

오늘 나의 마부가 발을 말발굽에 밟혀서 뒤따라오는 수레에 실려 가고 보니, 나는 하
는 수 없이 혼자 고삐를 늦추어 물에 들어갔다. 무릎을 오그려 발을 모으고 안장 위에
앉았다. 한번만 까딱하면 바로 강물로 떨어져, 물로 땅을 삼고, 물로 옷을 삼고, 물로 몸
을 삼고, 물로 마음을 삼을 터. 이때야 나는 마음속으로 떨어짐을 각오하였다. 그러자
<small>물아일체(物我一體)의 경지. 열거법</small>
내 귓속에는 드디어 물소리가 없어지고 무릇 아홉 번이나 물을 건너는 데도 마치 안석[◆]
위에서 앉고 눕고 하는 것처럼 아무렇지도 않았다.

옛날 우임금이 강물을 건널 때 누런 용이 배를 등으로 떠밀어 몹시 위험했다. 그러나
죽고 사는 것이 마음에 먼저 분명하게 서고 보니 용이든 지렁이든 크고 작은 것이 아무
상관 없었다.

소리와 빛깔은 내 마음 밖에 있는 외물(外物)[◆]이다. 이는 언제
나 귀와 눈에 탈이 되어 이렇게도 사람들이 똑바로 보고 듣는
힘을 잃도록 만든다. [*]더구나 사람이 한세상 살아가는 데 그 험
하고 위태함이야 강물보다 더한지라, 보고 듣는 것이 번번이
병이 될 것이 아닌가?

> 이 작품에서는 글쓴이가 경험한 내용과 그에 대한 깨달음이 무엇인지 꼭 기억해 두자.

내가 사는 연암골로 돌아가면 앞개울의 물소리를 다시 들으면서 이를 가늠해 보리라.
그리하여 제 몸가짐에 능란하며 스스로 총명한 체하는 자들에게 경계하련다.
<small>이 글을 쓴 의도</small>

어휘 풀이

❖ **돌창:** 온통 돌이 깔린 곳.
❖ **뒤번지다:** 마구 이리저리 뒤치다.
❖ **틀:** 수량을 나타내는 말 뒤에 쓰임. 가마, 상여 따위와 기계를 세는 단위.
❖ **청아하다:** 속된 티가 없이 맑고 아름답다.
❖ **축:** 중국의 현악기.
❖ **운치:** 고상하고 우아한 멋.
❖ **늠실늠실:** 물결 따위가 부드럽게 자꾸 움직이는 모양.
❖ **경각:** 눈 깜빡할 사이. 또는 아주 짧은 시간.
❖ **편편하다:** 물건의 표면이 높낮이가 없이 매우 평평하고 너르다.
❖ **안석:** 등받이가 딸린 방석.
❖ **외물:** 마음에 접촉되는 객관적 세계의 모든 대상.

구절 풀이

✳ **물소리란 듣기에 달린 것이다.:** 강물의 소리는 듣는 사람의 마음가짐에 달려 있다는 글쓴이의 생각이 드러남.
✳ **오늘 나는 ~ 아홉 번이나 건넜다.:** 강을 아홉 번이나 건넌 것은 그 강의 굴곡이 매우 심하기 때문임. 굴곡이 심한 강을 가로질러 건너려면 하나의 강을 여러 번 건너야 함.
✳ **이토록 위험하다 ~ 듣지 못하는 것이다.:** 눈에 보이는 위험에 신경을 써서 소리를 들을 겨를이 없었기 때문에 강물 소리를 듣지 못하였다는 의미임.
✳ **더구나 사람이 ~ 병이 될 것이 아닌가?:** 강을 건넌 경험을 통해 얻은 깨달음을 삶 전체로 확장하고 있음.

독해 포인트

1. 글쓴이의 경험과 깨달음

글쓴이의 경험
• 산골 집에서 문을 닫고 누워 집 앞 큰 개울의 (❶   )를 다른 소리에 견주어 들어 봄.
• 낮에 강을 건너며 사람들이 고개를 들어 하늘을 보는 모습을 봄.
• 밤에 말을 타고 강을 건너며 (❷   )로 땅, 옷, 몸, 마음을 삼음.
• 한밤중에 한 줄기의 강을 아홉 번이나 건넘.

↓

글쓴이의 깨달음
• 모든 일은 (❸   )에 달려 있음.
• 눈과 귀에 현혹되면 사물의 본질을 제대로 파악하지 못하므로 외물에 현혹되지 않는 삶의 자세를 가져야 함.

2. 구성과 서술 방식

• 작품의 구성

여정	견문	감상
중국의 백하 하류에서 한밤중에 강을 건넘.	• 낮: 강을 건널 때 사람들이 고개를 든 모습을 봄. • 밤: 거센 강물 소리를 들음.	눈과 귀에 현혹되면 병이 됨을 깨달음.

• 서술상의 특징

감각적 이미지	청각적 이미지, 시각적 이미지를 활용하여 강물 소리의 생생함과 강물이 세차게 흐르는 모습을 묘사함.
다양한 표현법	의인법, 과장법, 열거법, 직유법 등의 표현법을 사용하여 물소리를 다양하게 표현함.
(❹)의 인용	우임금과 관련된 고사를 인용하여 글쓴이가 자신의 견해에 설득력을 부여함.
대조	마음이 고요한 사람과 귀와 눈만 믿는 사람을 대조하여 글쓴이의 깨달음을 강조함.

3. 주제와 효용

집필 의도		주제
제 몸가짐에 능란하며 스스로 총명한 체하는 자들에게 (❺)하기 위함.	→	외물에 현혹되지 않는 삶의 자세, 마음을 다스리는 일의 중요성

❶ 물소리 ❷ 물 ❸ 마음가짐 ❹ 고사 ❺ 경계

어휘력 체크 ✓

01 다음 뜻풀이를 참고하여 빈칸에 들어갈 알맞은 말을 윗글에서 찾아 쓰시오.

> 목숨이 (ㄱㄱ)에 달렸는데, 천만금이 있은들 무엇하리.

➡ 눈 깜빡할 사이. 또는 아주 짧은 시간.

02 다음 빈칸에 공통으로 들어갈 말을 윗글에서 찾아 쓰시오.

• 그 집의 정원은 ( )가 있어 보인다.
• ( ) 있는 풍경이 사람들의 마음을 들뜨게 했다.

03 '스스로 총명한 체하는 자들에게 경계하련다.'의 '경계하다'와 유사한 의미로 사용된 것은?

① 도둑의 침입을 경계하거라.
② 붕괴 사고에 경계해야 한다.
③ 적에게 허점을 보이지 않도록 경계해야 한다.
④ 경계해야 할 대상은 내가 아니라 너의 친구이다.
⑤ 선생님은 학생들에게 부정행위를 저지르지 않도록 경계하셨다.

04 '물결 따위가 부드럽게 자꾸 움직이는 모양.'을 의미하는 단어를 윗글에서 찾아 쓰시오.

05 다음의 태도와 관련 있는 한자 성어로 알맞은 것은?

> 물로 땅을 삼고, 물로 옷을 삼고, 물로 몸을 삼고, 물로 마음을 삼을 터.

① 근묵자흑(近墨者黑)
② 상부상조(相扶相助)
③ 물아일체(物我一體)
④ 유비무환(有備無患)
⑤ 학수고대(鶴首苦待)

01 경각 02 운치 03 ⑤ 04 능실능실
05 ③

01~05 다음 글을 읽고 물음에 답하시오.

> 가야 할 때가 언제인가를
> 분명히 알고 가는 이의 / 뒷모습은 얼마나 아름다운가.
>
> 봄 한철 / 격정을 인내한 / 나의 사랑은 지고 있다.
>
> 분분한 낙화……
> 결별이 이룩하는 축복에 싸여 / 지금은 가야 할 때.
>
> 무성한 녹음과 그리고
> 머지않아 열매 맺는 / 가을을 향하여
>
> 나의 청춘은 꽃답게 죽는다.
>
> 헤어지자.
> 섬세한 손길을 흔들며 / 하롱하롱 꽃잎이 지는 어느 날
>
> 나의 사랑, 나의 결별,
> 샘터에 물 고이듯 성숙하는 / 내 영혼의 슬픈 눈.
>
> — 이형기, 「낙화」

문제 해결 포인트
❶ 시적 상황과 화자의 깨달음 파악
❷ 시상 전개 방식 및 작품의 주제 의식 파악
❸ 역설법이 사용된 구절과 효과 파악

---

01 윗글에 대한 설명으로 적절하지 <u>않은</u> 것은?

① 의문형 문장을 통해 의미를 강조하고 있다.
② 생략법을 사용하여 시적 여운을 주고 있다.
③ 대상에 인격을 부여하여 시적 상황을 표현하고 있다.
④ 하강적 이미지를 통해 쓸쓸한 분위기를 조성하고 있다.
⑤ 시의 처음과 끝에 같은 내용을 반복하여 구조적 안정감을 형성하고 있다.

> 하강적 이미지는 위에서 아래로 내려오는 이미지야. 정서적 하강(슬픔, 우울함 등)도 하강적 이미지에 해당해.

02 윗글에 나타난 자연 현상과 인간의 삶을 연결 지은 내용이 적절하지 <u>않은</u> 것은?

	자연 현상	인간의 삶
①	꽃	사랑
②	낙화	이별
③	녹음	젊음
④	열매	영혼의 성숙
⑤	가을	성숙의 계절

03 윗글의 화자는 이별의 순간을 알고 가는 이의 (   )이/가 아름답다고 하면서 깨끗한 이별의 아름다움을 통해 (   ) 사랑을 추구하고 있다.

04 윗글의 주제 의식과 이를 강조하기 위해 사용한 표현 방법을 서술하시오.

유사한 수능 문제 형식

다음은 윗글을 감상하기 위한 수행 평가이다. 학생 답안으로 적절하지 <u>않은</u> 것은?

수능형

05 〈보기〉는 윗글을 읽고 분석한 학생의 기록이다. 적절하지 <u>않은</u> 것은?

┤ 보기 ├
- 화자: '나' ··· ①
- 화자의 어조: 독백하는 말투를 사용함. ································· ②
- 시적 상황
  – 화자는 늦은 봄, 꽃이 어지럽게 흩날리며 떨어지는 장면을 바라보고 있음. ···· ③
- 표현 방법
  – '사랑 → 이별 → 사랑'으로 순환적 삶을 표현함. ·············· ④
  – 직유법, 은유법 등 다양한 비유법을 통해 대상을 효과적으로 표현함. ·········· ⑤

06~10 다음 글을 읽고 물음에 답하시오.

문제 해결 포인트
❶ 화자의 상황 파악
❷ 화자의 정서 파악
❸ 사회 · 문화적 배경과 창작 의도 파악

ⓐ가난하다고 해서 외로움을 모르겠는가
너와 헤어져 돌아오는 / ⓐ눈 쌓인 골목길에 새파랗게 달빛이 쏟아지는데.
가난하다고 해서 두려움이 없겠는가
두 점을 치는 소리 / ⓑ방범대원의 호각 소리 메밀묵 사려 소리에
눈을 뜨면 멀리 육중한 기계 굴러가는 소리.
가난하다고 해서 그리움을 버렸겠는가
ⓒ어머님 보고 싶소 수없이 되어 보지만
집 뒤 감나무에 까치밥으로 하나 남았을 / 새빨간 감 바람 소리도 그려 보지만.
ⓓ가난하다고 해서 사랑을 모르겠는가
내 볼에 와 닿던 네 입술의 뜨거움 / 사랑한다고 사랑한다고 속삭이던 네 숨결
돌아서는 내 등 뒤에 터지던 네 울음.
ⓔ가난하다고 해서 왜 모르겠는가
가난하기 때문에 이것들을 / 이 모든 것들을 버려야 한다는 것을.

– 신경림, 「가난한 사랑 노래」

06 윗글에 대한 설명으로 가장 적절한 것은?

① 시간의 흐름에 따른 정서 변화를 그려 내고 있다.

② 대립적 시어를 사용하여 주제를 이끌어 내고 있다.

③ 반어적 표현을 활용하여 비판적 태도를 나타내고 있다.

④ 다양한 감각적 심상을 통해 시적 상황을 드러내고 있다.

⑤ 대화 형식을 활용하여 화자의 정서를 생생하게 표현하고 있다.

07 ㉠에서는 (   )적 표현을 사용하여 가난하지만 (   )인 감정들을 알고 있다는 의미를 강조하고 있다.

08 ⓐ~ⓔ에 대한 설명으로 적절하지 <u>않은</u> 것은?

① ⓐ: 색채 대비를 통해 낭만적인 분위기를 조성하고 있다.

② ⓑ: 1970~80년대의 시대적 상황을 배경으로 하고 있음을 알 수 있다.

③ ⓒ: 화자가 고향에 돌아갈 수 없는 처지에 있음을 짐작할 수 있다.

④ ⓓ: 화자가 외로움, 두려움, 그리움, 사랑을 버려야 하는 이유에 해당한다.

⑤ ⓔ: 어순의 도치를 통해 화자의 안타까움을 부각하고 있다.

09 윗글의 부제가 '이웃의 한 젊은이를 위하여'라고 할 때, 작가가 윗글을 창작한 의도를 서술하시오.

수능형

10 〈보기〉를 바탕으로 윗글을 감상할 때, 그 내용이 적절한 것끼리 바르게 묶은 것은?

┤ 보기 ├

　작가는 자기 자신의 목소리를 시에 그대로 드러내기도 하지만, 다른 사람의 목소리를 빌려 그의 처지에서 보고, 듣고, 느낀 것을 시로 표현하기도 한다. 그러므로 독자는 왜 작가가 특정한 화자를 선택했는지, 특정한 화자의 목소리는 어떤 효과를 불러오는지 파악하며 시를 감상해야 한다.

ㄱ. 사랑하는 사람과 이별한 젊은이의 슬픔과 원망을 시로 표현하고 있군.

ㄴ. 고향을 떠나온 젊은이를 화자로 하여 어머니에 대한 그리움을 부각하고 있군.

ㄷ. 당시의 힘겨운 현실을 잘 보여 주기 위해 가난한 젊은이를 화자로 삼았겠군.

ㄹ. 작가는 특정한 인물을 화자로 삼음으로써 지나치게 물질적인 것만을 추구하는 현실을 비판하고 있군.

① ㄱ, ㄴ　　　　　② ㄱ, ㄷ　　　　　③ ㄱ, ㄹ

④ ㄴ, ㄷ　　　　　⑤ ㄷ, ㄹ

유사한 수능 문제 형식

• 〈보기〉의 관점에서 윗글을 이해한 내용으로 적절하지 <u>않은</u> 것은?

• 〈보기〉의 학습 활동에 따라 윗글을 감상할 때, 감상 내용으로 적절하지 <u>않은</u> 것은?

11~15 다음 글을 읽고 물음에 답하시오.

내 벗이 몇이나 하니 수석(水石)과 송죽(松竹)이라.
동산에 달 오르니 그 더욱 반갑구나.
두어라 이 다섯밖에 또 더하여 무엇하리.

〈제1수〉

구름 빛이 좋다 하나 검기를 자주 한다.
바람 소리 맑다 하나 그칠 적이 많구나.
좋고도 그칠 때 없기는 물뿐인가 하노라.

〈제2수〉

꽃은 무슨 일로 피면서 쉬이 지고
풀은 어이하여 푸른 듯 누러느냐.
아마도 변치 않는 것 바위뿐인가 하노라.

〈제3수〉

더우면 꽃 피고 추우면 잎 지거늘
솔아 너는 어찌 눈서리를 모르는가.
구천(九泉)에 뿌리 곧은 줄을 그것으로 미루어 아노라.

〈제4수〉

나무도 아닌 것이 풀도 아닌 것이
곧기는 뉘 시키며 속은 어이 비었는가.
저렇고 사시(四時)에 푸르니 그를 좋아하노라.

〈제5수〉

작은 것이 높이 떠서 만물을 다 비추니
밤중의 광명이 너만 한 이 또 있느냐.
보고도 말 아니하니 내 벗인가 하노라.

〈제6수〉

– 윤선도, 「오우가」

11 윗글에 대한 설명으로 가장 적절한 것은?

① 전체 6수로 된 사설시조이다.

② 공간의 이동을 통해 시상을 전개한다.

③ 자연물에 의탁하여 화자의 정서를 표현한다.

④ 과거에 대한 화자의 성찰적 태도를 드러낸다.

⑤ 자연물을 통해 바람직한 삶의 태도를 형상화한다.

> 자연물에 의탁한다는 것은 화자의 감정을 자연물에 이입하여 드러내고 있다는 거야.

12 윗글에 드러나는 화자의 모습으로 적절하지 <u>않은</u> 것은?

① 자연물을 가까이하려는 태도를 보이고 있다.

② 자연물을 묘사하며 아름다움을 예찬하고 있다.

③ 자연물과 함께하는 삶에 만족감을 드러내고 있다.

④ 자연물을 통해 자신이 지향하는 바를 나타내고 있다.

⑤ 자연물이 지닌 속성을 유교적 이념과 관련짓고 있다.

13 윗글의 화자는 자연물에 (   )을/를 부여하여 그들 각각이 지닌 (   )을/를 본받으려 하고 있다.

14 윗글에서 부정적 의미를 지닌 대상을 찾고, 그들의 공통적 속성을 서술하시오.

수능형 2020학년도 3월 고1 학력평가

15 〈보기〉는 윗글의 시상 전개 과정을 나타낸 것이다. 이를 바탕으로 윗글을 이해한 내용으로 적절하지 <u>않은</u> 것은?

> **유사한 수능 문제 형식**
> • [A]~[D]에 대한 이해로 적절하지 <u>않은</u> 것은?
> • 〈보기〉를 바탕으로 윗글을 정리할 때, @~@에 대한 설명으로 적절하지 <u>않은</u> 것은?

① A에서는 중심 소재를 무생물, 생물, 천상의 자연물로 묶어 제시하고 있다.

② B에서는 대조의 방식을 활용하여 중심 소재를 예찬하고 있다.

③ C에서는 B와 유사하게 대구의 방법을 활용하여 시적 운율감을 이어 가고 있다.

④ B와 C에서 중심 소재로 향했던 화자의 시선이 D에서는 내면으로 이동하고 있다.

⑤ B, C, D의 각 수에서는 A에서 언급된 중심 소재를 순차적으로 배치하고 있다.

16~20 다음 글을 읽고 물음에 답하시오.

문제 해결 포인트

❶ 서술상의 특징 파악
❷ '수남'의 심리 변화 파악
❸ '수남'의 내적 갈등 양상 파악

TIP 이 글에 나타나는 **갈등 양상**

· 용서를 빌며 차 수리비를 면해 보려는 수남과 끝까지 차 수리비를 받아 내려는 신사 사이의 갈등
· 자전거를 들고 도망치며 쾌감을 느꼈던 자신의 부도덕성에 대해 죄책감을 느끼고 고민하는 수남의 갈등

[앞부분의 줄거리] 시골에서 서울로 올라와 전기용품점에서 일하는 소년 수남은 자신에게 친절한 주인 영감님을 잘 따르며 성실하게 일한다. 바람이 세게 부는 어느 날 수남은 주인 영감님의 심부름으로 거래처에 배달을 하던 중, 세워 둔 자전거가 바람에 넘어져 신사의 고급 자동차에 작은 흠집을 내 자전거를 빼앗길 위기에 처한다.

"아저씨, 잘못했습니다. 한 번만 용서해 주십시오. 네, 아저씨."

제법 또렷한 소리로 용서를 빈다.

"용서라니, 이만큼 했으면 됐지 어떻게 더 용서를 해."

"아저씨, 그러시지 말고 한 번만 봐주셔요. 네, 아저씨."

수남이는 주머니에 든 만 원을 생각하면 얼굴이 화끈대고 공연히 무섭기까지 하다. 그렇지만 주인 영감님을 위해 그 돈만은 죽기를 무릅쓰고 지킬 각오를 단단히 한다.

"아니 요석이 이제 보니 이런 큰일을 저지르고 그냥 내뺄 심사 아냐? 요런 악질 녀석 같으니라고."

신사의 표정은 은은히 감돌던 연민이 싹 가시고 점잖게 무표정해진다.

그러고는 옆에 섰던 운전사인 듯한 남자에게,

"안 되겠네. 요런 악질 깡패 녀석하고 시비해 봤댔자 공연히 시간만 낭비니, 자네 자물쇠 하나 마련해다 주게. 이 녀석 자전걸 잡아 놓기로 하세. 언제든지 오천 원 가져와서 찾아가라고."

그러고는 주머니에서 오백 원짜리를 한 장 꺼내서 운전사에게 주는 것이었다. 수남이로서는 전혀 예기치 못했던 사태였다.

주머니의 만 원에 대해서만 생각했었지 자전거에 대해선 전혀 생각이 미치지 못했었다.

운전사는 금방 커다란 자물쇠를 하나 사 가지고 왔다. 신사는 다시 네놈은 쳐다보기도 싫다는 듯이 수남이를 전혀 상대 안 하고, 묵묵히 자전거 바퀴에다 자물쇠를 채우고, 앞에 빌딩을 가리키면서,

"나 저기 306호실에 있으니까 돈 오천 원 갖고 와. 그러면 열쇠 내줄 테니."

하고는 수남이를 힐끗 흘겨보고 유유히 빌딩 속으로 사라져 갔다.

(중략)

이상한 용기가 솟았다. ㉠수남이는 자전거를 마치 검부러기처럼 가볍게 옆구리에 끼고 질풍같이 달렸다.

정말이지 조금도 안 무거웠다. 타고 달릴 때보다 더 신나게 달렸다. ㉡달리면서 마치 오래 참았던 오줌을 시원스레 내깔기는 듯한 쾌감까지 느꼈다.

주인 영감님은 자전거를 옆에 끼고 질풍처럼 달려온 놈을 눈을 휘둥그렇게 뜨고 바라볼 뿐이었다. 오늘 바람이 세더니만 필시 이 조그만 놈이 바람에 날아왔나, 설마 그럴 리야 없을 텐데 내 눈이 어떻게 된 것인가 그런 눈치였다.

수남이는 너무 숨이 차서 이런 주인 영감님의 궁금증을 시원히 풀어 주지 못하고 한동안 헉헉대기만 한다.

"인마, 말을 해. 무슨 일이야? 네놈 꼴이 영락없이 도둑놈 꼴이다, 인마."

도둑놈 꼴이라는 소리가 수남이의 가슴에 가시처럼 걸린다. 수남이는 겨우 숨을 가라앉히고 자초지종을 주인 영감님께 고해바친다. 다 듣고 난 주인 영감님은 무엇이 그리 좋은지 무릎을 치면서 통쾌해한다.

ⓒ"잘했다, 잘했어. 만날 촌놈인 줄만 알았더니 제법인데, 제법이야."

그러고는 가게에서 쓰는 드라이버니 펜치를 가지고 자전거에 채운 자물쇠를 분해하기 시작한다. 엎드려서 그 짓을 하고 있는 주인 영감님이 수남이의 눈에 흡사 도둑놈 두목 같아 보여 속으로 정이 떨어진다. 주인 영감님 얼굴이 누런 똥빛인 것조차 지금 깨달은 것 같아 속이 메스껍다.

마침내 자물쇠를 깨뜨렸나 보다. 영감님 얼굴에 회심의 미소가 떠오르더니 자유롭게 된 자전거 바퀴를 시험이라도 하려는 듯이 자전거로 골목을 한 바퀴 빙그르르 돌아 들어와서는,

"네놈 오늘 운 텄다."

그러고는 수남이의 머리를 쓰다듬고 볼과 턱을 두둑한 손으로 귀여운 듯이 감싼다. 영감님이 기분이 좋을 때면 수남이에 대한 애정의 표시로 으레 그렇게 했었고, 수남이도 그걸 좋아했었다.

ⓔ그런데 오늘은 싫다. 영감님의 손이 싫다. 그것이 운 트기는커녕 재수 옴 붙었다는 생각이 여전하고, 수남이는 그날 온종일 우울했다. 그러나 자기가 왜 그렇게 우울한지 그걸 차분히 생각할 새도 없는 바쁜 하루였다.

가게 문을 닫고 주인댁에서 날라 온 저녁밥을 먹고 나면 비로소 수남이 혼자만의 시간이다. 꿀 같은 시간이었다. 책을 펴 놓고 영어 단어를 찾고, 수학 문제를 풀어 보고, 턱을 괴고 소년답게 감미로운 공상에 잠길 수 있는 그런 시간이었다.

[A] ┌ 그러나 오늘 수남이는 그게 되지를 않았다. 책을 집어 던졌다.
　　ⓜ낮에 내가 한 짓은 옳은 짓이었을까? 옳을 것도 없지만 나쁠 것은 또 뭔가. 자가용까지 있는 주제에 나 같은 아이에게 오천 원을 우려내려고 그렇게 간악하게 굴던 신사를 그 정도 골려 준 것이 뭐가 나쁜가? 그런데도 왜 무섭고 떨렸던가. 그때의 내 꼴이 어땠으면, 주인 영감님까지 "네놈 꼴이 꼭 도둑놈 꼴이다."
　　└ 라고 하였을까.

그럼 내가 한 짓은 도둑질이었단 말인가. 그럼 나는 도둑질을 하면서 그렇게 기쁨을 느꼈더란 말인가.

수남이는 몸을 부르르 떨면서 낮에 자전거를 갖고 달리면서 맛본 공포와 함께 그 까닭 모를 쾌감을 회상한다. 마치 참았던 오줌을 내깔길 때처럼 무거운 억압이 갑자기 풀리면서 전신이 날아갈 듯이 가벼워지는 그 상쾌한 해방감 — 한번 맛보면 도저히 잊힐 것 같지 않은 그 짙은 쾌감, 아아 도둑질하면서도 나는 죄책감보다는 쾌감을 더 짙게 느꼈던 것이다.

혹시 내 피 속에 도둑놈의 피가 흐르고 있기 때문이 아닐까. 순간 수남이는 방바닥에서 송곳이라도 치솟은 듯이 후다닥 일어서서 안절부절못하고 좁은 방 안을 헤맸다.

— 박완서, 「자전거 도둑」

16 윗글을 통해 알 수 있는 사실로 적절하지 <u>않은</u> 것은?

① 주인 영감에 대한 수남의 생각이 바뀌었다.
② 주인 영감은 수남을 촌놈처럼 생각하고 있었다.
③ 신사는 수남의 처지를 고려하여 해결책을 제시하였다.
④ 수남은 '도둑놈 꼴'이라는 말에서 양심의 가책을 느꼈다.
⑤ 수남은 신사와의 갈등 상황에서 자전거를 들고 도망쳤다.

> 갈등은 인물이 사건을 겪으며 갖게 되는 대립적인 심리 상태를 의미해.

17 윗글의 '<u>누런 똥빛</u>'의 의미를 '주인 영감'의 측면에서 서술하시오.

18 윗글은 도시화·산업화의 과정에서 돈을 벌기 위해 서울로 온 '수남'이 겪는 (   ) 을/를 통해 (   ) 이익만을 추구하는 도시 사람들의 태도를 비판하고 있다.

19 ㉠~㉤에 대한 설명으로 적절하지 <u>않은</u> 것은?

① ㉠: 수남이 이후에 죄책감을 느끼며 갈등하는 원인이 된다.

② ㉡: 수리비를 물어 주지 않아도 된다는 안도감이 담겨 있다.

③ ㉢: 수남이 자전거를 들고 도망친 일에 대해 반어적으로 야단치는 말이다.

④ ㉣: 수남이 주인 영감이 속물적 인물임을 깨닫고 거부감을 느끼고 있다.

⑤ ㉤: 수남이 낮에 있었던 일을 생각하며 내적 갈등을 겪고 있음을 알 수 있다.

수능형 2008학년도 9월 고1 학력평가

20 〈보기〉를 [A]로 바꿔 썼다고 가정할 때, 그 효과로 적절하지 <u>않은</u> 것은?

> ┤ 보기 ├
>
> 　그러나 오늘 수남이는 그게 되지를 않았다. 책을 집어 던졌다. 그리고 저녁 내내 안절부절못했다.

① 인물이 갈등하는 이유가 선명해졌다.

② 독자가 상상할 수 있는 여지가 넓어졌다.

③ 인물의 내면 심리가 보다 세밀하게 표현되었다.

④ 다른 인물의 말이 추가되어 갈등의 초점이 부각되었다.

⑤ 자문하는 부분이 추가되어 고민하는 모습이 강화되었다.

유사한 수능 문제 형식

[A]와 〈보기〉를 비교했을 때 [A]에 드러나는 특징으로 가장 적절한 것은?

21~25 다음 글을 읽고 물음에 답하시오.

[앞부분의 줄거리] 심학규라는 장님이 늦은 나이에 딸 청이를 얻었으나 아내가 죽자 온갖 고생을 하며 딸을 기른다. 심청은 효성이 지극하여 아버지를 지극정성으로 봉양한다. 그러던 어느 날 심 봉사는 물에 빠지는 사고를 당하고, 이때 자신을 구해 준 몽운사 화주승으로부터 공양미 3백 석을 시주하면 눈을 뜰 수 있다는 말을 듣고 덜컥 시주를 약속한다. 뒤늦게 이 일을 후회하는 아버지를 위해 심청은 제물로 바칠 처녀를 사러 다니는 남경 뱃사람들에게 자신을 팔기로 한다.

　"나는 이 동네 사람인데, 우리 아버지가 앞을 못 보서서 '공양미 3백 석을 지성으로 불공하면 눈을 떠 보리라.' 하기로, 집안 형편이 어려워 장만할 길이 전혀 없어 내 몸을 팔려 하니 나를 사 가는 것이 어떠하실는지요?"

문제 해결 포인트

❶ 판소리계 소설의 특징 파악

❷ 작품에 반영된 삶의 모습 파악

❸ 심 봉사가 꾼 꿈의 의미와 역할 파악

뱃사람들이 이 말을 듣고,

"효성이 지극하나 가련하군요."

하며 허락하고, 즉시 쌀 3백 석을 몽운사로 날라다 주고,

"오는 3월 보름날에 배가 떠나기로 되어 있습니다."

하고 가니, 심청이 아버지께 여쭙기를,

"공양미 3백 석을 이미 실어다 주었으니, 이제는 근심치 마셔요."

심 봉사가 깜짝 놀라,

"너, 그 말이 웬 말이냐?"

심청같이 타고난 효녀가 어찌 아버지를 속이랴마는, 어찌할 수 없는 형편이라 잠깐 거짓말로 속여 대답한다.

"장 승상 댁 노부인이 달포 전에 저를 수양딸로 삼으려 하셨는데 차마 허락지 않았습니다. 그러나 지금 형편으로는 공양미 3백 석을 장만할 길이 전혀 없기로 이 사연을 노부인께 말씀드렸더니, 쌀 3백 석을 내어 주시기에 수양딸로 팔리기로 했습니다."

심 봉사가 물색도 모르면서 이 말만 반겨 듣고,

"그렇다면 고맙구나. 그 부인은 한 나라 재상의 부인이라 아마도 다르리라. 복을 많이 받겠구나. 저러하기에 그 아들 삼 형제가 벼슬길에 나아갔나 보구나. 그나저나 양반의 자식으로 몸을 팔았단 말이 듣기에 괴이하다마는 장 승상 댁 수양딸로 팔린 거야 어떻겠느냐. 언제 가느냐?"

"다음 달 보름날에 데려간다 합디다."

"어허, 그 일 매우 잘되었다."

심청이 그날부터 곰곰 생각하니, 눈 어두운 백발 아비 영 이별하고 죽을 일과 사람이 세상에 나서 열다섯 살에 죽을 일이 정신이 아득하고 일에도 뜻이 없어 식음을 전폐하고 근심으로 지내다가, 다시금 생각하기를,

'엎질러진 물이요, 쏘아 논 화살이다.'

날이 점점 가까워 오니 생각하기를,

'이러다간 안되겠다. 내가 살았을 제 아버지 의복 빨래나 해 두리라.'

하고, 춘추 의복 상침 겹것, 하절 의복 한삼 고의 박아 지어 들여놓고, 동절 의복 솜을 넣어 보에 싸서 농에 넣고, 청목으로 갓끈 접어 갓에 달아 벽에 걸고, 망건 꾸며 당줄 달아 걸어 두고, 배 떠날 날을 헤아리니 하룻밤이 남아 있다. 밤은 깊어 삼경인데 은하수 기울어졌다. 촛불을 대하여 두 무릎을 마주 꿇고 머리를 숙이고 한숨을 길게 쉬니, ㉠아무리 효녀라도 마음이 온전하겠는가.

'아버지 버선이나 마지막으로 지으리라.'

하고 바늘에 실을 꿰어 드니, 가슴이 답답하고 두 눈이 침침, 정신이 아득하여 하염없는 울음이 가슴속에서 솟아나니, 아버지가 깰까 하여 크게 울지는 못하고 흐느끼며 얼굴도 대어 보고 손발도 만져 본다.

(중략)

어느덧 동방이 밝아 오니, 심청이 아버지 진지나 마지막 지어 드리리라 하고 문을 열고 나서니, 벌써 뱃사람들이 사립문 밖에서,

"오늘이 배 떠나는 날이오니 수이 가게 해 주시오."

하니, 심청이 이 말을 듣고 얼굴빛이 없어지고 손발에 맥이 풀리며 목이 메고 정신이 어지러워 뱃사람들을 겨우 불러,

"여보시오 선인네들, 나도 오늘이 배 떠나는 날인 줄 이미 알고 있으나, 내 몸 팔린 줄을 우리 아버지가 아직 모르십니다. 만일 아시게 되면 지레 야단이 날 테니, 잠깐 기다리면 진지나 마지막으로 지어 잡수시게 하고 말씀 여쭙고 떠나게 하겠어요."

하니 뱃사람들이,

"그리하시지요."

하였다. 심청이 들어와 눈물로 밥을 지어 아버지께 올리고, 상머리에 마주 앉아 아무쪼록 진지 많이 잡수시게 하느라고 자반도 떼어 입에 넣어 드리고 김쌈도 싸서 수저에 놓으며,

"진지를 많이 잡수셔요."

심 봉사는 철도 모르고,

"야, 오늘은 반찬이 유난히 좋구나. 뉘 집 제사 지냈느냐."

그날 밤에 꿈을 꾸었는데, 부자간은 천륜지간이라 꿈에 미리 보여 주는 바가 있었다.

"아가 아가, 이상한 일도 있더구나. 간밤에 꿈을 꾸니, 네가 큰 수레를 타고 한없이 가 보이더구나. 수레라 하는 것이 귀한 사람이 타는 것인데 우리 집에 무슨 좋은 일이 있을란가 보다. 그렇지 않으면 장 승상 댁에서 가마 태워 갈란가 보다."

심청이는 저 죽을 꿈인 줄 짐작하고 둘러대기를,

"그 꿈 참 좋습니다."

하고 진짓상을 물려 내고 담배 태워 드린 뒤에 밥상을 앞에 놓고 먹으려 하니 간장이 썩는 눈물은 눈에서 솟아나고, 아버지 신세 생각하며 저 죽을 일 생각하니 정신이 아득하고 몸이 떨려 밥을 먹지 못하고 물렸다. 그런 뒤에 심청이 사당에 하직하려고 들어갈 제, 다시 세수하고 사당 문을 가만히 열고 하직 인사를 올렸다.

– 작자 미상, 「심청전」

21 윗글의 서술상 특징으로 가장 적절한 것은?

① 인물 간의 대화를 통해 사건이 전개되고 있다.
② 인물을 희화화하여 현실 세태를 풍자하고 있다.
③ 주인공이 서술자가 되어 이야기를 들려주고 있다.
④ 과거와 현재를 대비하여 입체적으로 서술하고 있다.
⑤ 전기적 요소를 활용하여 독자의 흥미를 유발하고 있다.

전기적 요소는 현실에서 일어날 수 없는 기이한 일이나 사건을 말해. 그러니까 쉽게 말해서 비현실적 요소지.

22 윗글을 읽은 학생의 반응으로 적절하지 <u>않은</u> 것은?

① 심청은 상대방을 배려할 줄 알고 효심이 지극한 인물이군.
② 심 봉사는 심청이 장 승상 댁 수양딸로 가는 것을 언짢게 여기고 있군.
③ 당시 사람들은 지성으로 불공하면 소원이 이루어질 수 있다고 생각하였군.
④ 마지막 밥상을 받고 즐거워하는 심 봉사로 인해 상황이 더욱 비극적으로 느껴지는군.
⑤ 심청이 사당에 가서 하직 인사를 올리는 것에서 당시의 유교적 풍습을 엿볼 수 있군.

23 ㉠에서는 서술자가 이야기 속에 (   )하여 심청의 심정을 헤아리며 (   ) 을/를 표현하고 있다.

24 윗글에서 '심 봉사'의 '꿈'이 어떤 역할을 하는지 서술하시오.

수능형 2010학년도 9월 고1 학력평가 변형

유사한 수능 문제 형식

〈보기〉를 참고할 때, 윗글을 '효용론적 관점'에 따라 해석한 내용으로 적절한 것은?

25 〈보기〉의 관점에서 윗글을 감상한 것으로 가장 적절한 것은?

┤ 보기 ├

　문학 감상은 독자가 작품 해석의 주체로서 작품의 내용을 일상의 삶과 연결 지어 읽으며 내면화하는 과정이다. 그런 점에서 문학 작품의 이해와 감상은 우리의 생활을 되돌아보고 삶을 풍요롭게 해 주는 자양분이 된다.

① 현재 시제를 사용하여 판소리 공연과 같은 현장감이 느껴졌어요.
② 현재−과거−현재로 사건을 진행하여 내용이 입체적으로 전달됐어요.
③ 심청이 아버지의 의복 빨래를 하는 장면에서 당시 사람들이 입었던 의복의 종류를 짐작할 수 있었어요.
④ 뱃사람들이 바다를 건너기 위해 사람을 제물로 삼아 제사를 지내는 모습에서 당시 풍습을 알 수 있었어요.
⑤ 어려운 상황에서도 꿋꿋하게 살아가는 심청의 모습을 보며 평소 쉽게 포기하는 나 자신이 부끄럽게 느껴졌어요.

26~30 다음 글을 읽고 물음에 답하시오.

📖 **문제 해결 포인트**
❶ 글쓴이의 경험과 깨달음 파악
❷ 주제와 집필 의도 파악
❸ 서술상의 특징 파악

강물을 건널 때 사람들이 고개를 쳐들고 하늘을 우러러보는 것을 보고 나는 하늘에 비는가 보다 생각했다. 훨씬 뒤에야 알았지만, 물을 건너는 사람이 늠실늠실 소용돌이쳐 돌아가는 강물을 보면 제 몸이 물을 기슬러 올라가는 것 같고 눈은 강물을 따라 내려가는 것만 같아서, 갑자기 빙빙 도는 듯 어지럼증이 생기면서 물에 빠진다고 한다. 그러니 고개를 젖히고 우러러보는 것은 하늘에 대고 기도를 하는 것이 아니라 물을 보지 않으려 함이다. 역시 그렇다. 목숨이 경각에 달렸는데 어느 겨를에 기도할 수 있으랴.

이토록 위험하다 보니 물소리도 미처 듣지 못하는 것이다. 다들 말하기를 ㉠요동 벌은 넓고 편편하기 때문에 물소리가 요란하지 않다고 한다. 허나 이는 물소리를 모르는 말이다. 요동 땅 강물들이 물소리를 안 내는 것이 아니라 밤에 건너지 않았기 때문이다. 낮에는 눈으로 물을 볼 수 있으니 눈이 위험한 데에만 쏠려, 눈 달린 것을 걱정해야 할 판이다. 그러니 ㉡귀에 무엇이고 들릴 리가 있겠는가?

오늘 나는 밤중에 물을 건너는지라 눈으로는 위험을 볼 수 없다. 그러니 위험은 듣는 데만 쏠려, 귀가 무서워 부들부들 떨리니 걱정을 놓을 수 없다.

나는 오늘에야 이치를 알았다. ㉢마음이 고요한 사람은 귀와 눈이 탈이 될 턱이 없으나, 귀와 눈만 믿는 사람은 보고 듣는 힘이 밝아져서 더욱 병이 되는 것이다.

오늘 나의 마부가 발을 말발굽에 밟혀서 뒤따라오는 수레에 실려 가고 보니, 나는 하는 수 없이 혼자 고삐를 늦추어 물에 들어갔다. 무릎을 오그려 발을 모으고 안장 위에 앉았다. 한번만 까딱하면 바로 강물로 떨어져, 물로 땅을 삼고, 물로 옷을 삼고, 물로 몸을 삼고, 물로 마음을 삼을 터. 이때야 나는 마음속으로 떨어짐을 각오하였다. 그러자 ㉣내 귓속에는 드디어 물소리가 없어지고 무릇 아홉 번이나 물을 건너는 데도 마치 안석 위에서 앉고 눕고 하는 것처럼 아무렇지도 않았다.

옛날 우임금이 강물을 건널 때 누런 용이 배를 등으로 떠밀어 몹시 위험했다. 그러나 죽고 사는 것이 마음에 먼저 분명하게 서고 보니 용이든 지렁이든 크고 작은 것이 아무 상관 없었다.

소리와 빛깔은 내 마음 밖에 있는 외물(外物)이다. 이는 언제나 귀와 눈에 탈이 되어 이렇게도 사람들이 똑바로 보고 듣는 힘을 잃도록 만든다. ㉤더구나 사람이 한세상 살아가는 데 그 험하고 위태함이야 강물보다 더한지라, 보고 듣는 것이 번번이 병이 될 것이 아닌가?

내가 사는 연암골로 돌아가면 앞개울의 물소리를 다시 들으면서 이를 가늠해 보리라. 그리하여 제 몸가짐에 능란하며 스스로 총명한 체하는 자들에게 경계하려다.

　　　　　　　　　　　　　　　　　　　　　　　　　　　　－ 박지원, 「일야구도하기」

26 윗글에 대한 설명으로 적절하지 <u>않은</u> 것은?

① 여행에서의 견문과 감상이 드러나 있다.

② 경험한 사실을 토대로 깨달음을 이끌어 내고 있다.

③ 고사를 인용하여 글쓴이의 의견을 뒷받침하고 있다.

④ 현재와 과거를 대비하여 현실 세태를 비판하고 있다.

⑤ 설의법을 사용하여 글쓴이의 의견을 효과적으로 전달하고 있다.

집필 의도는 글쓴이가 이 작품을 쓴 목적과도 관련이 있어. 윗글의 마지막 부분을 한 번 더 읽어 봐.

27 윗글에서 글쓴이는 눈과 귀에 현혹되면 사물의 본질을 제대로 파악할 수 없으므로 (   )에 쉽게 흔들리지 않는 삶의 자세가 필요하다는 (   )을/를 전달하고 있다.

28 ㉠~㉤에 대한 설명으로 적절하지 <u>않은</u> 것은?

① ㉠: 사람들의 잘못된 판단에 해당한다.

② ㉡: 눈에 보이는 위험에 신경을 써서 물소리가 들리지 않는다는 뜻이다.

③ ㉢: 보고 듣는 것에 치우치지 않는 사람을 의미한다.

④ ㉣: 두려움으로 아무 소리도 들리지 않게 되었음을 의미한다.

⑤ ㉤: 경험을 통해 알게 된 이치를 삶에 적용하고 있다.

29 글쓴이가 윗글을 집필한 의도를 서술하시오.

수능형

유사한 수능 문제 형식

윗글의 내용을 〈보기〉와 같이 정리하였다. 글의 흐름으로 보아 적절하지 <u>않은</u> 것은?

30 글쓴이가 강을 건너는 장면을 중심으로 하여 다음과 같이 윗글을 정리할 때, 그 내용으로 적절하지 <u>않은</u> 것은?

이치를 알기 전	낮의 강	• 사람들의 행동: 사람들이 고개를 쳐들고 하늘을 우러러 봄. ······ ① • 행동의 이유: 하늘에 안전을 기원해야만 무사히 강을 건널 수 있기 때문에 ······ ②
	밤의 강	• 글쓴이의 행동: 두려움에 부들부들 떨며 걱정을 함. ······ ③ • 행동의 이유: 위험하다는 느낌이 귀에만 쏠려 물소리를 더 잘 듣게 되었기 때문에 ······ ④
이치를 안 후	밤의 강	• 글쓴이의 행동: 아무런 걱정 없이 아홉 번이나 강을 건넘. • 행동의 이유: 마음을 다스렸기 때문에 ······ ⑤

마무리 정리하기

주제로 독해하기 ❷ 자연과 삶

갈래	세부 주제	내용
운문 문학	자연에서의 삶	➡ 자연에서 한가로운 삶을 살며 자연을 감상하는 즐거움, 자연과의 일체감, 안빈낙도, 안분지족의 감정을 드러냄.
	자연을 통해 얻은 감동과 깨달음	➡ 자연의 생명력에 대한 감탄을 드러냄. 또는 자연과 인간의 삶을 관련지어 자연과 인간의 동질성을 바탕으로 깨달음을 드러냄.
	자아 성찰과 깨달음	➡ 사물과 현상에서 깨닫게 된 점을 통해 자아를 성찰하고 반성과 극복 의지를 나타냄.
	민중의 삶의 모습	➡ 고전 시가의 경우 노동에 대한 생활 감정, 삶의 힘겨움을 웃음으로 승화하는 해학 등을 드러냄. 현대시의 경우 민중의 아픔과 슬픔을 주로 드러냄.
산문 문학	인물의 성장과 성숙	➡ 미성숙한 주인공이 갈등을 겪고 정신적으로 성숙해져 가는 과정을 그림.
	사람들의 다양한 삶의 모습	➡ 당대의 가치관, 생활 양식 속에 담긴 사람들의 삶의 모습을 그림.
	자아 성찰과 깨달음	➡ 수필 작품에서는 경험으로부터 교훈을 이끌어 내어 깨달음을 전달함. 한편 현대 소설에서는 개인의 일상과 내면에 집중하여 자아 정체성을 탐색하고 그로 인해 성장하는 모습을 그림.

낙화 _ 이형기

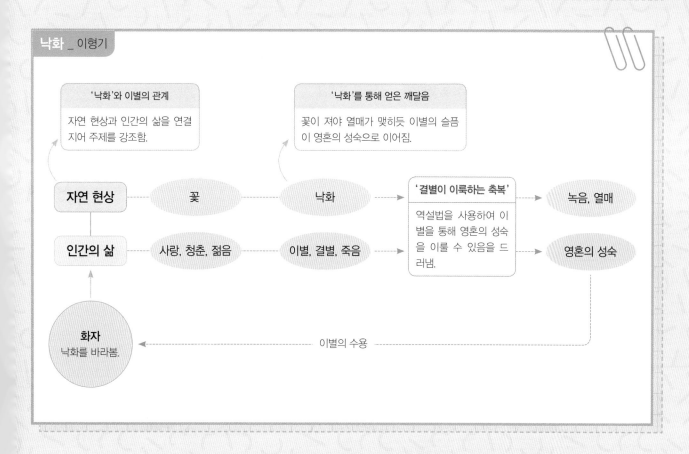

가난한 사랑 노래 _ 신경림

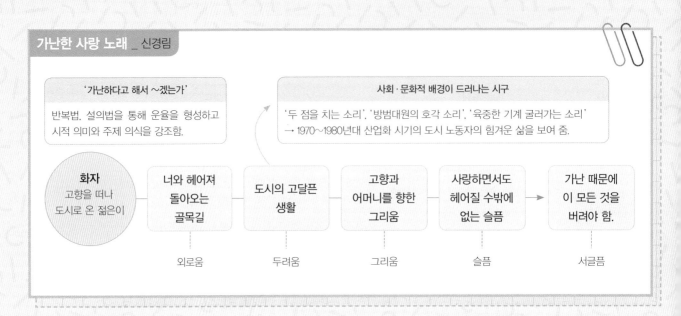

'가난하다고 해서 ~겠는가'
반복법, 설의법을 통해 운율을 형성하고 시적 의미와 주제 의식을 강조함.

사회·문화적 배경이 드러나는 시구
'두 점을 치는 소리', '방범대원의 호각 소리', '육중한 기계 굴러가는 소리'
→ 1970∼1980년대 산업화 시기의 도시 노동자의 힘겨운 삶을 보여 줌.

화자
고향을 떠나 도시로 온 젊은이

너와 헤어져 돌아오는 골목길 → 도시의 고달픈 생활 → 고향과 어머니를 향한 그리움 → 사랑하면서도 헤어질 수밖에 없는 슬픔 → 가난 때문에 이 모든 것을 버려야 함.

외로움 / 두려움 / 그리움 / 슬픔 / 서글픔

오우가 _ 윤선도

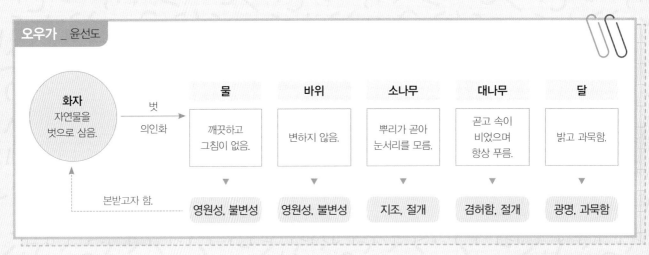

화자
자연물을 벗으로 삼음.

벗 / 의인화

물	바위	소나무	대나무	달
깨끗하고 그침이 없음.	변하지 않음.	뿌리가 곧아 눈서리를 모름.	곧고 속이 비었으며 항상 푸름.	밝고 과묵함.
영원성, 불변성	영원성, 불변성	지조, 절개	겸허함, 절개	광명, 과묵함

본받고자 함.

자전거 도둑 _ 박완서

신사
고급 자동차 주인

수남
전기용품 도매상 점원인 소년

주인 영감
가게 주인

자전거가 넘어져 자동차에 흠집을 냄.
수리비를 요구함.

자전거를 들고 도망친 수남의 행동을 칭찬함.
속물적인 모습을 보고 거부감을 느낌.

외적 갈등 / 내적 갈등

자신의 행동이 옳은 일이었는지 고민함.

주제
물질적 이익만을 추구하는 도시 사람들에 대한 비판

심청전 _ 작자 미상

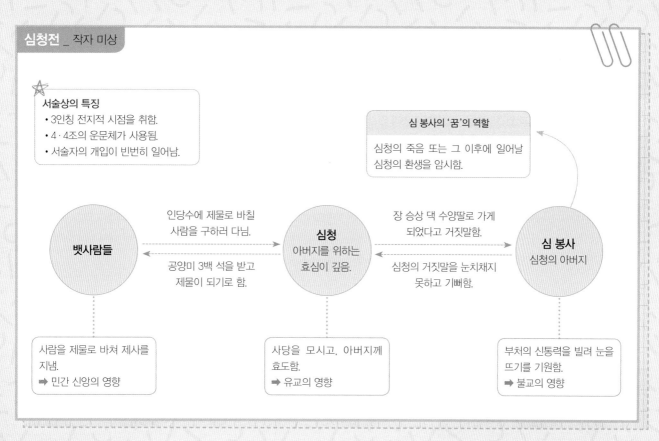

☆ **서술상의 특징**
• 3인칭 전지적 시점을 취함.
• 4·4조의 운문체가 사용됨.
• 서술자의 개입이 빈번히 일어남.

심 봉사의 '꿈'의 역할
심청의 죽음 또는 그 이후에 일어날 심청의 환생을 암시함.

뱃사람들

인당수에 제물로 바칠 사람을 구하러 다님.

공양미 3백 석을 받고 제물이 되기로 함.

심청
아버지를 위하는 효심이 깊음.

장 승상 댁 수양딸로 가게 되었다고 거짓말함.

심청의 거짓말을 눈치채지 못하고 기뻐함.

심 봉사
심청의 아버지

사람을 제물로 바쳐 제사를 지냄.
➡ 민간 신앙의 영향

사당을 모시고, 아버지께 효도함.
➡ 유교의 영향

부처의 신통력을 빌려 눈을 뜨기를 기원함.
➡ 불교의 영향

일야구도하기 _ 박지원

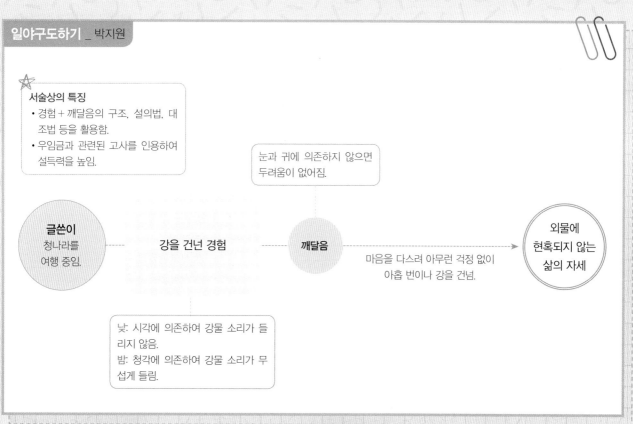

☆ **서술상의 특징**
• 경험 + 깨달음의 구조, 설의법, 대조법 등을 활용함.
• 우임금과 관련된 고사를 인용하여 설득력을 높임.

눈과 귀에 의존하지 않으면 두려움이 없어짐.

글쓴이
청나라를 여행 중임.

강을 건넌 경험

깨달음

외물에 현혹되지 않는 삶의 자세

낮: 시각에 의존하여 강물 소리가 들리지 않음.
밤: 청각에 의존하여 강물 소리가 무섭게 들림.

마음을 다스려 아무런 걱정 없이 아홉 번이나 강을 건넘.

더 읽어 보기

◉ 감상 넓히기 _ 자연과 삶을 다룬 작품

이제까지 자연과 인간의 삶을 다룬 다양한 갈래의 작품들을 감상해 보았어요. 이외에도 자연과 인간의 삶을 다룬 작품들이 많아요. 앞에서 운문 문학의 경우, 자연과 인간의 삶을 관련지어 자연과 인간의 동질성을 바탕으로 깨달음을 드러내는 작품과 민중의 삶의 모습을 다룬 작품을 감상하였으니, 여기에서는 자연에서의 삶을 노래한 시를 살펴보도록 해요. 또 산문 문학에서는 소년의 성장을 그린 소설을 감상하였으니, 이번에는 소녀의 성장통을 그린 시나리오를 감상해 보도록 해요.

■ 산이 날 에워싸고 _ 박목월

이 시는 현실의 구속에서 벗어나 자연 속에서의 소박한 삶, 순수한 자연과 하나가 되는 삶을 꿈꾸는 화자의 소망을 노래하고 있습니다. 이 시에서 '산'은 순수한 자연의 세계, 탈속적 세계를 상징하고, 화자는 자연 속에서 욕심 없이 소박하게 자연과 동화되어 살며 더 나아가 '그믐달'처럼 자연의 순리에 따르는 삶을 살고자 하는 모습을 보여 주고 있습니다.

■ 달리는 차은 _ 민예지 외

이 작품은 청소년기의 꿈의 좌절과 극복을 통해 한 소녀의 성장을 그려 내고 있는 시나리오입니다. 육상 선수를 꿈꾸는 14살 소녀 차은과 차은의 꿈을 반대하는 아버지, 필리핀 출신인 엄마 사이의 갈등이 잘 드러나 있는 작품으로 차은이 여러 어려움을 이겨 내고 꿈을 이루어 가는 과정을 현실적으로 그려 내고 있습니다.

산이 날 에워싸고 _ 박목월

산이 날 에워싸고
속세에서 벗어난 자연적 공간
「씨나 뿌리며 살아라 한다
「 」: 욕심 없는 소박한 삶
밭이나 갈며 살아라 한다」

어느 짧은 산자락에 집을 모아

아들 낳고 딸을 낳고

흙담 안팎에 호박 심고

「들찔레처럼 살아라 한다   ▨▨: 화자가 소망하는 삶의 모습을 보여 주는 존재
「 」: 자연과 동화된 삶
쑥대밭처럼 살아라 한다」

산이 날 에워싸고

그믐달처럼 사위어지는 목숨 → 죽음을 자연의 순리로 받아들임.
          불이 사그라져서 재가 되는
「그믐달처럼 살아라 한다
「 」: 자연과 일치된 모습. 자연의 순리에 따르는 삶
그믐달처럼 살아라 한다」

▶ 갈래 자유시, 서정시

▶ 주제 자연 속에서 소박하고 평화롭게 살기를 소망함.

▶ 특징
① 산이 화자에게 말하는 형식을 취함.
② 자연과의 동화가 점층적으로 진행됨.
③ 동일한 문장 구조의 반복으로 운율을 형성하고 주제를 강조함.

▶ 구성
• 1연: 산의 권유 ① – 자연 속에서의 욕심 없는 소박한 삶
• 2연: 산의 권유 ② – 자연과 동화된 삶
• 3연: 산의 권유 ③ – 자연의 순리에 따르는 삶

달리는 차은 _ 민예지 외

#18 차은네 마당 / 낮

툇마루에 누워 만화책을 읽고 있는 차은, 새 운동화에 신이 난 동민이 차은을 부르며 마당으로 들어온다. 동민을 따라 들어오는 엄마.

동민: 누나! 이것 좀 봐라! 새 운동화다!
　　　　　　　차은에 대한 엄마의 애정이 드러나는 소재

차은이 별 관심을 보이지 않자, 동민은 "아빠!" 하고 부르며 쪼르르 밖으로 나가고, 쇼핑백을 들고 선 엄마가 차은의 곁에 앉는다.

엄마: 차은아! 집에 있었어? 안 나갔어?

차은: (꿈적도 않는다.)
　　　기분이 좋지 않음.
엄마: 엄마가 뭐 사 왔어. 맞혀 봐!
　　　차은과 친해지고 싶은 엄마

엄마가 들고 있던 쇼핑백에서 신발을 꺼내 차은 앞에 자랑하듯 내놓는다.

엄마: 짜잔! 차은아! 이거 봐 봐! / 차은: …….

엄마: 너, 달리기 잘한다며? 너 달리기할 때 신으라고.
달리기를 좋아하고 육상 선수를 꿈꾸는 차은을 위해 일부러 운동화를 사 온 엄마 → 차은에 대한 애정이 드러남.

차은, 읽던 만화책을 챙겨 들고 일어선다.

차은: 달리기할 때 그런 거 신는 거 아니거든!
　　　　　엄마의 성의를 무시하고 엄마에게 화풀이함.
엄마: 왜? 이거 마음에 안 들어?

차은, 엄마가 뽐내는 새 운동화를 쳐다보지도 않고, 제 신발을 챙겨 신
　　　　　　　　　　　엄마의 선물이 못마땅함.
는다.

엄마: 안 예뻐? 되게 비싼 건데. (새 운동화를 차은 앞에 내려놓으며) 그
　　　　차은의 기분을 풀어 주려고 노력함.
럼 남자 친구 만날 때 신어!
　기분이 좋지 않은 차은을 자극하는 말
차은: 걔 남자 친구 아니거든. 내가 남자 친구 아니라고 몇 번이나 말
　　　　　　　　　학교 친구들에게 놀림당하고 엄마에게 화풀이함.
해! 내 말 못 알아들어!

엄마: ……. / 차은: …….

「엄마: (속상한 마음에 새 운동화를 차은의 앞에 던지듯 놓으며) 그래! 신지
「 」: 엄마와 차은의 갈등이 고조됨.
마! 갖다 버려!

차은: 그래! 버려!」

차은, 새 운동화를 발로 차더니, 대문을 향해 걸어 나간다.
　　　　　　　▶ 엄마가 사 준 운동화를 거절하며 짜증을 내는 차은

▶ **갈래** 시나리오

▶ **주제** 청소년기의 꿈의 좌절과 극복

▶ **특징**
다문화 가정에서 일어나는 갈등과 화해의 과정이 잘 드러남.

▶ **전체 줄거리**
육상 선수를 꿈꾸는 차은은 학교 육상부가 해산하게 되면서 서울의 학교로부터 전학 권유를 받는다. 하지만 차은이 육상을 하는 것을 반대하는 아버지는 전학을 가지 못하게 하고, 이로 인해 차은은 아버지와 갈등을 빚는다. 우연히 차은의 엄마가 필리핀 출신임을 알게 된 차은의 친구 영찬이 학교 친구들에게 이 사실을 알려, 차은은 놀림을 받게 된다. 아버지의 반대와 친구들의 놀림으로 가출을 결심한 차은이 영찬을 찾아가 돈을 빌리고, 영찬이 차은에게 자신의 잘못을 사과하면서 두 사람은 화해하게 된다. 한편 가출한 차은을 찾아낸 엄마는 차은을 데리고 서울로 향하고, 두 사람이 함께 시간을 보내면서 갈등이 해소된다. 차은은 자신의 바람대로 육상 선수가 되어 다른 선수들과 함께 육상 경기에 출전한다.

III

인간과 사회

주제로 독해하기

왜 인간과 사회일까?

우리 민족은 시대와 사회의 변화에 따라 다양한 아픔을 겪어 왔는데, 작가들은 당대의 사회적 상황을 바탕으로 이러한 아픔을 자신만의 언어로 표현하여 문학 작품을 남겼어요. 그런 까닭에 사회와 그에 따른 인간의 모습은 문학 작품에서 자주 다루어지는 주제라고 할 수 있답니다.

①

운문 문학

'우국충정'은 '나랏일을 근심하고 염려하는 참된 마음'을 의미해.

1. 우국충정과 연군지정

나라의 몰락이나 외세의 침략은 문학 작품에도 큰 영향을 주었다. 이러한 영향에 따라 우리 선조들은 나라를 걱정하는 우국충정의 마음을 노래하거나 자신이 섬기는 임금에 대한 충성과 절개의 마음을 노래한 다양한 갈래의 고전 시가 작품들을 창작하였다. 특히 연군지정을 노래한 작품 중에는 임금을 사랑하는 임으로 설정하여 임금에 대한 그리움을 노래한 작품들이 많다.

> 이색의 「백설이 잦아진 골에 ~」 등
> 이개의 「방 안에 혀는 촛불 ~」, 성삼문의 「수양산 바라보며 ~」 등
> 정철의 「사미인곡」, 「속미인곡」 등

화자의 상황	화자의 정서 및 태도
• 나라의 몰락, 외세의 침략 등 국가가 위기 상황에 처함. • 화자가 섬기는 임금이 위기에 처하거나 화자 자신이 임금의 곁을 떠난 상황에 있음.	• 나라를 걱정하는 우국충정의 마음을 드러냄. • 임금에 대한 충성과 절개의 마음, 연군지정을 드러냄.

2. 민족의 고통

일제 강점기, 6.25 전쟁, 분단을 겪은 작가들은 이러한 역사적 사건 속에서 우리 민족이 겪었던 고통을 문학 작품으로 창작해 냈다. 일제 강점기를 살아가던 작가들은 일제에 대한 저항 정신과 광복에 대한 염원을 노래하였고, 6.25 전쟁과 분단을 겪은 작가들은 6.25 전쟁이라는 민족의 비극적 참상을 고발하고 분단 현실에 대한 한탄과 통일에 대한 염원을 노래하기도 하였다.

> 이육사의 「광야」, 심훈의 「그날이 오면」 등
> 조지훈의 「다부원에서」 등

인간 소외를 다룬 작품에서는 화자의 가치관이나 태도, 주제 의식이 중요하니까 이를 중심으로 작품을 감상해야 해.

3. 인간 소외

1960년대 이후 급격한 산업화와 도시화가 진행되면서 농촌은 해체되어 갔고, 도시로 몰려든 사람 중 상당수가 도시 빈민으로 살아갔다. 이러한 변화 속에서 인간의 가치보다는 물질적 가치를 우선시하는 인간 소외가 일어났는데, 작가들은 이러한 모습을 문학 작품에 담아냈다.

> 김광규의 「서울 꿩」, 이시영의 「공사장 끝에」 등

화자의 상황	화자의 정서 및 태도
산업화, 도시화로 인한 자연 파괴, 인간 소외, 인간 본연의 정서 상실이 일어남.	• 자연 파괴와 인간성 상실 비판 • 도시화로 인해 사라진 것에 대한 안타까움

필수 개념 체크

01 '나랏일을 근심하고 염려하는 참된 마음'을 (ㅇㄱㅊㅈ)이라고 한다.

02 (ㅇㄱㅈㅈ)을 노래한 작품에서는 임금을 사랑하는 임으로 설정하는 경우가 많다.

03 일제 강점기를 살아가던 작가들은 작품 속에 일제에 대한 (ㅈㅎ) 정신을 담아냈다.

04 산업화 시대의 작가들은 (ㅁㅈㅈ) 가치를 우선시하는 태도에 대한 비판적 인식을 바탕으로 작품을 창작하였다.

01 우국충정 **02** 연군지정 **03** 저항 **04** 물질적

2

산문 문학

영웅은 대체로 자신의 이익보다는 집단의 이익과 행복을 위해 행동해. 그래서 백성들이 영웅의 출현을 기대하는 거지.

1. 영웅의 등장과 활약

영웅이란 지혜와 재능이 뛰어나고 용맹하여 보통 사람이 하기 어려운 일을 해내는 사람을 말한다. 우리 선조들은 외세의 침략과 전쟁, 지배 계층의 부패 등으로 백성들이 고통을 받을 때 영웅들의 이야기로써 힘없는 민중들을 위로하고자 하였다. 남성 영웅을 다룬 작품뿐만 아니라 여성 영웅을 다룬 작품도 창작되었는데, 대체로 주인공이 당대 남성들보다 뛰어난 능력을 보여 주는 특징을 지닌다. 이러한 작품들은 주로 영웅의 일대기 구조를 취하며 다음과 같은 서사 구조를 지니고 있다.

「유충렬전」, 허균의 「홍길동전」 등
「박씨전」, 「홍계월전」 등

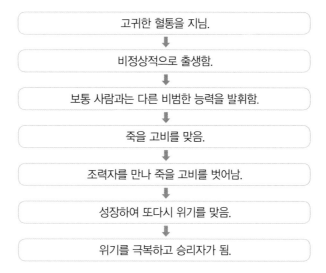

고귀한 혈통을 지님.
↓
비정상적으로 출생함.
↓
보통 사람과는 다른 비범한 능력을 발휘함.
↓
죽을 고비를 맞음.
↓
조력자를 만나 죽을 고비를 벗어남.
↓
성장하여 또다시 위기를 맞음.
↓
위기를 극복하고 승리자가 됨.

2. 민족의 고통

일제 강점기의 고난을 겪으며 살아온 민중들의 비참한 생활 모습을 그린 작품이나 6.25 전쟁 체험과 전쟁의 상처를 안고 살아가는 인물의 삶을 통해 민족 분단의 비극적 상황, 가치관의 혼란 등을 형상화한 작품이 많이 창작되었다. 특히 남북 분단과 6.25 전쟁과 같은 사건들은 민족 간의 대립과 갈등을 고조시켰는데, 작가들은 이념 대립으로 인해 상처받고 고통을 겪는 개인과 민족의 모습을 구체화하여 보여 주고 이념 갈등을 극복하고 화합을 이루는 방법을 모색하고자 하였다.

김유정의 「만무방」, 현진건의 「고향」 등
손창섭의 「비 오는 날」, 이범선의 「오발탄」 등

3. 산업화, 도시화의 부작용

1960~1970년대는 급격한 산업화·도시화가 이루어졌기 때문에 이와 관련된 부작용도 많이 일어났다. 빈부 격차, 환경 파괴, 세대 갈등 등이 그것인데, 작가들은 이러한 사회 문제를 놓치지 않고 작품으로 창작해 냈다. 이러한 작품들에는 산업화로 인해 발생한 여러 가지 사회 문제와 일자리를 찾아 도시로 떠나며 삶의 뿌리를 상실한 사람들의 처지와 저항 의식이 드러난다. 또한 환경 파괴와 인간성 상실을 일으킨 현대 문명의 폭력성에 대한 비판적 인식을 드러내는 작품도 많다.

조세희의 「난장이가 쏘아 올린 작은 공」 등
황석영의 「삼포 가는 길」 등

01 영웅의 등장과 활약을 다룬 이야기에서는 영웅의 (ㅇㄷㄱ) 구조가 나타난다.

02 작가들은 남북 간의 (ㅇㄴ) 대립으로 인한 고통을 보여 주고 이를 극복하는 방법을 모색하고자 하였다.

03 6.25 전쟁 이후에는 민족 (ㅂㄷ)의 비극적 상황과 가치관의 혼란을 그린 작품들이 창작되었다.

04 산업화, 도시화 이후 환경 파괴, 인간성 상실 등을 일으킨 현대 (ㅁㅁ)에 비판적 태도를 취하는 작품들이 나타났다.

01 일대기 **02** 이념 **03** 분단 **04** 문명

01 청포도 _ 이육사

내 고장 칠월은
화자

청포도가 익어 가는 시절
풍요롭고 아름다운 고향의 삶을 상징함.

이 마을 전설이 주저리주저리 열리고
의태어 – 청포도가 풍요롭게 매달린 모양

먼 데 하늘이 꿈꾸며 알알이 들어와 박혀

> 이 작품에서는 '청포도', '손님' 등과 같은 시어의 상징적 의미를 파악해 두어야 해. 그리고 이를 일제 강점기라는 시대적 배경과 연결 지어 생각하는 것도 잊지 말자.

하늘 밑 푸른 바다가 가슴을 열고

흰 돛단배가 곱게 밀려서 오면

내가 바라는 손님은 고달픈 몸으로
화자가 기다리는 대상. 조국의 광복

청포(靑袍)를 입고 찾아온다고 했으니

내 그를 맞아 이 포도를 따 먹으면

두 손은 함뿍 적셔도 좋으련
자기희생적인 태도

아이야 우리 식탁엔 은쟁반에
손님에 대한 정성 ①

하이얀 모시 수건을 마련해 두렴
손님에 대한 정성 ② – 깨끗하고 순수한 기다림의 모습

❖ **주저리주저리**: 너저분한 물건이 어지럽게 많이 매달려 있는 모양.
❖ **청포**: 조선 시대에, 벼슬아치가 입던 푸른 도포.

독해 포인트

1. 화자의 정서와 태도

구분	화자의 정서와 태도
1~2연	(❶)가 익어 가는 풍요롭고 평화로운 고향을 떠올림.
3~5연	기다림의 대상인 손님을 맞아 청포도를 함께 따 먹고 싶어 함.
6연	손님이 오실 것을 확신하며 정성스러운 태도로 손님맞이를 준비함.

2. 시어 및 시구

청포도	• 청포도처럼 풍요롭고 아름다운 삶 • 우리 민족이 함께 모여 평화롭게 사는 삶
(❷)	화자가 기다리는 대상. 평화로운 세계. 조국의 광복
은쟁반, 하이얀 모시 수건	손님에 대한 화자의 정성과 경건한 마음가짐

3. 발상과 표현

• 색채 대비

푸른색		흰색
청포도, 푸른 바다, 청포	(❸)	흰 돛단배, 은쟁반, 하이얀 모시 수건
↓		↓
풍요로운 세계에 대한 희망		화자의 순수한 마음

↓

풍요롭고 평화로운 세계(조국 광복)에 대한 소망과 기다림을 강조함.

• 음성 상징어의 사용

 주저리주저리 ········ '물건이 많이 매달린 모양'을 나타내는 음성 상징어를 사용하여 화자가 소망하는 세계의 풍요로운 이미지를 감각적으로 표현함.

4. 주제

			주제
시대적 배경	우리 민족이 극심한 수난을 겪던 (❹)에 창작됨.	→	풍요롭고 평화로운 세계에 대한 소망, (❺)에 대한 염원
작가의 삶	작가인 이육사는 독립운동가로 활동했음.		

❶ 청포도 ❷ 손님 ❸ 대비 ❹ 일제 강점기 ❺ 조국 광복

성북동 비둘기 _ 김광섭

이 작품에 드러나는 사회·문화적 배경과 '비둘기'의 상징적 의미는 꼭 기억해야 해!

이 작품은

이 작품은 순수와 평화를 상징하는 비둘기를 보금자리를 잃은 채 쫓기는 신세로 그리고 있으며, 이를 통해 비둘기의 보금자리를 빼앗은 비인간적 문명의 횡포, 도시 개발에 의한 환경 파괴에 대해 비판하고 있다.

갈래 자유시, 서정시

주제 현대 문명에 의한 자연 파괴 비판

특징
① 비둘기를 의인화하여 문명 비판적인 내용을 우의적으로 표현함.
② 상징적 소재와 감각적 심상을 통해 주제를 형상화함.
③ 구체적으로 상황을 묘사한 후 주제를 제시함.

구성
· 1연: 자연 파괴로 삶의 터전을 잃어버린 비둘기
· 2연: 인간 문명에 쫓기며 과거의 보금자리를 그리워하는 비둘기
· 3연: 자연과 사람으로부터 소외되고 평화를 잃어버린 비둘기

성북동 산에 번지가 새로 생기면서

본래 살던 성북동 비둘기만이 번지가 없어졌다
　　　　　　자연을 대표함.

새벽부터 돌 깨는 산울림에 떨다가
　　　문명으로 인한 자연 파괴 ①

가슴에 금이 갔다

그래도 성북동 비둘기는

하느님의 광장 같은 새파란 아침 하늘에

「성북동 주민에게 축복의 메시지나 전하듯
「 」: 보금자리를 잃었음에도 떠나지 않고 있는 비둘기의 모습을 형상화함.

성북동 하늘을 한 바퀴 휘 돈다」

성북동 메마른 골짜기에는
　　비둘기의 훼손된 보금자리(자연)

조용히 앉아 콩알 하나 찍어 먹을

널찍한 마당은커녕 가는 데마다

채석장 포성이 메아리쳐서
　　　문명으로 인한 자연 파괴 ②

피난하듯 지붕에 올라앉아
보금자리를 잃고 쫓기는 모습. 비둘기의 절박한 현실

아침 구공탄 굴뚝 연기에서 향수를 느끼다가
　　　　　　　　　사람들과 평화롭게 어울려 지냈던 과거에 대해 그리움을 느낌.

산 1번지 채석장에 도루 가서 / 금방 따낸 돌 온기에 입을 닦는다
　　　　　　　　　　문명으로 인해 파괴된 자연

예전에는 사람을 성자(聖者)처럼 보고
자연이 파괴되기 이전에는

사람 가까이 / 사람과 같이 사랑하고

사람과 같이 평화를 즐기던 / 사랑과 평화의 새 비둘기는
　　　　　　　　　　　　　　과거 비둘기의 모습

이제 산도 잃고 사람도 잃고
　　　삶의 터전도 공존하던 인간도 잃음.

사랑과 평화의 사상까지

낳지 못하는 쫓기는 새가 되었다
　　　　　현재 비둘기의 모습

❖ **채석장**: 석재(石材)로 쓸 돌을 캐거나 떠 내는 곳.
❖ **구공탄**: 구멍이 뚫린 연탄을 통틀어 이르는 말.
❖ **성자**: 지혜와 덕이 매우 뛰어나 길이 우러러 본받을 만한 사람.
❖ **사상**: 어떠한 사물에 대하여 가지고 있는 구체적인 사고나 생각.

독해 포인트

1. 화자의 정서와 태도

화자의 상황
성북동의 비둘기가 보금자리를 잃고 쫓기는 모습을 관찰함.

➡

화자의 정서와 태도
• 자연이 파괴되어 살 곳을 잃어버린 비둘기를 보며 (❶   )을 느낌. • 자연을 파괴하는 현대 물질문명에 대한 비판적 태도를 드러냄.

2. 시어 및 시구와 심상

• 감각적 심상의 활용

심상	시구
시각	가슴에 금이 갔다, 새파란 아침 하늘
(❷)	돌 깨는 산울림, 채석장 포성이 메아리쳐서
촉각	금방 따낸 돌 온기에 입을 닦는다

• '성북동 비둘기'의 상징적 의미

성북동 비둘기 ----- • 인간의 문명에 의해 파괴된 (❸   )
• 개발로 인해 삶의 터전을 잃은 소외 계층
• 인간성이 파괴된 현실 속에서 살아가는 현대인

3. 발상과 표현

• 시상 전개

구체적인 상황 제시(1~2연)
자연 파괴로 삶의 터전을 잃어버린 비둘기가 과거를 그리워함.

+

주제 제시(3연)
현대 물질문명에 대한 비판이라는 주제를 드러냄.

• 대조적 의미의 시어

사랑과 평화의 새 비둘기
과거 – 사람 가까이에서 사람과 같이 사랑하고 평화를 즐기는 새였음.

↔

사랑과 평화의 사상까지 낳지 못하는 (❹   )
현재 – 산도 잃고 사람도 잃고 사랑과 평화의 사상까지 낳지 못하는 쫓기는 새가 됨.

4. 주제

1960년대 이후 급격한 산업화·도시화로 자연이 무참히 훼손된 상황이었음을 고려할 때, 이 작품의 작가는 '성북동 산'이라는 공간적 배경과 '비둘기'라는 대상을 통해 (❺   )에 의한 자연 파괴를 비판하고 있다.

❶ 안타까움 ❷ 청각 ❸ 자연 ❹ 쫓기는 새 ❺ 현대 문명

03 천만리 머나먼 길에 ~ _왕방연

이 작품은

이 작품은 임과 이별한 후의 슬픈 정서를 읊은 시조이다. 세조의 왕위 찬탈과 단종의 강원도 유배를 배경으로 단종에 대한 변함없는 충절의 마음을 우의적으로 표현하고 있다.

갈래 단시조, 평시조

주제 임(유배된 단종)과 이별한 슬픔

특징
① 자연물에 화자의 감정을 이입함.
② 우리말을 사용하여 화자의 슬픔을 애절하게 표현함.
③ '천만리'라는 수량화된 표현을 통해 화자의 슬픔을 드러냄.

구성
• 초장: '고운 님'과의 이별
• 중장: 이별 후의 상황
• 종장: 냇물을 통해 드러나는 이별한 후의 슬픔

천만리(千萬里) 머나먼 길에 고운 님 여의옵고
임과의 심리적 거리. 슬픔의 깊이   사랑하는 임(단종)

마음 둘 데 없어 냇가에 앉았으니
화자

저 물도 내 안 같아서 울어 밤길 가는구나
냇물. 감정 이입의 대상

이 작품에서는 시적 상황과 화자의 정서 및 태도를 파악하는 것이 중요해. 또 이 작품의 창작 배경까지 알아 두면 금상첨화겠지?

현대어 풀이

천만리 머나먼 길에서 고운 임과 이별하옵고
(슬픈) 내 마음을 둘 데가 없어 냇가에 앉았더니
(흘러가는) 저 냇물도 내 마음 같아서 울며 밤길을 흘러가는구나.

❖ **여의옵고**: 이별하옵고.
❖ **내 안**: 내 마음.

독해 포인트

1. 화자의 정서와 태도

화자의 상황
사랑하는 임과 이별하고 돌아오는 상황에서 냇가에 앉아 임을 생각하며 슬퍼하고 있음.

➡️

화자의 정서와 태도
임과 이별하고 (❶   ), 안타까움, 상실감을 느낌.

2. 시어 및 시구와 심상

• 시어 및 시구의 의미

천만리	'고운 님'과의 거리를 수량화함. 이별한 임과의 심리적 거리감을 극대화함.
(❷)	화자가 사랑하는 사람. 역사적 배경으로 볼 때, 강원도 영월로 유배 간 단종임.
물	화자의 감정이 이입된 자연물로, 임과의 이별로 인해 슬픈 화자의 마음을 드러냄.
밤길	어둡고 캄캄한 '밤'의 속성을 통해 화자의 암담한 심정을 표현함.

• 청각적 심상의 활용

청각적 심상
'저 물도 내 안 같아서 울어 밤길 가는구나' → 시냇물 흐르는 소리

➡️

효과
(❸   ) 흐르는 소리를 울음소리로 표현함으로써 임과 이별한 화자의 슬픔을 감각적으로 형상화함.

3. 발상과 표현

• 감정 이입

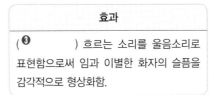

화자의 감정	임과의 이별로 인한 슬픔

⬇ (❹   )

울어 밤길 가는 '물'	감정을 느낄 수 없는 시냇물을 울며 흘러가는 것으로 표현함.

4. 주제

작가인 왕방연은 조선 세조 때 금부도사로, 단종이 사육신의 복위 사건으로 인해 강원도 영월로 유배를 가게 되었을 때 호송하는 책임을 맡았다. 이 작품은 단종을 호송하고 돌아오는 길에 지은 것으로, 한때 왕으로 모셨던 단종을 유배지에 두고 돌아오는 신하로서의 슬픈 심정을 노래하고 있다. 사랑하는 임과 (❺   )한 상황을 빌려 연군과 절의의 뜻을 드러내고 있는 것이다.

❶ 슬픔 ❷ 고운 임 ❸ 시냇물 ❹ 감정 이입 ❺ 이별

수난이대 _ 하근찬

이 작품은

이 작품은 일제 강점기에 강제 징용으로 한쪽 팔을 잃은 아버지와 6.25 전쟁에 참전하여 한쪽 다리를 잃은 아들의 비극을 통해 우리 민족이 겪은 역사적 비극과 이를 극복하려는 의지를 형상화한 소설이다.

갈래 현대 소설, 단편 소설, 전후 소설

주제 민족 수난의 현실과 그 극복 의지

특징
① 과거와 현재를 교차하여 서술함.
② 상징적 소재를 통해 주제를 드러냄.
③ 사투리와 비속어를 사용하여 사실감과 현장감을 높임.

[앞부분의 줄거리] 일제 강점기에 징용되었다가 팔 하나를 잃은 만도는 전쟁에 나간 아들 진수가 돌아온다는 통지를 받고 마음이 들떠 정거장으로 나간다. 정거장 대합실에서 진수를 기다리던 만도는 한쪽 팔을 잃게 된 과거를 회상한다. 그러던 중 진수가 다리 하나를 잃은 채 나타나고, 만도는 분노를 느낀다. 속이 상한 만도는 돌아오는 길에 주막에 들러 술을 마신다.

　　주막을 나선 그들 부자는 논두렁길로 접어들었다. *아까와 같이 만도가 앞장을 서는 것이 아니라, 이번에는 진수를 앞세웠다. 지팡이를 짚고 기우뚱기우뚱 앞서 가는 아들의 뒷모습을 바라보며, 팔뚝이 하나밖에 없는 아버지가 느릿느릿 따라가는 것이다. 손에 매달린 고등어가 대고 달랑달랑 춤을 춘다. 너무 급하게 들이부어서 그런지, 만도의

　　　　　　　　　무리하게 자꾸. 또는 계속하여 자꾸

배 속에서는 우글우글 술이 끓고 다리가 휘청거린다. 콧구멍으로 더운 숨을 훅훅 내뿜어 본다. 정신이 아른하다. 좋다.

　　"진수야!"

　　"예."

　　"니 우짜다가 그래 댔노?"

　　「"전쟁하다가 이래 안 댔심꼬, 수류탄 쪼가리에 맞았심더."

　　『 』: 진수가 한쪽 다리를 잃게 된 사연

　　"수류탄 쪼가리에?"

　　"예."

　　"음……."

　　"얼른 낫지 않고 막 썩어 들어가기 땜에 군의관이 짤라 버립띠더. 병원에서예."」

　　"……."

　　"아부지!"

　　"와?"

　　"이래 가지고 우째 살까 싶습니더."

　　　　　　　한쪽 다리 없이 살아갈 앞일을 걱정하는 진수

　　"우째 살긴 뭘 우째 살아. 목숨만 붙어 있으면 다 사능 기다. 그런 소리 하지 마라."

　　　　　　　　　　　　자신과 아들이 처한 현실을 받아들이고 계속 살아가고자 함.

　　"……."

　　"나 봐라. 팔뚝이 하나 없어도 잘만 안 사나. 남 봄에 좀 덜 좋아서 그렇지. 살기사 왜

　　　　　　　　　　　　　　진수를 위로하는 말 ①

못 살아."

　　"차라리 아부지같이 팔이 하나 없는 편이 낫겠어예. 다리가 없어 노니, 첫째 걸어 댕기기에 불편해서 똑 죽겠심더."

　　"야야, 안 그렇다. 걸어 댕기기만 하면 뭐 하노. 손을 지대로 놀려야 일이 뜻대로 되

　　　　　　　　　　　　　　　　　진수를 위로하는 말 ②

지."

　　"그럴까예?"

　　"그렇다니. *그러니까 집에 앉아서 할 일은 니가 하고, 나댕기메 할 일은 내가 하고,

　　　　　　　　　　진수를 위로하는 말 ③ → 서로 협력하여 불행한 상황을 극복하고자 함.

그라면 안 대겠나, 그제?"

내용 구조도

만도의 위로
전쟁에 나갔다가 불구로 돌아온 아들 진수를 만도가 위로함.

↓

화해와 화합
만도가 아들을 업고 외나무다리를 건너면서 고난 극복의 의지를 다짐.

"예."

진수는 가벼운 한숨을 내쉬며 아버지를 돌아보았다. 만도는 돌아보는 아들의 얼굴을 향해 지그시 웃어 주었다.

술을 마시고 나면 이내 오줌이 마려워진다. 만도는 길가에 아무렇게나 쭈그리고 앉아서 고기 묶음을 입에 물려고 한다. 그것을 본 진수는,

"아부지, 그 고등어 이리 주이소."
만도가 진수를 위해 산 것으로, 아들에 대한 만도의 사랑을 의미함.

한다. 팔이 하나밖에 없는 몸으로 물건을 손에 든 채 소변을 볼 수는 없는 것이다. 아버지가 볼일을 마칠 때까지, 진수는 저만큼 떨어져 서서 지팡이를 한쪽 손에 모아 쥐고, 다른 손으로 고등어를 들고 있었다. 볼일을 다 본 만도는 얼른 가서 아들의 손에서 고등어를 다시 받아 든다.

개천 둑에 이르렀다. 외나무다리 가 놓여 있는 그 시냇물이다. 진수는 슬그머니 걱정
만도·진수 부자에게 닥친 시련이자 우리 민족이 극복해야 할 시련을 상징함.
이 되었다. 물은 그렇게 깊은 것 같지 않지만, 밑바닥이 모래흙이어서 지팡이를 짚고 건너가기가 만만할 것 같지 않기 때문이다. 외나무다리 위로는 도저히 건너갈 재주가 없고……. 진수는 하는 수 없이 둑에 퍼지고 앉아서 바짓가랑이를 걷어 올리기 시작했다. 만도는 잠시 멀뚱히 서서 아들의 하는 양을 내려다보고 있다가

"진수야, 그만두고 자아, 업자."
서로 돕고 의지하여 시련을 극복하고자 함.

하는 것이었다.

"업고 건느면 일이 다 되는 거 아니가. 자아, 이거 받아라."

고등어 묶음을 진수 앞으로 민다.

"……."

진수는 퍽 난처해하면서 못 이기는 듯이 그것을 받아 들었다. 만도는 등어리를 아들 앞에 갖다 대고 하나밖에 없는 팔을 뒤로 버쩍 내밀며

> 이 작품에서는 '고등어', '외나무다리' 등 소재의 의미와 제목 '수난이대'의 의미와 주제를 꼭 기억해 두자.

"자아, 어서!"

*진수는 지팡이와 고등어를 각각 한 손에 쥐고, 아버지의 등어리로 가서 슬그머니 업
서로 의지하며 협력하는 모습
혔다. 만도는 팔뚝을 뒤로 돌려서 아들의 하나뿐인 다리를 꼭 안았다. 그리고

"팔로 내 목을 감아야 될 끼다."

했다. 진수는 무척 황송한 듯 한쪽 눈을 찍 감으면서 고등어와 지팡이를 든 두 팔로 아버지의 굵은 목줄기를 부둥켜안았다. 만도는 아랫배에 힘을 주며 끙! 하고 일어났다. 아랫도리가 약간 후들거렸으나 걸어갈 만은 했다. 외나무다리 위로 조심조심 발을 내디디며 만도는 속으로,

'이제 새파랗게 젊은 놈이 벌써 이게 무슨 꼴이고. 세상을 잘못 타고나서 진수 니 신
시대적 상황으로 인한 진수의 불행을 안타까워함.
세도 참 똥이다, 똥.'

❖ **통지**: 기별을 보내어 알게 함.

❖ **쪼가리**: 작은 조각.

❖ **군의관**: 군대에서 의사의 임무를 맡고 있는 장교.

❖ **퍼지다**: 퍼지르다. 팔다리를 아무렇게나 편하게 뻗다.

❖ **황송하다**: 분에 넘쳐 고맙고도 송구하다.

구절 풀이

* **아까와 같이 ~ 진수를 앞세웠다.**: 이전 부분에서 만도는 한쪽 다리를 잃고 돌아온 진수를 만나 분노와 절망감을 느끼고 뒤도 안 돌아보고 먼저 걸었음. 하지만 현재 만도는 진수가 다리를 잃었다는 현실을 인정하고 진수를 배려해 주려 하고 있음.

* **"그러니까 집에 ~ 되겠나, 그제?"**: 현실적 고난을 극복하는 방법으로 만도가 아들을 위로하기 위해 내놓은 해결책임. 또한 부족한 점을 서로 도우며 살아갈 수 있을 것이라는 만도의 긍정적·의지적 태도가 드러나는 부분임.

* **진수는 지팡이와 고등어를 ~ 아버지의 굵은 목줄기를 부둥켜안았다.**: 진수는 팔을 잃은 아버지 만도를 대신하여 지팡이와 고등어를 각각 한 손에 쥐고, 만도는 다리를 잃은 아들 진수를 업고 외나무다리 위를 건넘으로써 서로 의지하고 협력하는 모습을 보임.

이런 소리를 주워섬겼고, 아버지의 등에 업힌 진수는 곧장 미안스러운 얼굴을 하며 '나꺼정 이렇게 되다니, 아부지도 참 복도 더럽게 없지. 차라리 내가 죽어 버렸더라면 나았을 낀데…….'

아버지에 대한 안타까움과 미안함

하고 중얼거렸다.

「만도는 아직 술기가 약간 있었으나, 용케 몸을 가누며 아들을 업고 외나무다리를 조 『 』: 만도 부자가 서로 도우며 고난을 극복해 나갈 것임을 암시함. 심조심 건너가는 것이었다. ✽눈앞에 우뚝 솟은 용머리재가 이 광경을 가만히 내려다보고 있었다.」

⚲ 전체 줄거리 엿보기

발단 ┄┄┄┄┄┄┄┄┄ ◉ **전개** ┄┄┄┄┄┄┄┄┄ ◉ **위기**

삼대독자인 진수가 전쟁에서 돌아 온다는 소식을 들은 만도는 들뜬 마음으로 아침부터 서둘러 역으로 마중을 나간다.

만도는 고등어 한 손을 사고, 대합 실에서 아들 진수를 기다리며 일 제의 강제 징용으로 한쪽 팔을 잃 게 되었던 과거를 회상한다.

진수가 다리를 하나 잃은 상이군 인이 되어 돌아오고 만도는 그러 한 진수의 모습을 보고 슬픔과 분 노를 느낀다.

결말 ◁ 본문 수록 부분 ┄┄┄┄┄┄ **절정** ◁ 본문 수록 부분 ┄┄┄┄┄┄

만도는 진수가 외나무다리를 건너 지 못하자 진수를 업고 외나무다 리를 건너가고 서로를 의지하는 부자의 모습을 용머리재가 내려다 본다.

만도는 화를 내며 돌아가다가 주 막에 들러 술을 마시고 아들에게 는 국수를 사 준다. 주막에서 나와 진수에게 한쪽 다리를 잃은 사연 을 들은 만도는 진수를 위로한다.

독해 포인트

1. 인물과 배경

- **작품의 배경**: 일제 강점기 ~ 6.25 전쟁 직후, 어느 시골 마을
- **인물의 처지와 수난에 대한 대응 방식**

	아버지 만도	아들 진수
처지	일제 강점기에 강제 징용에 끌려가 다이너 마이트 폭파 사고로 한쪽 팔을 잃음.	6.25 전쟁에 참전하여 (❶) 파편 에 맞아 한쪽 다리를 잃음.
대응 방식	긍정적, 의지적 태도로 자신이 처한 어려움 을 극복하고자 함.	자신의 처지를 운명론적으로 받아들임.

2. 사건과 갈등

- **사건**: 만도가 전쟁에서 나갔던 아들 진수를 마중하러 나갔다 진수와 함께 돌아옴.
- **갈등 양상**

내적 갈등	만도는 아들 진수가 전쟁에서 살아 돌아온다는 소식에 기쁜 마음으로 마중을 나 가지만 자신처럼 불구가 되어 돌아오지 않을까 하여 불안감을 느낌.
현실과의 갈등	진수가 한쪽 다리를 잃은 모습으로 나타나자, 만도는 절망하며 아들을 불구로 만 든 현실에 대해 분노함.
해결	만도는 진수의 처지를 받아들이고 자신들에게 닥친 (❷)을 어떻게 극복 할 것인지 생각하며 화해와 화합으로 이를 극복하려고 함.

3. 시점과 서술 방식

3인칭 전지적 시점	전반적으로 3인칭 전지적 시점이지만, 아버지 만도의 시선에 초점을 두고 이야기 를 전개함. → 만도의 심리를 효과적으로 드러냄.
역순행적 구성	사건이 시간의 흐름을 따르지 않고, 과거와 현재가 교차됨. 만도의 (❸) 으로 만도가 겪은 수난을 드러냄.

4. 소재와 주제

(❹)	제목 '수난이대'
• 만도 부자에게 닥친 시련으로 우리 민족 이 겪어야 현실의 고난과 위기를 상징함. • 만도 부자가 함께 건너는 모습에서 시련 극복의 가능성을 보여 줌.	• 만도와 진수 2대가 (❺)와 6.25 전쟁 때 받은 수난을 의미함. • 암울한 시대에 우리 민족이 당한 수난을 상징함.

⬇

주제	민족 수난의 현실과 그 극복 의지

❶ 수류탄 ❷ 수난 ❸ 과거 회상 ❹ 외나무다리 ❺ 일제 강점기

어휘력 체크 ✓

01 다음 문장의 밑줄 친 부분과 뜻 이 같은 단어로 알맞은 것은?

> 그는 주인의 배려가 너무 분에 넘쳐 고맙고도 송구하 여 어쩔 줄 몰라 했다.

① 불편하여   ② 불쾌하여
③ 황당하여   ④ 황송하여
⑤ 보잘것없어

02 다음 뜻풀이를 참고하여 빈칸에 들어갈 알맞은 말을 윗글에서 찾아 쓰시오.

> 바닥 여기저기에 잘게 자 른 종이 (ㅉㄱㄹ)가 흩어져 있었다.

➡ 작은 조각.

03 '들은 대로 본 대로 이러저러한 말을 아무렇게나 늘어놓다.'를 의미하는 단어를 윗글에서 찾아 쓰시오.

(ㅈㅇㅅㄱㄷ)

04 만도의 말 "집에 앉아서 할 일 은 니가 하고, 나댕기메 할 일은 내가 하고, 그러면 안 대겠나. 그제?"와 관련 있는 한자 성어 를 고르시오.

> ㄱ. 견원지간(犬猿之間)
> ㄴ. 오월동주(吳越同舟)
> ㄷ. 상부상조(相扶相助)
> ㄹ. 관포지교(管鮑之交)

01 ④ 02 쪼가리 03 주워섬기다
04 ㄷ

홍길동전 _ 허균

 이 작품은

이 작품은 홍길동이라는 영웅적 인물이 적서 차별 제도와 당대의 부패한 정치 현실을 비판하고 새로운 이상 국가를 건설한다는 내용을 담고 있는 국문 소설이다.

갈래 고전 소설, 영웅 소설, 한글 소설

주제 불합리한 현실 비판과 이상 세계의 실현

특징
① 영웅의 일대기 구조를 취함.
② 당대 사회의 적서 차별 제도에 대한 비판 의식이 드러남.
③ 우리나라 최초의 한글 소설로 후대 소설 문학에 커다란 영향을 줌.

내용 구조도

길동의 한탄
길동은 적서 차별을 한탄하며 입신양명은커녕 호부호형조차 하지 못하는 자신의 신세를 한탄함.

↓

홍 판서의 꾸짖음
홍 판서가 적서 차별의 한을 하소연하는 길동을 꾸짖음.

↓

길동의 출가
길동이 특재와 관상녀를 죽이고 집을 떠나려 함.

↓

홍 판서의 허락
홍 판서가 길동에게 호부호형을 허락함.

길동이 점점 자라 여덟 살이 되자, 총명하기가 보통이 넘어 하나를 들으면 백 가지를 알 정도였다. 그래서 공은 더욱 귀여워하면서도 출생이 천해, 길동이 늘 아버지니 형이니 하고 부르면 즉시 꾸짖어 그렇게 부르지 못하게 하였다. 길동이 열 살이 넘도록 감히 부형(父兄)을 부르지 못하고 종들로부터 천대받는 것을 뼈에 사무치게 한탄하면서 마음 둘 바를 몰랐다.

길동의 아버지인 홍 판서 / 길동의 원인: 길동의 어머니가 첩이므로 길동은 서자임. / 호부호형하지 못함. → 적서 차별 제도가 존재함. / 신분 제도가 있었음을 알 수 있음.

어느 가을철 9월 보름께가 되자, 달빛은 처량하게 비치고 맑은 바람은 쓸쓸히 불어와 사람의 마음을 울적하게 하였다. 그때 길동은 서당에서 글을 읽다가 문득 책상을 밀치고 탄식하기를,

*"대장부가 세상에 나서 공맹(孔孟)을 본받지 못할 바에야, 차라리 병법이라도 익혀 대장인을 허리춤에 비스듬히 차고 동정서벌하여 나라에 큰 공을 세우고 이름을 만대에 빛내는 것이 장부의 통쾌한 일이 아니겠는가. 나는 어찌하여 일신(一身)이 적막하고, 부형이 있는데도 아버지를 아버지라 부르지 못하고 형을 형이라 부르지 못하니 심장이 터질지라, 이 어찌 통탄할 일이 아니겠는가!"

문관으로 벼슬에 나가지 / 무관이라도 되어 / 입신양명(立身揚名) / 적서 차별 제도로 인해 호부호형을 하지 못함. / 자신의 처지를 한탄함.

하고, 말을 마치며 뜰에 내려와 검술을 익히고 있었다.

그때 마침 공이 또한 달빛을 구경하다가, 길동이 서성거리는 것을 보고 즉시 불러 물었다.

> 이 작품에서는 당대 사회의 모습과 더불어 길동의 갈등 양상과 원인을 꼭 알아 두어야 해.

"너는 무슨 흥이 있어서 밤이 깊도록 잠을 자지 않느냐?"

길동은 공경하는 자세로 대답했다.

"소인은 마침 달빛을 즐기는 중입니다. 그런데 만물이 생겨 날 때부터 오직 사람이 귀한 존재인 줄 아옵니다만, 소인에게는 귀함이 없사오니, 어찌 사람이라 하겠습니까?"

길동의 신분을 드러내는 단어 ①

공은 그 말의 뜻을 짐작은 했지만, 일부러 책망하는 체하며,

"네 무슨 말이냐?"

했다. 길동이 절하고 말씀드리기를,

"소인이 평생 설워하는 바는, 소인이 대감 정기를 받아 당당한 남자로 태어났고, 또 낳아 길러 주신 부모님의 은혜를 입었음에도 불구하고, 아버지를 아버지라 못 하옵고 형을 형이라 못 하오니, 어찌 사람이라 하겠습니까?"

길동의 신분을 드러내는 단어 ②

하고, 눈물을 흘리며 적삼을 적셨다. *공이 듣고 나자 비록 불쌍하다는 생각은 들었으나, 그 마음을 위로하면 마음이 방자해질까 염려되어, 크게 꾸짖어 말했다.

현실의 제도에 순응하는 홍 판서 – 봉건적, 보수적 인물

"재상 집안에 천한 종의 몸에서 태어난 자식이 너뿐이 아닌데, 네가 어찌 이다지 방자하냐? 앞으로 다시 이런 말을 하면 내 눈앞에 서지도 못하게 하겠다."

이렇게 꾸짖으니 길동은 감히 한마디도 더 하지 못하고, 다만 땅에 엎드려 눈물을 흘릴 뿐이었다. 공이 물러가라 하자, 그제야 길동은 침소로 돌아와 슬퍼해 마지않았다. 길

동은 본래 재주가 뛰어나고 도량이 활달한지라, 마음을 가라앉히지 못해 밤이면 잠을 이루지 못하곤 했다.

[중략 부분의 줄거리] 슬픔과 한을 이기지 못하여 길동이 집을 나가려고 하지만 어머니인 춘섬이 만류한다. 한편 곡산댁 초란은 관상녀, 무녀와 짜고 길동과 춘섬을 모함한다. 급기야 초란은 특재라는 자객을 이용하여 길동을 죽이려고 한다.

"너는 무엇 때문에 나를 죽이려 하는가? 무죄한 사람을 해치면 어찌 천벌이 없으랴?"
하고 주문을 외니, 홀연히 검은 구름이 일어나며 큰비가 물을 퍼붓듯이 쏟아지고 모래와 자갈이 날리었다. 특재가 정신을 가다듬고 살펴보니 길동이었다. 재주가 대단하다고
<u>는 여기면서도 '어찌 나를 대적하리오.' 하고 달려들면서 소리쳤다.</u>

"너는 죽어도 나를 원망하지 말라. 초란이 무녀와 관상녀로 하여금 상공과 의논하게
하고 너를 죽이려 한 것이니, 어찌 나를 원망하랴."

칼을 들고 달려드는 특재를 보자, 길동은 분함을 참지 못해 <u>요술로 특재의 칼을 빼앗</u>
<u>아 들고</u> 호통을 쳤다.

"네가 재물을 탐내어 사람 죽이기를 좋아하니, 너같이 무도한 놈은 죽여서 후환을 없
애겠다."

하고 칼을 드니, 특재의 머리가 방 가운데 떨어졌다. 길동은 분노를 이기지 못해 그날
밤에 바로 관상녀를 잡아 와 특재가 죽어 있는 방에 들이쳐 박고 꾸짖기를,

"네가 나와 무슨 원수졌다고 초란과 짜고 나를 죽이려 했느냐?"

하고 칼로 치니, 처참하기 그지없었다.

이때 길동이 두 사람을 죽이고 하늘을 살펴보니, 은하수는 서쪽으로 기울어지고 달빛
은 희미하여 마음은 더욱 울적해졌다. 분통이 터져 초란마저 죽이고자 하다가, 상공이
사랑하는 여자라는 데 생각이 미치자, 칼을 던지고 달아나 목숨이나 건지기로 마음먹었
다. 바로 상공 침소로 가 하직 인사를 올리고자 하는데, <u>마침 공도 창밖의 인기척을 듣</u>
<u>고서 창문을 열고 살폈다.</u> 공은 길동임을 알고 불러 말했다.

"밤이 깊었거늘 네 어찌 자지 않고 이렇게 방황하느냐?"

길동이 땅에 엎드려 아뢰었다.

"소인이 일찍 부모님께서 낳아 길러 주신 은혜를 만분의 일이나마 갚을까 하였더니,
<u>집안에 옳지 못한 사람이 있어</u> 상공께 참소하고 소인을 죽이고자 하기에, 겨우 목숨
은 건졌으나 <u>상공을 모실 길이 없기로 오늘 상공께 하직을 고하옵니다.</u>"

하기에, 공이 크게 놀라 물었다.

"너는 무슨 일이 있어서 어린아이가 집을 버리고 어디로 가겠다는 거냐?"

길동이 대답했다.

"날이 밝으면 자연히 아시게 되려니와, 소인의 신세는 뜬구름과 같사옵니다. 상공의

어휘 풀이

❖ **공**: 상대편 남자를 높여 부르는 말.
❖ **천대**: 업신여기어 천하게 대우하거나 푸대접함.
❖ **공맹**: 공자와 맹자를 아울러 이르는 말.
❖ **대장인**: 대장이 가지던 도장.
❖ **동정서벌**: 동쪽을 정복하고 서쪽을 친다는 뜻으로, 이리저리로 여러 나라를 정벌함을 이르는 말.
❖ **책망**: 잘못을 꾸짖거나 나무라며 못마땅하게 여김.
❖ **방자하다**: 어려워하거나 조심스러워하는 태도가 없이 무례하고 건방지다.
❖ **홀연히**: 뜻하지 아니하게 갑자기.
❖ **무도**: 말이나 행동이 인간으로서 지켜야 할 도리에 어긋나서 막됨.
❖ **후환**: 어떤 일로 말미암아 뒷날 생기는 걱정과 근심.
❖ **관상녀**: 사람의 얼굴을 보고 그의 운명, 성격, 수명 따위를 판단하는 일을 직업으로 하는 여자.
❖ **참소**: 남을 헐뜯어서 죄가 있는 것처럼 꾸며 윗사람에게 고하여 바침.
❖ **하직**: 먼 길을 떠날 때 웃어른께 작별을 고하는 것.

구절 풀이

✱ **"대장부가 세상에 ~ 아니겠는가!"**: 길동이 뛰어난 능력에도 불구하고 서자라는 신분적 제약 때문에 능력을 펼칠 수 없는 상황을 한탄함.
✱ **공이 듣고 나자 ~ 못하게 하겠다."**: 홍 판서는 길동의 처지를 불쌍히 여기고 길동의 원통한 마음을 알고는 있으나, 당시의 적서 차별 제도가 존재하는 현실에 순응하여 어쩔 수 없이 길동을 꾸짖고 있음. 이로 보아 홍 판서는 신분 제도에 순응하는 봉건적이고 보수적인 인물임을 알 수 있음.

고전 소설의 특징 – 길동의 비범한 능력

고전 소설의 특징 – 전기성

효를 중시하는 유교적 가치관
초란을 의미함.
사람을 죽인 몸으로 더 이상 홍 판서의 집에 머물 수 없음.

고전 소설의 특징 – 사건의 우연성

버린 자식이 어찌 갈 곳이 있겠습니까?"

길동이 두 줄기의 눈물을 감당하지 못해 말을 이루지 못하자, 공은 그 모습을 보고 불쌍한 마음이 들어 타일렀다.

"내가 너의 품은 한은 짐작하겠으니, 오늘부터는 아버지를 아버지라 부르고 형을 형이라 불러도 좋다."
홍 판서가 길동의 한을 풀어 줌.

길동이 절하고 아뢰었다.

"소자의 한 가닥 지극한 한(恨)을 아버지께서 풀어 주시니 죽어도 한이 없습니다. 엎드려 바라옵건대, 아버지께서는 만수무강하십시오."

이렇게 말하고 하직하니, 공이 붙잡지 못하고 다만 무사하기만을 당부하더라.

∞ 전체 줄거리 엿보기

발단 본문 수록 부분

서자로 태어난 길동은 재주가 뛰어나지만 신분 때문에 천대를 받는다. 홍 판서의 첩인 초란이 길동을 해치려 하자 길동은 출가한다.

전개

위기를 피해 집을 나온 길동은 도적의 소굴로 들어가 우두머리가 된 후 활빈당을 조직한다.

위기

길동이 전국을 돌아다니며 탐관오리를 벌하고 백성들을 구제하자 조정에서는 길동을 잡아들이려 한다.

결말

길동은 율도국의 왕이 되어 이상적인 정치를 펼치다가 신선이 되어 사라진다.

절정

길동을 잡지 못한 임금은 병조 판서를 주어 길동을 달래고 길동은 활빈당 무리를 이끌고 조선을 떠난다.

독해 포인트

1. 인물과 배경

- **작품의 배경**: 조선 시대, 조선과 율도국
- **인물의 성격 및 특징**

인물	성격 및 특징
길동	• 홍 판서의 (❶)로 태어났으나 재주가 뛰어나고 총명함. • 인간 평등사상, 인본주의 사상을 지님. • 부조리한 사회 현실을 비판적으로 바라봄. → 현실 비판적
홍 판서	• 전형적인 사대부 양반 • 길동의 처지를 안타까워하지만, 기존 사회 제도에 순응함. → 보수적, 봉건적, 현실 순응적

2. 사건과 갈등

- **사건**

서자로 태어난 길동이 홍 판서 앞에서 자신의 처지를 한탄함.	➡	길동이 초란이 보낸 자객을 죽이고 집을 떠나게 됨.

- **갈등 양상**

길동의 내적 갈등		길동과 홍 판서의 갈등
자신의 이상과 이를 막는 (❷)의 한계 사이에서 고민함. └ 개인과 사회 간의 갈등으로 볼 수도 있음.	+	자신의 처지를 한탄하는 길동과 그런 길동을 꾸짖는 홍 판서 사이의 갈등

3. 시점과 서술 방식

3인칭 전지적 시점	이 작품은 고전 소설로, 3인칭 전지적 시점을 취함. ➡ (❸)가 작품에 개입해 자기 생각과 판단을 직접 드러내는 부분이 나타남.
(❹) 구조	'고귀한 혈통 → 비정상적인 출생 → 비범한 능력 → 죽을 고비 → 조력자의 도움 → 다시 위기에 봉착 → 위기 극복 후 승리'의 구조를 지님.

4. 주제

당시 사회의 모습		주제
• 신분제 사회 • (❺) 차별 제도	비판	• 적서 차별에 대한 저항과 입신양명의 의지 • 불합리한 현실 비판과 이상 세계의 실현

❶ 서자 ❷ 신분 ❸ 서술자 ❹ 영웅의 일대기 ❺ 적서

어휘력 체크 ✓

01 다음 문장의 밑줄 친 부분과 뜻이 같은 단어를 윗글에서 찾아 쓰시오.

> 어른 앞에서 어려워하거나 조심스러워하는 태도가 없이 무례하고 건방지게 굴어서는 안 된다.

(ㅂㅈ   )하게

02 다음 빈칸에 공통으로 들어갈 말을 윗글에서 찾아 쓰시오.

> • 이번 일을 잘못 처리하면 두고두고 (   )이 될 것이다.
> • 너는 그런 악행을 저지르고도 (   )이 두렵지 않으냐?

03 다음 문장의 밑줄 친 부분과 바꾸어 쓸 수 있는 말이 <u>아닌</u> 것은?

> 홍 판서는 길동을 일부러 책망하는 체하였다.

① 꾸짖는
② 헐뜯는
③ 질책하는
④ 나무라는
⑤ 야단치는

04 '업신여기어 천하게 대우하거나 푸대접함.'을 의미하는 단어를 윗글에서 찾아 쓰시오.

(ㅊㄷ   )

05 윗글의 '길동'이 바라는 바에 해당하는 것을 <u>모두</u> 고르시오.

> ㄱ. 호부호형(呼父呼兄)
> ㄴ. 입신양명(立身揚名)
> ㄷ. 출장입상(出將入相)
> ㄹ. 금의환향(錦衣還鄕)

01 방자 02 후환 03 ② 04 천대
05 ㄱ, ㄴ, ㄷ

들판에서 _ 이강백

[앞부분의 줄거리] 우애 깊은 형제가 살고 있는 평화로운 들판에 측량 기사와 조수들이 갑자기 나타나 말뚝을 박고 밧줄을 친다. 측량 기사가 쳐 놓은 밧줄을 보고 형제는 옛 생각을 하며 가위바위보를 해서 이긴 사람이 줄을 넘는 줄넘기 놀이를 하고 아우가 형을 계속 이긴다.
_{형제간의 갈등과 대립을 유발함.}

형: *너는 나보다 늦게 낸다! 내가 가위를 내면 너는 기다렸다가 바위를 내놓고, 내가 보를 내면 너는 그걸 본 다음 가위를 내놓잖아? / 아우: 아뇨! 난 형님과 동시에 냈어요!

형: 난 그림이나 그려야겠다. (뒤돌아서서 자신의 그림 앞으로 걸어가며) 다시는 너하고는 놀이 안 해!

아우: 형님, 나한테 지더니만 심통❖이 났군요? / 형: 너는 날 속이고 이겼어!

아우: 아뇨! 형님이 지금 화를 내는 건 동생인 내가 이겼기 때문이에요. 형님은 언제나 이겨야 하고, 동생인 나는 항상 져야 한다! 그게 바로 형님의 고정 관념❖이지요!

형: *미리 경고해 두겠는데, 내 허락 없이는 이쪽으로 넘어오지 마라!
_{『 』: 형제의 외적 갈등이 본격적으로 드러남.}
아우: 그럼 형님도 내 땅에 넘어오지 마요!』

(중략)

측량 기사: 우리가 일을 정확히 하기 위해서죠. 처음 약속대로 말뚝과 밧줄을 치워 드릴까요? / 형: 아니, 그냥 둬요.

측량 기사: (동생에게 넘어가서 묻는다.) 어떻게 할까요? 당신 형님은 말뚝과 밧줄을 그냥 두라는데요? / 아우: 밧줄은 약해요. 더 튼튼한 건 없어요?
_{형제 사이를 이간질하여 갈등을 부추김.}

측량 기사: 더 튼튼한 거라면……

아우: 젖소들이 넘어가지 못할 만큼 튼튼한 것이 필요해요.

측량 기사: 그거야 철조망도 있고, 높다란 벽도 있죠.

형: (아우를 향하여 꾸짖는다.) 너, 지금 무슨 짓을 하려는 거냐?

아우: 형님은 내 일에 상관하지 마세요! (측량 기사에게) *철조망보다는 벽이 좋겠어요. (손을 머리 위로 높이 들어 올리며) 이 정도 높은 벽을 쌓아 올리면 아무것도 넘어가지 못하겠죠!
_{형제간의 대립과 갈등 심화}

형: 뭐, 높은 벽? 너와 나 사이를 완전히 가로막겠다고?

[중략 부분의 줄거리] 측량 기사가 교묘하게 형과 아우를 이간질하여 아우는 벽을 설치하고 형은 감시용 전망대를 설치한다. 측량 기사는 형제에게 서로에 대한 적대감을 불러일으키고 형제는 서로 총을 쏘며 대립한다. 이러한 싸움 중에 형제는 측량 기사에게 대부분의 땅을 빼앗긴다.
_{형제간의 갈등을 심화시키는 소재}
_{형제간의 대립이 최고조에 이르렀음을 나타냄.}

측량 기사, 퇴장한다. 번개가 치고 천둥이 울리면서 비가 쏟아진다. 형과 아우, 비를 맞으며 벽을 지킨다. 긴장한 모습으로 경계하면서 벽 앞을 오고 간다. 그러나 차츰차츰 걸음이 느려지더니, 벽을 사이에 두고 멈추어 선다.

형: <u>어쩌다가 이런 꼴이 된 걸까! 아름답던 들판은 거의 다 빼앗기고, 나 혼자 벽 앞에 있어.</u> / 아우: <u>내가 왜 이렇게 됐지? 비를 맞으며 벽을 지키고 있다니……</u>
_{측량 기사의 흉계를 깨닫고 자신의 행동을 후회함.}
_{자신의 현실을 자각함.}

형: 저 요란한 천둥소리! 부모님께서 날 꾸짖는 거야! / 아우: 빗물이 눈물처럼 느껴져!

   형과 아우, 탄식하면서 나누어진 들판을 바라본다.
깨진 우애, 분단된 조국을 상징함.

형: 아아, 이 들판의 풍경은 내 마음속의 풍경이야. 옹졸한 내 마음이 벽을 만들었고, 의심 많은 내 마음이 전망대를 만들었어. 측량 기사는 내 마음속을 훤히 알고 있었지. 내가 들고 있는 이 총마저도 그렇잖아. 동생에 대한 내 마음의 불안함을 알고, 그는 마치 나 자신의 분신처럼 내가 바라는 것만을 가져다줬던 거야.

아우: 난 이 들판을 나눠 가지면 행복할 줄 알았어. 형님과 공동 소유가 아닌, 반절이나마 내 땅을 가지기를 바랐지. 그래서 측량 기사가 하자는 대로 했던 거야. 하지만, 나에게 남은 건 벽과 총뿐, 그는 나를 철저히 이용만 했어.

형: 처음엔 실습이라고 했지. 그러나 실습이 아니었어……. 그런데 지금은 동생을 죽이고 싶어! 벽 너머에서 마구 총까지 쏘아 대는 동생이 미워서……. 하지만, 동생을 죽인다고 내 마음이 편해질까? 아냐, 더 괴로울 거야. (총구를 자신의 머리에 겨눈다.) 차라리 내가 죽는 게 낫겠어!

아우: 이젠 늦었어. 너무 늦은 거야! 벽이 생겼던 바로 그때, 내가 형님께 잘못했다고 말해야 했어. 하지만, 인제 형님은 내 말이라면 믿지 않을 테고, 나 역시 형님 말을 믿지 못해. (고개를 숙이고 흐느껴 운다.) 이래서는 안 돼, 안 되는데 하면서도……. 어쩔 수가 없어.

형: 들판에는 아직도 민들레꽃이 피어 있군! (총을 내려놓고 허리를 숙여 발밑의 민들레꽃을 바라본다.) 우리가 언제나 다정히 지내기로 맹세했던 이 꽃…….
형제의 우애 상징, 갈등 해소의 매개체

아우: 형님과 내가 믿을 수 있는 건 무엇일까? 그것이 단 하나라도 남아 있다면 좋을 텐데……. 그렇구나, 민들레꽃이 남아 있어! (총을 내던지고, 민들레꽃을 꺾어 든다.) 이 꽃을 보니까 그 시절이 그립다. 형님과 함께 행복하게 지냈던 시절이 그리워…….
형제간의 화해가 이루어질 것을 암시함.

형: 벽 너머 저쪽에도 민들레꽃은 피어 있겠지…….

아우: 형님이 보고 싶어! / 형: 동생 얼굴이 보고 싶구나!

   형과 아우, 그들 사이를 가로막은 벽을 안타까운 표정으로 바라본다. 비가 그치면서 구름 사이로 한 줄기 햇빛이 비친다.

형: 하지만, 내 마음을 어떻게 저 벽 너머로 전하지? / 아우: 비가 그치고, 산들바람이 부는군.

형: 저 벽을 자유롭게 넘어갈 수만 있다면……. 가만있어 봐. 민들레꽃은 씨를 맺으면 어떻게 되지? 바람을 타고 멀리 날아가잖아?

> 이 작품은 남북 분단의 현실을 반영하여 쓴 작품이니 각 소재의 상징적 의미를 꼭 알아 두자.

아우: 햇빛이 비치니까 샛노란 민들레꽃이 더 예쁘게 보여.

형: 이 꽃을 꺾어서 벽 너머로 던져 주어야지. 동생이 이 민들레꽃을 보면, 진짜 내 마음을 알아줄 거야.
화해의 의지   화해하고 싶은 마음

어휘 풀이

❖ **심통**: 마땅치 않게 여기는 나쁜 마음.

❖ **고정 관념**: 잘 변하지 아니하는, 행동을 주로 결정하는 확고한 의식이나 관념.

❖ **옹졸하다**: 성품이 너그럽지 못하고 생각이 좁다.

❖ **분신**: 하나의 주체에서 갈라져 나온 것.

❖ **산들바람**: 시원하고 가볍게 부는 바람.

구절 풀이

＊ **너는 나보다 ～ 내놓잖아?**: 놀이에서 계속 진 형이 아우가 부당한 방법으로 이겼다고 억지를 부리는 부분. 이를 통해 지기 싫어하고 독선적인 형의 성격을 알 수 있음.

＊ **미리 경고해 ～ 넘어오지 마요!**: 형제의 외적 갈등이 본격적으로 드러나는 부분. 상대방에 대한 미움으로 '이쪽', '내 땅'과 같이 소유와 경계가 생겼음을 알 수 있음.

＊ **철조망보다는 ～ 넘어가지 못하겠죠!**: 밧줄보다 더욱 심한 단절을 가져오는 벽을 설치하여 형제간의 갈등이 심화될 것임을 드러냄.

＊ **인제 형님은 ～ 믿지 못해.**: 형제간의 갈등과 대립으로 인해 서로를 믿고 싶지만 믿을 수 없게 된 형과 아우의 상황을 보여 줌.

아우: 형님에게 이 꽃을 드리겠어. 벽 너머의 형님이 이 꽃을 받으면, 동생인 나를 생각하겠지.

화해의 메시지

　형과 아우, 민들레꽃을 여러 송이 꺾는다. 그들은 벽으로 다가가서 민들레꽃을 서로 던져 준다. 형은 아우가 던져 준 꽃들을 주워 들고 반색하고, 아우는 형이 던진 꽃들을 주워 들고 기뻐한다. 서로 벽을 두드리며 외친다.

형과 아우의 마음이 서로 통함. 이심전심(以心傳心)

아우: 형님, 내 말 들려요? / 형: 들린다, 들려! 너도 내 말 들리냐?

아우: 들려요! / 형: ＊우리, 벽을 허물기로 하자!

∞ 전체 줄거리 엿보기

발단

평화로운 들판에서 형과 아우가 그림을 그리고 언제나 사이좋게 지내기로 맹세한다.

전개 본문 수록 부분

측량 기사가 말뚝과 밧줄을 설치하자 형제가 갈등하고, 결국 둘은 벽과 전망대를 설치하며 대립한다.

절정

형제간의 갈등이 최고조에 달해 서로 위협 사격을 하고 측량 기사는 땅을 가로채려 한다.

대단원 본문 수록 부분

서로 민들레꽃을 벽 너머로 던지며 우애를 회복한 형제가 벽을 허물기로 한다.

하강 본문 수록 부분

형제가 비를 맞으며 자신들의 행동을 반성하고 민들레꽃을 보며 옛날을 그리워한다.

독해 포인트

1. 갈래의 특성

희곡의 특징		이 작품의 특징
• 인물의 대사와 행동에 의해 사건이 전개됨. • 지시문을 통해 무대 장치, 분위기, 인물의 동작과 표정, 행동 등을 지시하여 극의 내용을 구체화함.	⇒	• 간결하고 압축적인 대화를 통해 등장인물 사이의 갈등을 효과적으로 나타냄. • 사건 전개에 따라 (❶)를 의도적으로 설정하여 작품의 분위기를 암시적으로 표현함.

2. 인물과 사건

• 사건: 형과 아우가 서로 다퉜던 지난날을 후회하고 '(❷   )'을 통해 화해함.

• 인물의 성격과 갈등

형		아우
• 권위적, 독선적이며 체면을 중시함. • 우리 민족을 상징함.	←갈등→	• 형에게서 독립하고자 하는 의지가 있음. • 우리 민족을 상징함.

↑

원인	• 들판을 갈라놓은 측량 기사의 말뚝과 밧줄 • 형의 권위적이고 독선적 성격 + 아우의 독립하고 싶은 마음 • 측량 기사의 (❸): 형제에게 의심과 적대감을 불러일으킴. ➡ 측량 기사: 형제를 이간질시켜 땅을 빼앗으려는 교활하고 탐욕스러운 인물로, (❹)를 상징함.

3. 구성과 표현

날씨 변화에 따른 전개	날씨의 변화에 따라 인물의 심리 및 갈등 양상을 드러냄.				
	맑음	구름, 바람	천둥, 번개	천둥, 번개, 비	한 줄기 햇빛
	형제의 우애	갈등의 시작	갈등의 최고조	형제의 반성	갈등 해소

상징적 소재 활용	상징적 소재를 활용하여 분단 현실과 그 극복 의지를 표현함.	
	말뚝과 밧줄	형제를 갈라놓은 소재로 갈등을 일으키는 계기가 됨. → 남북 분단
	벽	형제간의 소통을 단절시킴. → 휴전선
	전망대	상대를 감시하기 위한 도구 → 의심과 불신
	(❺)	상대를 공격하기 위한 도구 → 극단적 대립
	민들레꽃	갈등 해소의 매개체 → 우애, 민족의 동질성

❶ 날씨 ❷ 민들레꽃 ❸ 이간질 ❹ 외세 ❺ 총

당신이 나무를 더 사랑하는 까닭 _ 신영복

이 작품은

이 작품은 글쓴이가 소광리 소나무 숲을 탐방하며 쓴 수필로, 숲을 황폐하게 만드는 인간 문명의 폭력성, 인간 사회의 과잉 소비와 경쟁주의를 비판하고 인간과 자연이 공존하는 세계를 만들 수 있는 힘이 우리에게 있다는 메시지를 전달하고 있다.

갈래 현대 수필, 서간체 수필, 기행 수필

주제 무차별적인 소비와 무한 경쟁의 논리가 지배하는 현대 사회에 대한 비판

특징
① '당신'에게 보내는 편지 글 형식을 취함.
② 인간과 대조적인 존재로 '소나무'를 설정하여 교훈과 깨달음을 제시함.
③ 구체적인 체험을 통해 현대인의 삶에 대한 성찰과 비판적 인식을 보여 줌.

내용 구조도

처음
소나무 숲에서 '당신'에게 엽서를 띄움.

↓

중간
이기적이고 무차별적 소비를 하는 인간의 행태에 대해 성찰하고 무한 경쟁의 비정한 논리가 지배하는 현실을 비판함.

↓

끝
척박한 현실을 이겨 낼 존재에 대한 신뢰를 당부함.

오늘은 당신이 가르쳐 준 태백산맥 속의 소광리 소나무 숲에서 이 엽서를 띄웁니다. 아침 햇살에 빛나는 소나무 숲에 들어서니 당신이 사람보다 나무를 더 사랑하는 까닭을 알 것 같습니다. 200년, 300년, 더러는 500년의 풍상(風霜)을 겪은 소나무들이 골짜기에 가득합니다. 그 긴 세월을 온전히 바위 위에서 버티어 온 것에 이르러서는 차라리 경이였습니다. 바쁘게 뛰어다니는 우리들과는 달리 오직 '신발 한 켤레의 토지'에 서서 이처럼 우람할 수 있다는 것이 충격이고 경이였습니다. 생각하면 소나무보다 훨씬 더 많은 것을 소비하면서도 무엇 하나 변변히 이루어 내지 못하고 있는 나에게 소광리의 솔숲은 마치 회초리를 들고 기다리는 엄한 스승 같았습니다.

어젯밤 별 한 개 쳐다볼 때마다 100원씩 내라던 당신의 말이 생각납니다. 오늘은 소나무 한 그루 만져 볼 때마다 돈을 내야겠지요. 사실 서울에서는 그보다 못한 것을 그보다 비싼 값을 치르며 살아가고 있다는 생각이 듭니다. 언젠가 경복궁 복원 공사 현장에 가 본 적이 있습니다. 일제가 파괴하고 변형시킨 조선 정궁의 기본 궁제(宮制)를 되찾는 일이 당연하다고 생각하였습니다. 그러나 막상 오늘 이곳 소광리 소나무 숲에 와서는 그러한 생각을 반성하게 됩니다. 경복궁의 복원에 소요되는 나무가 원목으로 200만 재, 11톤 트럭으로 500대라는 엄청난 양이라고 합니다. 소나무가 없어져 가고 있는 지금에 와서도 기어이 소나무로 복원한다는 것이 무리한 고집이라고 생각됩니다. 수많은 소나무들이 베어져 눕혀진 광경이라니 감히 상상할 수가 없습니다. 그것은 이를테면 고난에 찬 몇백만 년의 세월을 잘라 내는 것이나 마찬가지입니다.

우리가 생각 없이 잘라 내고 있는 것이 어찌 소나무만이겠습니까. 없어도 되는 물건을 만들기 위하여 없어서는 안 될 것들을 마구 잘라 내고 있는가 하면 아예 사람을 잘라 내는 일마저 서슴지 않는 것이 우리의 현실이기 때문입니다. 우리가 살고 있는 이 지구 위의 유일한 생산자는 식물이라던 당신의 말이 생각납니다. 동물은 완벽한 소비자입니다. 그중에서도 최대의 소비자가 바로 사람입니다. 사람들의 생산이란 고작 식물들이 만들어 놓은 것이나 땅속에 묻힌 것을 파내어 소비하는 것에 지나지 않습니다. 쌀로 밥을 짓는 일을 두고 밥의 생산이라고 할 수 없는 것이나 마찬가지입니다. 생산의 주체가 아니라 소비의 주체이며 급기야는 소비의 객체로 전락되고 있는 것이 바로 사람입니다. 자연을 오로지 생산의 요소로 규정하는 경제학의 폭력성이 이 소광리에서만큼 분명하게 부각되는 곳이 달리 없을 듯합니다.

산판일을 하는 사람들은 큰 나무를 베어 낸 그루터기에 올라서지 않는 것이 불문율(不文律)로 되어 있다고 합니다. 잘린 부분에서 올라오는 나무의 노기(怒氣)가 사람을 해치기 때문입니다. 어찌 노하는 것이 소나무뿐이겠습니까. 온 산천의 아우성이 들리는 듯합니다. 당신의 말처럼 소나무는 우리의 삶과 가장 가까운 자리에서 우리와 함께 풍상을 겪어 온 혈육 같은 나무입니다. 사람이 태어나면 금줄에 솔가지를 꽂아 부정을 물

어휘 풀이

❖ **풍상**: 바람과 서리를 아울러 이르는 말. 또는 많이 겪은 세상의 어려움과 고생을 비유적으로 이르는 말.

❖ **경이**: 놀랍고 신기하게 여김. 또는 그럴 만한 일.

❖ **복원**: 원래대로 회복함.

❖ **궁제**: 궁궐의 형태.

❖ **전락**: 아래로 굴러떨어짐. 또는 나쁜 상태나 타락한 상태에 빠짐.

❖ **산판일**: 나무를 찍어 내는 일판에서 나무를 베는 따위의 일.

❖ **불문율**: 문서의 형식을 갖추지 않은 법.

❖ **노기**: 성난 얼굴빛. 또는 그런 기색이나 기세.

❖ **고절**: 높은 절개.

❖ **침습**: 갑자기 침범하여 공격함. 또는 나쁜 풍습, 유행, 사상, 전염병 따위가 침범하여 들어옴.

❖ **소생**: 거의 죽어 가다가 다시 살아남.

❖ **저력**: 속에 간직하고 있는 든든한 힘.

리고 사람이 죽으면 소나무 관 속에 누워 솔밭에 묻히는 것이 우리의 일생이라 하였습니다. 그리고 그 무덤 속의 한을 달래 주는 것이 바로 은은한 솔바람입니다. 솔바람뿐이 아니라 솔빛, 솔향 등 어느 것 하나 우리의 정서 깊숙이 들어와 있지 않는 것이 없습니다. 더구나 <u>소나무는 고절(高節)의 상징으로 우리의 정신을 지탱하는 기둥이 되고 있습니다.</u>
소나무에 대한 글쓴이의 인식 ②: 절개와 지조의 의미를 일깨우는 나무
금강송의 곧은 둥치에서뿐만 아니라 암석지의 굽고 뒤틀린 나무에서도 우리는 곧은 지조를 읽어 낼 줄 압니다. 오늘날의 상품 미학과는 전혀 다른 미학을 우리는 일찍부터 가꾸어 놓고 있었습니다.

나는 문득 당신이 진정 사랑하는 것이 소나무가 아니라 소나무 같은 '사람'이라는 생각이 들었습니다. 메마른 땅을 지키고 있는 수많은 사람들이라는 생각이 들었습니다. 문득 지금쯤 서울 거리의 자동차 속에 앉아 있을 당신을 생각했습니다. 그리고 외딴섬에 갇혀 목말라하는 남산의 소나무들을 생각했습니다. 남산의 소나무가 이제는 더 이상 살아남기를 포기하고 자손들이나 기르겠다는 체념으로 무수한 솔방울을 달고 있다는 당신의 이야기는 우리를 슬프게 합니다. 더구나 그 솔방울들이 싹을 키울 땅마저 황폐해 버렸다는 사실이 우리를 더욱 암담하게 합니다. 그러나 그보다 더 무서운 것이 아카시아와 활엽수의 침습(侵襲)❖이라니 놀라지 않을 수 없습니다. 척박한 땅을 겨우겨우 가꾸어 놓으면 이내 다른 경쟁수
관련 속담: 굴러온 돌이 박힌 돌 뺀다
들이 쳐들어와 소나무를 몰아내고 만다는 것입니다. 무한 경쟁의 비정한 논리가 뻗어 오지 않는 곳이 없습니다.

> 이 작품의 주제와 글쓴이의 태도를 파악하는 것이 핵심이야. 더불어 비유적·대조적 표현의 의미도 기억해 두자.

나는 마치 꾸중 듣고 집 나오는 아이처럼 산을 나왔습니다. 솔방울 한 개를 주워 들고 내려오면서 생각하였습니다. 거인에게 잡아먹힌 소년이 솔방울을 손에 쥐고 있었기 때문에 다시 소생❖했다는 신화를 생각하였습니다. 당신이 나무를 사랑한다면 솔방울도 사랑해야 합니다. <u>무수한 솔방울들의 끈질긴 저력❖을 신뢰</u>
척박해진 땅을 가꾸어 황폐해진 자연을 회복시킬 수 있는 저력을 지닌 존재
<u>해야 합니다.</u>

언젠가 붓글씨로 써 드렸던 글귀를 엽서 끝에 적습니다.

"처음으로 쇠가 만들어졌을 때 세상의 모든
문명, 폭력   자연, 인간
나무들이 두려움에 떨었다. 그러나 어느 생각 깊은 나무가 말했다. 두려워할 것 없다. 우리들이 자루가 되어 주지 않는 한 쇠는 결코 우리를 해칠 수 없는 법이다."

구절 풀이

✱ **그 긴 세월을 ~ 스승 같았습니다.**: 소광리 솔숲의 소나무를 보고 글쓴이가 느낀 충격, 경이, 감탄, 반성 등의 감상을 드러냄.

✱ **어젯밤 별 ~ 생각이 듭니다.**: 자연이 진정으로 아름답고 가치 있는 것임을 강조하며 현대인들이 가치 있다고 여기는 대상의 기준에 대해 문제를 제기함.

✱ **자연을 오로지 ~ 없을 듯합니다.**: 수백 년 된 우람한 소나무들을 목재로 쓰기 위해 잘라 낸다는 것은 인간이 자연을 얼마나 폭력적으로 소비하는지 분명히 보여 줌.

✱ **그러나 그보다 ~ 곳이 없습니다.**: 인간 사회에서의 무한 경쟁이라는 비정한 논리가 소나무들이 자라는 곳까지 뻗어 들어옴.

독해 포인트

1. 글쓴이의 경험과 깨달음

글쓴이의 경험
태백산맥 속의 소광리 소나무 숲을 탐방함.

↓

글쓴이의 깨달음
• 좁은 땅에서도 우람한 소나무의 모습에 감탄하며 많은 것을 소비하고 딱히 이룬 것은 없는 자신을 반성함. • 소나무를 베는 인간들의 (❶   )을 지적하고 이를 현대인의 소비 문제로 확대함. • '소나무'에서 '소나무 같은 사람'으로 인식을 확장해 무한 경쟁의 사회를 비판하고, 척박한 현실을 이겨 낼 수 있다는 희망을 품고 살 것을 당부함.

2. 구성과 서술 방식

• **작품의 구성**

처음	중간	끝
소광리 소나무 숲에서 '당신'에게 (❷)를 띄움.	• 이기적이고 무차별적인 소비를 하는 인간의 행태에 대해 성찰함. • 무한 경쟁의 비정한 논리가 지배하는 현실에 대해 비판함.	• 문명의 폭력성에 대응하는 삶의 자세에 대해 생각함. • 척박한 현실을 이겨 낼 존재에 대한 신뢰를 당부함.

• **서술 방식**

편지글 형식	글쓴이가 '당신'에게 보내는 엽서 형식의 기행 수필
비유	• 신발 한 켤레의 토지: 아주 작은 땅 • 엄한 스승: 교훈과 깨달음을 주는 존재 • (❸) 같은 사람: 시련을 묵묵히 견디어 온 사람 • 솔방울: 생명력, 재생, 부활, 희망
대조	(❹)과 소나무의 대조를 통해 현대인의 비생산성을 비판하고 자신의 삶에 대한 반성을 드러냄.

3. 주제와 효용

이 작품의 글쓴이는 무한 경쟁의 논리에 지배되고 무차별적 소비만을 추구하는 현대인의 삶을 (❺   )하는 동시에 '솔방울'로 상징되는 희망을 품고 살 것을 당부하고 있다.

---

❶ 폭력성 ❷ 엽서 ❸ 소나무 ❹ 인간 ❺ 비판

어휘력 체크 ✅

01 다음 뜻풀이를 참고하여 빈칸에 들어갈 알맞은 말을 윗글에서 찾아 쓰시오.

> 그 환자는 몹시 위독하여 (ㅅㅅ)할 가망이 없었다.

➡ 거의 죽어 가다가 다시 살아남.

02 다음 빈칸에 공통으로 들어갈 말을 윗글에서 찾아 쓰시오.

> • 그는 돈을 잃자 사기꾼으로 (   )하고 말았다.
> • 부모님이 돌아가시자 순이는 천덕꾸러기로 (   )했다.

03 다음 단어의 뜻풀이가 알맞지 않은 것은?

① 고절: 높은 절개.
② 경이: 놀랍고 신기하게 여김.
③ 저력: 속에 간직하고 있는 든든한 힘.
④ 노기: 성난 얼굴빛. 그런 기색이나 기세.
⑤ 복원: 어떤 사물을 특징지어 두드러지게 함.

04 '많이 겪은 세상의 어려움과 고생을 비유적으로 이르는 말.'을 의미하는 단어를 윗글에서 찾아 쓰시오.

(ㅍㅅ)

05 다음 뜻에 해당하는 속담을 쓰시오.

> 새로 들어온 사람이 본래 터를 잡고 있었던 사람을 내쫓거나 해를 입힌다는 것을 비유적으로 이르는 말.

---

01 소생 02 전락 03 ⑤ 04 풍상
05 굴러온 돌이 박힌 돌 뺀다.

01~05 다음 글을 읽고 물음에 답하시오.

문제 해결 포인트

❶ 화자의 정서와 태도 파악
❷ 시어의 상징적 의미 파악
❸ 표현상의 특징 파악

내 고장 칠월은 / ㉠청포도가 익어 가는 시절

이 마을 전설이 주저리주저리 열리고
먼 데 하늘이 꿈꾸며 알알이 들어와 박혀

하늘 밑 ㉡푸른 바다가 가슴을 열고
㉢흰 돛단배가 곱게 밀려서 오면

내가 바라는 손님은 고달픈 몸으로
㉣청포(靑袍)를 입고 찾아온다고 했으니

내 그를 맞아 이 포도를 따 먹으면
두 손은 함뿍 적셔도 좋으련

[A] ┌ 아이야 우리 식탁엔 ㉤은쟁반에
   └ 하이얀 모시 수건을 마련해 두렴

 – 이육사, 「청포도」

01 윗글에 대한 설명으로 적절하지 <u>않은</u> 것은?

① 미래에 대한 소망을 노래하고 있다.
② 간절한 기다림의 정서가 나타나 있다.
③ 시각적 이미지를 통해 주제를 형상화하고 있다.
④ 역설적 표현을 통해 대상에서 느끼는 모순된 감정을 강조하고 있다.
⑤ 각 연을 동일한 수의 행으로 배열하여 시적 안정감을 형성하고 있다.

02 윗글은 우리 민족이 극심한 수난을 당하던 (   )에 발표된 시로, 시가 발표된 시기를 고려했을 때 '내가 바라는 손님'은 (   )을/를 의미한다.

03 [A]를 참고하여 '손님'을 맞이하는 화자의 태도를 서술하시오.

04 ㉠~㉣을 유사한 이미지의 시어끼리 바르게 묶은 것은?

① ㉠, ㉡ / ㉢, ㉣, ㉤ 　　　② ㉠, ㉢ / ㉡, ㉣, ㉤
③ ㉡, ㉢ / ㉠, ㉣, ㉤ 　　　④ ㉠, ㉡, ㉣ / ㉢, ㉤
⑤ ㉡, ㉢, ㉣ / ㉠, ㉤

수능형　2009학년도 3월 고1 학력평가 변형

> <보기>의 각 부분과 시어들을 연결해 보면서 선지를 읽어 봐.

05 윗글을 감상하고 나서 떠오른 생각을 바탕으로 〈보기〉의 밑그림을 그렸다. 이 그림을 마무리하기 위해 세운 계획으로 적절하지 <u>않은</u> 것은?

① ㉮: '하늘'과 이어져 밝고 평화로운 느낌이 들도록 표현한다.
② ㉯: '바다'와의 색채 대비를 통해 선명한 느낌이 들도록 표현한다.
③ ㉰: '청포도'와는 다른 색감을 주어 괴롭고 답답한 심정을 강조한다.
④ ㉱: 싱그러우면서도 풍성한 느낌이 들도록 표현한다.
⑤ ㉲: 깨끗하고 정성 어린 느낌이 들도록 표현한다.

06~10 다음 글을 읽고 물음에 답하시오.

문제 해결 포인트
❶ 작품에 드러난 사회·문화적 배경 파악
❷ 시어에 담긴 상징적 의미 파악
❸ 표현상의 특징 파악

성북동 산에 ㉠번지가 새로 생기면서
본래 살던 성북동 비둘기만이 ㉡번지가 없어졌다
새벽부터 **돌 깨는 산울림**에 떨다가 / 가슴에 금이 갔다
그래도 ⓐ성북동 비둘기는 / 하느님의 광장 같은 새파란 아침 하늘에
성북동 주민에게 축복의 메시지나 전하듯 / 성북동 하늘을 한 바퀴 휘 돈다

성북동 메마른 골짜기에는 / 조용히 앉아 콩알 하나 찍어 먹을

널찍한 마당은커녕 가는 데마다 / **채석장 포성**이 메아리쳐서

피난하듯 지붕에 올라앉아 / 아침 구공탄 굴뚝 연기에서 향수를 느끼다가

산 1번지 채석장에 도루 가서 / 금방 따낸 돌 온기에 입을 닦는다

예전에는 사람을 성자(聖者)처럼 보고 / 사람 가까이 / 사람과 같이 사랑하고

사람과 같이 평화를 즐기던 / **사랑과 평화의 새 비둘기**는

이제 **산도 잃고 사람도 잃고**

사랑과 평화의 사상까지 / 낳지 못하는 쫓기는 새가 되었다

– 김광섭, 「성북동 비둘기」

06 윗글에 대한 설명으로 적절하지 <u>않은</u> 것은?

① 자연에 대한 예찬적 태도를 드러낸다.

② 상징적 시어를 사용하여 주제를 전달한다.

③ 상황을 구체적으로 제시한 후 주제를 집약시킨다.

④ 대상을 의인화하여 비판 의식을 우의적으로 표현한다.

⑤ 감각적 이미지를 통해 시적 상황을 선명하게 제시한다.

> '집약'은 '한데 모아서 요약함.'을 의미해.

07 작가는 윗글을 통해 산업화와 도시화 과정에서 인간에 의해 파괴된 (   )에 대한 안타까움을 드러내고 현대의 (   )을/를 비판하고자 하였다.

08 ㉠과 ㉡에 담긴 함축적 의미를 서술하시오.

09 ⓐ에 담긴 의미로 적절한 것을 〈보기〉에서 골라 바르게 묶은 것은?

┌ 보기 ┐
ㄱ. 현대 문명에 의해 파괴되어 가는 자연
ㄴ. 시간이 지남에 따라 도태되어 버린 자연
ㄷ. 개발로 인해 삶의 터전을 잃은 소외 계층
ㄹ. 황금만능주의로 인해 물질만을 최우선하게 된 현대인
└──────────────────────────────┘

> '황금만능주의'는 돈만 있으면 무엇이든지 마음대로 할 수 있다는 사고방식이나 태도를 말해.

① ㄱ, ㄴ   ② ㄱ, ㄷ   ③ ㄴ, ㄷ

④ ㄴ, ㄹ   ⑤ ㄷ, ㄹ

유사한 수능 문제 형식

〈보기〉의 ⓐ(반영론적 관점)
의 관점에서 윗글을 설명한
내용으로 적절한 것은?

수능형

10 〈보기〉를 참고하여 윗글을 감상한 내용으로 적절하지 <u>않은</u> 것은?

┤ 보기 ├

1960년대의 급격한 산업화, 도시화에 따라 자연은 무참히 훼손되었다. 또한 산업화 과정에서 자연만 사라졌을 뿐 아니라 도시에 살아가던 사람들까지도 빈민이 되어 도시 외곽으로 내몰리는 일이 무수히 많이 일어났다.

① '성북동 산'은 무분별한 도시화 과정에서 무참히 훼손된 공간이군.

② '돌 깨는 산울림', '채석장 포성'은 자연을 파괴하는 도시화 과정을 나타내는군.

③ '피난하듯 지붕에 올라앉아'에서 보금자리를 잃고 빈민이 된 사람들의 모습이 떠오르는군.

④ '사랑과 평화의 새 비둘기'는 산업화, 도시화로 인해 훼손된 자연을 복구할 수 있다는 희망을 보여 주는군.

⑤ '산도 잃고 사람도 잃고'는 산업화 과정에서 사라진 자연과 삶의 터전을 함께했던 사람들마저 사라진 현실을 드러내는군.

11~15 다음 글을 읽고 물음에 답하시오.

📚 **문제 해결 포인트**

❶ 화자의 정서를 강조하는
표현 방식 파악

❷ 시적 상황과 화자의 정
서 파악

❸ 사회·문화적 배경을 바
탕으로 시어의 의미 파악

㉠천만리(千萬里) 머나먼 길에 고운 님 여의옵고

내 마음 둘 데 없어 냇가에 앉았으니

저 물도 내 안 같아서 울어 밤길 가는구나

– 왕방연

11 윗글의 형식상 특징으로 적절하지 <u>않은</u> 것은?

① 초장, 중장, 종장으로 이루어져 있다.

② 각 장을 세 마디로 끊어 읽을 수 있다.

③ 종장의 첫 음보는 3음절로 고정되어 있다.

④ 대체로 3·4조, 4·4조의 음수율을 지니고 있다.

⑤ 일정한 글자 수의 반복을 통해 운율을 형성하고 있다.

12 〈보기〉의 밑줄 친 부분에 들어갈 말로 가장 적절한 것은?

┌─ 보기 ├─

선생님: 세조 때에 사육신을 중심으로 한 단종 복위(復位) 사건이 발각되어, 단종은 노산군으로 강등되어 강원도에 유배되었어요. 이때 단종을 유배지까지 호송하는 임무를 맡은 이가 금부도사 왕방연이었죠. 윗글은 바로 단종을 유배지에 모신 후 돌아오던 왕방연의 괴로운 심정을 읊은 시조입니다. 이러한 창작 배경으로 볼 때 윗글에 나오는 '고운 님'은 _____(이)라고 해석할 수 있겠지요.

① 연정의 대상

② 잃어버린 나라

③ 충절의 대상인 단종

④ 당시 임금이었던 세조

⑤ 임무를 완수하지 못한 자기 자신

'복위'는 폐위되었던 제왕이나 후비(后妃)가 다시 그 자리에 오르는 것을 말해.

13 ㉠은 실제 거리가 아니라 (　　　　　)이/가 사용된 표현으로, 임과 이별한 슬픔의 크기와 임과 화자 사이의 심리적 (　　　　　)을/를 나타낸다.

14 윗글에서 〈보기〉의 설명에 해당하는 표현 방법이 사용된 시구를 찾고, 시구의 의미를 서술하시오.

┌─ 보기 ├─

화자의 감정이나 정신을 다른 생명체나 무생물체에 불어넣거나, 화자의 감정이나 정신을 직접 드러내는 대신 인간이 아닌 다른 생명이 감정이나 정신을 가진 것처럼 표현하는 방법.

수능형

15 윗글과 〈보기〉를 비교하여 감상한 내용으로 적절하지 <u>않은</u> 것은?

┌─ 보기 ├─

묏버들 가려 꺾어 보내노라 임에게
주무시는 창밖에 심어 두고 보소서
밤비에 새잎 나거든 날인가도 여기소서

ㅡ 홍랑

① 윗글과 〈보기〉 모두 화자가 임과 이별한 상황에 처해 있다.

② 윗글과 〈보기〉 모두 임과의 재회를 소망하는 마음을 담고 있다.

③ 윗글과 달리 〈보기〉에는 문장의 어순을 바꾸는 표현이 나타나 있다.

④ 〈보기〉와 달리 윗글에는 구체적 수치를 활용하는 표현이 나타나 있다.

⑤ 〈보기〉와 달리 윗글에는 대상에 인격을 부여하는 표현이 나타나 있다.

유사한 수능 문제 형식

윗글과 〈보기〉의 공통점과 차이점을 파악한 내용으로 적절하지 <u>않은</u> 것은?

🧵 문제 해결 포인트

❶ '만도'와 '진수'의 심리 파악
❷ 주요 소재의 기능 파악
❸ 제목의 의미와 주제 파악

TIP 이전 부분에서의 만도의 모습

만도는 한쪽 다리를 잃고 돌아온 아들을 보고 자신은 물론 아들마저도 희생물로 만든 시대와 역사에 분노를 느낌. 그리고 주막집에서 술을 마신 후에야 분노와 속상한 마음을 누그러뜨리는 모습을 보임.

[앞부분의 줄거리] 일제 강점기에 징용되었다가 팔 하나를 잃은 만도는 전쟁에 나간 아들 진수가 돌아온다는 통지를 받고 마음이 들떠 정거장으로 나간다. 정거장 대합실에서 진수를 기다리던 만도는 한쪽 팔을 잃게 된 과거를 회상한다. 그러던 중 진수가 다리 하나를 잃은 채 나타나고, 만도는 분노를 느낀다. 속이 상한 만도는 돌아오는 길에 주막에 들러 술을 마신다.

주막을 나선 그들 부자는 ㉠논두렁길로 접어들었다. 아까와 같이 만도가 앞장을 서는 것이 아니라, 이번에는 진수를 앞세웠다. 지팡이를 짚고 기우뚱기우뚱 앞서 가는 아들의 뒷모습을 바라보며, 팔뚝이 하나밖에 없는 아버지가 느릿느릿 따라가는 것이다. 손에 매달린 고등어가 대고 달랑달랑 춤을 춘다. 너무 급하게 들이부어서 그런지, 만도의 배 속에서는 우글우글 술이 끓고 다리가 휘청거린다. 콧구멍으로 더운 숨을 훅훅 내뿜어 본다. 정신이 아른하다. 좋다.

"진수야!" / "예."

"니 우짜다가 그래 댔노?"

"전쟁하다가 이래 안 댔심니꺼, ㉡수류탄 쪼가리에 맞았심더."

"수류탄 쪼가리에?" / "예." / "음……."

"얼른 낫지 않고 막 썩어 들어가기 땜에 군의관이 짤라 버립띠더. 병원에서예."

"……." / "아부지!"

"와?" / "이래 가지고 우째 살까 싶습니더."

㉢"우째 살긴 뭘 우째 살아. 목숨만 붙어 있으면 다 사능 기다. 그런 소리 하지 마라."

"……." / "나 봐라. 팔뚝이 하나 없어도 잘만 안 사나. 남 봄에 좀 덜 좋아서 그렇지. 살기사 왜 못 살아."

"차라리 아부지같이 팔이 하나 없는 편이 낫겠어예. 다리가 없어 노니, 첫째 걸어 댕기기에 불편해서 똑 죽겠심더."

"야야, 안 그렇다. 걸어 댕기기만 하면 뭐 하노. 손을 지대로 놀려야 일이 뜻대로 되지." / "그럴까예?"

"그렇다니. 그러니까 집에 앉아서 할 일은 니가 하고, 나댕기메 할 일은 내가 하고, 그라면 안 대겠나, 그제?" / "예."

진수는 가벼운 한숨을 내쉬며 아버지를 돌아보았다. 만도는 돌아보는 아들의 얼굴을 향해 지그시 웃어 주었다.

술을 마시고 나면 이내 오줌이 마려워진다. 만도는 길가에 아무렇게나 쭈그리고 앉아서 고기 묶음을 입에 물려고 한다. 그것을 본 진수는,

"아부지, 그 고등어 이리 주이소."

한다. 팔이 하나밖에 없는 몸으로 물건을 손에 든 채 소변을 볼 수는 없는 것이다. 아버지가 볼일을 마칠 때까지, 진수는 저만큼 떨어져 서서 지팡이를 한쪽 손에 모아 쥐고, 다른 손으로 고등어를 들고 있었다. 볼일을 다 본 만도는 얼른 가서 아들의 손에서 고등어를 다시 받아 든다.

개천 둑에 이르렀다. 외나무다리가 놓여 있는 그 시냇물이다. 진수는 슬그머니 걱정이 되었다. 물은 그렇게 깊은 것 같지 않지만, 밑바닥이 모래흙이어서 지팡이를 짚고 건너가기가 만만할 것 같지 않기 때문이다. 외나무다리 위로는 도저히 건너갈 재주가 없고……. 진수는 하는 수 없이 둑에 퍼지고 앉아서 바짓가랑이를 걷어 올리기 시작했다. 만도는 잠시 멀뚱히 서서 아들의 하는 양을 내려다보고 있다가

"진수야, 그만두고 자아, 업자." / 하는 것이었다.

"업고 건느면 일이 다 되는 거 아니가. 자아, 이거 받아라."

고등어 묶음을 진수 앞으로 민다. / "······."

진수는 퍽 난처해하면서 못 이기는 듯이 그것을 받아 들었다. 만도는 등어리를 아들 앞에 갖다 대고 하나밖에 없는 팔을 뒤로 버쩍 내밀며

"자아, 어서!"

진수는 ㉣지팡이와 고등어를 각각 한 손에 쥐고, 아버지의 등어리로 가서 슬그머니 업혔다. 만도는 팔뚝을 뒤로 돌려서 아들의 하나뿐인 다리를 꼭 안았다. 그리고

"팔로 내 목을 감아야 될 끼다."

했다. 진수는 무척 황송한 듯 한쪽 눈을 찍 감으면서 고등어와 지팡이를 든 두 팔로 아버지의 굵은 목줄기를 부둥켜안았다.

[A]
　　만도는 아랫배에 힘을 주며 끙! 하고 일어났다. 아랫도리가 약간 후들거렸으나 걸어갈 만은 했다. 외나무다리 위로 조심조심 발을 내디디며 만도는 속으로,
　　'이제 새파랗게 젊은 놈이 벌써 이게 무슨 꼴이고. ㉤세상을 잘못 타고나서 진수 니 신세도 참 똥이다, 똥.'
　　이런 소리를 주워섬겼고, 아버지의 등에 업힌 진수는 곧장 미안스러운 얼굴을 하며
　　'나꺼정 이렇게 되다니, 아부지도 참 복도 더럽게 없지. 차라리 내가 죽어 버렸더라면 나았을 낀데…….'
　　하고 중얼거렸다.
　　만도는 아직 술기가 약간 있었으나, 용케 몸을 가누며 아들을 업고 외나무다리를 조심조심 건너가는 것이었다. 눈앞에 우뚝 솟은 용머리재가 이 광경을 가만히 내려다보고 있었다.

－ 하근찬, 「수난이대」

16 윗글을 읽은 후의 감상으로 적절하지 <u>않은</u> 것은?

① 사투리를 사용하여 대화 상황이 실감 나게 느껴지는군.
② 등장인물을 서술자로 삼아 인물의 내면 심리를 서술하고 있군.
③ 우리 민족의 수난의 역사를 사회·문화적 배경으로 하고 있군.
④ 자신의 처지에 대한 아버지와 아들의 상반된 태도가 나타나는군.
⑤ 결말 부분에서는 '용머리재'를 의인화하여 여운과 감동을 주고 있군.

'외나무다리'는 다리가 불편한 진수가 헤쳐 나가기 어려운 문제 상황이야.

17 '외나무다리'는 만도 부자에게 닥친 (   )(으)로, 우리 민족이 겪어야 할 현실의 고난과 위기를 상징하며, 만도 부자가 함께 건너는 모습에서 시련 극복의 (   )을/를 보여 준다.

18 제목 '수난이대'에 담긴 의미를 인물의 처지와 관련지어 서술하시오.

19 ㉠~㉤에 대한 설명으로 적절하지 <u>않은</u> 것은?

① ㉠: 만도와 진수의 대화가 이루어지는 공간이다.
② ㉡: 진수가 한쪽 다리를 잃게 된 원인에 해당한다.
③ ㉢: 만도의 긍정적, 의지적 태도가 드러나는 부분이다.
④ ㉣: 만도와 진수의 불편한 처지를 드러내는 소재이다.
⑤ ㉤: 만도가 세상에 대한 원망과 불신을 쏟아 내는 말이다.

수능형 2011학년도 6월 고1 학력평가

유사한 수능 문제 형식

윗글을 영화로 연출하기 위한 연출자의 주문 사항으로 적절하지 <u>않은</u> 것은?

20 [A]를 영화로 제작하기 위한 회의에서 연출자가 요구할 내용으로 적절하지 <u>않은</u> 것은?

① 음향 감독은 다리 위에서 만도의 목소리만 나오는 부분이 있으니 미리 녹음해 주세요.
② 만도 역을 맡은 배우는 외나무다리를 건널 때 아슬아슬한 느낌이 들도록 연기해 주세요.
③ 카메라 감독은 마지막 장면에서 용머리재가 두 사람을 바라보는 느낌이 살도록 촬영해 주세요.
④ 진수 역을 맡은 배우는 술에 취해 비틀거리는 만도를 언짢아하는 마음이 잘 드러나도록 연기해 주세요.
⑤ 카메라 감독은 만도가 진수를 업고 일어서는 장면에서 힘을 쓰는 만도의 얼굴 표정이 부각되도록 촬영해 주세요.

21~25 다음 글을 읽고 물음에 답하시오.

길동이 점점 자라 여덟 살이 되자, 총명하기가 보통이 넘어 하나를 들으면 백 가지를 알 정도였다. 그래서 공은 더욱 귀여워하면서도 출생이 천해, 길동이 늘 아버지니 형이니 하고 부르면 즉시 꾸짖어 그렇게 부르지 못하게 하였다. 길동이 열 살이 넘도록 감히 부형(父兄)을 부르지 못하고 종들로부터 천대받는 것을 뼈에 사무치게 한탄하면서 마음 둘 바를 몰랐다.

어느 가을철 9월 보름께가 되자, 달빛은 처량하게 비치고 맑은 바람은 쓸쓸히 불어와 사람의 마음을 울적하게 하였다. 그때 길동은 서당에서 글을 읽다가 문득 책상을 밀치고 탄식하기를,

"대장부가 세상에 나서 공맹(孔孟)을 본받지 못할 바에야, 차라리 병법이라도 익혀 대장인을 허리춤에 비스듬히 차고 동정서벌하여 나라에 큰 공을 세우고 이름을 만대에 빛내는 것이 장부의 통쾌한 일이 아니겠는가. 나는 어찌하여 일신(一身)이 적막하고, 부형이 있는데도 아버지를 아버지라 부르지 못하고 형을 형이라 부르지 못하니 심장이 터질지라, 이 어찌 통탄할 일이 아니겠는가!"

하고, 말을 마치며 뜰에 내려와 검술을 익히고 있었다.

그때 마침 공이 또한 달빛을 구경하다가, 길동이 서성거리는 것을 보고 즉시 불러 물었다.

"너는 무슨 흥이 있어서 밤이 깊도록 잠을 자지 않느냐?"

길동은 공경하는 자세로 대답했다.

"소인은 마침 달빛을 즐기는 중입니다. 그런데 만물이 생겨날 때부터 오직 사람이 귀한 존재인 줄 아옵니다만, 소인에게는 귀함이 없사오니, 어찌 사람이라 하겠습니까?"

공은 그 말의 뜻을 짐작은 했지만, 일부러 책망하는 체하며,

"네 무슨 말이냐?" / 했다. 길동이 절하고 말씀드리기를,

"소인이 평생 설워하는 바는, 소인이 대감 정기를 받아 당당한 남자로 태어났고, 또 낳아 길러 주신 부모님의 은혜를 입었음에도 불구하고, 아버지를 아버지라 못 하옵고 형을 형이라 못 하오니, 어찌 사람이라 하겠습니까?"

하고, 눈물을 흘리며 적삼을 적셨다. 공이 듣고 나자 비록 불쌍하다는 생각은 들었으나, 그 마음을 위로하면 마음이 방자해질까 염려되어, 크게 꾸짖어 말했다.

"재상 집안에 천한 종의 몸에서 태어난 자식이 너뿐이 아닌데, 네가 어찌 이다지 방자하냐? 앞으로 다시 이런 말을 하면 내 눈앞에 서지도 못하게 하겠다."

이렇게 꾸짖으니 길동은 감히 한마디도 더 하지 못하고, 다만 땅에 엎드려 눈물을 흘릴 뿐이었다. 공이 물러가라 하자, 그제야 길동은 침소로 돌아와 슬퍼해 마지않았

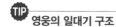

문제 해결 포인트

❶ 서술상의 특징 파악
❷ 사회적 배경 파악
❸ 길동이 겪는 갈등의 원인과 양상 파악
❹ 인물의 현실 대응 태도 및 성격 파악

TIP 영웅의 일대기 구조

이 작품은 영웅의 일대기 구조를 취하고 있는 소설 가운데 하나로, 영웅의 일대기 구조란 고귀한 혈통에서 태어났지만, 비정상적인 출생을 겪게 되고 죽을 고비를 넘기면서 마침내 승리를 거두는 일련의 과정을 다룬 서사 구조를 말함.

다. 길동은 본래 재주가 뛰어나고 도량이 활달한지라, 마음을 가라앉히지 못해 밤이면 잠을 이루지 못하곤 했다.

[중략 부분의 줄거리] 슬픔과 한을 이기지 못하여 길동이 집을 나가려고 하지만 어머니인 춘섬이 만류한다. 한편 곡산댁 초란은 관상녀, 무녀와 짜고 길동과 춘섬을 모함한다. 급기야 초란은 특재라는 자객을 이용하여 길동을 죽이려고 한다.

[A]
> "너는 무엇 때문에 나를 죽이려 하는가? 무죄한 사람을 해치면 어찌 천벌이 없으랴?"
>
> 하고 주문을 외니, 홀연히 검은 구름이 일어나며 큰비가 물을 퍼붓듯이 쏟아지고 모래와 자갈이 날리었다. 특재가 정신을 가다듬고 살펴보니 길동이었다. 재주가 대단하다고는 여기면서도 '어찌 나를 대적하리오.' 하고 달려들면서 소리쳤다.
>
> "너는 죽어도 나를 원망하지 말라. 초란이 무녀와 관상녀로 하여금 상공과 의논하게 하고 너를 죽이려 한 것이니, 어찌 나를 원망하랴."

칼을 들고 달려드는 특재를 보자, ㉠길동은 분함을 참지 못해 요술로 특재의 칼을 빼앗아 들고 호통을 쳤다.

"네가 재물을 탐내어 사람 죽이기를 좋아하니, 너같이 무도한 놈은 죽여서 후환을 없애겠다."

하고 칼을 드니, 특재의 머리가 방 가운데 떨어졌다. 길동은 분노를 이기지 못해 그날 밤에 바로 관상녀를 잡아 와 특재가 죽어 있는 방에 들이쳐 박고 꾸짖기를,

"네가 나와 무슨 원수졌다고 초란과 짜고 나를 죽이려 했느냐?"

하고 칼로 치니, 처참하기 그지없었다.

이때 길동이 두 사람을 죽이고 하늘을 살펴보니, 은하수는 서쪽으로 기울어지고 달빛은 희미하여 마음은 더욱 울적해졌다. 분통이 터져 초란마저 죽이고자 하다가, 상공이 사랑하는 여자라는 데 생각이 미치자, 칼을 던지고 달아나 목숨이나 건지기로 마음먹었다. 바로 상공 침소에 가 하직 인사를 올리고자 하는데, ㉡마침 공도 창밖의 인기척을 듣고서 창문을 열고 살폈다. 공은 길동임을 알고 불러 말했다.

"밤이 깊었거늘 네 어찌 자지 않고 이렇게 방황하느냐?"

길동이 땅에 엎드려 아뢰었다.

"소인이 일찍 부모님께서 낳아 길러 주신 은혜를 만분의 일이나마 갚을까 하였더니, 집안에 옳지 못한 사람이 있어 상공께 참소하고 소인을 죽이고자 하기에, 겨우 목숨은 건졌으나 상공을 모실 길이 없기로 오늘 상공께 하직을 고하옵니다."

하기에, 공이 크게 놀라 물었다.

"너는 무슨 일이 있어서 어린아이가 집을 버리고 어디로 가겠다는 거냐?"

길동이 대답했다.

"날이 밝으면 자연히 아시게 되려니와, 소인의 신세는 뜬구름과 같사옵니다. 상공의 버린 자식이 어찌 갈 곳이 있겠습니까?"

길동이 두 줄기의 눈물을 감당하지 못해 말을 이루지 못하자, 공은 그 모습을 보고 불쌍한 마음이 들어 타일렀다.

"내가 너의 품은 한은 짐작하겠으니, 오늘부터는 아버지를 아버지라 부르고 형을 형이라 불러도 좋다."

길동이 절하고 아뢰었다.

"소자의 한 가닥 지극한 한(恨)을 아버지께서 풀어 주시니 죽어도 한이 없습니다. 엎드려 바라옵건대, 아버지께서는 만수무강하십시오."

이렇게 말하고 하직하니, 공이 붙잡지 못하고 다만 무사하기만을 당부하더라.

– 허균, 「홍길동전」

21 윗글에 대한 설명으로 적절하지 <u>않은</u> 것은?

① 시간의 흐름에 따라 사건이 진행된다.

② 인물의 말을 통해 내적 갈등을 드러낸다.

③ 서술자가 개입하여 자신의 생각을 표현한다.

④ 실재하지 않는 환상적 공간을 배경으로 한다.

⑤ 서술자가 작중 상황과 사건을 전지적 입장에서 서술한다.

22 '길동'의 심리를 당대의 사회 모습과 연관 지어 해석한 내용으로 적절한 것은?

① 신분 제도로 인해 종들이 천대받는 현실을 안타까워하고 있군.

② 입신양명의 삶을 최고로 여기는 세태를 부정적으로 보고 있군.

③ 적서 차별 제도로 인해 자신의 꿈을 펼칠 수 없어 원통해하고 있군.

④ 신분에 따라 다른 호칭을 쓰는 관습으로 인해 소외감을 느끼고 있군.

⑤ 축첩 제도로 인해 서자인 자신을 가까이할 수 없는 홍 판서를 안쓰러워하고 있군.

적서 차별 제도에 대해 길동과 홍 판서가 어떻게 인식하고 있는지 생각해 봐.

23 적서 차별로 인한 자신의 처지를 한탄하며 하소연하는 것으로 보아 '길동'은 현실 (   )적 태도를 취하고 있고, 그러한 '길동'을 꾸짖으며 적서 차별을 옹호하는 발언을 하는 것으로 보아 '홍 판서'는 현실 (   )적 태도를 취하고 있다.

24 ㉠과 ㉡에 드러나는 고전 소설의 특징을 각각 서술하시오.

유사한 수능 문제 형식

〈보기〉의 영웅의 일대기 구조를 참고하여 윗글을 이해한 내용으로 가장 적절한 것은?

수능형

25 영웅의 일대기 구조를 〈보기〉와 같이 정리할 때, ㉮~㉺ 중 [A]에 해당하는 것은?

| 보기 |

고귀한 혈통을 지님. → ㉮비정상적으로 출생함. → 보통 사람과는 다른 비범한 능력을 발휘함. → ㉯죽을 고비를 맞음. → ㉰조력자를 만나 죽을 고비를 벗어남. → ㉱성장하여 또다시 위기를 맞음. → ㉲위기를 극복하고 승리자가 됨.

① ㉮   ② ㉯   ③ ㉰
④ ㉱   ⑤ ㉲

26~30 다음 글을 읽고 물음에 답하시오.

문제 해결 포인트

❶ 희곡의 특징 파악
❷ 상징적 소재의 의미와 역할 파악
❸ 날씨에 따른 인물의 심리 및 사건 전개 파악

[앞부분의 줄거리] 우애 깊은 형제가 살고 있는 평화로운 들판에 측량 기사와 조수들이 갑자기 나타나 말뚝을 박고 밧줄을 친다. 측량 기사가 쳐 놓은 밧줄을 보고 형제는 옛 생각을 하며 가위바위보를 해서 이긴 사람이 줄을 넘는 줄넘기 놀이를 하고 아우가 형을 계속 이긴다.

형: 너는 나보다 늦게 낸다! 내가 가위를 내면 너는 기다렸다가 바위를 내놓고, 내가 보를 내면 너는 그걸 본 다음 가위를 내놓잖아?

아우: 아뇨! 난 형님과 동시에 냈어요!

형: 난 그림이나 그려야겠다. (뒤돌아서서 자신의 그림 앞으로 걸어가며) 다시는 너하고는 놀이 안 해!

아우: 형님, 나한테 지더니만 심통이 났군요?

형: 너는 날 속이고 이겼어!

아우: 아뇨! 형님이 지금 화를 내는 건 동생인 내가 이겼기 때문이에요. 형님은 언제나 이겨야 하고, 동생인 나는 항상 져야 한다! 그게 바로 형님의 고정 관념이지요!

형: 미리 경고해 두겠는데, 내 허락 없이는 이쪽으로 넘어오지 마라!

아우: 그럼 형님도 내 땅에 넘어오지 마요!

(중략)

측량 기사: 우리가 일을 정확히 하기 위해서죠. 처음 약속대로 말뚝과 밧줄을 치워 드릴까요?

형: 아니, 그냥 둬요.

측량 기사: (동생에게 넘어가서 묻는다.) 어떻게 할까요? 당신 형님은 말뚝과 밧줄을 그냥 두라는데요?

아우: 밧줄은 약해요. 더 튼튼한 건 없어요? / 측량 기사: 더 튼튼한 거라면…….

아우: 젖소들이 넘어가지 못할 만큼 튼튼한 것이 필요해요.

측량 기사: 그거야 철조망도 있고, 높다란 벽도 있죠.

형: (아우를 향하여 꾸짖는다.) 너, 지금 무슨 짓을 하려는 거냐?

아우: 형님은 내 일에 상관하지 마세요! (측량 기사에게) 철조망보다는 벽이 좋겠어요. (손을 머리 위로 높이 들어 올리며) 이 정도 높은 벽을 쌓아 올리면 아무것도 넘어가지 못하겠죠!

형: 뭐, 높은 벽? 너와 나 사이를 완전히 가로막겠다고?

[중략 부분의 줄거리] 측량 기사가 교묘하게 형과 아우를 이간질하여 아우는 벽을 설치하고 형은 감시용 전망대를 설치한다. 측량 기사는 형제에게 서로에 대한 적대감을 불러일으키고 형제는 서로 총을 쏘며 대립한다. 이러한 싸움 중에 형제는 측량 기사에게 대부분의 땅을 빼앗긴다.

측량 기사, 퇴장한다. 번개가 치고 천둥이 울리면서 비가 쏟아진다. 형과 아우, 비를 맞으며 벽을 지킨다. 긴장한 모습으로 경계하면서 벽 앞을 오고 간다. 그러나 차츰차츰 걸음이 느려지더니, 벽을 사이에 두고 멈추어 선다.

형: 어쩌다가 이런 꼴이 된 걸까! 아름답던 들판은 거의 다 빼앗기고, 나 혼자 벽 앞에 있어.

아우: 내가 왜 이렇게 됐지? 비를 맞으며 벽을 지키고 있다니…….

형: 저 요란한 천둥소리! 부모님께서 날 꾸짖는 거야!

아우: 빗물이 눈물처럼 느껴져!

형과 아우, 탄식하면서 나누어진 들판을 바라본다.

형: 아아, 이 들판의 풍경은 내 마음속의 풍경이야. 옹졸한 내 마음이 벽을 만들었고, 의심 많은 내 마음이 전망대를 만들었어. 측량 기사는 내 마음속을 훤히 알고

있었지. 내가 들고 있는 이 총마저도 그렇잖아. 동생에 대한 내 마음의 불안함을 알고, 그는 마치 나 자신의 분신처럼 내가 바라는 것만을 가져다줬던 거야.

(중략)

아우: 이젠 늦었어. 너무 늦은 거야! 벽이 생겼던 바로 그때, 내가 형님께 잘못했다고 말해야 했어. 하지만, 인제 형님은 내 말이라면 믿지 않을 테고, 나 역시 형님 말을 믿지 못해. (고개를 숙이고 흐느껴 운다.) 이래서는 안 돼, 안 되는데 하면서도……. 어쩔 수가 없어.

형: 들판에는 아직도 민들레꽃이 피어 있군! (총을 내려놓고 허리를 숙여 발밑의 민들레꽃을 바라본다.) 우리가 언제나 다정히 지내기로 맹세했던 이 꽃…….

아우: 형님과 내가 믿을 수 있는 건 무엇일까? 그것이 단 하나라도 남아 있다면 좋을 텐데……. 그렇구나, 민들레꽃이 남아 있어! (총을 내던지고, 민들레꽃을 꺾어 든다.) 이 꽃을 보니까 그 시절이 그립다. 형님과 함께 행복하게 지냈던 시절이 그리워…….

형: 벽 너머 저쪽에도 민들레꽃은 피어 있겠지…….

아우: 형님이 보고 싶어! / 형: 동생 얼굴이 보고 싶구나!

형과 아우, 그들 사이를 가로막은 벽을 안타까운 표정으로 바라본다. 비가 그치면서 구름 사이로 한 줄기 햇빛이 비친다.

형: 하지만, 내 마음을 어떻게 저 벽 너머로 전하지?

아우: 비가 그치고, 산들바람이 부는군.

형: 저 벽을 자유롭게 넘어갈 수만 있다면……. 가만있어 봐. 민들레꽃은 씨를 맺으면 어떻게 되지? 바람을 타고 멀리 날아가잖아?

아우: 햇빛이 비치니까 샛노란 민들레꽃이 더 예쁘게 보여.

형: 이 꽃을 꺾어서 벽 너머로 던져 주어야지. 동생이 이 민들레꽃을 보면, 진짜 내 마음을 알아줄 거야.

아우: 형님에게 이 꽃을 드리겠어. 벽 너머의 형님이 이 꽃을 받으면, 동생인 나를 생각하겠지.

형과 아우, 민들레꽃을 여러 송이 꺾는다. 그들은 벽으로 다가가서 민들레꽃을 서로 던져 준다. 형은 아우가 던져 준 꽃들을 주워 들고 반색하고, 아우는 형이 던진 꽃들을 주워 들고 기뻐한다. 서로 벽을 두드리며 외친다.

아우: 형님, 내 말 들려요? / 형: 들린다, 들려! 너도 내 말 들리냐?

아우: 들려요! / 형: 우리, 벽을 허물기로 하자!

― 이강백, 「들판에서」

26 윗글에 대한 설명으로 적절하지 <u>않은</u> 것은?

① 대사가 현재형으로 표현된다.

② 시간과 공간의 제약이 따른다.

③ 서술자가 인물과 사건을 전달한다.

④ 인물 간의 갈등을 중심으로 내용이 진행된다.

⑤ 말과 행동을 통해 인물의 심리를 파악해야 한다.

> 윗글은 무대 상연을 전제로 하여 꾸며 쓴 연극의 대본이야.

27 윗글을 연극으로 공연하기 위해 나눈 대화 내용으로 적절하지 <u>않은</u> 것은?

① 말뚝, 밧줄, 벽, 전망대, 총, 민들레꽃 등을 소품으로 준비하자.

② 천둥소리, 빗소리 등의 효과음을 사용하여 날씨 배경을 표현하자.

③ 풀을 만들어 무대에 붙여 배경인 들판의 모습이 드러나도록 하자.

④ 측량 기사 역을 맡은 사람은 교활하고 음흉한 느낌이 들도록 연기하자.

⑤ 형과 아우는 측량 기사와 대립하는 자세를 보여 줄 수 있도록 당당한 느낌이 들게 연기하자.

28 윗글에서는 (   )의 변화에 따라 인물의 심리 및 갈등 양상을 드러내고 있는데, 특히 '천둥', '번개', '(   )'은/는 형제가 스스로의 행동을 반성하는 계기를 제공한다.

29 윗글의 '민들레꽃'의 의미와 역할은 무엇인지 서술하시오.

유사한 수능 문제 형식

• 〈보기〉의 관점에서 윗글을 감상한 내용으로 적절하지 않은 것은?
• 〈보기〉의 맥락에서 윗글을 해석한다고 할 때, 시어에 대한 이해로 가장 적절한 것은?

수능형

30 〈보기〉의 관점에서 윗글을 해석할 때, 인물과 소재가 상징하는 의미로 적절하지 **않은** 것은?

┤ 보기 ├

　「들판에서」는 인간의 이기심과 질투의 문제를 다룬 작품으로 볼 수도 있지만, 이념의 차이와 외세의 영향으로 인해 남과 북으로 분단된 한국 사회의 문제를 그려 낸 작품으로도 볼 수 있다. 인물들이 갈등하고 그 갈등을 해소하는 모습을 통해 분단 문제를 안고 살아가는 우리가 어떤 태도를 지녀야 할지 생각해 보게 함으로써 한국 사회의 문제와 그 해결 방안을 제시하고 있는 작품이라고 할 수 있다.

① '들판'은 분단 문제를 안고 있는 우리의 국토를 의미한다.
② '형과 아우'는 남과 북에 살고 있는 우리 민족을 상징한다.
③ '산들바람'은 남북이 외세로부터 독립하게 될 것임을 암시한다.
④ '말뚝'과 '밧줄'은 형과 아우를 갈라놓은 소재로, 남북 분단을 뜻한다.
⑤ '벽'은 형제간의 소통을 단절시키는 소재로, 남북 사이에 놓인 휴전선을 나타낸다.

31~35 다음 글을 읽고 물음에 답하시오.

　오늘은 당신이 가르쳐 준 태백산맥 속의 소광리 소나무 숲에서 이 엽서를 띄웁니다. 아침 햇살에 빛나는 소나무 숲에 들어서니 당신이 사람보다 나무를 더 사랑하는 까닭을 알 것 같습니다. 200년, 300년, 더러는 500년의 풍상(風霜)을 겪은 소나무들이 골짜기에 가득합니다. 그 긴 세월을 온전히 바위 위에서 버티어 온 것에 이르러서는 차라리 경이였습니다. 바쁘게 뛰어다니는 우리들과는 달리 오직 '신발 한 켤레의 토지'에 서서 이처럼 우람할 수 있다는 것이 충격이고 경이였습니다. 생각하면 소나무보다 훨씬 더 많은 것을 소비하면서도 무엇 하나 변변히 이루어 내지 못하고 있는 나에게 소광리의 솔숲은 마치 회초리를 들고 기다리는 엄한 스승 같았습니다.

어젯밤 별 한 개 쳐다볼 때마다 100원씩 내라던 당신의 말이 생각납니다. 오늘은 소나무 한 그루 만져 볼 때마다 돈을 내야겠지요. 사실 서울에서는 그보다 못한 것을 그보다 비싼 값을 치르며 살아가고 있다는 생각이 듭니다. 언젠가 경복궁 복원 공사 현장에 가 본 적이 있습니다. 일제가 파괴하고 변형시킨 조선 정궁의 기본 궁제(宮制)를 되찾는 일이 당연하다고 생각하였습니다. 그러나 막상 오늘 이곳 소광리 소나무 숲에 와서는 그러한 생각을 반성하게 됩니다. 경복궁의 복원에 소요되는 나무가 원목으로 200만 재, 11톤 트럭으로 500대라는 엄청난 양이라고 합니다. 소나무가 없어져 가고 있는 지금에 와서도 기어이 소나무로 복원한다는 것이 무리한 고집이라고 생각됩니다. 수많은 소나무들이 베어져 눕혀진 광경이라니 감히 상상할 수가 없습니다. 그것은 이를테면 고난에 찬 몇백만 년의 세월을 잘라 내는 것이나 마찬가지입니다.

우리가 생각 없이 잘라 내고 있는 것이 어찌 소나무만이겠습니까. 없어도 되는 물건을 만들기 위하여 없어서는 안 될 것들을 마구 잘라 내고 있는가 하면 아예 사람을 잘라 내는 일마저 서슴지 않는 것이 우리의 현실이기 때문입니다. 우리가 살고 있는 이 지구 위의 유일한 생산자는 식물이라던 당신의 말이 생각납니다. 동물은 완벽한 소비자입니다. 그중에서도 최대의 소비자가 바로 사람입니다. 사람들의 생산이란 고작 식물들이 만들어 놓은 것이나 땅속에 묻힌 것을 파내어 소비하는 것에 지나지 않습니다. 쌀로 밥을 짓는 일을 두고 밥의 생산이라고 할 수 없는 것이나 마찬가지입니다. 생산의 주체가 아니라 소비의 주체이며 급기야는 ㉠소비의 객체로 전락되고 있는 것이 바로 사람입니다. 자연을 오로지 생산의 요소로 규정하는 경제학의 폭력성이 이 소광리에서만큼 분명하게 부각되는 곳이 달리 없을 듯합니다.

산판일을 하는 사람들은 큰 나무를 베어 낸 그루터기에 올라서지 않는 것이 불문율(不文律)로 되어 있다고 합니다. 잘린 부분에서 올라오는 나무의 노기(怒氣)가 사람을 해치기 때문입니다. 어찌 노하는 것이 소나무뿐이겠습니까. 온 산천의 아우성이 들리는 듯합니다. 당신의 말처럼 소나무는 우리의 삶과 가장 가까운 자리에서 우리와 함께 풍상을 겪어 온 혈육 같은 나무입니다. 사람이 태어나면 금줄에 솔가지를 꽂아 부정을 물리고 사람이 죽으면 소나무 관 속에 누워 솔밭에 묻히는 것이 우리의 일생이라 하였습니다. 그리고 그 무덤 속의 한을 달래 주는 것이 바로 은은한 솔바람입니다. 솔바람뿐만이 아니라 솔빛, 솔향 등 어느 것 하나 우리의 정서 깊숙이 들어와 있지 않는 것이 없습니다. 더구나 소나무는 고절(高節)의 상징으로 우리의 정신을 지탱하는 기둥이 되고 있습니다. 금강송의 곧은 둥치에서뿐만 아니라 암석지의 굽고 뒤틀린 나무에서도 우리는 곧은 지조를 읽어 낼 줄 압니다. 오늘날의 상품 미학과는 전혀 다른 미학을 우리는 일찍부터 가꾸어 놓고 있었습니다.

편지글 형식

이 작품은 '당신'에게 띄우는 엽서의 형식을 취하고 있는데, 이러한 형식을 통해 글쓴이의 구체적인 경험을 들려주는 듯한 느낌을 주어 내용에 대한 독자의 집중력을 높이고 있음. 또한 인간과 자연의 관계와 현대 문명이 나아갈 방향이라는 논쟁적이고 시사적인 주제를 공감할 수 있는 부드러운 표현으로 전달함.

나는 문득 당신이 진정 사랑하는 것이 소나무가 아니라 소나무 같은 '사람'이라는 생각이 들었습니다. 메마른 땅을 지키고 있는 수많은 사람들이라는 생각이 들었습니다. 문득 지금쯤 서울 거리의 자동차 속에 앉아 있을 당신을 생각했습니다. 그리고 외딴섬에 갇혀 목말라하는 남산의 소나무들을 생각했습니다. 남산의 소나무가 이제는 더 이상 살아남기를 포기하고 자손들이나 기르겠다는 체념으로 무수한 솔방울을 달고 있다는 당신의 이야기는 우리를 슬프게 합니다. 더구나 그 솔방울들이 싹을 키울 땅마저 황폐해 버렸다는 사실이 우리를 더욱 암담하게 합니다. 그러나 그보다 더 무서운 것이 아카시아와 활엽수의 침습(侵襲)이라니 놀라지 않을 수 없습니다. 척박한 땅을 겨우겨우 가꾸어 놓으면 이내 다른 경쟁수들이 쳐들어와 소나무를 몰아내고 만다는 것입니다. 무한 경쟁의 비정한 논리가 뻗어 오지 않는 곳이 없습니다.

나는 마치 꾸중 듣고 집 나오는 아이처럼 산을 나왔습니다. 솔방울 한 개를 주워 들고 내려오면서 생각하였습니다. 거인에게 잡아먹힌 소년이 솔방울을 손에 쥐고 있었기 때문에 다시 소생했다는 신화를 생각하였습니다. 당신이 나무를 사랑한다면 솔방울도 사랑해야 합니다. 무수한 솔방울들의 끈질긴 저력을 신뢰해야 합니다.

언젠가 붓글씨로 써 드렸던 글귀를 엽서 끝에 적습니다.

[A] "처음으로 쇠가 만들어졌을 때 세상의 모든 나무들이 두려움에 떨었다. 그러나 어느 생각 깊은 나무가 말했다. 두려워할 것 없다. 우리들이 자루가 되어 주지 않는 한 쇠는 결코 우리를 해칠 수 없는 법이다."

– 신영복, 「당신이 나무를 더 사랑하는 까닭」

31 윗글에 대한 설명으로 적절하지 <u>않은</u> 것은?

① 계절의 변화에 따른 솔숲의 모습을 서술하고 있다.
② 편지글 형식을 사용하여 독자에게 친밀감을 주고 있다.
③ 자연에서 얻은 깨달음을 인간의 문제로 확장하고 있다.
④ 소광리 소나무 숲을 탐방한 경험을 소재로 다루고 있다.
⑤ 자연물이 처한 상황에 빗대어 인간이 처한 상황을 제시하고 있다.

32 윗글에 드러난 '소나무'에 대한 글쓴이의 인식으로 적절하지 <u>않은</u> 것은?

① 인간에게 깨달음과 교훈을 주는 대상이다.

② 사람들이 본받아야 할 덕성을 지닌 자연물이다.

③ 고절(高節)의 상징으로 정신을 지탱하는 기둥이다.

④ 목재, 약재 등으로 쓰이는 생산에 필요한 소비재이다.

⑤ 사람 가까이에서 오랜 세월을 함께한 혈육과 같은 존재이다.

> 소비재는 개인의 욕망을 직접적으로 충족하기 위하여 소비되는 재화로 식료품, 의류, 가구, 주택 따위가 소비재에 해당해.

33 ㉠에서 글쓴이는 (　　　　)마저 물건처럼 쓰고 버리는 (　　　　)(으)로 전락하고 말았음을 지적하면서 문제의식을 드러내고 있다.

34 [A]에서 '쇠'와 '세상의 모든 나무들'이 상징하는 바를 서술하시오.

> 글쓴이는 [A]를 통해 주제를 암시하고 있다는 점을 기억해.

35 윗글의 글쓴이가 〈보기〉에 대해 할 수 있는 말로 가장 적절한 것은?

> 유사한 수능 문제 형식
>
> (가)와 (나)의 화자가 대화를 나눈다고 할 때, 적절하지 않은 것은?

┌─ 보기 ├─

더우면 꽃 피고 추우면 잎 지거늘

솔아 너는 어찌 눈서리를 모르는가.

구천에 뿌리 곧은 줄을 그것으로 미루어 아노라.

－ 윤선도, 「오우가」

① 소나무에서 지조와 절개라는 가치를 읽어 낸 작품이군요.

② 무한 경쟁에 지친 현대인들에게 공감과 위로를 전해 주는 작품이군요.

③ 소나무의 아름다움을 통해 오늘날의 상품 미학에 대해 성찰할 수 있는 작품이군요.

④ 소나무의 한결같은 모습을 바탕으로 변변하게 이룬 것 없는 인간들을 비판하는 작품이군요.

⑤ 소나무의 솔빛, 솔향 등이 현대인의 정서를 풍요롭게 해 줄 수 있음을 보여 주는 작품이군요.

마무리 정리하기

갈래	세부 주제	내용
운문 문학	우국충정과 연군지정	나라를 걱정하는 마음. 자신이 섬기는 임금에 대한 충성과 절개의 마음을 드러 냄.
	민족의 고통	일제에 대한 저항 정신과 광복에 대한 염원을 드러냄. 6.25 전쟁이라는 비극적 참상을 고발하고 분단 현실에 대한 한탄과 통일에 대한 염원을 드러냄.
	인간 소외	산업화, 도시화로 인한 자연 파괴와 인간성 상실을 비판하고, 도시화로 사라진 풍경에 대한 안타까움을 드러냄.
산문 문학	영웅의 등장과 활약	외세의 침략과 전쟁. 지배 계층의 부패 등에 맞서는 남성 영웅 또는 여성 영웅 의 활약상을 그림.
	민족의 고통	일제 강점기 민중들의 고난과 6.25 전쟁, 남북 분단의 상황을 겪으며 고통과 가 치관의 혼란을 겪는 모습을 그려 냄.
	산업화, 도시화의 부작용	산업화, 도시화 이후 빈부 격차, 환경 파괴, 세대 갈등 등의 사회 문제를 그려 냄.

청포도 _ 이육사

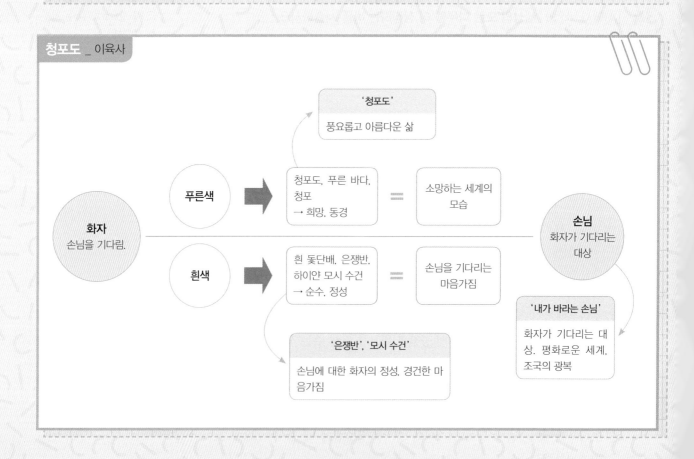

성북동 비둘기 _ 김광섭

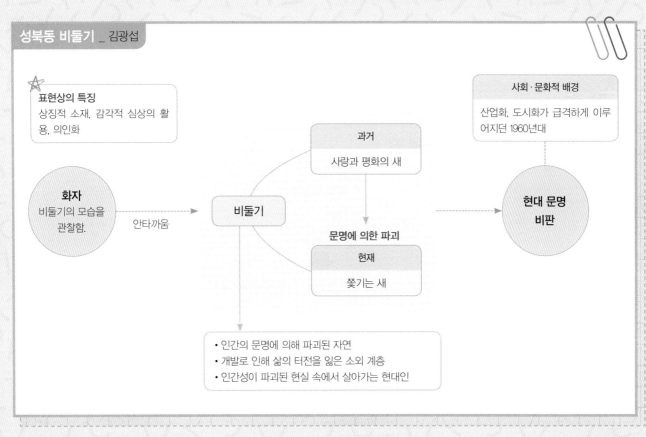

표현상의 특징
상징적 소재, 감각적 심상의 활용, 의인화

화자
비둘기의 모습을 관찰함.

안타까움

비둘기

과거
사랑과 평화의 새

문명에 의한 파괴

현재
쫓기는 새

사회·문화적 배경
산업화, 도시화가 급격하게 이루어지던 1960년대

현대 문명 비판

• 인간의 문명에 의해 파괴된 자연
• 개발로 인해 삶의 터전을 잃은 소외 계층
• 인간성이 파괴된 현실 속에서 살아가는 현대인

천만리 머나먼 길에 ~ _ 왕방연

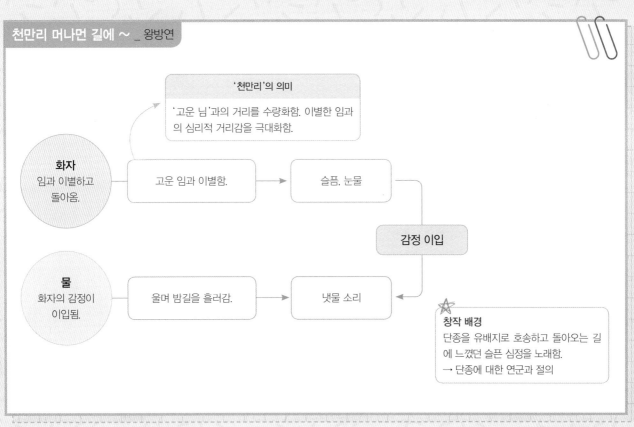

'천만리'의 의미
'고운 님'과의 거리를 수량화함. 이별한 임과의 심리적 거리감을 극대화함.

화자
임과 이별하고 돌아옴.

고운 임과 이별함.

슬픔, 눈물

감정 이입

물
화자의 감정이 이입됨.

울며 밤길을 흘러감.

냇물 소리

창작 배경
단종을 유배지로 호송하고 돌아오는 길에 느꼈던 슬픈 심정을 노래함.
→ 단종에 대한 연군과 절의

수난이대 _ 하근찬

제목 '수난이대'의 의미
• 만도와 진수 2대가 일제 강점기와 6.25 전쟁 때 받은 수난을 의미함.
• 암울한 시대에 우리 민족이 당한 수난을 상징함.

아버지 만도의 수난
일제 강점기에 강제 징용에 끌려가 한쪽 팔을 잃음.

우리 민족의 수난

아들 진수의 수난
6.25 전쟁에 참전하여 한쪽 다리를 잃음.

만도가 고등어를 든 진수를 업고 외나무다리를 건넘.

화합과 협동으로 시련을 극복하는 모습을 보여 줌.

만도 부자에게 닥친 시련으로 우리 민족이 겪어야 현실의 고난과 위기를 상징함.

주제 민족 수난의 현실과 그 극복 의지

홍길동전 _ 허균

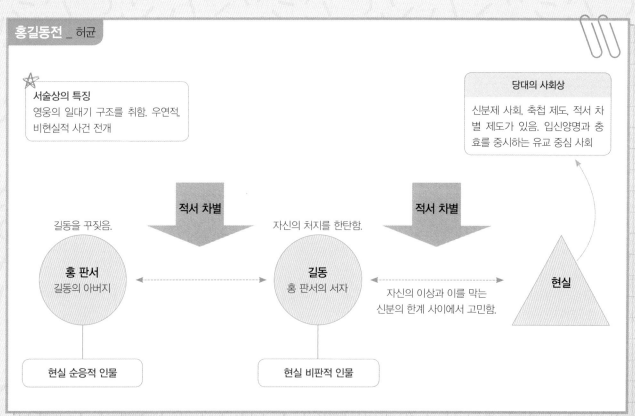

서술상의 특징
영웅의 일대기 구조를 취함. 우연적, 비현실적 사건 전개

당대의 사회상
신분제 사회, 축첩 제도, 적서 차별 제도가 있음. 입신양명과 충효를 중시하는 유교 중심 사회

적서 차별
길동을 꾸짖음.

적서 차별
자신의 처지를 한탄함.

홍 판서
길동의 아버지

길동
홍 판서의 서자

자신의 이상과 이를 막는 신분의 한계 사이에서 고민함.

현실

현실 순응적 인물

현실 비판적 인물

들판에서 _ 이강백

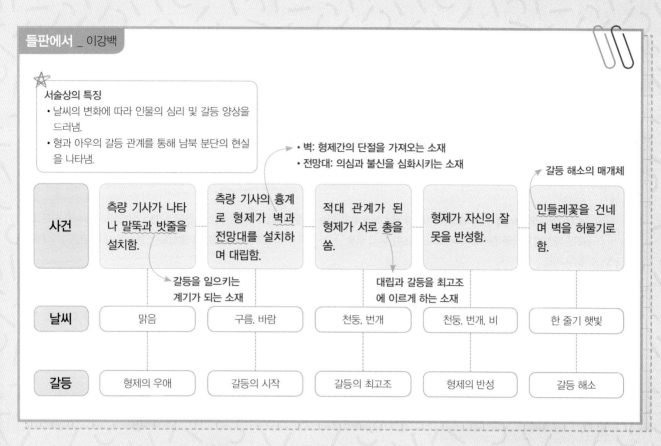

☆ 서술상의 특징
- 날씨의 변화에 따라 인물의 심리 및 갈등 양상을 드러냄.
- 형과 아우의 갈등 관계를 통해 남북 분단의 현실을 나타냄.

- 벽: 형제간의 단절을 가져오는 소재
- 전망대: 의심과 불신을 심화시키는 소재

갈등 해소의 매개체

사건	측량 기사가 나타나 말뚝과 밧줄을 설치함.	측량 기사의 흉계로 형제가 벽과 전망대를 설치하며 대립함.	적대 관계가 된 형제가 서로 총을 쏨.	형제가 자신의 잘못을 반성함.	민들레꽃을 건네며 벽을 허물기로 함.

갈등을 일으키는 계기가 되는 소재

대립과 갈등을 최고조에 이르게 하는 소재

날씨	맑음	구름, 바람	천둥, 번개	천둥, 번개, 비	한 줄기 햇빛
갈등	형제의 우애	갈등의 시작	갈등의 최고조	형제의 반성	갈등 해소

당신이 나무를 더 사랑하는 까닭 _ 신영복

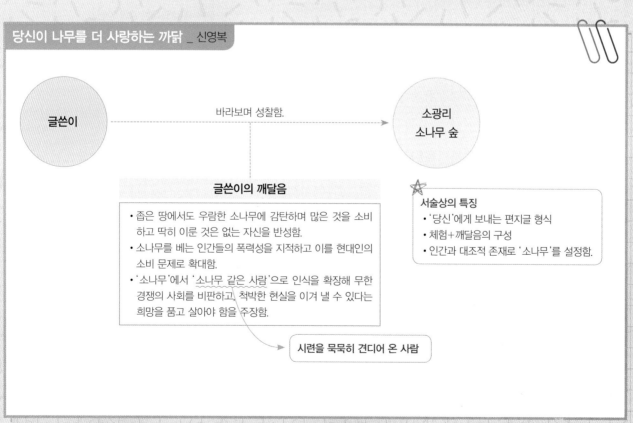

글쓴이 ——— 바라보며 성찰함. ——→ 소광리 소나무 숲

글쓴이의 깨달음
- 좁은 땅에서도 우람한 소나무에 감탄하며 많은 것을 소비하고 딱히 이룬 것은 없는 자신을 반성함.
- 소나무를 베는 인간들의 폭력성을 지적하고 이를 현대인의 소비 문제로 확대함.
- '소나무'에서 '소나무 같은 사람'으로 인식을 확장해 무한 경쟁의 사회를 비판하고, 척박한 현실을 이겨 낼 수 있다는 희망을 품고 살아야 함을 주장함.

☆ 서술상의 특징
- '당신'에게 보내는 편지글 형식
- 체험+깨달음의 구성
- 인간과 대조적 존재로 '소나무'를 설정함.

시련을 묵묵히 견디어 온 사람

더 읽어 보기

⊛ 감상 넓히기 _ 인간과 사회를 다룬 작품

인간은 사회를 이루고 살아가고 사회는 인간에게 많은 영향을 끼치기 때문에 인간과 사회에 대해 다룬 작품들이 많아요. 앞에서 운문 문학의 경우 연군지정과 일제에 대한 저항 정신을 드러낸 작품을 감상하였으니, 이번에는 통일에 대한 염원을 노래한 시를 살펴보도록 해요. 또 산문 문학에서는 영웅의 활약상과 민족의 고통을 다룬 작품들을 살펴보았으니, 이번에는 급격한 도시화로 인해 전통적 가치가 몰락하고 물질주의가 팽배해진 사회 현실을 그리고 있는 소설을 감상해 보도록 해요.

■ 봄은 _ 신동엽

이 시는 '봄'과 '겨울'의 대비를 통해 통일에 대한 염원을 노래하고 있는 작품입니다. 겨울은 부정적 현실 상황을 상징하고, 반대로 봄은 화자가 소망하는 통일된 상황을 상징합니다. 화자는 봄이 우리 국토, 우리 민족의 가슴속에서 움튼다고 함으로써 통일에 대한 염원과 의지를 드러내고 있습니다.

■ 마지막 땅 _ 양귀자

1980년대 도시화 과정에서 땅을 둘러싼 전통적 가치관과 물질주의적 가치관의 대립을 잘 보여 주는 소설입니다. '마지막 땅'을 지키려고 안간힘을 쓰지만 결국 몰아닥치는 '서울 바람'에 의해 땅을 팔게 되는 강 노인의 모습을 통해 급속한 도시화와 물질 만능주의에 대한 비판 의식을 드러내고 있습니다.

봄은 _ 신동엽

봄은
통일과 화해의 시대
〔남해〕에서도 〔북녘〕에서도 / 오지 않는다.

▨▨▨ : 단정적 표현
□ : 외세
○ : 우리 국토

너그럽고 / 빛나는 / 봄의 그 눈짓은,
봄의 속성 – 화해의 기운
「제주에서 두만까지
「 」: 통일의 싹은 이 땅에서 움터야 함.
우리가 디딘 / 아름다운 논밭에서 움튼다.」

겨울은,
민족의 분단, 냉전의 시대
바다와 대륙 밖에서 / 그 매서운 눈보라 몰고 왔지만
분단으로 인한 고통

이제 올

너그러운 봄은, 삼천리 마을마다
평화적 통일
우리들 가슴속에서 / 움트리라.
통일의 주체   통일에 대한 의지적 · 예언적 태도

움터서, / 강산을 덮은 그 미움의 쇠붙이들
군사적 대립과 긴장(대유법)
눈 녹이듯 흐물흐물 / 녹여 버리겠지.
대립의 종결

▶ **갈래** 자유시, 참여시

▶ **주제** 통일에 대한 강한 염원

▶ **특징**
① 봄과 겨울의 대립적인 이미지를 사용함.
② 상징적인 시어를 사용하여 시상을 전개함.
③ 단정적인 어조로 확고한 통일 의지를 표현함.

▶ **구성**
• 1연: 통일의 주체는 외세가 아님.
• 2연: 우리 땅에 움틀 통일
• 3연: 분단의 원인과 해결책
• 4연: 통일된 조국에 대한 염원

마지막 땅 _ 양귀자

"땅은 안 돼. 안 팔아!"
자식들의 어려운 처지를 알고도, 끝까지 땅을 지키려 함.

"고집 좀 그만 부리고 우선 집 앞에 거라도 떼어 팔아 발등의 불이
눈앞에 닥친 절박한 일이나 어려운 일을 해결하자는 의미
라도 꺼 봅시다. 다 자식 잘되라고 하는 짓인데 왜 그러우?"

"자식 놈들 뒷바라지에 땅 다 날려 보낸 걸 몰라!"

입씨름에 지친 마누라가 눈물 바람을 하다가 용문이 방으로 건너가
버린 뒤, 강 노인은 그 밤 오래도록 잠을 이루지 못하고 뒤척여야만
강 노인의 내적 갈등
했다. 자식 농사는 포기한 지 오래지만 해마다 씨를 뿌리고 수확을 거
두는 재미만큼은 쉽게 포기할 수 없는 그였다. 서울에서 밀려 나온 서
강 노인에게 땅이 주는 의미 ①: 생명을 기르는 보람을 알게 하는 공간
울 것들 때문에 여기까지 땅값이 들먹거리는 북새통을 치렀고 그 와
많은 사람이 야단스럽게 부산을 떨며 법석이는 상황
중에서 자식들이 모두 저 푼수로 커 버렸다는 원망도 많은 게 강 노인
강 노인의 땅만 믿고 일을 벌임.
이었다. 씨 뿌린 땅에서 거두어들이는 수확이 아닌 담에야 어찌 땅 팔
강 노인에게 땅이 주는 의미 ②: 수확이라는 본래적 가치를 지닌 공간
아서 그 돈으로 쌀 사고 채소 사며 살 수 있을 것인가. 농사꾼 주제로
는 평생 만져 볼 엄두도 못 내는 큰돈이 굴러 들어왔어도 쉽게 생긴
내력만큼 씀씀이도 허망하기 짝이 없었다. 그나마 이만큼이라도 마지
막 땅 조각을 붙들고 있다는 위안이 강 노인에게는 큰 힘이 되었다.
강 노인에게 땅이 주는 의미 ③: 삶의 위안을 주는 공간
이 고장에 서울 바람이 몰아닥쳐 요 모양으로 설익은 도시가 되지 않
도시화, 개발 열풍
았더라면 아직껏 넓디넓은 땅을 가지고 있을 것이 틀림없는 스스로를
생각해 보면 더욱 울화가 치밀었는데 다 부질없는 노릇이었다.

빚쟁이들이 몰려오는 줄 번연히 알면서도 들여다보지 않고 모르는
어떤 일의 결과나 상태 등이 훤하게 들여다보이듯이 분명하게
척하고 있는 용규 내외를 생각하면 괘씸하기 짝이 없었지만 이제 강
노인이 거두어야 할 일만 남은 셈이었다. ▶ 고민 끝에 땅을 팔기로 마음먹은 강 노인
강 노인이 땅을 팔기로 마음먹음.

▶ **갈래** 현대 소설, 단편 소설, 연작 소설

▶ **주제** 자본주의적 도시화의 세태와 땅의 가치에 대한 인식

▶ **특징**
① 1980년대 원미동이라는 구체적인 배경을 바탕으로 평범한 사람들의 일상적인 삶을 다룸.
② 원미동 사람들의 소박한 삶을 사실감 있게 드러냄.

▶ **전체 줄거리**
원미동 일대에서 지주(地主)라고 불리는 강만성 노인은 자신의 땅을 팔지 않고 계속 농사를 짓는다. 주변 사람들의 설득에도 땅을 팔지 않겠다는 생각을 굽히지 않던 강 노인은 밭에 인분(사람의 똥)을 써서 농사짓는 문제로 마을 사람들과 갈등을 겪는다. 강 노인의 밭 때문에 집값이 오르지 않는다고 불만을 품은 집주인들과 강 노인의 밭에서 풍기는 똥 냄새로 인해 괴로워하던 주민들은 반상회를 열지만, 강 노인은 그 자리에 참석하지 않고 다음 날 마을 사람들은 강 노인을 압박하며 농사를 중단할 것을 요구한다. 그러던 중 강 노인이 땅을 판다는 소문이 퍼지자 강 노인의 자식과 며느리에게 돈을 빌려준 이들이 강 노인에게 몰려들고, 강 노인은 땅을 팔기로 마음먹는다. 다음 날 아침, 강 노인은 땅을 내놓기 위해 부동산으로 향하다가 밭에 심은 고추 모종에 물을 주어야겠다고 생각한다.

IV

비판과 풍자

주제로 독해하기

❂ 왜 비판과 풍자일까?

문학은 현실을 반영하기 때문에 작가들은 부정적 현실에 대해 자신의 목소리를 내는 작품들을 많이 창작했어요. 그 목소리는 부정적 현실에 대한 비판이 되기도 하고 때로는 풍자가 되기도 했지요. 그런 까닭에 비판과 풍자는 문학 작품에서 자주 다루어지는 주제라고 할 수 있답니다.

1

운문 문학

1. 탐관오리 및 세태에 대한 비판과 풍자

비판이란 현상이나 사물의 옳고 그름을 판단하여 밝히거나 잘못된 점을 지적하는 것을 의미한다. 즉 인물이나 사회 현실 등이 지닌 부조리하고 불합리한 면을 지적하고 부정적인 태도를 취하는 것이다. 그런데 우리 선조들은 예로부터 부정적 현실을 고발할 때 풍자를 즐겨 사용하였다. 풍자는 부정적 인물이나 사회의 부조리 등을 빗대어 비웃으면서 비판하는 것이다. 양반들은 한시나 시조를 통해, 서민들은 사설시조를 통해 탐관오리나 당대의 부정적 세태를 비판·풍자하였다.

정약용의 「고시 8」, 이정신의 「발가벗은 아이들이 ~」 등

'가렴주구'는 세금을 가혹하게 거두어들이고, 무리하게 재물을 빼앗는다는 뜻이고, '가정맹어호'는 가혹한 정치는 호랑이보다 무섭다는 뜻으로, 혹독한 정치의 폐가 큼을 이르는 말이야.

부정적 상황	화자의 태도
• 탐관오리의 학정. 지배층의 부패와 착취 등 나랏일과 백성들을 잘 돌보지 않는 지배층의 모습이 나타남. → 가렴주구(苛斂誅求), 가정맹어호(苛政猛於虎) • 서로 속고 속이는 각박한 세태, 현학적인 태도 등 부정적 모습이 나타남.	• 당대 현실을 고발함. • 우회적인 방법을 사용하여 불합리한 현실을 비판하고 풍자함.

2. 당대 역사적 현실에 대한 비판

우리 민족은 근현대사에서 수많은 역사적 질곡을 지나왔기 때문에 작가들은 이러한 부정적 현실에 대한 비판적 인식을 담아 작품으로 창작하였다. 이러한 작품들을 통해 일제 강점기, 전쟁, 분단, 독재 정권 등의 당대 현실에 대한 문제의식을 바탕으로 현실에 대한 비판과 고뇌를 드러내고, 시대적 아픔에 공감하며 부정적 현실을 극복하고 이에 저항하려는 태도를 보여 주었다.

신동엽의 「껍데기는 가라」, 김지하의 「타는 목마름으로」 등

3. 자본주의의 폐해에 대한 비판

환경 오염, 인간성의 황폐화, 전쟁과 재해 등과 같이 자본주의 사회에서 비롯된 문제들이 대두되면서 이에 대한 비판적 인식을 다룬 작품들이 나타났다. 이러한 작품에서는 자연을 수단으로 여겨 온 성장과 개발의 폐해를 지적하면서 독자의 비판 의식과 개혁 의지를 일깨우는 모습을 보여 준다. 또한 자본주의 속 일상을 소재로 삼아 소비 사회가 주는 매혹과 그에 대한 비판을 드러내기도 하였다.

정현종의 「들판이 적막하다」, 박용하의 「지구」, 김기택의 「바퀴벌레는 진화 중」 등

✎ 필수 개념 체크

01 부정적 인물이나 사회의 부조리 등을 빗대어 비웃으면서 비판하는 것을 (ㅍㅈ)라고 한다.

02 탐관오리 및 당대의 부정적 세태를 풍자한 작품에서는 (ㅇㅎㅈ)인 방법을 사용하는 경우가 많다.

03 일제 강점기, 6.25 전쟁, 분단, 독재 정권 등의 (ㅂㅈㅈ) 현실들이 작가들의 비판의 대상이 되었다.

04 자본주의의 폐해를 비판하는 작품에서는 자연을 (ㅅㄷ)으로 여기는 태도에 대해 부정적인 인식을 보인다.

01 풍자 **02** 우회적 **03** 부정적 **04** 수단

산문 문학

> 비판과 풍자를 주제로 한 작품에서는 비판과 풍자의 대상이 되는 사회의 모습과 이에 대한 작가의 인식이 중요해.

1. 타락한 지배층, 모순된 제도에 대한 비판과 풍자

조선 후기는 임진왜란과 병자호란을 거치면서 신분 질서가 동요하고 서민들의 의식이 성장하면서 당대 사회에 대한 비판의 목소리가 거세게 나타나던 시기였다. 또한 실학사상이 대두되면서 지배층의 모순과 사회 제도의 모순을 비판하며 해결 방법을 모색하는 지식인들도 등장하였다. 이러한 분위기에 따라 타락한 지배층, 모순된 제도에 대한 비판과 풍자를 드러내는 작품들이 많이 창작되었다. _{박지원의 「허생전」, 「양반전」 등}

타락한 지배층에 대한 비판과 풍자	지배층(양반층)의 허위와 무능, 위선적 태도, 백성들을 향한 횡포와 착취를 비판·풍자함.
모순된 제도에 대한 비판과 풍자	가부장적 가족 제도와 여성의 개가 금지, 과거 제도의 타락상 등을 비판·풍자함.

2. 왜곡된 역사 인식, 이기주의적 세태에 대한 비판과 풍자

일제 강점기에는 권력에 기생하여 권력을 등에 업은 인물들이 나타났고 작가들은 이러한 사회의 면모를 포착하여 작품으로 창작하였다. 작가들은 왜곡된 역사 인식을 가진 인물을 등장인물로 내세워 인물의 말과 행동을 우스꽝스럽게 풍자함으로써 그들의 삶과 행태를 비판하였다. 또한 해방 이후 사회의 혼돈이 심해지면서 이전까지의 사회적 가치가 무너지기 시작하였는데, 작가들은 이러한 시대에 자기의 이익만을 챙기려는 이기적인 인간 군상의 모습을 포착하여 작품으로 창작하였다. _{염상섭의 「두 파산」, 채만식의 「미스터 방」 등}

왜곡된 역사 인식에 대한 비판과 풍자	일제 강점기라는 부정적 상황을 긍정적으로 여기는 인물을 등장시켜 인물의 부정적 면모를 부각함으로써 당대 사회의 모순과 부정적 인물을 풍자적으로 그림.
이기주의적 세태에 대한 비판과 풍자	권력을 좇아 자신의 이익만을 추구하는 인물을 내세워 이들이 권력을 누리는 모습을 보여 줌으로써 당대 세태를 비판·풍자함.

3. 부조리한 시대, 각박한 현실, 소시민적 태도에 대한 비판

> 소시민은 급격한 산업화 과정에서 주류가 되지 못한 사람들로, 우리 주변에서 쉽게 만날 수 있는 서민을 뜻한다고 할 수 있어.

1970~80년대는 자유를 억압하던 독재 권력으로 인해 인권이 탄압받았던 시기로, 작가들은 이러한 시대상을 반영하여 당대의 부조리한 현실을 고발하는 작품을 창작하였다. 또한 급격한 산업화 과정에서 소외된 사람들의 힘겨운 일상을 그리면서 소시민들이 고단한 삶을 살아가도록 만든 각박한 사회 현실이나 물질 만능주의 세태에 대한 비판을 작품에 담아내었다. 뿐만 아니라 안일한 태도로 평온한 일상에 안주하려는 소시민적 태도와 근성에 대한 비판 의식을 드러낸 작품도 창작하였다. _{이호철의 「큰 산」 등}
_{이문열의 「우리들의 일그러진 영웅」, 전상국의 「우상의 눈물」 등}
_{양귀자의 「원미동 사람들」, 이문구의 「유자소전」 등}

01 조선 후기에는 지배층의 (ㅎㅇ)와 무능을 비판하는 작품들이 창작되었다.

02 일제 강점기라는 부정적 상황을 (ㄱㅈㅈ)으로 여기는 인물을 등장시켜 당대 사회를 풍자·비판하기도 하였다.

03 자기의 이익만을 챙기려는 (ㅇㄱㅈ)인 인간 군상의 모습은 작가들에게 비판과 풍자의 대상이 되었다.

04 작가들은 (ㅅㅅㅁ)을 힘겹게 하는 각박한 현실뿐 아니라 일상에 안주하려는 안일한 태도와 근성도 비판의 대상으로 삼았다.

01 허위 **02** 긍정적 **03** 이기적 **04** 소시민

슬픔이 기쁨에게 _ 정호승

 이 작품은

이 작품은 슬픔과 기쁨에 새로운 의미를 부여하여 타인의 슬픔에 무관심한 이기적인 세태를 비판하고 있다. 화자는 슬픔과 기쁨에 대한 통념을 뒤집어 자신만을 위하는 삶의 자세를 반성하고 다른 사람의 아픔을 감싸 줄 수 있는 존재로 거듭나기를 촉구하고 있다.

갈래 자유시, 서정시

주제 이기적인 삶에 대한 반성과 더불어 사는 삶의 추구

특징
① 역설적 표현을 통해 슬픔의 의미와 가치를 되새김.
② '슬픔'과 '기쁨'이라는 추상적 개념을 의인화하여 말을 건네는 방식으로 시상을 전개함.
③ 종결 어미의 반복으로 단호한 어조를 드러내고 운율을 형성함.

구성
• 1~6행: 이기적인 '너'에게 슬픔을 주고자 함.
• 7~13행: 무관심한 '너'에게 기다림을 주고자 함.
• 14~19행: 슬픔의 힘을 이야기하며 '너'와 함께 걸어가고자 함.

나는 이제 너에게도 슬픔을 주겠다.
화자. 슬픔   기쁨. 타인에게 무관심하고 이기적인 존재

사랑보다 소중한 슬픔을 주겠다.

겨울밤 거리에서 귤 몇 개 놓고

살아온 추위와 떨고 있는 할머니에게
　　고난과 시련　　　　　　사회적 약자. 소외된 계층
귤값을 깎으면서 기뻐하던 너를 위하여
자신의 이익만 추구하고 남을 배려할 줄 모르는 이기적인 존재
나는 슬픔의 평등한 얼굴을 보여 주겠다.

내가 어둠 속에서 너를 부를 때

단 한 번도 평등하게 웃어 주질 않은

가마니에 덮인 동사자가 다시 얼어 죽을 때
　　　　　　　소외된 사람. 사회적 약자
가마니 한 장조차 덮어 주지 않은

무관심한 너의 사랑을 위해
자신만을 위하는 이기적인 사랑
흘릴 줄 모르는 너의 눈물을 위해
　　　　타인의 슬픔에 공감할 줄 모름.
나는 이제 너에게도 기다림을 주겠다.
① 소외된 이웃의 아픔에 공감할 수 있는 시간 ② 진정한 사랑을 알기 위한 고통과 시련의 시간
이 세상에 내리던 함박눈을 멈추겠다.
가진 자들이 누리던 기쁨. 소외된 이들의 삶을 더욱 고통스럽게 하는 존재
보리밭에 내리던 봄눈들을 데리고
　　　　　소외된 이들을 감싸는 존재
추워 떠는 사람들의 슬픔에게 다녀와서

눈 그친 눈길을 너와 함께 걷겠다.

슬픔의 힘에 대한 이야기를 하며

기다림의 슬픔까지 걸어가겠다.
① 기쁨이 슬픔의 진정성을 이해할 때까지
② 소외된 이웃의 슬픔이 극복될 때까지

화자가 '슬픔'과 '기쁨'에 부여한 새로운 의미를 이해하는 것이 중요해. 또한 주제를 드러내기 위해서 어떤 표현한 방식을 활용하고 있는지도 기억해 두자.

독해 포인트

1. 화자의 정서와 태도

구분	화자의 정서와 태도
1~6행	(❶)을 소중한 것으로 인식하며 기쁨에게 슬픔의 의미를 알려 주고자 함.
7~13행	소외된 이웃의 고통에 무관심한 사람들에게 소외된 자들의 고통을 이해하게 하고 사랑의 의미를 깨닫게 해 주려고 함.
14~19행	소외된 이웃과 더불어 살아가면서 사랑과 화합이 이루어진 삶을 추구함.

2. 시어 및 시구

슬픔	• 시적 화자인 '나' • 이웃의 고통을 보듬고 사랑하는 (❷)인 마음(존재)
기쁨	• 시적 대상(청자)인 '너' • 이웃의 고통을 외면하는 (❸)인 마음(존재)
함박눈	약자에게는 고통과 슬픔을, 강자에는 행복을 주는 존재
봄눈	약자를 감싸는 존재

3. 발상과 표현

역설적 표현	➡	'(❹)'이라는 역설적 표현을 통해 주제를 강조함.
낯설게 하기	➡	기쁨과 슬픔이 지닌 일반적인 의미를 벗어나 새로운 의미를 부여하여 신선한 느낌을 줌.
추상적 대상의 의인화	➡	추상적 대상인 슬픔과 기쁨을 '나'와 '너'로 의인화하여 '나'가 '너'에게 말을 건네는 방식으로 시상을 전개함.

4. 주제

이 작품의 화자('슬픔')는 소외된 사람들에게 무관심한 '기쁨'의 이기적인 행태를 비판하고 '기쁨'에게 '사랑보다 소중한 슬픔'과 '기다림'을 주고, '슬픔의 평등한 얼굴'을 보여 주겠다고 말한다. 이는 자신만을 생각하는 이기적인 사람들에게 (❺   )을 촉구하며 이웃의 아픔을 돌볼 줄 아는 진정한 사랑의 의미를 깨우쳐 주려는 것이다.

슬픔		기쁨
• 사랑보다 소중한 슬픔을 주고자 함. • 슬픔의 평등한 얼굴을 보여 주고자 함. • 기다림을 주고자 함.	비판 ⇄ 반성	• 할머니에게 귤값을 깎으며 기뻐함. • 동사자에게 가마니 한 장조차 덮어 주지 않는 무관심을 보임. • 눈물을 흘릴 줄 모름.

⬇

더불어 사는 삶	• 눈 그친 눈길을 함께 걷고자 함. • 기다림의 슬픔까지 걸어가고자 함.

❶ 슬픔 ❷ 이타적 ❸ 이기적 ❹ 사랑보다 소중한 슬픔 ❺ 반성

어휘력 체크 ✅

01 다음 뜻풀이를 참고하여 빈칸에 들어갈 알맞은 말을 윗글에서 찾아 쓰시오.

> 폭설이 내린 다음 날 부랑자인 듯한 (ㄷㅅㅈ)가 발견되었다.

➡ 얼어 죽은 사람.

02 '너에게도 슬픔을 <u>주겠다</u>.'의 '주다'와 의미가 유사한 것은?

① 동생에게 밥을 먹여 <u>주었다</u>.
② 그는 나에게 핀잔을 <u>주었다</u>.
③ 친구의 숙제를 대신해 <u>주었다</u>.
④ 민수가 내 자동차를 수리해 <u>주었다</u>.
⑤ 우체국에 가서 형의 편지를 부쳐 <u>주었다</u>.

03 다음 빈칸에 공통으로 들어갈 말을 윗글에서 찾아 쓰시오.

> • 이웃의 고통에 (   )해서는 안 된다.
> • 그 배우의 이름 몰랐던 것은 영화에 (   )했기 때문이다.

04 '굵고 탐스럽게 내리는 눈.'을 의미하는 단어를 윗글에서 찾아 쓰시오.

05 다음 설명에 해당하는 말을 쓰시오.

> 표면적으로는 이치에 어긋나는 듯하나 그 속에 진리를 담는 표현 방법.

---

01 동사자 02 ② 03 무관심 04 함박눈
05 역설법

02 풀벌레들의 작은 귀를 생각함 _ 김기택

 이 작품은

이 작품은 문명과 인간의 이기(利己)를 비판하며 자연과의 공생을 노래하고 있다. 화자는 텔레비전을 끄고 풀벌레 소리를 듣게 된 경험에서 깨달은 바를 섬세하게 표현하고 있다.

갈래 자유시, 서정시

주제 문명과 인간의 이기(利己)를 비판하며 자연과의 공생을 노래함.

특징
① 문명과 자연을 대조적으로 나타냄.
② 풀벌레 소리를 통해 깨달은 점을 진솔하게 고백함.
③ 다양한 감각적 심상을 통해 주제 의식을 형상화함.

구성
• 1~5행: TV를 끄고 어둠 속에서 낭랑한 풀벌레 소리를 들음.
• 6~12행: 풀벌레들의 작은 귀를 생각하며 들음.
• 13~20행: '나'에게 왔다가 되돌아갔을 풀벌레 소리를 생각함.
• 21~23행: 허파 속으로 들어오는 풀벌레 소리에서 환한 기운을 느낌.

△ : 인공적인 삶, 현대 문명(부정적)
대조 ↕
□ : 자연적인 삶, 생태계(긍정적)

텔레비전을 끄자
　　인간 문명을 상징함.
풀벌레 소리
　　자연의 소리
어둠과 함께 방 안 가득 들어온다

어둠 속에서 들으니 벌레 소리들 환하다
　　　어두워져서 풀벌레 소리가 더 크게 들림.
별빛이 묻어 더 낭랑하다❖

귀뚜라미나 여치 같은 큰 울음 사이에는

너무 작아 들리지 않는 소리도 있다

그 풀벌레들의 작은 귀를 생각한다
　　　작은 풀벌레들의 소리에 관심을 갖게 됨.
내 귀에는 들리지 않는 소리들이 드나드는
　화자
까맣고 좁은 통로들을 생각한다
　　풀벌레들의 작은 귀를 의미함.
그 통로의 끝에 두근거리며 매달린

여린 마음들을 생각한다
　　풀벌레들에 대한 관심과 애정
발뒤꿈치처럼 두꺼운 내 귀에 부딪쳤다가

되돌아간 소리들을 생각한다

브라운관이 뿜어낸 현란한 빛이
　　　　　　　문명의 빛(↔ 별빛)
내 눈과 귀를 두껍게 채우는 동안

그 울음소리들은 수없이 나에게 왔다가

너무 단단한 벽에 놀라 되돌아갔을 것이다

하루살이들처럼 전등에 부딪쳤다가

바닥에 새카맣게 떨어졌을 것이다

크게 밤공기 들이쉬니
　　자연과 공존하고자 하는 행동
허파 속으로 그 소리들이 들어온다

허파도 별빛이 묻어 조금은 환해진다
　　　　　　풀벌레 소리를 들으며 자연과 소통함.

이 작품에서는 화자의 경험과 깨달음을 파악하는 것이 중요해. 또 다양한 감각적 심상과 대조적 의미의 시어들을 활용하고 있다는 점도 잊지 말자.

❖ **낭랑하다**: 소리가 맑고 또랑또랑하다.

독해 포인트

1. 화자의 정서와 태도

| 브라운관의 현란한 빛이 눈과 귀를 채움. | → | (❶   )을 끔. | → | 풀벌레 소리가 가득 들어옴. |

| 인공적인 문명의 이기(利器)에 현혹됨. | 자연의 소리를 잊고 살았던 자신의 삶을 반성함. → | 자연의 소리를 받아들임. |

2. 시어 및 시구

• 감각적 심상의 활용

시각적 심상	브라운관이 뿜어낸 현란한 빛
청각적 심상	• 풀벌레 소리 • 귀뚜라미나 여치 같은 큰 울음
(❷) 심상	어둠 속에서 들으니 벌레 소리들 환하다 / 별빛이 묻어 더 낭랑하다

• '텔레비전 소리'와 '풀벌레 소리'의 의미

텔레비전 소리	• 인공의 소리 • 브라운관의 현란한 빛으로 화자의 눈과 귀를 두껍게 채움. • (❸)의 울음소리를 듣지 못하게 한 삶의 환경
풀벌레 소리	• (❹)의 소리 • 어둠, 별빛 속에서 더욱 잘 들림. • 너무 작아 들리지 않는 소리 등 그동안 잊고 살아온 소중한 가치

3. 발상과 표현

• 대조적인 의미의 시어 사용

인공적인 삶(부정적)		자연적인 삶(긍정적)
• 텔레비전 • 발뒤꿈치처럼 두꺼운 내 귀 • 브라운관이 뿜어낸 현란한 빛 • 벽, 전등	↔	• 풀벌레 소리 • 어둠, 별빛 • 작은 귀, 여린 마음 • 울음소리

4. 주제

화자의 경험		주제
텔레비전을 끈 뒤 그동안 알아차리지 못했던 풀벌레 소리를 듣고 자연과 단절되었던 자신의 삶을 성찰함.	⇒	문명과 인간의 이기(利己)를 비판하며 자연과의 (❺)을 노래함.

❶ 텔레비전 ❷ 공감각적 ❸ 풀벌레 ❹ 자연 ❺ 공생

어휘력 체크 ✓

01 다음 뜻풀이를 참고하여 빈칸에 들어갈 알맞은 말을 윗글에서 찾아 쓰시오.

> 주차장 입구에서 트럭 한 대가 (ㅌㄹ)를 막고 서 있다.

➡ 통하여 다니는 길.

02 다음 빈칸에 공통으로 들어갈 말을 윗글에서 찾아 쓰시오.

• 아이들의 글 읽는 소리가 (   )하였다.
• 미주는 (   )한 목소리로 노래를 불렀다.

03 '허파도 별빛이 묻어 조금은 환해진다'의 '묻다'와 유사한 의미로 사용된 것은?

① 손에 기름이 묻어 닦아 내었다.
② 여기는 길을 묻는 사람들이 많다.
③ 베개에 얼굴을 묻고 한참을 울었다.
④ 선생님께 정답을 묻고 나의 답과 비교해 보았다.
⑤ 우리는 죽은 고양이를 양지바른 곳에 묻어 주었다.

04 다음 문장의 밑줄 친 부분과 뜻이 같은 단어를 윗글에서 찾아 쓰시오.

> 야시장 불빛이 눈이 부시도록 찬란하게 타오르고 있었다.

(ㅎㄹ)하게

01 통로 02 낭랑 03 ① 04 현란

작품 독해하기

03 두꺼비 파리를 물고 ~ _ 작자 미상

이 작품은

이 작품은 대상을 우의적으로 희화화하여 탐관오리의 횡포와 약육강식의 세태를 풍자한 조선 후기의 사설시조이다. '두꺼비'와 '파리', '백송골'의 관계를 통해 당시에 부패를 일삼던 중간 관리 계층의 횡포와 허세를 신랄하게 풍자하고 있다.

갈래 사설시조, 단시조

주제 탐관오리의 횡포와 허장성세 풍자

특징
① 대상을 희화화하여 웃음을 유발함.
② 의인화를 통해 지배 계층의 허위와 수탈을 우의적으로 드러냄.
③ 종장에서 화자를 바꾸어 풍자의 효과를 높임.

구성
• 초장: 두꺼비가 파리에게 횡포를 부림.
• 중장: 두꺼비가 백송골을 보고 도망가다 넘어짐.
• 종장: 두꺼비가 자신의 민첩함을 자화자찬함.

힘없는 백성
두꺼비 파리를 물고 두엄° 위에 치달아° 안자
탐관오리(지방 관리)

건넛산 바라보니 백송골°이 떠 있거늘 가슴이 섬뜩하여 풀떡 뛰어 내닫다가 두엄 아래
중앙의 고위 관료. 혹은 외세를 의미함.

자빠지거고

모쳐라° 날랜 나일망정 어혈° 질 뻔하여라.
자신의 약점을 감추기 위해 허세를 부리는 모습.
두꺼비의 자화자찬(自畵自讚), 허장성세(虛張聲勢)

> 이 작품에서는 '두꺼비', '파리', '백송골'이 각각 누구를 의미하는지 파악하고, 어떤 표현 방법을 사용하여 풍자적 의도를 드러내고 있는지 아는 것이 중요해.

현대어 풀이

두꺼비가 파리를 입에 물고 두엄 위에 뛰어올라 앉아
건너편 산을 바라보니 하얀 송골매가 떠 있거늘, 가슴이 섬뜩하여 풀쩍 뛰어서 내달리다가 두엄 아래에 넘어져 나뒹굴었구나.
마침 날랜 나이기에 망정이지 (하마터면) 멍이 들 뻔했구나.

❖ **두엄**: 풀, 짚 또는 가축의 배설물 따위를 썩힌 거름.
❖ **치닫다**: 위쪽으로 달리다. 또는 위쪽으로 달려 올라가다.
❖ **백송골**: 백송고리. 맷과의 하나. 매 종류 가운데 몸이 크며 성질이 굳세고 날쌔어 사냥하는 데 쓰임.
❖ **모쳐라**: '마침'의 옛말. 어떤 경우나 기회에 알맞게. 또는 공교롭게.
❖ **어혈**: 타박상 따위로 살 속에 피가 맺힘. 또는 그 피.

독해 포인트

1. 화자의 정서와 태도

화자
• 초장, 중장: 파리를 괴롭히던 두꺼비가 백송골을 보고 놀라 자빠지는 것을 보는 이 • 종장: 자신의 민첩함을 자화자찬하는 (❶   )

➡

화자의 정서와 태도
비판적, 풍자적

2. 시어 및 시구

• 시어 및 시구의 의미

(❷)	두꺼비의 먹이로, 힘없는 백성을 의미함.
두꺼비	파리를 괴롭히고 백송골을 무서워하는 존재. 백성을 괴롭히는 (❸)(지방 관리)를 의미함.
백송골	두꺼비가 두려워하는 존재로, 중앙 관리 또는 외세를 의미함.

3. 발상과 표현

의인법	'두꺼비'를 사람처럼 표현함.
(❹) 표현	동물에 빗대어 인간 사회를 비판함. → 지배 계층의 횡포와 허장성세를 우의적으로 드러냄.
대상의 희화화	파리를 물고 기세등등하던 두꺼비가 건너편 산의 백송골을 보고 놀라 두엄 아래로 자빠진 모습을 우스꽝스럽게 표현함.
화자의 전환	종장에서 화자를 바꾸어 두꺼비의 독백을 제시함. 두꺼비가 자기 합리화하는 모습을 통해 풍자의 효과를 높임.

4. 주제

이 작품은 조선 후기에 창작된 사설시조로, 파리를 물고 기세등등하던 두꺼비가 건너편 산의 백송골을 보고 놀라 두엄 아래로 자빠진 후에 자기 합리화를 하는 모습을 통해 약육강식의 인간 사회를 드러내고 탐관오리(부패한 양반)의 횡포와 허장성세를 (❺   )하고 있다.

❶ 두꺼비 ❷ 파리 ❸ 탐관오리 ❹ 우의적 ❺ 풍자

---

01 다음 문장의 밑줄 친 부분과 뜻이 같은 단어를 윗글에서 찾아 쓰시오.

> 진하는 갑자기 소름이 끼치도록 무섭고 끔찍한 느낌이 들어 뒤를 돌아보았다.

(ㅅㄸ   )한

02 다음 뜻풀이를 참고하여 빈칸에 들어갈 알맞은 말을 윗글에서 찾아 쓰시오.

> 그는 퍼렇게 (ㅇㅎ   )이 진 눈두덩을 달걀로 문지르고 있다.

➡ 타박상 따위로 살 속에 피가 맺힘. 또는 그 피.

03 '모쳐라 날낸 나일망정'에서 '모쳐라'의 뜻으로 알맞은 것은?

① 순간. 아주 짧은 동안.
② 몰래. 남이 모르게 살짝.
③ 설마. 그럴 리는 없겠지만.
④ 몹시. 더할 수 없이 심하게.
⑤ 마침. 어떤 경우나 기회에 알맞게.

04 윗글의 종장에 나타난 '두꺼비'의 태도와 관련 있는 한자 성어를 고르시오.

> ㄱ. 교각살우(矯角殺牛)
> ㄴ. 안하무인(眼下無人)
> ㄷ. 타산지석(他山之石)
> ㄹ. 자화자찬(自畫自讚)

01 섬뜩 02 어혈 03 ⑤ 04 ㄹ

꺼삐딴 리 _ 전광용

[앞부분의 줄거리] 의사인 이인국 박사는 일제 강점기에는 일본인, 월남한 이후에는 미국인에게 아부하여 성공적으로 병원을 운영하고 있다. 그는 미국 대사관의 브라운 씨와의 약속 시간을 20분 앞두고 자신의 행적을 회고한다. 일제 강점기 때의 위기, 소련군 점령하의 감옥 생활, 6.25 전쟁과 월남 등 그동안 몇 차례 아슬아슬한 죽음의 고비를 넘긴 것이다.

이인국 박사는 양복 조끼 호주머니에서 십팔금 회중시계를 꺼내어 시간을 보았다.
과거 회상의 매개체로, 자부심의 표상, 이인국 박사의 분신이자 반려임. 이인국 박사의 일생을 표현해 줌.
2시 40분!

미국 대사관 브라운 씨와의 약속 시간은 이십 분밖에 남지 않았다. 이 시계에도 몇 가닥의 유서 깊은 이야기가 숨어 있다. 이인국 박사는 시계를 볼 때마다 참말 '기적'임에
사물이 옛적부터 전하여 오는 까닭과 내력
틀림없었던 사태를 연상하게 된다.

왕진 가방과 38선을 넘어온 피난 유물의 하나인 시계, 가방은 미군 의사에게서 얻은 새것으로 갈아매어 흔적도 없게 된 지금, 시계는 목숨을 걸고 삶의 도피행을 같이 한 유일품이요, 어찌 보면 인생의 반려이기도 한 것이다.

(중략)

1945년 팔월 하순. / 아직 해방의 감격이 온 누리를 뒤덮어 소용돌이칠 때였다.
해방 직후
말복도 지난 날씨언만 여전히 무더웠다. 이인국 박사는 이 며칠 동안 불안과 초조에 휘몰려 잠도 제대로 자지 못했다. 무엇인가 닥쳐올 사태를 오돌오돌 떨면서 대기하는 상태였다.

그렇게 붐비던 환자도 하나 얼씬하지 않고 쉴 사이 없던 전화도 뜸하여졌다. 입원실은 최후의 복막염 환자였던 도청의 일본인 과장이 끌려간 후 텅 비었다.
복막에 급성 또는 만성으로 생기는 염증
조수와 약제사는 궁금증이 나서 고향에 다녀오겠다고 떠나갔고 서울 태생인 간호원 혜숙이만이 남아 빈집 같은 병원을 지키고 있었다.

(중략)

굳게 닫혀 있는 은행 철문에 붙은 벽보가 한길을 건너 하얀 윤곽만이 두드러져 보인다. / 아니 그곳에 씌어 있는 구절.

'친일파, 민족 반역자를 타도하자.'

옆에 붉은 동그라미를 두 겹으로 친 글자가 그대로 눈앞에 선명하게 보이는 것만 같다. / 어제 저물녘에 그것을 처음 보았을 때의 전율이 되살아왔다.

순간 이인국 박사는 방 쪽으로 머리를 홱 돌렸다. / '나야 원 괜찮겠지……'

혼자 뇌까리면서 그는 다시 부채를 들었다. 그러나 벽보를 들여다보고 있을 때 자기
아무렇게나 되는대로 마구 지껄이면서
와 눈이 마주치는 순간, 일그러지는 얼굴에 경멸인지 통쾌인지 모를 웃음을 비죽거리면서 아래위로 훑어보던 그 춘석이 녀석의 모습이 자꾸만 머릿속으로 엄습하여 어두운 밤
깔보아 업신여김.
에 거미줄을 뒤집어쓴 것처럼 꺼림칙하기만 했다.
마음이나 배 속이 언짢고 시원하지 않지만
감정, 생각, 감각 따위가 갑작스럽게 들이닥치거나 덮쳐
(중략)

무엇을 생각했던지 그는 움찔 자리에서 일어났다. 그러고는 벽장문을 열었다. 안쪽에 손을 뻗쳐 액자 틀을 끄집어내었다.

*'국어(國語) 상용(常用)의 가(家)'
여기서는 일본어를 의미함.

해방되던 날 떼어서 집어넣어 둔 것을 그동안 깜박 잊고 있었다.

그는 액자 틀 뒤를 열어 음식점 면허장 같은 두터운 모조지를 빼내어 글자 한 자도 제
일제가 물러가자 친일 행위의 증거를 없애고자 함. → 기회주의적 면모
대로 남지 않게 손끝에 힘을 주어 꼼꼼히 찢었다.

*이 종잇장 하나만 해도 일본인과의 교제에 있어서 얼마나 떳떳한 구실을 할 수 있었
던 것인가. 야릇한 미련 같은 것이 섬광처럼 머릿속을 스쳐 갔다.
순간적으로 강렬히 번쩍이는 빛

[중략 부분의 줄거리] 해방이 되고 소련군이 진주하자, 친일파였던 이인국 박사는 감옥에 갇힌다. 그러나 감옥에서 자신의 의술 실력을 발휘하여 소련 군의관 스텐코프의 신임을 얻게 되고 소련에 충성을 다하는 모습을 보인다. 이듬해 6.25 전쟁이 일어나고 1.4 후퇴 때 월남한 이인국 박사는 미국이 득세하자 태도를 바꾸어 영어를 배우고 특유의 처세술로 높은 위치에 오른다. 한편 이인국 박사는 미국 대사관의 브라운 씨를 만나 미국행을 성사시키기 위해 고려청자를 그에게 선물한다.

"그거, 국무성에서 통지 왔습니다."

이인국 박사는 뛸 듯이 기뻤으나 솟구치는 흥분을 억제하면서 천천히 손을 내밀어 악수를 청했다. / "생큐, 생큐."

> 이 작품에서는 이인국 박사의 기회주의자적 면모와 작가의 창작 의도를 이해하는 것이 중요해.

어쩌면 이것은 수술 후의 스텐코프가 자기에게 하던 방식 그대로인지도 모른다는 생각이 들었다.

이인국 박사는 지성이면 감천이라구, 나의 처세법은 유에스에이에도 통하는구나 하
상황에 순응하여 부와 권력을 따르는 것 → 권력을 가진 세력에 잘 보여 살아남는 것
는 기고만장한 기분이었다. / 청자병을 몇 번이고 쓰다듬으면서 술잔을 거듭하는 브라운 씨도 몹시 즐거운 기분이었다.

"미국에 가서의 모든 일도 잘 부탁합니다."

"네, 염려 마십시오. 떠나실 때 소개장을 써 드리지요."/ "감사합니다."

"역사는 짧지만, 미국은 지상의 낙토입니다. 양국의 우호와 친선에 도움이 되기를 바랍니다." / "생큐……."

(중략)

그의 마음속에는 새로운 포부와 희망이 부풀어 올랐다.

신체검사는 이미 끝난 것이고 외무부 출국 수속도 국무성 통지만 오면 즉일 될 수 있게 담당 책임자에게 교섭이 되어 있지 않은가? 빠르면 일주일 내에 떠나게 될지도 모른다는 브라운 씨의 말이 떠올랐다.

대학을 갓 나와 임상 경험도 신통치 않은 것들이 미국에만 갔다 오면 별이라도 딴 듯이 날치는 꼴이 눈꼴사나웠다. / '어디 나두 댕겨오구 나면 보자!'

어휘 풀이

❖ **반려**: 짝이 되는 동무.
❖ **타도하다**: 어떤 대상이나 세력을 쳐서 거꾸러뜨리다.
❖ **전율**: 몹시 무섭거나 두려워 몸이 벌벌 떨림.
❖ **상용**: 일상적으로 씀.
❖ **국무성**: 국무부. 미국에서, 외교 정책을 담당하는 연방 행정 기관.
❖ **낙토**: 늘 즐겁고 행복하게 살 수 있는 좋은 땅.
❖ **즉일**: 당일. 일이 있는 바로 그날.
❖ **임상**: 환자를 진료하거나 의학을 연구하기 위해 환자를 보는 일.

구절 풀이

* **시계는 목숨을 ~ 반려이기도 한 것이다.**: 이인국 박사는 회중시계를 자신의 분신과 같이 애지중지하는데, 이는 시계가 그의 인생 역정을 함께한 물건임을 의미함.
* **'국어(國語) 상용(常用)의 가(家)'**: 이인국 박사가 일본 정부로부터 받은 표창으로, 그가 일제 강점기에 보여 준 처세술의 전형이자 친일 행위의 결과물이라고 할 수 있음.
* **이 종잇장 하나만 해도 ~ 머릿속을 스쳐 갔다.**: 이인국 박사가 일제 강점기 당시 이용했던 일본인과의 친분이 이제는 쓸모없게 되었음을 인식하고 아쉬워함.

문득 딸 나미와 아들 원식의 얼굴이 한꺼번에 망막으로 휘몰아 왔다. 그는 두 주먹을 불끈 쥐며 얼굴에 경련을 일으키듯 긴장을 띠다가 어색한 미소를 흘려보냈다.

'흥, 그 사마귀 같은 일본 놈들 틈에서도 살았고, 닥싸귀 같은 로스케 속에서 살아났는데, 양키라고 다를까……. 혁명이 일겠으면 일구, 나라가 바뀌겠으면 바뀌구, 아직

<u>이 이인국의 살 구멍은 막히지 않았다.</u> 나보다 얼마든지 날뛰던 놈들도 있는데, 나쯤</u>
자신의 안위, 이익만을 생각함.
이야…….'
스스로의 처신에 대한 이인국 박사의 자기 합리화

∞ 전체 줄거리 엿보기

발단 본문 수록 부분

처세술이 뛰어난 이인국 박사는 돈과 권력을 중요시하는 사람이다. 그는 브라운 씨를 만나러 가면서 과거 회상에 빠진다.

전개 본문 수록 부분

이인국 박사는 일제 강점기에 친일파와 일본의 고위 관료들을 치료해 주면서 친일파로 득세한다.

위기

광복이 된 이후에 이인국 박사는 친일 행각 때문에 위기에 봉착하지만, 소련군 장교의 혹을 수술해 주면서 위기를 모면한다.

결말 본문 수록 부분

이인국 박사는 브라운 씨 집에 도착하여 고려청자를 선물하고 미국에 가기 위해 협조를 얻는다. 이인국 박사는 미국에 갈 꿈에 부푼다.

절정

이인국 박사는 1.4 후퇴 때 월남한 이후에는 특유의 처세술로 고난을 딛고 미국인의 도움으로 새로운 사회 지도층이 된다.

독해 포인트

1. 인물과 배경

- **작품의 배경**: 일제 강점기부터 6.25 전쟁 이후 1950년대, 한반도의 남쪽과 북쪽
- **'이인국 박사'의 성격**

일제 강점기	소련군 주둔 시기	6.25 전쟁 이후
제국 대학을 졸업하고 모범적인 황국 신민으로 사는 등 (❶)에 적극적으로 협력하며 부와 권력을 누림.	소련군과 친분을 쌓고 소련군 군위관의 혹 제거 수술을 성공하는 등 소련에 우호적 태도를 취해 부와 권력을 얻음.	영어를 배우고 브라운 씨에게 (❸)를 선물하는 등 미국에 우호적 태도를 취해 부와 권력을 누림.
친일파	(❷)	친미파

⬇

이인국 박사는 시대와 상황의 변화에 따라 철저하게 자신의 이익만을 계산하여 행동하는 기회주의적인 면모를 보임.

2. 사건과 갈등

- **사건**: 기회주의자인 이인국 박사가 일제 강점기에서 6.25 전쟁 이후까지 시류에 맞추어 자신의 이익만을 좇는 모습을 그림.
- **인물 간의 외적 갈등**

이인국 박사 ↔ 춘석	이인국 박사 ↔ 아내	이인국 박사 ↔ 소련 병사
이인국 박사가 친일 행적 때문에 춘석에 의해 치안대로 끌려옴.	이인국 박사가 아내의 반대에도 불구하고 아들의 소련 유학을 결정함.	소련 병사에게 이인국 박사가 회중시계를 빼앗김.

3. 시점과 서술 방식

3인칭 전지적 시점	3인칭 전지적 시점을 취함으로써 주인공에게 몰입하기보다는 부정적 인물에 대한 비판적 거리를 유지함.
역순행적 구성	현재와 과거를 오가는 역순행적 구성을 취함. 발단과 결말 부분에 현재 시점에 해당하는 내용이 나오고 그 외 부분은 모두 (❹) 부분임.

4. 소재와 주제

(❺)	• 이인국 박사의 자부심을 표상함. 이인국 박사의 분신이자 반려 • 과거 회상의 매개체
제목 '꺼삐딴 리'	• '우두머리', '최고'를 뜻하는 '캡틴'의 러시아식 발음임. • 이인국 박사의 기회주의자적 면모를 반어적으로 표현한 말로 풍자의 의도가 담겨 있음.

⬇

주제	시대와 상황에 따라 빠르게 변신하는 기회주의자의 삶에 대한 비판

❶ 일제 ❷ 친소파 ❸ 고려청자 ❹ 과거 회상 ❺ 회중시계

---

01 다음 문장의 밑줄 친 부분과 뜻이 같은 단어를 윗글에서 찾아 쓰시오.

> 황무지를 일구어 늘 즐겁고 행복하게 살 수 있는 좋은 땅으로 꾸미겠어요.

(ㄴㅌ)

02 다음 뜻풀이를 참고하여 빈칸에 들어갈 알맞은 말을 윗글에서 찾아 쓰시오.

> 무서운 이야기를 듣고 그는 공포와 (ㅈㅇ)에 휩싸였다.

➡ 몹시 무섭거나 두려워 몸이 벌벌 떨림.

03 '새로운 포부와 희망이 부풀어 올랐다.'의 '부풀다'와 유사한 의미로 사용된 것은?

① 돛이 바람에 한껏 부풀었다.
② 밤새 울어서 눈이 벌겋게 부풀었다.
③ 빵 반죽이 부푼 다음에 오븐에 굽는다.
④ 열기로 인해 기구가 거대하게 부풀었다.
⑤ 연예인을 볼 수 있다는 희망에 가슴이 부풀었다.

04 '어떤 대상이나 세력을 쳐서 거꾸러뜨리다.'를 의미하는 단어를 윗글에서 찾아 쓰시오.

(ㅌㄷㅎㄷ)

05 다음에서 설명하는 속담을 윗글에서 찾아 쓰시오.

> 정성이 지극하면 하늘도 감동한다는 뜻으로, 무슨 일이든지 정성을 다하면 어려운 일도 이룰 수 있다는 말.

01 낙토 02 전율 03 ⑤ 04 타도하다
05 지성이면 감천이다.

05 유자소전 _ 이문구

 이 작품은

이 작품은 인물의 행적을 기록하는 전(傳)의 형식으로 유재필이라는 인물의 일대기를 적은 소설이다. 주인공의 우스꽝스러운 말과 행동을 통해 물질 만능주의에 빠진 현대인의 허위의식과 몰인정한 세태를 비판하고 있다.

갈래 현대 소설, 단편 소설, 풍자 소설

주제 물질 만능주의에 빠진 현대 사회에 대한 비판

특징
① 인물의 행적을 기록하는 전(傳)의 형식을 취함.
② 희극적 상황을 설정하고 해학적, 풍자적 요소를 가미함.
③ 충청도 사투리와 비속어를 사용하여 생생한 느낌과 향토적 정서를 드러냄.

내용 구조도

비단잉어가 못마땅한 유자

유자는 총수의 값비싼 사치품인 비단잉어를 못마땅하게 여김.

↓

비단잉어의 죽음

유자는 비단잉어가 죽은 이유를 알면서도 의뭉을 떪.

↓

총수의 분노

죽은 비단잉어를 먹었다는 유자의 말에 총수가 분을 삭이지 못함.

총수의 자택에 연못이 생긴 것은 그 며칠 전의 일이었다. 뜰 안에다 벽이고 바닥이고 시멘트를 들이부어 만들었으니 연못이라기보다는 수족관이라고 하는 편이 알맞은 시설이었다. 시멘트가 굳어지자 물을 채우고 울긋불긋한 비단잉어들을 풀어 놓았다.

*비단잉어들은 화려하고 귀티 나는 맵시로 보는 사람마다 탄성을 자아내게 하였으나, 그는 처음부터 흘기눈을 떴다. 비행기를 타고 온 수입 고기라서가 아니었다. 그 회사 직원의 몇 사람치 월급을 합쳐도 못 미치는 상식 밖의 몸값 때문이었다.
유자가 비단잉어를 못마땅하게 여기는 이유

"대관절 월매짜리 고기간디 그려?" / 내가 물어보았다.

"마리당 팔십만 원씩 주구 가져왔다."

그 회사 직원들의 봉급 수준을 모르기에 내 월급으로 계산을 해 보니, 자그마치 3년 4개월 동안이나 봉투째로 쌓아야 겨우 한 마리 만져 볼까 말까 한 값이었다.

"웬 늠으 잉어가 사람버덤 비싸다냐?" / 내가 기가 막혀 두런거렸더니,
☐ : 발음의 유사성을 통한 언어유희

「보통 것은 아닐러면그려. 뱉어낸메네또(베토벤)나 뭬라나를 틀어 주면 그 가락대루 따러서 허구, 차에코풀구싶어(차이콥스키)나 뭬라나를 틀어 주면 또 그 가락대루 따러서 허구, 좌우간 곡을 틀어 주는 대루 못 추는 춤이 읎는 순전 딴따라 고기닝께. 물고기두 꼬랑지 흔들어서 먹구 사는 물고기가 있다는 건 이번에 그 집에서 츰 봤구먼."」
「」: 언어유희를 통한 풍자

그런데 이 비단잉어들이 어제 새벽에 떼죽음을 한 거였다. 자고 일어나 보니 죄다 허옇게 뒤집어진 채로 떠 있는 것이었다.
유자와 총수 간의 갈등의 발단

총수가 실내화를 꿴 발로 뛰어나왔지만 아무 소용 없는 일이었다.

"어떻게 된 거야?"

한동안 넋 나간 듯이 서 있던 총수가 하고많은 사람 중에 하필이면 유자를 겨냥하며 물은 말이었다.

이 작품에서는 서술상의 특징과 총수에 대한 유자의 태도를 파악하는 것이 중요해.

"글쎄유, 아마 밤새에 고뿔이 들었던 개비네유."
비단잉어가 죽은 원인이 감기였을 것이라고 말함으로써 웃음을 유발함.
유자는 부러 딴청을 하였다.

"뭐야? 물고기가 물에서 감기 들어 죽는 물고기두 봤어?"

총수는 그가 마치 혐의자나 되는 것처럼 화풀이를 하려 드는 것이었다.

그는 비위가 상해서,
*마음에 거슬리어 아니꼽고 속이 상해서

"그야 팔자가 사나서 이런 후진국에 시집와 살라니께 여라 가지루다 객고(客苦)가 쌓여서 조시두 안 좋았을 테구…… 그런다다가 부룻쓰구 지루박이구 가락을 트는 대루 디립다 춰 댔으니께 과로해서 몸살끼두 다소 있었을 테구…… 본래 받들어서 키우는 새끼덜일수록이 다다 탈이 많은 법이니께……"

그는 시멘트의 독성을 충분히 우려내지 않고 고기를 넣은 것이 탈이었으려니 하면서 부러 배참으로 의뭉을 떨었다.

"하는 말마다 저 말 같잖은 소리…… 시끄러 이 사람아."

총수는 말 가운데 어디가 어떻게 듣기 싫었는지 자기 성질을 못 이기며 돌아섰다.

<u>비단잉어의 죽음을 통해 유자가 총수의 허영심을 비꼬고 있으므로</u>
그는 총수가 그랬다고 속상해할 만큼 속이 옹색한 편이 아니었다.

그렇지만 오늘 아침에 들은 말만은 쉽사리 삭일 수가 없었다.

총수는 연못이 텅 빈 것이 못내 아쉬운지 식전마다 하던 정원 산책도 그만두고 연못가로만 맴돌더니,

"유 기사, 어제 그 고기들은 다 어떡했나?"

또 그를 지명하며 묻는 것이었다. / 그는 아무렇지 않게 대답했다.

"한 마리가 황소 너댓 마리 값이나 나간다는디, 아까워서 그냥 내뻗기두 거시기 허구, 비싼 고기는 맛두 괜찮겄다 싶기두 허구…… 게 비늘을 대강 긁어서 된장끼 좀 허구, 꼬치장두 좀 풀구, 마늘두 서너 통 다져 늫구, 멀국두 좀 있게 지져서 한 고뿌덜씩 했지유."

"뭣이 어쩌구 어째?" / "왜유?"

"왜애유? 이런 잔인무도한 것들 같으니……."

총수는 분기탱천(憤氣撑天)하여 부쩌지를 못하였다. 보아하니 아는 문자는 다 동원하
<u>한 곳에 붙어 배기거나 견디어 내지 못하였다.</u>
여 호통을 쳤으면 하나 혈압을 생각하여 참는 눈치였다.

"달리 처리헐 방법두 읎잖은감유."
<u>능청스럽고 태연한 유자의 태도</u>
총수의 성깔을 덧들이려고 한 말이 아니었다. 그가 할 수 있는 것이 그 방법말고는 없었기 때문에 그렇게 뒷동을 달은 거였다.

총수는 우악스럽고 무식하기 짝이 없는 아랫것들하고 따따부따해 봤자 공연히 위신이나 흠이 가고 득 될 것이 없다고 판단했는지, 숨결이 웬만큼 고루 잡힌 어조로,
<u>체면을 중시하고, 위선적인 총수의 성격</u>
"그 불쌍한 것들을 저쪽 잔디밭에다 고이 묻어 주지 않고, 그래 그걸 술안주해서 처먹어 버려? 에이…… 에이…… 피두 눈물두 없는 독종들……."

하고 혼잣말처럼 중얼거리면서 들어가 버리는 것이었다.

"그리, 지져 먹어 보니 맛이 워떻타?" / 내가 물은 말이었다.

"워떻기는 뭐가 워떠…… 살이라구 허벅허벅한 것이, 별맛도 읎더구만그려."
<u>과일 따위가 너무 익었거나 딴 지 오래되어 물기가 적고 퍼석퍼석한</u>
하고 그가 다시 말을 이었다.

"내가 독종이면 저는 말종인디…… 좌우지간 맛대가리 읎는 서양 물고기 한 사발에 국산 욕을 두 사발이나 먹구 났더니, 지금지금허구 해감내가 나더래두 이런 붕어 지
<u>음식에 섞인 잔모래나 흙 따위가 거볍게 자꾸 씹히고</u>
지미 생각이 절루 나길래 예까장 나오라구 했던겨."
<u>여기까지</u>
총수는 그 뒤로 그를 비롯하여 비단잉어를 나눠 먹었음 직한 대문 경비원이며, 보일러실 화부며, 자녀들 등·하교용 승용차 운전수며, 자택에서 근무하는 종업원들에게는 조석으로 눈을 흘기면서도, 비단잉어 회식 사건을 빌미로 인사이동을 단행할 의향까지

어휘 풀이

❖ **흘기눈**: '흑보기'의 잘못. 눈동자가 한쪽으로 쏠려, 정면으로 보지 못하고 언제나 흘겨보는 사람. 눈동자를 옆으로 굴려 노려보는 눈.

❖ **대관절**: 여러 말 할 것 없이 요점만 말하건대.

❖ **고뿔**: '감기'를 일상적으로 이르는 말.

❖ **혐의자**: 범죄를 저질렀을 것으로 의심을 받는 사람.

❖ **객고**: 객지에서 겪는 고생. 또는 고생을 겪음.

❖ **조시(調子)**: 몸의 상태 또는 건강 상태를 의미하는 일본어.

❖ **배참**: 꾸지람을 듣고 그 화풀이를 다른 데다 함.

❖ **의뭉**: 겉으로는 어리석은 것처럼 보이면서 속으로는 엉큼함.

❖ **옹색하다**: 생각이 막혀서 답답하고 옹졸하다.

❖ **분기탱천**: 분한 마음이 하늘을 찌를 듯이 솟구쳐 오름.

❖ **덧들이다**: 남을 건드려서 언짢게 하다.

❖ **뒷동**: 일의 뒷부분. 또는 뒤에 관련된 토막.

❖ **따따부따**: 딱딱한 말씨로 따지고 다투는 소리. 또는 그 모양.

구절 풀이

❋ **비단잉어들은 화려하고 ~ 흘기눈을 떴다.**: 화려한 비단잉어를 바라보는 주인공의 시선이 곱지 않음을 알 수 있음.

❋ **"뱉어낸메네또(베토벤)라나 ~ 그 집에서 츰 봤구먼."**: 언어유희를 사용한 해학적 표현임. 사람보다 몸값이 비싼 비단잉어에 대한 유자의 심리적 거리감과 불편한 심기를 드러냄.

❋ **"그야 팔자가 사나서 ~ 많은 법이니께……."**: 유자는 비단잉어가 죽은 이유를 추측하면서 비꼬는 어투를 사용하여 총수의 허영심을 풍자함.

는 없는 것 같았다.

　　그는 하루바삐 총수의 승용차 운전석을 떠나고 싶었다. 남들은 그룹 소속 운전수들의 정상(頂上)이나 다름없는 그 자리에 서로 못 앉아서 턱주가리가 떨어지게 올려다보고들 있었지만, 그는 총수가 <u>틀거지만 그럴듯한 보잘것없는 위선자로 비치기 시작하자</u>, 그동 안 그런 줄도 모르고 주야로 모셔 온 나날들이 그렇게 욕스러울 수가 없었고, 그런 위선 자에게 이렇듯 매인 몸으로 살 수밖에 없는 구차스러운 삶이 칙살맞고 가련하지 않을 수가 없었다.

　　　　　　　　　　　　　　　　　　총수에 대한 유자의 평가

◌◌◌ 전체 줄거리 엿보기

발단 - ▶ **전개** - ▶ **위기** 본문 수록 부분

충청도 보령 출신의 유재필이라는 친구는 심성이 밝고 매사 생각이 깊었다. 또한 남의 아픔을 자신의 것으로 삼는 선비적인 덕량을 지 녀, '나'는 그를 '유자'라 불렀다.

유자는 특유의 붙임성과 눈썰미로 학교에서 명물로 이름을 날리다가 졸업 후 선거 운동원과 의원 비서 관 등으로 지낸다. 그리고 제대 후 재벌 총수의 운전수가 된다.

유자는 재벌 총수의 위선적인 모 습 때문에 남들이 부러워하는 운 전수 자리를 벗어나려 하고, 결국 총수의 불상에 묻은 파리똥을 침 으로 닦았다는 이유로 좌천된다.

결말 ◀ - - - - - - - - - - - - - - - - - **절정** ◀ - - - - - - - - - - - -

말년에도 유자는 자신의 몸을 돌보 지 않으면서까지 남을 도우며 살다 간암으로 생을 마감한다. '나'와 문 인들은 그의 죽음을 애도한다.

총수에게 쫓겨난 유자는 운수 회 사 노선 상무가 되어 교통사고 처 리를 떠맡고, 남을 도와주는 일을 실천하며 생활한다.

독해 포인트

1. 인물과 배경

- **작품의 배경**: 1970년대, 서울
- **인물의 성격 및 특징**

인물	성격 및 특징
'나'	• 서술자이자 유자의 친구 • 유자의 범상치 않은 생애를 서술자 입장에서 기록함.
(❶)	• 주인공. 넉살 좋고 입담이 좋은 인물 • 비록 많이 배우지는 못했지만, 인간적 도리를 실천하며 사회의 모순을 꿰뚫어 봄.
총수	• 유자를 운전기사로 고용한 재벌 그룹의 총수 • 사치스럽고 허영심이 많으며 위선적임.

2. 사건과 갈등

- **사건**: 총수가 아끼는 비단잉어들이 (❷   )을 당하자, 유자가 그것을 술안주로 끓여 먹어 총수의 분노를 사게 됨.
- **갈등 양상**

유자		총수
• 값비싼 비단잉어를 못마땅하게 여김. • 비단잉어의 죽음에 딴청을 피우고 의뭉스럽게 굶. • 비단잉어를 술안주로 끓여 먹음.	↔	• 비단잉어에 공을 들임. • 비단잉어의 죽음을 아쉬워하며 유자를 비롯한 직원들에게 화풀이를 함. • 비단잉어를 먹은 직원들에게 (❸)이라며 화를 냄.

3. 시점과 서술 방식

1인칭 관찰자 시점	서술자인 '나'가 친구인 유재필의 삶을 관찰하여, 인물의 생애를 기록하고 그에 따른 교훈을 전달하는 (❹)의 형식으로 서술함.
삽화적 구성	유자와 관련된 여러 일화를 삽화 형식으로 제시함.
사투리의 사용	충청도 사투리를 사용하여 토속적 정감과 사실성을 획득함.
언어유희	언어유희를 통해 총수의 허영과 사치를 풍자함.
비꼬는 어투	비속어, 우스꽝스러운 말을 통해 총수의 사치와 허영심, 이기심 등을 비꼼.

4. 소재와 주제

(❺)		주제
• 회사 직원 몇 사람 치 월급을 넘어서는 비싼 가격임. • 총수의 사치스러움, 허영심, 물질 만능주의를 보여 줌. • 유자와 총수 간의 갈등을 유발함.	➡	물질 만능주의에 빠진 현대 사회에 대한 비판

❶ 유자 ❷ 떼죽음 ❸ 독종 ❹ 전(傳) ❺ 비단잉어

01 다음 뜻풀이를 참고하여 빈칸에 들어갈 알맞은 말을 윗글에서 찾아 쓰시오.

> 경찰이 폭탄 테러 (ㅎㅇㅈ) 다섯 명을 체포하였다.

➡ 범죄를 저질렀을 것으로 의심을 받는 사람.

02 다음 빈칸에 공통으로 들어갈 말을 윗글에서 찾아 쓰시오.

> • 그는 소도둑놈같이 (   ) 하게 생겼다.
> • 소희는 내가 관심을 보이자 (   )을 떨며 이야기를 계속했다.

03 다음 문장의 밑줄 친 단어의 뜻으로 알맞은 것은?

> 그는 속이 <u>옹색한</u> 편은 아니었다.

① 생각이 막혀서 답답하고 옹졸하다.
② 집이나 방 따위의 자리가 비좁고 답답하다.
③ 변명할 여지나 어찌할 도리가 없어 난처하다.
④ 말이나 태도, 행동의 이유나 근거 따위가 부족하다.
⑤ 형편이 넉넉하지 못하여 생활에 필요한 것이 없거나 부족하다.

04 '여러 말 할 것 없이 요점만 말하건대.'를 의미하는 단어를 윗글에서 찾아 쓰시오.

(ㄷㄱㅈ   )

05 다음에서 설명하는 한자 성어를 윗글에서 찾아 쓰시오.

> 분한 마음이 하늘을 찌를 듯 격렬하게 북받쳐 오름.

(ㅂㄱㅌㅊ   )

01 혐의자 02 의뭉 03 ① 04 대관절
05 분기탱천(憤氣撑天)

토끼전 _ 작자 미상

이 작품은 판소리계 소설로, 구전 설화가 판소리 사설을 거쳐 조선 후기에 이르러 소설로 정착된 것이다. 동물을 의인화하여 인간 사회를 풍자하는 우화적 성격의 고전 소설이다.

갈래 고전 소설, 판소리계 소설, 우화 소설

주제
① 헛된 욕심의 경계와 위기를 극복하는 지혜
② 지배층의 횡포에 대한 비판
③ 우직한 충성심 강조, 상황에 따른 융통성의 중요성

특징
① 우화적 기법을 통해 인간 세상을 풍자함.
② 지배층의 횡포에 대한 서민 계층의 비판 의식이 반영됨.

내용 구조도

토끼의 위기
토끼가 용왕 앞에 끌려와 간을 빼앗길 위기에 처함.

↓

토끼의 수궁 탈출
토끼가 지혜를 발휘하여 수궁에서 벗어남.

[앞부분의 줄거리] 어느 날, 남해 용왕이 병이 걸렸는데, 용왕의 병에는 토끼의 간이 특효약이라고 하여 별주부가 토끼를 찾으러 육지로 간다. 별주부는 높은 벼슬을 주겠다는 말로 토끼를 꼬드기고 토끼는 별주부에 꾐에 넘어가 별주부와 함께 수궁으로 온다.

> 이 작품에서는 등장인물의 성격과 각 인물이 상징하는 계층, 그에 따른 주제를 파악하는 것이 중요해.

"과인은 옥황상제의 명을 받아 이 남해를 지켜 왔다. 또 인간에게는 비를 주고, 바다의 생물을 위하여 은혜를 널리 베풀며 열심히 살아왔다. 그러다가 우연히 병을 얻게 되어 오늘에 이르렀구나. 토끼의 간이 아니면 다른 약이 없는 처지에 별주부
_{용왕의 병을 고치는 특효약. 사건 전개의 중심 소재, 용왕과 토끼의 갈등의 원인}
가 충성심을 발휘해 그 험한 육지에 가서 너를 잡아 왔느니라.

네 간을 내어 먹고 짐의 병이 낫는다면, 토끼 너의 공을 어찌 잊겠느냐. 우리 용궁 최고의 건축물인 기린각 능운대에 네 이름을 새겨 길이 보존할 것이다. 그게 아니면 네가 원하는 것은 다 이루어 주마. 목숨을 바쳐 명분을 이루는 것 또한 의미 있는 삶이 아니겠느냐. 그러니 조금도 서러워하지 말고 어서 칼을 받거라."

용왕의 청천벽력(靑天霹靂) 같은 분부를 받은 토끼는 아무 대답도 못하고 고개를 들어 임금을 바라보며 눈물만 뚝뚝 떨어뜨렸다.
_{토끼가 꾀를 부리기 시작함.}

용왕이 그 모습을 보니 아무 죄 없이 자기 때문에 죽게 된 토끼가 딱하기도 하고 가련하기도 했다. 이왕 죽는 것, 좋은 말로 타일러 웃음이나 머금고 죽게 하자 하는 마음으로 토끼를 달랬다.

"짐을 위해 죽는 것이 서러워서 눈물을 흘리느냐?"

"죽는 게 서러워서가 아니옵고, 못 죽어서 우나이다."
_{토끼가 위기를 모면할 계책을 생각해 냄. → 토끼의 꾀 많고 능청스러운 면모가 드러남.}

못 죽어서 울다니 이 무슨 해괴망측한 말인가. 용왕이 의아해서 물었다.

"그것이 무슨 말인가?"

"용왕님, 제가 아뢸 터이니 잘 들으십시오. 인간 세상에 가면 흔하디흔한 게 저 같은 작은 목숨입니다. 언제 독수리 밥이 될지 사냥개 반찬이 될지 누가 알겠습니까. 사냥꾼이 쳐 놓은 그물에 걸리든 화총 불에 타든 어찌하든 죽는 거야 시간문제이지요. 그
_{이미 결과가 뻔하여 조만간 저절로 해결될 문제}
렇게 죽고 나면 세상에 살다 간 저를 누가 기억해 주겠습니까?

제가 배 속의 간이라도 내어 대왕의 병을 고치는 데 쓴다면, 설령 병이 낫지 않더라도 저의 아름다운 이름을 오랫동안 전하게 될 것이니까요. 게다가 행여라도 병환이 나으면 대왕 덕택에 기린각 능운대에 새겨진 저의 이름을 후세에 전할 테니 천재일우(千載一遇)가 따로 없겠지요. 그런데 이 방정맞은 것이 그만 간 없이 왔사오니 절통하
_{토끼가 생각해 낸 꾀}
기가 그지없나이다."

용왕이 기막혀하며 껄껄껄 크게 웃었다.

"그대는 참으로 미련하구나. 거짓말을 하더라도 그럴듯하게 할 것이지, 말도 안 되는
_{토끼}
그런 말을 누가 곧이든겠느냐? 네 몸이 여기 와 있는데 네 배 속에 있는 간이 어찌 함

께 못 왔는고?"

토끼 역시 용왕의 웃음을 되받아치듯 하늘을 바라보며 크게 웃었다.
<small>위기 상황에서도 침착하고 능청스러운 토끼</small>

"간사하고도 미련한 토끼 같으니라고. 정체가 드러나니 할 말이 없어 웃는구나."

"대왕처럼 그 높은 지위에도 그토록 무식하니 어찌 웃지 않겠습니까? 제 간이 몸 안팎을 드나드는 것은 젖내 나는 세 살짜리 아이부터 지팡이 짚고 다니는 노인까지 다 아는 일입니다. 그런데 대왕께서 혼자 모르시니 웃음이 절로 나옵니다.

밤하늘의 밝은 기운이 차고 이지러지는 이치는 달이 맡아서 하고 있습니다. 보름 이전이면 차오르다가 보름 이후면 서서히 줄어드는 거야 아시겠지요. 그 달과 토끼는 깊은 관련이 있어 달의 별명이 '옥토'가 된 것입니다.

또한 바닷물이 나아가고 물러서는 이치는 조수가 맡았기에 사리에는 물이 많아지고, 조금에는 적어집니다. 조수 또한 토끼와 인연이 깊어 '삼토'라는 별명이 붙게 되었습니다.

그래서 제 배 속에 있는 간은 달빛 같고 조수 같지요. 보름 전에는 배 안에 두고, 보름 후에는 배 밖에 둡니다. 바다처럼 나아가고 물러나며, 달처럼 차고 이지러지는 고로 약이 되어 좋다 하지요. 만일 다른 짐승처럼 배 속에만 줄곧 있으면 허다한 짐승 중에 하필 토끼의 간이 좋다 하겠습니까?

이달 15일에 명산으로 널리 알려진 낭야산에서 저희 짐승들의 모임이 있었습니다. 그때 제 간을 빼내 파초잎에 곱게 싸서 낭야산 최고봉에 우뚝 선 노송 가지에 높이 매달아 놓고 모임에 나갔다가 저 별주부를 만나 곧바로 따라왔습니다. 다음 달 초하룻날이나 되어야 배 속에 다시 넣을 간을 어찌 가져올 수 있었겠습니까?"

용왕이 들어 보니 이치가 그럴듯했다. 저런 줄을 알았다면 약을 가르쳐 준 선관에게
<small>토끼에게 속아 넘어가게 되는 원인. 용왕의 어리석음</small>
자세히 물어나 보았을 텐데 하고 후회가 되었다.

(중략)

그럭저럭 문답 아닌 문답을 하며 토끼와 별주부는 넓고 너른 푸른 바다를 다 지나고 바닷가 기슭에 도착했다.
<small>공간적 배경의 변화: 바닷속 → 육지</small>

토끼가 앞에 서고 별주부는 뒤를 따라 바삐 걸어갔다. 토끼의 분한 마음이야 별주부가 지은 죄를 크게 꾸짖고 싶었으나 아직은 때가 아닌 줄을 알기에 묵묵히 걸어갔다. 괜히 건드려 보았자 저 단단한 주둥이로 팔다리 꽉 물고서 도로 물에 들어가면 어찌할까 싶어 꾹 참았던 것이다.

토끼는 바닷물 빛이 보이지 않도록 한참을 훌쩍 가서야 바위 위에 높이 앉아 마음껏 별주부에게 호령했다.

"이놈 자라야! 네 죄를 따지자면 죽어도 아깝지 않도록 괘씸하다. 만일 내 말재주가 네 용왕처럼 미련했더라면, 아까운 이내 목숨 수중 원혼(水中冤魂)이 되었겠구나. 옛
<small>당대 지배층의 어리석음을 비판함.</small> <small>물속에서 원통하게 죽은 이의 넋</small>

어휘 풀이

❖ **만경창파**: 만 이랑의 푸른 물결이라는 뜻으로, 한없이 넓고 넓은 바다를 이르는 말.

❖ **식언**: 한번 입 밖에 낸 말을 도로 입 속에 넣는다는 뜻으로, 약속한 말대로 지키지 아니함을 이르는 말.

책에는 '짐승이 미련하기가 물고기와 같다.' 했는데 너희 물고기들이 미련하기는 우리 털 있는 짐승보다 더하구나.

<u>오장에 붙어 있는 간을 어찌 넣고 빼고 할 수가 있겠느냐?</u> 네 소행을 생각하면 산속
<small>토끼의 간은 몸 안팎으로 넣고 빼고 할 수 있는 것이 아님.</small>
으로 잡아다가 푹 삶아서 백소주 안줏감으로 초장이나 찍어 먹으며 우리 동무들과 잔치를 벌이고 싶은 마음 간절하구나. 그러나 <u>임금을 위하는 마음에서 그런 것이며</u>, 만
<small>토끼가 별주부의 용왕을 향한 충심을 인정함.</small>
경창파(萬頃蒼波)❖ 그 먼 길을 네 등으로 왕래하며 죽고 사는 고생을 함께하였기에 목숨만은 살려 보내 주겠다. 그리 알고 속히 궁으로 돌아가거라.

좋은 약을 보내기로 네 왕에게 약속했으니, 점잖은 내 체면에 어찌 식언(食言)❖을 하겠느냐? <u>내 똥이 매우 좋아 열을 내리게 한다 하여 사람들이 주워서 앓는 아이에게</u>
<small>토끼가 용왕을 위해 약으로 보내려고 하는 것</small>
<u>먹인단다.</u> 내가 살펴보니 네 왕의 두 눈자위에 열기가 아주 많이 몰렸더라. 이걸 갖다가 먹이면 병이 곧 나을 게다."

∞ 전체 줄거리 엿보기

발단

남해 용왕이 병에 걸려 별주부가 용왕의 병에 특효약인 토끼의 간을 구하기 위해 육지로 나간다. 토끼를 만난 별주부는 수궁에 가서 벼슬을 하자고 토끼를 꼬드긴다.

전개 본문 수록 부분

토끼가 수궁에 가서 간을 빼앗길 위기에 처하지만 용왕에게 육지에 간을 놓고 왔다고 거짓말하여 위기를 모면한다.

절정

토끼의 꾀에 속아 넘어간 용왕이 토끼에게 성대한 잔치를 열어 준 뒤에 별주부와 함께 육지로 나가 간을 찾아오도록 명한다.

결말 본문 수록 부분

수궁에서 벗어나 육지로 온 토끼가 자신을 속인 별주부를 꾸짖고 자신의 똥을 용왕의 약으로 주고 이를 먹은 용왕은 병이 낫는다.

독해 포인트

1. 인물과 배경

• **작품의 배경**: 수궁(지배층의 세계)과 육지(피지배층의 세계)

• **인물의 성격**

인물	행동	성격
용왕 (지배층)	자신의 병을 고치기 위해 토끼를 죽이려 하지만 토끼에게 속음.	권위적이고 이기적임. 어리석음.
토끼 (피지배층)	별주부에 꾐에 넘어가 수궁에 가지만 지혜를 발휘하여 위기에서 벗어남.	침착함. 꾀가 많음. 능청스러움. 뻔뻔함. (❶)에 능함.
별주부 (신하)	육지로 나가 토끼의 간을 가져오려 했지만, 토끼에게 속아 토끼의 (❷)을 가지고 수궁으로 돌아감.	충성스러우나 어리석고 융통성이 없음.

2. 사건과 갈등

• **사건**: 병이 든 용왕이 (❸   )을 얻으려고 별주부에게 명해 토끼를 수궁으로 데려왔으나 토끼가 지혜를 발휘하여 위기에서 벗어남.

• **갈등 양상**: 인물 간의 외적 갈등

용왕	토끼
토끼의 간을 얻으려고 토끼의 꾀에 속지 않으려 함.	살기 위해 거짓말로 용왕을 속이려고 함.

3. 시점과 서술 방식

3인칭 전지적 시점	서술자가 전지적 위치에서 사건의 전말을 전달함.
우화적 기법	동물을 (❹)하여 인간 사회를 풍자함.

4. 소재와 주제

• **작품의 소재**

토끼의 간	• 용왕의 병을 고치는 특효약 • 사건 전개의 중심 소재 • 용왕과 토끼의 갈등의 원인

• **작품의 주제**

초점이 되는 인물	주제
토끼	헛된 (❺)의 경계와 위기를 극복하는 지혜
용왕	지배층의 횡포에 대한 비판
별주부	우직한 충성심 강조, 상황에 따른 융통성의 중요성

❶ 임기응변 ❷ 똥 ❸ 토끼의 간 ❹ 의인화 ❺ 욕심

어휘력 체크 ✓

01 다음 문장의 밑줄 친 부분과 뜻이 같은 단어를 윗글에서 찾아 쓰시오.

> 그 광경은 하도 말할 수 없이 괴상하고 야릇해서 소름이 끼칠 정도였다.

(ㅎㄱㅁㅊ   )해서

02 다음 문장의 밑줄 친 단어의 뜻으로 알맞은 것은?

> "이 방정맞은 것이 그만간 없이 왔사오니 절통하기가 그지없나이다."

① 몹시 이상하고 신기함.
② 마음이 흐뭇하고 흡족함.
③ 뼈에 사무치도록 원통함.
④ 비할 데가 없을 만큼 아주 묘함.
⑤ 거짓이나 꾸밈이 없이 바르고 곧음.

03 '웃음이나 머금고'의 '머금다'와 유사한 의미로 사용된 것은?

① 이슬을 머금은 꽃잎
② 그는 담배 연기를 입에 머금고 있다.
③ 그는 소금기를 머금은 섬마을에서 자랐다.
④ 소희는 냉소를 머금고서 나를 바라보았다.
⑤ 그녀는 금방이라도 울 것같이 눈물을 머금고 있었다.

04 '한번 입 밖에 낸 말을 도로 입속에 넣는다는 뜻으로, 약속한 말대로 지키지 아니함을 이르는 말.'을 의미하는 단어를 윗글에서 찾아 쓰시오.

(ㅅㅇ   )

05 다음에서 설명하는 한자 성어를 윗글에서 찾아 쓰시오.

> 천 년 동안 단 한 번 만난다는 뜻으로, 좀처럼 만나기 어려운 좋은 기회를 이르는 말.

(ㅊㅈㅇㅇ   )

01 해괴망측 02 ③ 03 ④ 04 식언
05 천재일우(千載一遇)

오아시스 세탁소 습격 사건 _ 김정숙

[앞부분의 줄거리] 강태국은 자신이 하는 일은 사람의 마음을 세탁하는 일이라는 신념을 가지고 아내 장민숙과 함께 2대째 오아시스 세탁소를 운영하고 있다. 어느 날 인근에 사는 할머니의 간병인인 서옥화가 병든 할머니의 옷 보따리를 세탁소에 맡기고 할머니의 가족인 안유식, 허영분, 안경우, 안미숙이 세탁소로 와 막무가내로 할머니가 맡긴 것을 내놓으라고 난동을 부린다. 세탁소 사람들은 행패를 부리는 이들에게 대항하나, 안유식이 할머니의 재산을 찾는 사람에게 재산의 50프로를 준다고 하자 간병인 서옥화와 세탁소 사람들인 장민숙, 강대영, 염소팔까지, 강태국을 제외한 모든 이들이 할머니의 재산을 탐내게 된다.

＊그들은 강태국의 뒤에서, 밑에서, 앞에서 숨어서 마치 임무를 수행하는❖ 첩보원들처럼 검은 복색❖ 일색으로 우스꽝스럽게 꾸며 입고 세탁소에 잠입하여 서로가 모르려니 제 생각만 하고 옷들을 뒤지기 시작한다. 「서로의 소리에 놀라면 야옹거리고, 서로의 그림자에 놀라면 찍찍거려 숨으며, 서로 스쳐 지나가면서도 돈에 눈이 가리어 알아보지 못한다.」 / 어둠 속에
『 』: 할머니의 재산을 찾기 위해 동물 소리를 내며 옷을 뒤짐. → 인물을 우스꽝스럽게 묘사함.
벌레처럼 꿈틀거리는 욕망의 불빛들. 작은 전등을 입에 물고, 머리에 달고, 손에 들고 옷과 옷 사이를 아슬아슬하게 누비는 불빛들. 전등 불빛에 드러나는 옷들이 마치 귀신 형상처럼 보인다. 불빛에 춤을 추는 옷들, 이리저리 집어던져져 날아다니는 옷들. 도깨비 옷 파티.
염소팔이 던진 옷에 백열등이 크게 흔들린다. 놀란 사람들 제풀에 얼른 옷 사이로 숨는다. 강태국이 백열등을 고정하며 주위를 둘러본다.

강태국: 뭐여? 왜 이래? 누구 있어? / 염소팔: 야옹.

강태국: 가라, 가. (솔로 옷을 턴다.) 우리 마누라 알뜰해서 너 먹을 거 없다. (고개를 갸웃거리며 입에 대고 맛을 본다.) 어디 보자. 이게 뭐냐? 떫은맛이 나는 것도 같고, 어디 보자. (상자 속에서 옛날 아버지 잡기장❖을 꺼내 읽어 본다.) 이 법은 옷에 묻은 물의 맛
올바른 세탁법이 적혀 있는 공책. 할머니가 맡긴 물건을 찾는 단서가 됨.
에 따라 그와 반대되는 맛 가진 물건으로 빼는 것이니……. (아버지 생각에 어깨를 들썩이며 운다.) 아버지, 미안해요. (다시 상자를 뒤지며 세탁대 밑에서 소주병을 꺼내며 먼지를 닦아 한 모금 마신다.) ＊세상이 어떤 세상인데 세탁소를 하나? (또 한 모금 마신다.) 인간 강태국이가 세탁소 좀 하면서 살겠다는데 그게 그렇게도 이 세상에 맞지 않
정직하고 올바른 사람이 인정받지 못하는 사회에 대한 비판
는 짓인가? 이 때 많은 세상 한 귀퉁이 때 좀 빼면서, 그거 하나 지키면서 보람 있게 살아 보겠다는데 왜 흔들어? 돈이 뭐야? 돈이 세상의 전부야? (술 한 모금 마시고) 느이놈들이 다 몰라줘도 나 세탁소 한다. 그게 내 일이거든…….
자신의 신념을 지키며 살아가고자 함.
사람들 자기 자리에 숨어서 강태국을 보며 제각기 분통을 터뜨린다.

강대영: (방백) 진짜 짜증 나, 아버지 왜 저러지? / 허영분: (방백) 미쳤어!

염소팔: (방백) 돌아 버리겠네. / 안경우: (방백) 확 죽여 버릴까…….

장민숙: (비명 지른다.) 악! / 강태국: (놀라) 거 누구요?

사람들: (그들도 놀라 다급하게 저마다 동물 소리를 낸다.) 아야옹, 찍, 찍.

강태국: 세탁소가 갑자기 동물의 왕국이 됐나?

이 작품에서는 등장인물들의 삶의 태도와 작가가 비판하고 있는 현대 사회의 모습을 파악하는 것이 중요해.

강태국, 고개를 갸웃거리며 옷들 사이를 이리저리 살펴본다. 다시 흥얼거리며 옷을 정리하는 강태국. 잠깐 놀란 듯이 멈추며 옷을 들고 서 있다가 세탁대로 와서 아버지의 잡기장을 뒤진다.

강태국: 그렇지, 할머니가 처음 세탁물을 맡겼을 때가 아버지가 살아 계셨을 때니까. (세탁대에 앉아 잡기장을 읽으며 고개를 끄덕인다.) 아버지! 그래, 여기 있네, 있어.
<small>할머니가 옷을 맡긴 기록을 찾음.</small>

사람들 더욱 조급해진 마음에 제각기 구시렁댄다.

염소팔: (방백) 원수가 따로 없구먼. / 안유식: (방백, 명령조로) 불을 꺼 버려!

서옥화: (방백) 두꺼비집을 내려! / 안미숙: (방백) 어서요!
<small>일정 크기 이상의 전류가 흐르면 자동적으로 녹아서 전류를 차단하는 퓨즈가 내장된 안전장치</small>
염소팔: (놀라 얼떨결에) 예! (두꺼비집을 내린다.)

(중략)

사람들: (따라서) 어서 내놔!

강태국: 당신들이 사람이야? 어머님 임종은 지키고 온 거야? / 사람들: 아니!
<small>비인간적인 태도에 대한 비판   인간으로서의 도리를 잃은 모습</small>

강태국: 에이, 나쁜 사람들. (옷을 가지고 문으로 향하며) 나 못 줘! (울분에 차서) 이게 무엇인지나 알어? 나 당신들 못 줘. 내가 직접 할머니 갖다드릴 거야.

장민숙: 여보, 나 줘! / 강대영: 아버지, 나요!

강태국: 안 돼, 할머니 갖다줘야 돼. 왠지 알어? 이건 사람 것이거든. 당신들이 사람이믄 주겠는데, 당신들은 형상만 사람이지 사람이 아니야. 당신 같은 짐승들에게 사람의 것을 줄 순 없어. (나선다.)

안유식: 에이! (달려든다.) / 강태국: (도망치며) 안 돼!

사람들, 강태국을 향해 서로 밀치고 잡아당기고 뿌리치며 간다. 세탁기로 밀리는 강태국. 강태국, 재빨리 옷을 세탁기에 넣는다. 사람들 서로 먼저 차지하려고 세탁기로 몰려 들어간다. 강태국이 얼른 세탁기 문을 채운다. 놀라는 사람들, 세탁기를 두드린다.

강태국, 버튼 앞에 손을 내밀고 망설인다. 사람들 더욱 세차게 세탁기 문을 두드린다. 강태국, 버튼에 올려놓은 손을 부르르 떨다가 강하게 누른다. 음악이 폭발하듯 시작되고 굉음을 내고 돌아가는 세탁기. 무대 가득 거품이 넘쳐난다. 빨래 되는 사람들의 고통스러운 얼굴이 유리에 부딪혔다 사라지고, 부딪혔다 사라지고…….
<small>비현실적 장면 → 사람들의 탐욕스러운 마음이 깨끗해지는 것을 상징적으로 그려 냄.</small>

강태국이 주머니에서 글씨가 빽빽이 적힌 눈물 고름을 꺼내어 들고 무릎을 꿇고 앉는다.

강태국: (눈물 고름을 받쳐 들고) 할머니, 비밀은 지켜 드렸지요? 『그 많은 재산, 이 자식 사업 밑천, 저 자식 공부 뒷바라지에 찢기고 잘려 나가도, 자식들은 부모 재산이 화수분인 줄 알아서, 이 자식이 죽는 소리로 빼돌리고, 저 자식이 앓는 소리로 빼돌려, 할머니를 거지를 만들어 놓았어도 불효자식들 원망은커녕 형제간에 의 상할까 걱정하시어 끝내는 혼자만 아시고 아무 말씀 안 하신 할머니의 마음』, 이제 마음 놓고 가셔서
<small>할머니가 자식들에게 비밀을 말하지 않은 이유</small>
<small>『 』: 자식들이 할머니 재산을 모두 써서 남은 재산이 없음.</small>

어휘 풀이

❖ 수행하다: 생각하거나 계획한 대로 일을 해내다.

❖ 복색: 의복의 빛깔.

❖ 잡기장: 여러 가지 잡다한 것을 적은 공책.

❖ 방백: 연극에서, 등장인물이 말을 하지만 무대 위의 다른 인물에게는 들리지 않고 관객만 들을 수 있는 것으로 약속되어 있는 대사.

❖ 굉음: 몹시 요란하게 울리는 소리.

❖ 화수분: 재물이 계속 나오는 보물단지. 그 안에 온갖 물건을 담아 두면 끝없이 새끼를 쳐 그 내용물이 줄어들지 않는다는 설화상의 단지를 이름.

구절 풀이

✽ 그들은 강태국의 ~ 알아보지 못한다.: 물질에 눈먼 사람들을 우스꽝스럽게 표현하여 풍자함으로써 인간성을 상실한 사람들의 모습을 표현함.

✽ 세상이 어떤 세상인데 ~ 그게 내 일이거든……: 강태국은 부조리한 세상에서 올바른 가치를 지키며 사는 일에 대해 어려움을 호소하고 정직하고 올바른 사람이 사회에서 인정받지 못하는 현실을 비판하고 있음. 그럼에도 강태국은 자신의 일에 대한 자부심과 신념을 지키려는 의지를 드러냄.

✽ 강태국, 버튼에 ~ 사라지고……: 강태국이 돈에 눈먼 사람들을 세탁기에 넣고 세탁을 하는 행위는 비현실적인 장면으로 세탁기에서 빨래의 때가 깨끗하게 빠지듯이 돈에 눈먼 사람들의 마음이 순수하게 바뀌는 과정을 상징하는 문학적 장치임.

어휘 풀이

❖ **혼백**: 넋. 사람의 몸에 있으면서 몸을 거느리고 정신을 다스리는 비물질적인 것. 몸이 죽어도 영원히 남아 있다고 생각하는 초자연적인 것임.

할아버지 만나서 다 이르세요. 그럼 안녕히 가세요! 우리 아버지 보시면 꿈에라도 한 번 들러 가시라고 전해 주세요. (눈물 고름을 태워 드린다.)

음악 높아지며, 할머니의 혼백처럼 눈부시게 하얀 치마저고리가 공중으로 올라간다. 세탁기 속의 사람들도 빨래집게에 걸려 죽 걸린다.

강태국: <u>(바라보고) 깨끗하다! 빨래 끝! (크게 웃는다.)</u> 하하하.
순수하게 정화된 사람들을 보고 기뻐함.

◯◯◯ 전체 줄거리 엿보기

발단

2대째 오아시스 세탁소를 운영하고 있는 강태국은 자신의 일에 대한 신념과 자부심을 가지고 있다.

전개

할머니의 재산을 찾으러 온 안씨 일가가 세탁소를 난장판으로 만든다.

절정 본문 수록 부분

강태국은 세상살이의 고달픔을 토로하고 사람들은 세탁소에 잠입한다.

대단원 본문 수록 부분

강태국은 세탁 후 깨끗해진 사람들을 보고 기뻐한다.

하강 본문 수록 부분

탐욕스러운 사람들의 모습에 화가 난 강태국이 사람들을 세탁기에 넣고 돌린다.

독해 포인트

1. 갈래의 특성

희곡의 특징	이 작품의 특징
• 서로 다른 성격의 인물들이 빚어내는 극적 대립과 갈등을 주된 내용으로 함. • 작가의 상상력을 바탕으로 꾸며진 허구의 문학임.	• 할머니의 재산을 욕심내지 않고 묵묵히 자신의 일을 하는 (❶)과 할머니의 재산을 찾기 위해 사람의 도리를 저버리고 우스꽝스러운 행동을 하는 인물들의 대립과 갈등을 드러냄. • 강태국이 세탁기에 사람들을 넣고 깨끗하게 세탁한다는 비현실적 문학 장치로 갈등이 해결되는 과정을 보여 줌.

2. 인물과 사건

• **사건**: 할머니의 재산에 대한 단서를 찾기 위해 안씨 일가 사람들이 강태국의 세탁소에 들이닥치고 강태국은 할머니의 옷 보따리를 주지 않으려 함.

• **인물의 성격과 갈등**

강태국	갈등	강태국 외 인물들
• 할머니의 재산에 욕심을 내지 않고 묵묵히 자신의 일을 함. • 정직과 신뢰를 중요시함. • 할머니의 옷 보따리를 찾았으나 사람들에게 실망하여 돌려주지 않음.	◀▶	• 할머니의 재산을 찾기 위해 사람의 도리를 저버림. • 탐욕적이고 비인간적임. • 강태국에게서 할머니의 옷 보따리를 빼앗으려 함.

작가 의식	(❷)인 인물을 통해 물질 만능주의에 빠져 인간성을 상실해 가고 있는 현실을 비판·풍자함.

3. 구성과 표현 방식

(❸) 장면의 상징성	비현실적인 상황을 가정하여 갈등 상황을 정리하고 빨래의 때가 빠지듯이 사람들의 마음이 순수해지는 과정을 상징적으로 드러냄.		
	세탁 전 사람들		**세탁 후 사람들**
	이기적이고 탐욕스러운 사람들	세탁 ➡	순수하고 깨끗한 마음을 가진 사람들
제목 '오아시스 세탁소' 의 의미	(❹)		**오아시스 세탁소**
	사막 가운데 샘이 솟고 풀과 나무가 자라는 곳	➡	(❺)주의에 빠진 사람들의 마음을 깨끗하고 순수하게 만들어 주는 공간

❶ 강태국 ❷ 대조적 ❸ 세탁 ❹ 오아시스 ❺ 물질 만능

---

01 다음 뜻풀이를 참고하여 빈칸에 들어갈 알맞은 말을 윗글에서 찾아 쓰시오.

> 돈을 그렇게 흥청망청 뿌리고 다니면 (ㅎㅅㅂ)이라도 못 당할 것이다.

➡ 재물이 계속 나오는 보물단지.

02 다음 빈칸에 공통으로 들어갈 말을 윗글에서 찾아 쓰시오.

• 맡은 일을 완벽하게 (   )하였다.
• 과제를 성공적으로 (   )하기 위해서는 여러 사람의 도움이 필수적이다.

03 다음 문장의 밑줄 친 '이르다'와 유사한 의미로 사용된 것은?

> "형제간에 의 상할까 걱정하시어 끝내는 혼자만 아시고 아무 말씀 안 하신 할머니의 마음, 이제 마음 놓고 가셔서 할아버지 만나서 다 이르세요."

① 아이들에게 주의하라고 일렀다.
② 친구에게 약속 시간을 일러 주었다.
③ 형은 엄마에게 내가 벽에 낙서했다고 일렀다.
④ 그는 동생에게 다시는 늦지 말 것을 단단히 일렀다.
⑤ 옛말에 이르기를 부자는 망해도 삼 년은 간다고 했다.

04 '연극에서, 등장인물이 말을 하지만 무대 위의 다른 인물에게는 들리지 않고 관객만 들을 수 있는 것으로 약속되어 있는 대사.'를 의미하는 단어를 쓰시오.

(ㅂㅂ)

01 화수분 02 수행 03 ③ 04 방백

문제 해결 포인트

❶ 표현상의 특징 파악
❷ 상징적 시어의 의미 파악
❸ 작품의 주제 파악

01~05 다음 글을 읽고 물음에 답하시오.

나는 이제 너에게도 슬픔을 주겠다.

사랑보다 소중한 슬픔을 주겠다.

겨울밤 거리에서 귤 몇 개 놓고

살아온 추위와 떨고 있는 할머니에게

㉠귤값을 깎으면서 기뻐하던 너를 위하여

㉡나는 슬픔의 평등한 얼굴을 보여 주겠다.

내가 어둠 속에서 너를 부를 때

단 한 번도 평등하게 웃어 주질 않은

가마니에 덮인 동사자가 다시 얼어 죽을 때

㉢가마니 한 장조차 덮어 주지 않은

무관심한 너의 사랑을 위해

흘릴 줄 모르는 너의 눈물을 위해

나는 이제 너에게도 기다림 을 주겠다.

이 세상에 내리던 ㉣함박눈을 멈추겠다.

보리밭에 내리던 봄눈들을 데리고

추워 떠는 사람들의 슬픔에게 다녀와서

㉤눈 그친 눈길을 너와 함께 걷겠다.

슬픔의 힘에 대한 이야기를 하며

기다림의 슬픔까지 걸어가겠다

– 정호승, 「슬픔이 기쁨에게」

01 윗글의 표현상 특징으로 적절하지 않은 것은?

① 추상적 대상을 '나'와 '너'로 의인화하고 있다.

② 말을 건네는 방식을 통해 시상을 전개하고 있다.

③ '-겠다'를 반복하여 의지적 태도를 드러내고 있다.

④ 반어적 표현을 활용하여 시적 의미를 부각하고 있다.

⑤ 새로운 의미를 부여한 시어를 사용하여 주제를 전달하고 있다.

> 시어에 새로운 의미를 부여한다는 것은 시어가 일반적 의미가 아닌 다른 의미로 사용되었다는 뜻이야.

02 윗글에서 작가는 '(   )'을/를 타인의 고통에 무관심한 이기적인 존재로 그리고, '(   )'을/를 소외된 이웃에게 관심을 갖고 그들을 따뜻하게 보듬어 안는 이타적인 존재로 그리고 있다.

03 윗글에서 '기다림'이 무엇을 의미하는지 서술하시오.

> 화자가 '너'에게 깨달음을 주려고 하고 있다는 점에 주목해 보자.

04 ㉠~㉤에 대한 설명으로 적절하지 <u>않은</u> 것은?

① ㉠: 자신의 이익만을 추구하는 '너'의 모습이 나타난다.
② ㉡: '너'에게도 슬픔을 보여 주고자 하는 화자의 태도가 드러난다.
③ ㉢: 소외된 이웃들에게 최소한의 관심도 보여 주지 않는 태도를 의미한다.
④ ㉣: 가진 자들에게는 행복을, 소외된 이들에게 고통을 주는 존재를 뜻한다.
⑤ ㉤: '너'의 고난을 대신 짊어지겠다는 화자의 희생정신을 보여 준다.

수능형

05 〈보기〉를 읽고 윗글의 작가가 할 말로 가장 적절한 것은?

> **유사한 수능 문제 형식**
>
> 윗글에 담겨 있는 작가의 의도와 관련하여 〈보기〉의 상황에 대해 조언할 내용으로 적절한 것은?

┤ 보기 ├

사망한 지 3일 만에 발견된 70대 노인

○○동에 사는 김 아무개 씨(71세)가 죽은 지 3일 만에 외판 영업 사원에 의해 발견되었다. 가난한 형편에 가족도 없이 홀로 살아가던 김 씨가 노환으로 숨을 거뒀으나 평소 김 씨를 찾던 사람이 없어 김 씨는 죽은 후 3일 동안 방치되었던 것⋯⋯.

① 모든 행위에는 상응하는 대가가 따르게 마련입니다.
② 힘들고 가난한 이웃들에게 관심을 기울여야 합니다.
③ 현재 처한 현실이 어려워도 희망을 잃지 말아야 합니다.
④ 모든 사람을 평등하게 대해야만 사회의 정의가 올바로 설 수 있습니다.
⑤ 값싼 동정심보다는 실질적인 도움을 줄 수 있는 제도의 마련이 필요합니다.

문제 해결 포인트
❶ 표현상의 특징 파악
❷ 대상에 대한 화자의 태도 파악
❸ 작품의 주제 의식 파악

텔레비전을 끄자

풀벌레 소리

어둠과 함께 방 안 가득 들어온다

[A] ┌ 어둠 속에서 들으니 벌레 소리들 환하다
    └ 별빛이 묻어 더 낭랑하다

귀뚜라미나 여치 같은 큰 울음 사이에는

너무 작아 들리지 않는 소리도 있다

그 풀벌레들의 작은 귀를 생각한다

㉠내 귀에는 들리지 않는 소리들이 드나드는

까맣고 좁은 통로들을 생각한다

그 통로의 끝에 두근거리며 매달린

여린 마음들을 생각한다

㉡발뒤꿈치처럼 두꺼운 내 귀에 부딪쳤다가

되돌아간 소리들을 생각한다

브라운관이 뿜어낸 현란한 빛이

내 눈과 귀를 두껍게 채우는 동안

그 울음소리들은 수없이 나에게 왔다가

너무 단단한 벽에 놀라 되돌아갔을 것이다

㉢하루살이들처럼 전등에 부딪쳤다가

바닥에 새카맣게 떨어졌을 것이다

크게 밤공기 들이쉬니

㉣허파 속으로 그 소리들이 들어온다

㉤허파도 별빛이 묻어 조금은 환해진다

— 김기택, 「풀벌레들의 작은 귀를 생각함」

06 윗글에 대한 감상으로 가장 적절한 것은?

① 도시에서의 삶이 지닌 편리함에 감사하게 되었어.

② 곤충들의 독특한 소통 방식에 대해 관심을 갖게 되었어.

③ 환경 오염을 막기 위해 노력을 기울일 것을 다짐하게 되었어.

④ 어려운 상황일수록 마음의 여유가 필요하다는 것을 알게 되었어.

⑤ 현대인이 관심을 기울이지 않는 작은 것들의 의미를 깨닫게 되었어.

07 윗글의 화자는 (   )을/를 끈 뒤 그동안 외면했던 (   )의 소리를 듣고 자연과 단절되었던 자신의 삶을 성찰하게 되었다.

> 윗글에 나타나는 화자의 경험과 깨달음이 무엇인지 떠올려 보자.

08 [A]에 드러난 표현상의 특징을 서술하시오.

09 ㉠~㉤에 대한 설명으로 적절하지 않은 것은?

① ㉠: 풀벌레들의 작은 귀를 의미한다.

② ㉡: 문명의 이기에 빠져 자연의 소리를 외면해 온 화자의 모습을 보여 준다.

③ ㉢: 인간과 문명의 야만성에 상처받은 자연의 모습을 형상화한 것이다.

④ ㉣: 화자가 풀벌레들의 소리를 내면으로 받아들이고 있음을 알 수 있다.

⑤ ㉤: 자연과의 동화를 통해 화자가 내적 평화를 얻게 되었음을 나타낸다.

수능형

10 윗글과 〈보기〉를 비교하여 감상한 내용으로 적절하지 않은 것은?

> **유사한 수능 문제 형식**
>
> (가), (나)의 '어둠'에 대한 설명으로 적절하지 않은 것은?

┤ 보기 ├

어둠은 새를 낳고, 돌을
낳고, 꽃을 낳는다.
아침이면,
어둠은 온갖 물상(物象)❖을 돌려주지만
스스로는 땅 위에 굴복한다.

– 박남수, 「아침 이미지 1」

❖ **물상**: 자연계의 사물과 그 변화 현상.

① 윗글과 〈보기〉 모두 시어의 반복을 통해 운율을 형성한다.

② 윗글에서는 〈보기〉와 달리 '어둠'이 특정한 소리를 도드라지게 하는 역할을 한다.

③ 윗글은 시각적 심상을 중심으로, 〈보기〉는 청각적 심상을 중심으로 시상을 전개한다.

④ 윗글은 '어둠'이 지속되는 시간을, 〈보기〉는 '어둠'이 사라지는 시간을 배경으로 한다.

⑤ 윗글에는 대상에 인격을 부여하여 사람처럼 나타내는 표현법이, 〈보기〉에는 무생물을 생물인 것처럼 나타내는 표현법이 사용되었다.

> 사람처럼 나타내는 표현법을 의인법, 무생물을 생물처럼 나타내는 표현법을 활유법이라고 해.

다음 글을 읽고 물음에 답하시오.

문제 해결 포인트
❶ 표현상의 특징 파악
❷ 작품의 주제 의식 파악
❸ 사회·문화적 배경을 바탕으로 시어의 의미 파악

두꺼비 파리를 물고 두엄 위에 치달아 안자

건넛산 바라보니 백송골이 떠 있거늘 가슴이 섬뜩하여 풀떡 뛰어 내닫다가 두엄 아래 자빠지거고

모쳐라 날랜 나일망정 어혈 질 뻔하여라.

– 작자 미상

11 윗글과 같은 사설시조의 특징으로 적절하지 <u>않은</u> 것은?

① 조선 중기 이후에 발달하였다.

② 서민적인 내용이 주로 담겨 있다.

③ 3장 6구 45자 내외의 형식을 보인다.

④ 종장의 첫 음보는 평시조와 같은 형태를 띤다.

⑤ 일반적으로 초장·종장이 짧고 중장이 긴 형식으로 이루어져 있다.

12 〈보기〉를 참고하여 ㉠~㉢이 의미하는 대상을 각각 쓰시오.

┤ 보기 ├
선생님: 조선 후기는 관리들의 부정부패가 심했던 시기였어요. 지방의 탐관오리들이 백성들에게 억지로 곡식을 빌려주고 높은 이자를 받는 방법으로 부당한 이익을 취하는 일이 흔했지요. 또 중앙의 높은 관리에게 비굴한 모습을 보이며 백성들에게 빼앗은 것들을 뇌물로 바치기도 했답니다. 이렇게 힘없는 백성들은 탐관오리들에게 횡포와 수탈을 당했어요. 「두꺼비 파리를 물고 ~」는 이러한 상황을 그리고 있는 작품이랍니다.

'두꺼비', '파리', '백송골'의 관계를 파악하여 〈보기〉에서 설명한 시대상과 관련지어 보자.

백송골		두꺼비		파리
㉠	>	㉡	>	㉢

13 윗글을 감상한 내용으로 적절하지 <u>않은</u> 것은?

① 의인법을 사용하여 '두꺼비'를 사람처럼 표현하고 있군.

② '두꺼비', '파리', '백송골'의 관계를 통해 약육강식의 세태를 풍자하고 있군.

③ '두꺼비'가 깜짝 놀라 두엄 아래 자빠지는 모습을 우스꽝스럽게 나타내고 있군.

④ '백송골'에게는 맥을 못 추는 비굴하고 무능한 '두꺼비'의 모습을 희화화하고 있군.

⑤ '어혈 질 뻔하여라.'에서는 자신을 안타깝게 여기는 '두꺼비'의 시선이 드러나고 있군.

> 약육강식이란 약한 자가 강한 자에게 먹힌다는 뜻으로, 약한 자가 강한 자에게 지배됨을 비유적으로 이르는 말이야.

14 윗글을 〈보기〉와 같이 나타낼 때, 작가가 윗글을 통해 풍자하고자 하는 바를 서술하시오.

┤ 보기 ├

풍자의 대상

파리 ←---- 괴롭힘. ---- 두꺼비 ---- 꼼짝 못 함. ---→ 백송골

15 〈보기〉를 바탕으로 윗글을 이해한 내용으로 적절하지 <u>않은</u> 것은?

┤ 보기 ├

우의적 기법은 다른 사물에 빗대어 비유적인 뜻을 나타내거나 풍자하는 방법으로, 이때 겉으로 드러나는 이야기의 이면에 더 중요한 의미가 숨겨져 있기 마련이다. 우의적으로 표현되는 대상은 주로 직접적으로 비판하기 어려운 계층이나 계급인 경우가 많으며, 어떤 관념이나 세태가 그 대상이 되기도 한다.

① 윗글에는 특정 계층을 풍자하고자 하는 의도가 담겨 있다.

② 윗글에서는 권력 관계를 우의적 기법을 통해 보여 주고 있다.

③ 윗글에서는 자기 합리화하는 세태를 우의적으로 비판하고 있다.

④ 윗글에서는 직접적인 비판이 어려워 대상을 동물에 빗대어 표현하고 있다.

⑤ 윗글과 같은 작품은 이면에 숨어 있는 작가의 의도를 파악하는 것이 중요하다.

> 자기 합리화한다는 것은 자책감이나 죄책감에서 벗어나기 위하여 자신이 한 행위를 정당화하는 것을 의미해.

16~20 다음 글을 읽고 물음에 답하시오.

문제 해결 포인트

❶ 인물의 성격 파악
❷ 주요 소재의 기능 파악
❸ 제목의 의미와 주제 파악

이 글의 서사 구조

현재	미국행을 위해 미국인 브라운 씨를 찾아감.
과거 회상	일제 강점기, 해방 직후, 전쟁 직후의 사건들
현재	브라운 씨의 도움으로 미국행을 성사시킴.

[앞부분의 줄거리] 의사인 이인국 박사는 일제 강점기에는 일본인, 월남한 이후에는 미국인에게 아부하여 성공적으로 병원을 운영하고 있다. 그는 미국 대사관의 브라운 씨와의 약속 시간을 20분 앞두고 자신의 행적을 회고한다. 일제 강점기 때의 위기, 소련군 점령하의 감옥 생활, 6.25 전쟁과 월남 등 그동안 몇 차례 아슬아슬한 죽음의 고비를 넘긴 것이다.

이인국 박사는 양복 조끼 호주머니에서 십팔금 ㉠회중시계를 꺼내어 시간을 보았다. 2시 40분!

미국 대사관 브라운 씨와의 약속 시간은 이십 분밖에 남지 않았다. 이 시계에도 몇 가닥의 유서 깊은 이야기가 숨어 있다. 이인국 박사는 시계를 볼 때마다 참말 '기적'임에 틀림없었던 사태를 연상하게 된다.

왕진 가방과 38선을 넘어온 피난 유물의 하나인 시계. 가방은 미군 의사에게서 얻은 새것으로 갈아매어 흔적도 없게 된 지금, 시계는 목숨을 걸고 삶의 도피행을 같이 한 유일품이요, 어찌 보면 인생의 반려이기도 한 것이다.

(중략)

1945년 팔월 하순.

아직 해방의 감격이 온 누리를 뒤덮어 소용돌이칠 때였다.

말복도 지난 날씨언만 여전히 무더웠다. 이인국 박사는 이 며칠 동안 불안과 초조에 휘몰려 잠도 제대로 자지 못했다. 무엇인가 닥쳐올 사태를 오돌오돌 떨면서 대기하는 상태였다.

그렇게 붐비던 환자도 하나 얼씬하지 않고 쉴 사이 없던 전화도 뜸하여졌다. 입원실은 최후의 복막염 환자였던 도청의 일본인 과장이 끌려간 후 텅 비었다.

조수와 약제사는 궁금증이 나서 고향에 다녀오겠다고 떠나갔고 서울 태생인 간호원 혜숙이만이 남아 빈집 같은 병원을 지키고 있었다.

(중략)

굳게 닫혀 있는 은행 철문에 붙은 벽보가 한길을 건너 하얀 윤곽만이 두드러져 보인다. / 아니 그곳에 씌어 있는 구절.

㉡'친일파, 민족 반역자를 타도하자.'

옆에 붉은 동그라미를 두 겹으로 친 글자가 그대로 눈앞에 선명하게 보이는 것만 같다.

어제 저물녘에 그것을 처음 보았을 때의 전율이 되살아왔다.

순간 이인국 박사는 방 쪽으로 머리를 홱 돌렸다. / '나야 원 괜찮겠지…….'

혼자 뇌까리면서 그는 다시 부채를 들었다. 그러나 벽보를 들여다보고 있을 때 자기와 눈이 마주치는 순간, 일그러지는 얼굴에 경멸인지 통쾌인지 모를 웃음을 비죽

거리면서 아래위로 훑어보던 그 춘석이 녀석의 모습이 자꾸만 머릿속으로 엄습하여 어두운 밤에 거미줄을 뒤집어쓴 것처럼 꺼림텁텁하기만 했다.

(중략)

무엇을 생각했던지 그는 움찔 자리에서 일어났다. 그리고는 벽장문을 열었다. 안쪽에 손을 뻗쳐 액자 틀을 끄집어내었다. / '국어(國語) 상용(常用)의 가(家)'

해방되던 날 떼어서 집어넣어 둔 것을 그동안 깜박 잊고 있었다.

ⓒ그는 액자 틀 뒤를 열어 음식점 면허장 같은 두터운 모조지를 빼내어 글자 한 자도 제대로 남지 않게 손끝에 힘을 주어 꼼꼼히 찢었다.

이 종잇장 하나만 해도 일본인과의 교제에 있어서 얼마나 떳떳한 구실을 할 수 있었던 것인가. 야릇한 미련 같은 것이 섬광처럼 머릿속을 스쳐 갔다.

[중략 부분의 줄거리] 해방이 되고 소련군이 진주하자, 친일파였던 이인국 박사는 감옥에 갇힌다. 그러나 감옥에서 자신의 의술 실력을 발휘하여 소련 군의관 스텐코프의 신임을 얻게 되고 소련에 충성을 다하는 모습을 보인다. 이듬해 6.25 전쟁이 일어나고 1.4 후퇴 때 월남한 이인국 박사는 미국이 득세하자 태도를 바꾸어 영어를 배우고 특유의 처세술로 높은 위치에 오른다. 한편 이인국 박사는 미국 대사관의 브라운 씨를 만나 미국행을 성사시키기 위해 고려청자를 그에게 선물한다.

"그거, 국무성에서 통지 왔습니다."

이인국 박사는 뛸 듯이 기뻤으나 솟구치는 흥분을 억제하면서 천천히 손을 내밀어 악수를 청했다. / "생큐, 생큐."

어쩌면 이것은 수술 후의 스텐코프가 자기에게 하던 방식 그대로인지도 모른다는 생각이 들었다. / 이인국 박사는 지성이면 감천이라구, ⓔ나의 처세법은 유에스에이에도 통하는구나 하는 기고만장한 기분이었다. / 청자병을 몇 번이고 쓰다듬으면서 술잔을 거듭하는 브라운 씨도 몹시 즐거운 기분이었다.

"미국에 가서의 모든 일도 잘 부탁합니다."

"네, 염려 마십시오. 떠나실 때 소개장을 써 드리지요." / "감사합니다."

"역사는 짧지만, 미국은 지상의 낙토입니다. 양국의 우호와 친선에 도움이 되기를 바랍니다." / "생큐……."

(중략)

그의 마음속에는 새로운 포부와 희망이 부풀어 올랐다.

신체검사는 이미 끝난 것이고 외무부 출국 수속도 국무성 통지만 오면 즉일 될 수 있게 담당 책임자에게 교섭이 되어 있지 않은가? 빠르면 일주일 내에 떠나게 될지도 모른다는 브라운 씨의 말이 떠올랐다.

대학을 갓 나와 임상 경험도 신통치 않은 것들이 미국에만 갔다 오면 별이라
도 딴 듯이 날치는 꼴이 눈꼴사나웠다. / '어디 나두 댕겨오구 나면 보자!'

　　문득 딸 나미와 아들 원식의 얼굴이 한꺼번에 망막으로 휘몰아 왔다. 그는 두
　　주먹을 불끈 쥐며 얼굴에 경련을 일으키듯 긴장을 띠다가 어색한 미소를 흘려보
[A] 냈다.

　　　'흥, 그 사마귀 같은 일본 놈들 틈에서도 살았고, 닥싸귀 같은 로스케 속에서
　　살아났는데, 양키라고 다를까……. 혁명이 일겠으면 일구, 나라가 바뀌겠으면
　　바뀌구, 아직 이 이인국의 살 구멍은 막히지 않았다. ⓜ나보다 얼마든지 날뛰
　　던 놈들도 있는데, 나쯤이야…….'

　　－ 전광용, 「꺼삐딴 리」

16　윗글에 대한 설명으로 적절하지 <u>않은</u> 것은?

① 시간의 흐름에 따라 사건을 전개하고 있다.
② 서술자가 주인공에 대해 비판적 거리를 유지하고 있다.
③ 일제 강점기에서 6.25 전쟁 직후의 사건을 다루고 있다.
④ 급변하는 사회에 순응해 가는 인물의 모습을 그리고 있다.
⑤ 이야기 밖의 서술자가 주인공의 심리를 분석하여 서술하고 있다.

17　'국어(國語) 상용(常用)의 가(家)'라는 모조지는 '이인국 박사'의 (　　　　　) 행적을
보여 주는 증거로, '이인국 박사'와 그의 가족이 모두 일상에서 (　　　　　)을/를 사용
하였음을 짐작하게 한다.

18　〈보기〉를 참고할 때, 윗글의 제목 '꺼삐딴 리'에 사용된 표현법과 그러한 표현법을 사
용하여 작가가 풍자하고자 하는 바를 서술하시오.

> ┤ 보기 ├
>
> 꺼삐딴: '까삐딴'이 와전된 표기. '까삐딴'은 영어의 'captain'에 해당하는 러시아어
> 　로 해방 후 북한에서 '우두머리', '최고'의 뜻으로 많이 쓰였다.

19 ㉠~㉤에 대한 설명으로 적절하지 <u>않은</u> 것은?

① ㉠: 과거 회상의 매개체로 이인국 박사의 분신이다.

② ㉡: 친일을 했던 사람들을 찾아 벌을 주려 했던 당대 상황을 엿볼 수 있다.

③ ㉢: 일제가 물러간 것에 대한 이인국 박사의 기쁨이 행동으로 나타나 있다.

④ ㉣: 이인국 박사가 자신의 처세술에 대해 만족감을 느끼고 있음을 알 수 있다.

⑤ ㉤: 스스로의 처신에 대해 자기 합리화하는 이인국 박사의 모습이 드러나 있다.

수능형 2013학년도 6월 고2 학력평가

20 〈보기〉의 선생님의 질문에 대한 대답으로 가장 적절한 것은?

> ┤ 보기 ├
>
> 선생님: 「꺼삐딴 리」는 서술의 초점이 극명하게 주인공에게 맞춰진 인물 소설이에요. 서술자는 다양한 방식으로 이인국이라는 인물의 부정적 속성을 형상화하면서 이를 통해 독자에게 바람직한 삶의 방식을 성찰하게 하고 있죠. 자, 그러면 윗글에서 서술자가 [A]를 통해 형상화하려는 부정적 속성은 무엇일까요?

① 불안정하고 예민한 정서

② 극단적이고 폭력적인 말투

③ 운명에 순응하는 체념적인 태도

④ 과거에 집착하는 고루한 가치관

⑤ 출세 지향적이고 기회주의적인 성격

유사한 수능 문제 형식

질문과 답변을 통해 윗글에 제시된 사건의 의미를 정리하였다. 적절하지 <u>않은</u> 것은?

21~25 다음 글을 읽고 물음에 답하시오.

　총수의 자택에 연못이 생긴 것은 그 며칠 전의 일이었다. 뜰 안에다 벽이고 바닥이고 시멘트를 들이부어 만들었으니 연못이라기보다는 수족관이라고 하는 편이 알맞은 시설이었다. 시멘트가 굳어지자 물을 채우고 울긋불긋한 비단잉어들을 풀어 놓았다.

　비단잉어들은 화려하고 귀티 나는 맵시로 보는 사람마다 탄성을 자아내게 하였으나, 그는 처음부터 흘기눈을 떴다. 비행기를 타고 온 수입 고기라서가 아니었다. 그 회사 직원의 몇 사람치 월급을 합쳐도 못 미치는 상식 밖의 몸값 때문이었다.

　"대관절 월매짜리 고기간디 그려?"

　내가 물어보았다.

　"마리당 팔십만 원씩 주구 가져왔댜."

　그 회사 직원들의 봉급 수준을 모르기에 내 월급으로 계산을 해 보니, 자그마치 3년 4개월 동안이나 봉투째로 쌓아야 겨우 한 마리 만져 볼까 말까 한 값이었다.

📜 문제 해결 포인트

❶ 서술상의 특징 파악

❷ '총수'에 대한 '유자'의 태도 파악

❸ '비단잉어'의 의미와 기능 파악

 사건 전개 과정

> 총수가 값비싼 비단잉어를 구입함.
>
> ↓
>
> 비단잉어들이 새벽에 떼죽음을 함.
>
> ↓
>
> 유자가 죽은 비단잉어들을 술안주로 먹음.

"웬 늠으 잉어가 사람버덤 비싸다냐?"

내가 기가 막혀 두런거렸더니,

[A] "보통 것은 아닐러먼그려. 뺃어낸메네또(베토벤)나 뭬라나를 틀어 주면 그 가락대루 따러서 허구, 차에코풀구싶어(차이콥스키)나 뭬라나를 틀어 주면 또 그 가락대루 따러서 허구, 좌우간 곡을 틀어 주는 대루 못 추는 춤이 읎는 순전 딴따라 고기닝께. 물고기두 꼬랑지 흔들어서 먹구 사는 물고기가 있다는 건 이번에 그 집에서 츰 봤구먼."

그런데 이 비단잉어들이 어제 새벽에 떼죽음을 한 거였다. 자고 일어나 보니 죄다 허옇게 뒤집어진 채로 떠 있는 것이었다.

총수가 실내화를 꿴 발로 뛰어나왔지만 아무 소용 없는 일이었다.

"어떻게 된 거야?"

한동안 넋 나간 듯이 서 있던 총수가 하고많은 사람 중에 하필이면 유자를 겨냥하며 물은 말이었다.

"글쎄유, 아마 밤새에 고뿔이 들었던 개비네유."

유자는 부러 딴청을 하였다.

"뭐야? 물고기가 물에서 감기 들어 죽는 물고기두 봤어?"

총수는 그가 마치 혐의자나 되는 것처럼 화풀이를 하려 드는 것이었다.

그는 비위가 상해서,

"그야 팔자가 사나서 이런 후진국에 시집와 살라니께 여라 가지루다 객고(客苦)가 쌯여서 조시두 안 좋았을 테구…… 그런디다가 부릇쓰구 지루박이구 가락을 트는 대루 디립다 춰 댔으니께 과로해서 몸살끼두 다소 있었을 테구…… 본래 받들어서 키우는 새끼덜일수록이 다다 탈이 많은 법이니께……."

그는 시멘트의 독성을 충분히 우려내지 않고 고기를 넣은 것이 탈이었으려니 하면서 부러 배참으로 의뭉을 떨었다.

"하는 말마다 저 말 같잖은 소리…… 시끄러 이 사람아."

총수는 말 가운데 어디가 어떻게 듣기 싫었는지 자기 성질을 못 이기며 돌아섰다.

그는 총수가 그랬다고 속상해할 만큼 속이 옹색한 편이 아니었다.

그렇지만 오늘 아침에 들은 말만은 쉽사리 삭일 수가 없었다.

총수는 연못이 텅 빈 것이 못내 아쉬운지 식전마다 하던 정원 산책도 그만두고 연못가로만 맴돌더니,

"유 기사, 어제 그 고기들은 다 어떡했나?"

또 그를 지명하며 묻는 것이었다.

그는 아무렇지 않게 대답했다.

"한 마리가 황소 너댓 마리 값이나 나간다는디, 아까워서 그냥 내뻔지기두 거시기

허구, 비싼 고기는 맛두 괜찮겄다 싶기두 허구……. 게 비눌을 대강 긁어서 된장
끼 좀 허구, 꼬치장두 좀 풀구, 마늘두 서너 통 다져 늫구, 멀국두 좀 있게 지져서
한 고뿌덜씩 했지유."

"뭣이 어쩌구 어째?"

"왜유?"

"왜애유? 이런 잔인무도한 것들 같으니……."

총수는 분기탱천(憤氣撑天)하여 부쩌지를 못하였다. 보아하니 아는 문자는 다 동
원하여 호통을 쳤으면 하나 혈압을 생각하여 참는 눈치였다.

"달리 처리헐 방법두 읎잖은감유."

총수의 성깔을 덧들이려고 한 말이 아니었다. 그가 할 수 있는 것이 그 방법말고는
없었기 때문에 그렇게 뒷동을 달은 거였다.

총수는 우악스럽고 무식하기 짝이 없는 아랫것들하고 따따부따해 봤자 공연히 위
신이나 흠이 가고 득 될 것이 없다고 판단했는지, 숨결이 웬만큼 고루 잡힌 어조로,

"그 불쌍한 것들을 저쪽 잔디밭에다 고이 묻어 주지 않고, 그래 그걸 술안주해서
처먹어 버려? 에이…… 에이…… 피두 눈물두 없는 독종들……."

하고 혼잣말처럼 중얼거리면서 들어가 버리는 것이었다.

"그리, 지져 먹어 보니 맛이 워떻타?"

내가 물은 말이었다.

"워떻기는 뭐가 워떠…… 살이라구 허벅허벅한 것이, 별맛도 읎더구만그려."

하고 그가 다시 말을 이었다.

"내가 독종이면 저는 말종인디…… 좌우지간 맛대가리 읎는 서양 물고기 한 사발
에 국산 욕을 두 사발이나 먹구 났더니, 지금지금허구 해감내가 나더래두 이런 붕
어 지지미 생각이 절루 나길래 예까장 나오라구 했던겨."

총수는 그 뒤로 그를 비롯하여 비단잉어를 나눠 먹었음 직한 대문 경비원이며, 보
일러실 화부며, 자녀들 등·하교용 승용차 운전수며, 자택에서 근무하는 종업원들에
게는 조석으로 눈을 흘기면서도, 비단잉어 회식 사건을 빌미로 인사이동을 단행할
의향까지는 없는 것 같았다.

그는 하루바삐 총수의 승용차 운전석을 떠나고 싶었다. 남들은 그룹 소속 운전수
들의 정상(頂上)이나 다름없는 그 자리에 서로 못 앉아서 턱주가리가 떨어지게 올려
다보고들 있었지만, 그는 총수가 틀거지만 그럴듯한 보잘것없는 위선자로 비치기
시작하자, 그동안 그런 줄도 모르고 주야로 모셔 온 나날들이 그렇게 욕스러울 수가
없었고, 그런 위선자에게 이렇듯 매인 몸으로 살 수밖에 없는 구차스러운 삶이 직살
맞고 가련하지 않을 수가 없었다.

－ 이문구, 「유자소전」

21 윗글의 서술상 특징으로 적절하지 <u>않은</u> 것은?

① 사투리를 사용하여 현장감을 높이고 있다.

② 인물에 관한 짧은 이야기를 제시하고 있다.

③ 우스꽝스러운 표현을 통해 웃음을 유발하고 있다.

④ 시대적 배경을 묘사하여 당대 세태를 비판하고 있다.

⑤ 작품 속 서술자가 주인공을 관찰하여 서술하고 있다.

22 윗글을 통해 알 수 있는 내용으로 적절하지 <u>않은</u> 것은?

① 유자는 비싼 몸값의 비단잉어를 못마땅하게 여겼다.

② 유자는 비단잉어가 죽은 진짜 이유를 은폐하려고 하였다.

③ 총수는 유자에게 비단잉어의 죽음에 대한 화풀이를 하려고 하였다.

④ 유자는 비꼬는 어투로 총수에 대한 불만을 간접적으로 드러내었다.

⑤ 총수는 값비싼 비단잉어를 먹은 직원들의 몰인정함을 강하게 비난하였다.

23 '비단잉어'는 '총수'와 '유자' 사이의 (   )을/를 유발하는 소재로, '총수'의 사치스러움, 허영심, (   )주의를 보여 준다.

24 [A]에 나타나는 표현 방법과, '유자'가 [A]와 같이 말함으로써 얻고자 하는 효과가 무엇인지 서술하시오.

수능형

25 〈보기〉를 참고하여 윗글을 이해한 내용으로 적절하지 <u>않은</u> 것은?

| 보기 |

　전(傳)은 교훈을 목적으로 역사적으로 남다른 일을 한 사람이나 인물에 대한 흥미로운 이야기를 서술한 갈래로, 한 인물의 일대기를 요약하여 서술하거나 사람의 독특한 행적을 기록하고 여기에 교훈적인 내용이나 평가를 덧붙인 것이다. 「박씨전」, 「춘향전」 등으로 고전 소설의 제목이 대부분 '전'으로 되어 있는 것은 고전 소설이 '전'의 양식을 계승했음을 보여 주는 증거라고 할 수 있다.

① 유자의 삶과 행적을 서술한 글이군.

② 유자의 삶에 대한 서술자의 평가가 담겨 있겠군.

③ 유자의 삶을 통해 교훈을 전달하려는 목적을 지니고 있군.

④ 제목을 통해 '전(傳)'의 양식을 차용하고 있음을 알 수 있군.

⑤ 우리 전통의 서정 갈래 양식을 계승하고 있음을 알 수 있군.

26~30 다음 글을 읽고 물음에 답하시오.

[앞부분의 줄거리] 어느 날, 남해 용왕이 병이 걸렸는데, 용왕의 병에는 토끼의 간이 특효약이라고 하여 별주부가 토끼를 찾으러 육지로 간다. 별주부는 높은 벼슬을 주겠다는 말로 토끼를 꼬드기고 토끼는 별주부에 꾐에 넘어가 별주부와 함께 수궁으로 온다.

"과인은 옥황상제의 명을 받아 이 남해를 지켜 왔다. 또 인간에게는 비를 주고, 바다의 생물을 위하여 은혜를 널리 베풀며 열심히 살아왔다. 그러다가 우연히 병을 얻게 되어 오늘에 이르렀구나. 토끼의 간이 아니면 다른 약이 없는 처지에 별주부가 충성심을 발휘해 그 험한 육지에 가서 너를 잡아 왔느니라.

네 간을 내어 먹고 짐의 병이 낫는다면, 토끼 너의 공을 어찌 잊겠느냐. 우리 용궁 최고의 건축물인 기린각 능운대에 네 이름을 새겨 길이 보존할 것이다. 그게 아니면 네가 원하는 것은 다 이루어 주마. 목숨을 바쳐 명분을 이루는 것 또한 의미 있는 삶이 아니겠느냐. 그러니 조금도 서러워하지 말고 어서 칼을 받거라."

용왕의 청천벽력(靑天霹靂) 같은 분부를 받은 토끼는 아무 대답도 못하고 고개를 들어 임금을 바라보며 눈물만 뚝뚝 떨어뜨렸다.

용왕이 그 모습을 보니 아무 죄 없이 자기 때문에 죽게 된 토끼가 딱하기도 하고 가련하기도 했다. 이왕 죽는 것, 좋은 말로 타일러 웃음이나 머금고 죽게 하자 하는 마음으로 토끼를 달랬다.

"짐을 위해 죽는 것이 서러워서 눈물을 흘리느냐?"

"죽는 게 서러워서가 아니옵고, 못 죽어서 우나이다."

못 죽어서 울다니 이 무슨 해괴망측한 말인가. 용왕이 의아해서 물었다.

"그것이 무슨 말인가?"

"용왕님, 제가 아뢸 터이니 잘 들으십시오. 인간 세상에 가면 흔하디흔한 게 저 같은 작은 목숨입니다. 언제 독수리 밥이 될지 사냥개 반찬이 될지 누가 알겠습니까. 사냥꾼이 쳐 놓은 그물에 걸리든 화총 불에 타든 어찌하든 죽는 거야 시간문제이지요. 그렇게 죽고 나면 세상에 살다 간 저를 누가 기억해 주겠습니까?

제가 배 속의 간이라도 내어 대왕의 병을 고치는 데 쓴다면, 설령 병이 낫지 않더라도 저의 아름다운 이름을 오랫동안 전하게 될 것이니까요. 게다가 행여라도 병환이 나으면 대왕 덕택에 기린각 능운대에 새겨진 저의 이름을 후세에 전할 테니 천재일우(千載一遇)가 따로 없겠지요. 그런데 이 방정맞은 것이 그만 간 없이 왔사오니 절통하기가 그지없나이다."

용왕이 기막혀하며 껄껄껄 크게 웃었다.

"그대는 참으로 미련하구나. 거짓말을 하더라도 그럴듯하게 할 것이지, 말도 안 되는 그런 말을 누가 곧이듣겠느냐? 네 몸이 여기 와 있는데 네 배 속에 있는 간이 어찌 함께 못 왔는고?"

📜 **문제 해결 포인트**

❶ 인물의 성격 파악
❷ 각 인물이 상징하는 계층 파악
❸ 인물에 따른 주제 파악

 배경의 상징

수궁	• 지배 관료층의 세계 • 귀족 사회
육지	• 피지배 서민층의 세계 • 서민 사회

토끼 역시 용왕의 웃음을 되받아치듯 하늘을 바라보며 크게 웃었다.

"간사하고도 미련한 토끼 같으니라고. 성제가 느러나니 할 말이 없어 웃는구나."

"대왕처럼 그 높은 지위에도 그토록 무식하니 어찌 웃지 않겠습니까? 제 간이 몸 안팎을 드나드는 것은 젖내 나는 세 살짜리 아이부터 지팡이 짚고 다니는 노인까지 다 아는 일입니다. 그런데 대왕께서 혼자 모르시니 웃음이 절로 나옵니다.

[A]
밤하늘의 밝은 기운이 차고 이지러지는 이치는 달이 맡아서 하고 있습니다. 보름 이전이면 차오르다가 보름 이후면 서서히 줄어드는 거야 아시겠지요. 그 달과 토끼는 깊은 관련이 있어 달의 별명이 '옥토'가 된 것입니다.

또한 바닷물이 나아가고 물러서는 이치는 조수가 맡았기에 사리에는 물이 많아지고, 조금에는 적어집니다. 조수 또한 토끼와 인연이 깊어 '삼토'라는 별명이 붙게 되었습니다.

그래서 제 배 속에 있는 간은 달빛 같고 조수 같지요. 보름 전에는 배 안에 두고, 보름 후에는 배 밖에 둡니다. 바다처럼 나아가고 물러나며, 달처럼 차고 이지러지는 고로 약이 되어 좋다 하지요. 만일 다른 짐승처럼 배 속에만 줄곧 있으면 허다한 짐승 중에 하필 토끼의 간이 좋다 하겠습니까?

이달 15일에 명산으로 널리 알려진 낭야산에서 저희 짐승들의 모임이 있었습니다. 그때 제 간을 빼내 파초잎에 곱게 싸서 낭야산 최고봉에 우뚝 선 노송 가지에 높이 매달아 놓고 모임에 나갔다가 저 별주부를 만나 곧바로 따라왔습니다. 다음 달 초하룻날이나 되어야 배 속에 다시 넣을 간을 어찌 가져올 수 있었겠습니까?"

용왕이 들어 보니 이치가 그럴듯했다. 저런 줄을 알았다면 약을 가르쳐 준 선관에게 자세히 물어나 보았을 텐데 하고 후회가 되었다.

(중략)

"이놈 자라야! 네 죄를 따지자면 죽여도 아깝지 않도록 괘씸하다. 만일 내 말재주가 네 용왕처럼 미련했더라면, 아까운 이내 목숨 수중 원혼(水中寃魂)이 되었겠구나. 옛 책에는 '짐승이 미련하기가 물고기와 같다.' 했는데 너희 물고기들이 미련하기는 우리 털 있는 짐승보다 더하구나.

오장에 붙어 있는 간을 어찌 넣고 빼고 할 수가 있겠느냐? 네 소행을 생각하면 산속으로 잡아다가 푹 삶아서 백소주 안줏감으로 초장이나 찍어 먹으며 우리 동무들과 잔치를 벌이고 싶은 마음 간절하구나. 그러나 임금을 위하는 마음에서 그런 것이며, 만경창파(萬頃蒼波) 그 먼 길을 네 등으로 왕래하며 죽고 사는 고생을 함께하였기에 목숨만은 살려 보내 주겠다. 그리 알고 속히 궁으로 돌아가거라.

좋은 약을 보내기로 네 왕에게 약속했으니, 점잖은 내 체면에 어찌 식언(食言)을 하겠느냐? 내 똥이 매우 좋아 열을 내리게 한다 하여 사람들이 주워서 않는 아이에게 먹인단다. 내가 살펴보니 네 왕의 두 눈자위에 열기가 아주 많이 몰렸더라. 이걸 갖다가 먹이면 병이 곧 나을 게다."

– 작자 미상, 「토끼전」

26 윗글에 대한 설명으로 적절하지 <u>않은</u> 것은?

① 판소리가 문자로 정착된 판소리계 소설이다.
② 등장인물 사이의 갈등의 원인이 드러나 있다.
③ 수궁과 육지를 오가면서 사건이 전개되고 있다.
④ 주인공인 토끼가 자신의 이야기를 서술하고 있다.
⑤ 다양한 동물을 의인화하여 인간 사회를 풍자하고 있다.

27 윗글의 등장인물에 대한 설명으로 적절하지 <u>않은</u> 것은?

① 토끼는 용왕의 의심에 잘 대처하는 임기응변에 능한 인물이야.
② 토끼는 별주부의 꾐에 넘어간 것으로 보아 허욕이 강한 인물이야.
③ 별주부는 토끼의 간을 구하기 위해 최선을 다하는 충직한 인물이야.
④ 용왕은 토끼의 죽음을 기억하려는 것으로 보아 예의가 바른 인물이야.
⑤ 용왕은 자신의 병을 고치기 위해 토끼를 희생시키려는 이기적인 인물이야.

> 임기응변은 그때그때 처한 사태에 맞추어 즉각 그 자리에서 결정하거나 처리하는 것을 뜻해.

28 윗글이 창작된 시기가 조선 시대임을 고려하면, '토끼'는 (   )을/를, '별주부'는 신하를, '용왕'은 (   )을/를 상징한다고 할 수 있다.

29 윗글에서 '토끼'를 대하는 '용왕'의 태도를 고려할 때, 윗글의 주제를 무엇으로 볼 수 있는지 서술하시오.

유사한 수능 문제 형식

[A], [B]에서 각각 드러나는 인물의 말하기 방식에 대한 이해로 적절하지 <u>않은</u> 것은?

30 수능형 [A]에 나타난 토끼의 말하기 방식이 지닌 특징과 효과로 가장 적절한 것은?

① 성인(聖人)의 말을 인용하여 주장의 신뢰성을 높이고 있다.
② 자신이 특별한 인물임을 내세워 상대방의 믿음을 얻으려 하고 있다.
③ 자신의 경험으로부터 새로운 사실을 유추하여 설득력을 높이고 있다.
④ 말을 장황하게 늘어놓음으로써 위기를 타개할 시간을 마련하려 하고 있다.
⑤ 자신이 처한 상황의 절박성을 강조하여 상대방의 판단 유보를 유도하고 있다.

31~35 다음 글을 읽고 물음에 답하시오.

문제 해결 포인트

❶ 인물 간의 갈등 양상 파악
❷ 제목 '오아시스 세탁소'의 의미 파악
❸ 세탁 장면에 담긴 작가의 의도 파악

TIP 인물 간의 갈등 양상

이 작품은 전반부와 후반부의 갈등 양상이 다르게 나타남.

전반부	세탁소 사람들과 안씨 일가가 대립함.
후반부	강태국과 나머지 사람들이 대립함.

[앞부분의 줄거리] 강태국은 자신이 하는 일은 사람의 마음을 세탁하는 일이라는 신념을 가지고 아내 장민숙과 함께 2대째 오아시스 세탁소를 운영하고 있다. 어느 날 인근에 사는 할머니의 간병인인 서옥화가 병든 할머니의 옷 보따리를 세탁소에 맡기고 할머니의 가족인 안유식, 허영분, 안경우, 안미숙이 세탁소로 와 막무가내로 할머니의 간병인이 맡긴 것을 내놓으라고 난동을 부린다. 세탁소 사람들은 행패를 부리는 이들에게 대항하나, 안유식이 할머니의 재산을 찾는 사람에게 재산의 50프로를 준다고 하자 간병인 서옥화와 세탁소 사람들인 장민숙, 강대영, 염소팔까지, 강태국을 제외한 모든 이들이 할머니의 재산을 탐내게 된다.

그들은 강태국의 뒤에서, 밑에서, 앞에서 숨어서 마치 임무를 수행하는 첩보원들처럼 검은 복색 일색으로 우스꽝스럽게 꾸며 입고 세탁소에 잠입하여 서로가 모르려니 제 생각만 하고 옷들을 뒤지기 시작한다. 서로의 소리에 놀라면 야옹거리고, 서로의 그림자에 놀라면 찍찍거려 숨으며, 서로 스쳐 지나가면서도 돈에 눈이 가리어 알아보지 못한다.

어둠 속에 벌레처럼 꿈틀거리는 욕망의 불빛들. 작은 전등을 입에 물고, 머리에 달고, 손에 들고 옷과 옷 사이를 아슬아슬하게 누비는 불빛들. 전등 불빛에 드러나는 옷들이 마치 귀신 형상처럼 보인다. 불빛에 춤을 추는 옷들, 이리저리 집어던져져 날아다니는 옷들. 도깨비 옷 파티.

염소팔이 던진 옷에 백열등이 크게 흔들린다. 놀란 사람들 제품에 얼른 옷 사이로 숨는다. 강태국이 백열등을 고정하며 주위를 둘러본다.

강태국: 뭐여? 왜 이래? 누구 있어?

염소팔: 야옹.

강태국: 가라, 가. (솔로 옷을 턴다.) 우리 마누라 알뜰해서 너 먹을 거 없다. (고개를 갸웃거리며 입에 대고 맛을 본다.) 어디 보자. 이게 뭐냐? 떫은맛이 나는 것도 같고, 어디 보자. (상자 속에서 옛날 아버지 잡기장을 꺼내 읽어 본다.) 이 법은 옷에 묻은 물의 맛에 따라 그와 반대되는 맛 가진 물건으로 빼는 것이니…… (아버지 생각에 어깨를 들썩이며 운다.) 아버지, 미안해요. (다시 상자를 뒤지며 세탁대 밑에서 소주병을 꺼내며 먼지를 닦아 한 모금 마신다.) 세상이 어떤 세상인데 세탁소를 하나? (또 한 모금 마신다.) 인간 강태국이가 세탁소 좀 하면서 살겠다는데 그게 그렇게도 이 세상에 맞지 않는 짓인가? 이 때 많은 세상 한 귀퉁이 때 좀 빼면서, 그거 하나 지키면서 보람 있게 살아 보겠다는데 왜 흔들어? 돈이 뭐야? 돈이 세상의 전부야? (술 한 모금 마시고) 느이놈들이 다 몰라줘도 나 세탁소 한다. 그게 내 일이거든…….

사람들 자기 자리에 숨어서 강태국을 보며 제각기 분통을 터뜨린다.

강대영: (방백) 진짜 짜증 나, 아버지 왜 저러지?

허영분: (방백) 미쳤어!

염소팔: (방백) 돌아 버리겠네.

안경우: (방백) 확 죽여 버릴까…….

장민숙: (비명 지른다.) 악!

강태국: (놀라) 거 누구요?

사람들: (그들도 놀라 다급하게 저마다 동물 소리를 낸다.) 아야옹, 찍, 찍.

강태국: 세탁소가 갑자기 동물의 왕국이 됐나?

강태국, 고개를 갸웃거리며 옷들 사이를 이리저리 살펴본다. 다시 흥얼거리며 옷을 정리하는 강태국. 잠깐 놀란 듯이 멈추며 옷을 들고 서 있다가 세탁대로 와서 아버지의 잡기장을 뒤진다.

강태국: 그렇지, 할머니가 처음 세탁물을 맡겼을 때가 아버지가 살아 계셨을 때니까. (세탁대에 앉아 잡기장을 읽으며 고개를 끄덕인다.) 아버지! 그래, 여기 있네, 있어.

사람들 더욱 조급해진 마음에 제각기 구시렁댄다.

염소팔: (방백) 원수가 따로 없구먼.

안유식: (방백, 명령조로) 불을 꺼 버려!

서옥화: (방백) 두꺼비집을 내려!

안미숙: (방백) 어서요!

염소팔: (놀라 얼떨결에) 예! (두꺼비집을 내린다.)

(중략)

사람들: (따라서) 어서 내놔!

강태국: 당신들이 사람이야? 어머님 임종은 지키고 온 거야? / 사람들: 아니!

강태국: 에이, 나쁜 사람들. (옷을 가지고 문으로 향하며) 나 못 줘! (울분에 차서) 이게 무엇인지나 알어? 나 당신들 못 줘. 내가 직접 할머니 갖다드릴 거야.

장민숙: 여보, 나 줘! / 강대영: 아버지, 나요!

강태국: 안 돼, 할머니 갖다줘야 돼. 왠지 알어? 이건 사람 것이거든. 당신들이 사람이믄 주겠는데, 당신들은 형상만 사람이지 사람이 아니야. 당신 같은 짐승들에게 사람의 것을 줄 순 없어. (나선다.)

안유식: 에이! (달려든다.) / 강태국: (도망치며) 안 돼!

사람들, 강태국을 향해 서로 밀치고 잡아당기고 뿌리치며 간다. 세탁기로 밀리는 강태국.

강태국, 재빨리 옷을 세탁기에 넣는다. 사람들 서로 먼저 차지하려고 세탁기로 몰려들어간다. 강태국이 얼른 세탁기 문을 채운다. 놀라는 사람들, 세탁기를 두드린다.

강태국, 버튼 앞에 손을 내밀고 망설인다. 사람들 더욱 세차게 세탁기 문을 두드린다. 강태국, 버튼에 올려놓은 손을 부르르 떨다가 강하게 누른다. 음악이 폭발하듯 시작되고 굉음을 내고 돌아가는 세탁기. 무대 가득 거품이 넘쳐난다. 빨래 되는 사람들의 고통스러운 얼굴이 유리에 부딪혔다 사라지고, 부딪혔다 사라지고……

강태국이 주머니에서 글씨가 빽빽이 적힌 눈물 고름을 꺼내어 들고 무릎을 꿇고 앉는다.

강태국: (눈물 고름을 받쳐 들고) 할머니, 비밀은 지켜 드렸지요? 그 많은 재산, 이 자식 사업 밑천, 저 자식 공부 뒷바라지에 찢기고 잘려 나가도, 자식들은 부모 재산이 화수분인 줄 알아서, 이 자식이 죽는 소리로 빼돌리고, 저 자식이 앓는 소리로 빼돌려, 할머니를 거지를 만들어 놓았어도 불효자식들 원망은커녕 형제간에 의 상할까 걱정하시어 끝내는 혼자만 아시고 아무 말씀 안 하신 할머니의 마음, 이제 마음 놓고 가셔서 할아버지 만나서 다 이르세요. 그럼 안녕히 가세요! 우리 아버지 보시면 꿈에라도 한번 들러 가시라고 전해 주세요. (눈물 고름을 태워 드린다.)

음악 높아지며, 할머니의 혼백처럼 눈부시게 하얀 치마저고리가 공중으로 올라간다. 세탁기 속의 사람들도 빨래집게에 걸려 죽 걸린다.

강태국: (바라보고) 깨끗하다! 빨래 끝! (크게 웃는다.) 하하하.

- 김정숙, 「오아시스 세탁소 습격 사건」

31 윗글에 대한 설명으로 적절하지 <u>않은</u> 것은?

① 오아시스 세탁소를 배경으로 하고 있다.

② 할머니의 옷 보따리로 인해 갈등이 발생하고 있다.

③ 대조적인 인물을 등장시켜 작가 의식을 드러내고 있다.

④ 비현실적인 요소를 이용하여 갈등이 해결되는 모습을 제시하고 있다.

⑤ 사건을 과거형으로 표현하여 인물이 개과천선하는 과정을 보여 주고 있다.

32 윗글에 대한 이해로 적절하지 <u>않은</u> 것은?

① 강태국은 자신의 일에 대해 신념을 가지고 있다.

② 강태국을 제외한 사람들은 할머니의 재산을 탐내고 있다.

③ 물질에 눈먼 사람들을 우스꽝스럽게 표현하여 웃음을 유발하고 있다.

④ 강태국은 형제간의 우애를 저버린 안씨 일가의 화해를 중재하고 있다.

⑤ 강태국은 글씨가 적힌 눈물 고름을 보고 할머니의 비밀을 알게 되었다.

33 '오아시스 세탁소'는 사막의 (   )처럼 소중하고 가치 있는 존재로, (   ) 주의가 팽배한 세상에서 사람들의 마음을 깨끗하고 순수하게 만들어 주는 공간을 상징한다.

> '오아시스 세탁소'는 탐욕스러운 사람들의 마음이 정화되는 공간이야.

34 윗글의 결말을 바탕으로 할 때 작가가 궁극적으로 비판하고자 하는 바를 서술하시오.

수능형

35 〈보기〉의 관점에 따라 윗글을 해석한 내용으로 적절한 것은?

> ┤ 보기 ├
> 작품에서 현실을 어떻게 그려 내고 있는가를 중심으로 작품을 해석한다.

> 이 작품에는 어떤 사회·문화적 상황이 반영되어 있는지 생각해 봐.

① 올바른 가치를 추구하는 강태국을 통해 교훈을 얻을 수 있었어.

② 물질적 가치를 최고로 여기는 요즘 세태가 반영된 작품인 것 같아 씁쓸했어.

③ 윗글을 읽은 독자들은 자신의 삶을 되돌아볼 수 있는 기회를 가질 것이라고 생각해.

④ 사람을 살게 하는 건강한 힘인 희망을 다루었다는 작가의 인터뷰처럼 윗글은 삶의 희망을 그린 작품인 것 같아.

⑤ 더러운 옷의 때를 빼는 세탁기의 속성을 이용하여 사람을 세탁하는 장면은 탐욕스러운 사람들의 마음이 정화되기를 바라는 작가의 의도가 잘 반영된 부분 같아.

마무리 정리하기

갈래	세부 주제	내용
운문 문학	탐관오리 및 세태에 대한 비판과 풍자	→ 우회적인 방법을 통해 조선 후기 지배층의 부패와 착취, 각박한 세태 등의 당대 현실을 고발하고 비판·풍자함.
	당대 역사적 현실에 대한 비판	→ 일제 강점기, 분단, 전쟁, 독재 정권 등 당대 현실에 대한 문제의식을 바탕으로 부정적 현실을 비판함.
	자본주의의 폐해에 대한 비판	→ 환경 오염, 인간성의 황폐화, 소비주의 등 자본주의 사회에서 비롯된 문제들에 대한 비판 의식을 드러냄.
산문 문학	타락한 지배층, 모순된 제도에 대한 비판과 풍자	→ 지배층의 허위와 무능, 위선적 태도 등 타락한 지배층의 모습을 비판·풍자하거나, 과거 제도의 타락상 등 모순된 제도에 대해 비판·풍자함.
	왜곡된 역사 인식, 이기주의적 세태에 대한 비판과 풍자	→ 왜곡된 역사 인식을 가진 인물을 풍자하여 그들의 행태를 비판하거나 자기의 이익만을 챙기려는 이기적인 군상의 모습을 포착하여 당대 세태를 비판·풍자함.
	부조리한 시대, 각박한 현실, 소시민적 태도에 대한 비판	→ 자유를 억압받던 독재 정권 시기의 부조리한 현실을 고발하거나 물질 만능주의 세태를 비판함. 또는 안일한 태도로 안주하는 소시민적 태도를 비판함.

슬픔이 기쁨에게 _ 정호승

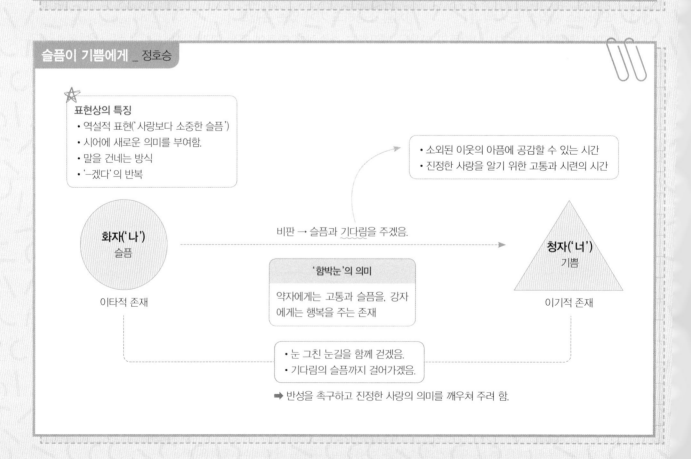

표현상의 특징
• 역설적 표현('사랑보다 소중한 슬픔')
• 시어에 새로운 의미를 부여함.
• 말을 건네는 방식
• '–겠다'의 반복

• 소외된 이웃의 아픔에 공감할 수 있는 시간
• 진정한 사랑을 알기 위한 고통과 시련의 시간

화자('나')
슬픔

비판 → 슬픔과 기다림을 주겠음.

청자('너')
기쁨

이타적 존재

'함박눈'의 의미
약자에게는 고통과 슬픔을, 강자에게는 행복을 주는 존재

이기적 존재

• 눈 그친 눈길을 함께 걷겠음.
• 기다림의 슬픔까지 걸어가겠음.

➡ 반성을 촉구하고 진정한 사랑의 의미를 깨우쳐 주려 함.

풀벌레들의 작은 귀를 생각함 _ 김기택

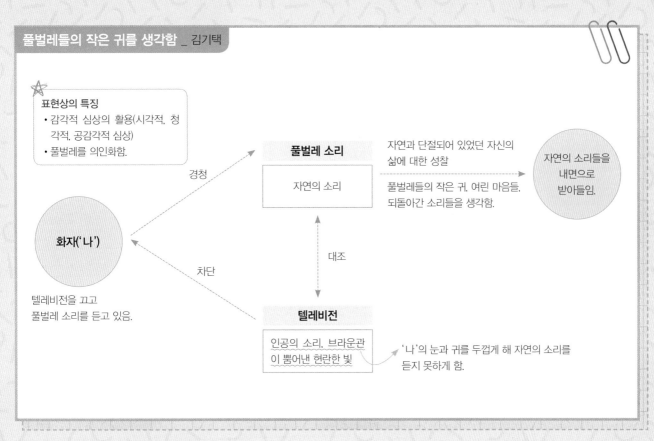

표현상의 특징
- 감각적 심상의 활용(시각적, 청각적, 공감각적 심상)
- 풀벌레를 의인화함.

화자('나')

텔레비전을 끄고
풀벌레 소리를 듣고 있음.

경청

차단

풀벌레 소리

자연의 소리

대조

텔레비전

인공의 소리, 브라운관이 뿜어낸 현란한 빛

'나'의 눈과 귀를 두껍게 해 자연의 소리를 듣지 못하게 함.

자연과 단절되어 있었던 자신의 삶에 대한 성찰

풀벌레들의 작은 귀, 여린 마음들, 되돌아간 소리들을 생각함.

자연의 소리들을 내면으로 받아들임.

두꺼비 파리를 물고 ～ _ 작자 미상

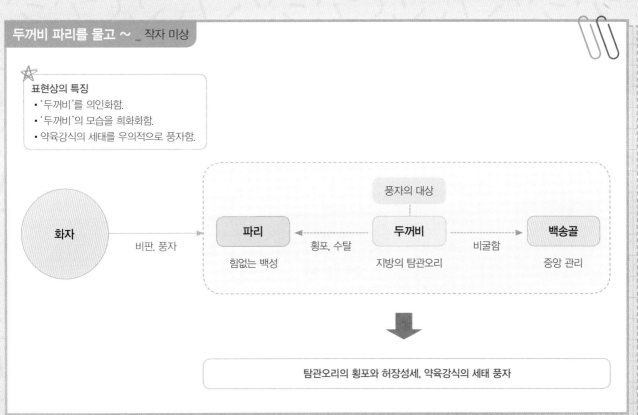

표현상의 특징
- '두꺼비'를 의인화함.
- '두꺼비'의 모습을 희화화함.
- 약육강식의 세태를 우의적으로 풍자함.

화자

비판, 풍자

풍자의 대상

파리

힘없는 백성

횡포, 수탈

두꺼비

지방의 탐관오리

비굴함

백송골

중앙 관리

탐관오리의 횡포와 허장성세, 약육강식의 세태 풍자

마무리 정리하기

꺼삐딴 리 _ 전광용

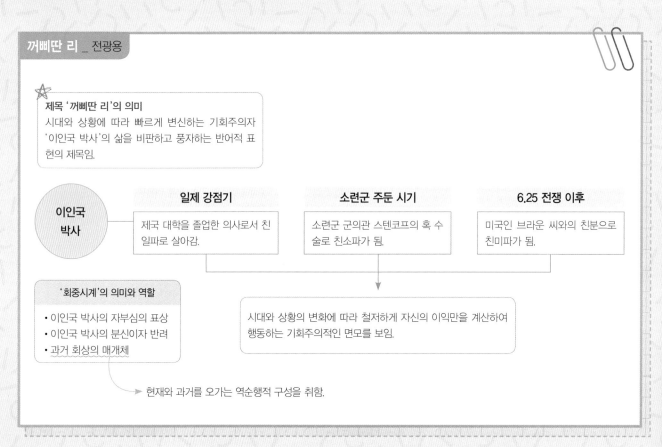

제목 '꺼삐딴 리'의 의미
시대와 상황에 따라 빠르게 변신하는 기회주의자 '이인국 박사'의 삶을 비판하고 풍자하는 반어적 표현의 제목임.

이인국 박사

일제 강점기	소련군 주둔 시기	6.25 전쟁 이후
제국 대학을 졸업한 의사로서 친일파로 살아감.	소련군 군의관 스텐코프의 혹 수술로 친소파가 됨.	미국인 브라운 씨와의 친분으로 친미파가 됨.

'회중시계'의 의미와 역할
• 이인국 박사의 자부심의 표상
• 이인국 박사의 분신이자 반려
• 과거 회상의 매개체

시대와 상황의 변화에 따라 철저하게 자신의 이익만을 계산하여 행동하는 기회주의적인 면모를 보임.

→ 현재와 과거를 오가는 역순행적 구성을 취함.

유자소전 _ 이문구

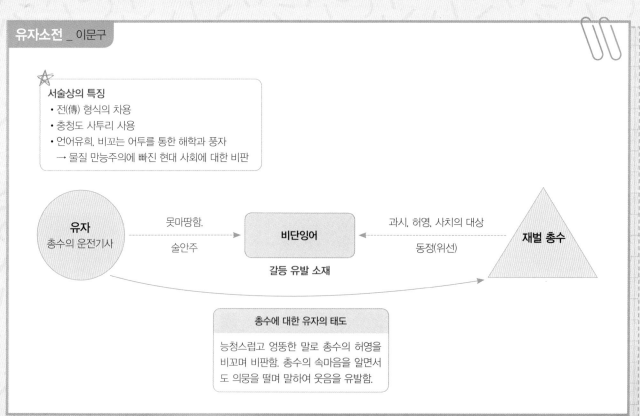

서술상의 특징
• 전(傳) 형식의 차용
• 충청도 사투리 사용
• 언어유희, 비꼬는 어투를 통한 해학과 풍자
  → 물질 만능주의에 빠진 현대 사회에 대한 비판

유자
총수의 운전기사

못마땅함.
술안주

비단잉어
갈등 유발 소재

과시, 허영, 사치의 대상
동정(위선)

재벌 총수

총수에 대한 유자의 태도
능청스럽고 엉뚱한 말로 총수의 허영을 비꼬며 비판함. 총수의 속마음을 알면서도 의뭉을 떨며 말하여 웃음을 유발함.

토끼전 _ 작자 미상

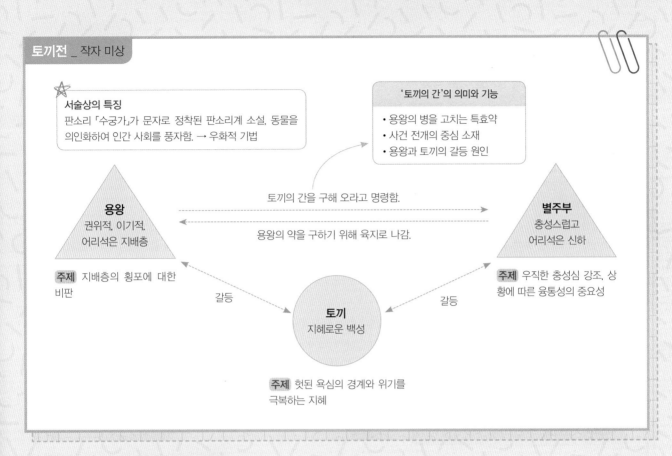

★ **서술상의 특징**
판소리 「수궁가」가 문자로 정착된 판소리계 소설. 동물을 의인화하여 인간 사회를 풍자함. → 우화적 기법

'토끼의 간'의 의미와 기능
• 용왕의 병을 고치는 특효약
• 사건 전개의 중심 소재
• 용왕과 토끼의 갈등 원인

용왕
권위적, 이기적, 어리석은 지배층

토끼의 간을 구해 오라고 명령함.
용왕의 약을 구하기 위해 육지로 나감.

별주부
충성스럽고 어리석은 신하

주제 지배층의 횡포에 대한 비판

주제 우직한 충성심 강조, 상황에 따른 융통성의 중요성

갈등   갈등

토끼
지혜로운 백성

주제 헛된 욕심의 경계와 위기를 극복하는 지혜

오아시스 세탁소 습격 사건 _ 김정숙

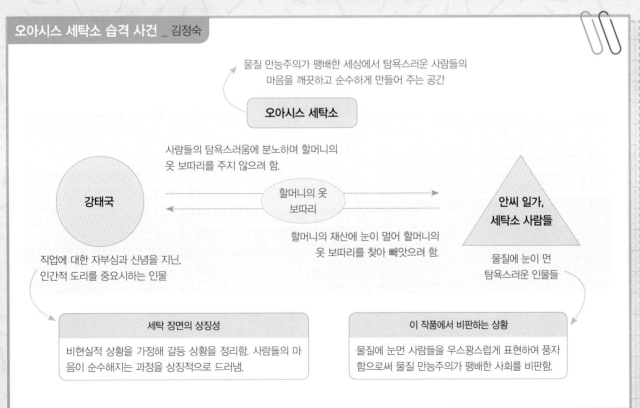

물질 만능주의가 팽배한 세상에서 탐욕스러운 사람들의 마음을 깨끗하고 순수하게 만들어 주는 공간

오아시스 세탁소

사람들의 탐욕스러움에 분노하며 할머니의 옷 보따리를 주지 않으려 함.

강태국

할머니의 옷 보따리

안씨 일가, 세탁소 사람들

할머니의 재산에 눈이 멀어 할머니의 옷 보따리를 찾아 빼앗으려 함.

직업에 대한 자부심과 신념을 지닌, 인간적 도리를 중요시하는 인물

물질에 눈이 먼 탐욕스러운 인물들

세탁 장면의 상징성
비현실적 상황을 가정해 갈등 상황을 정리함. 사람들의 마음이 순수해지는 과정을 상징적으로 드러냄.

이 작품에서 비판하는 상황
물질에 눈먼 사람들을 우스꽝스럽게 표현하여 풍자함으로써 물질 만능주의가 팽배한 사회를 비판함.

더 읽어 보기

● **감상 넓히기 _ 비판과 풍자를 다룬 작품**

작가들은 부정적 현실이라는 당대의 모습을 작품으로 창작하기에 비판과 풍자를 다룬 작품들이 많아요. 앞서 운문 문학에서는 이기적인 현대인의 삶을 비판하는 작품, 문명과 인간의 이기를 비판하는 작품, 탐관오리의 행태를 풍자하는 작품을 감상하였으니, 군사 독재 정권을 비판하는 시를 살펴보도록 해요. 또 산문 문학에서는 기회주의적 행태를 비판하는 작품, 탐욕스럽고 이기적인 모습을 지닌 인물들을 풍자하는 작품, 타락한 지배층을 비판하는 작품을 감상하였으니 소시민적 태도를 비판하는 소설을 감상해 보도록 해요.

■ **새들도 세상을 뜨는구나 _ 황지우**

이 시는 1980년대 극장에서 영화 상영 전에 틀어 주었던 애국가의 화면을 모티프로 삼아 암울한 현실에 대한 비판 의식을 노래한 작품입니다. 새와 인간의 대비를 통해 주제를 우회적으로 드러내고 반어적 의미를 부여하여 현실은 애국가의 가사처럼 결코 바람직하지 않음을 강조하고 있습니다.

■ **큰 산 _ 이호철**

이 소설은 고무신짝이 환기하는 미신적 불길함을 다른 집 담장 너머로 던져 버리며 액땜하려는 모습을 통해 소시민들의 이기주의적 행태를 비판하고 있는 작품입니다. 제목인 '큰 산'은 근원적인 갈망의 대상이라는 상징적 의미를 지니고 있는 소재로, 작가는 삶의 방향이 되어 줄 수 있는 존재 혹은 가치가 필요함을 '큰 산'의 상징적 의미를 통해 전달하고 있습니다.

새들도 세상을 뜨는구나 _ 황지우

영화(映畫)가 시작하기 전에 우리는
<small>공간적 배경: 영화관   화자. 현실에 구속을 받는 존재</small>
일제히 일어나 애국가를 경청한다
<small>획일화된 모습   강요된 애국심   반어적 표현</small>
삼천리 화려 강산의
<small>애국가의 한 구절을 반어적 표현으로 사용함.</small>
을숙도에서 일정한 군(群)을 이루며

갈대숲을 이룩하는 흰 새 떼들이
<small>자유로운 존재, '우리'와 대조됨.</small>
「자기들끼리 끼룩거리면서   □: 음성 상징어를 사용한 현실 비판

자기들끼리 낄낄대면서」   「 」: 현실에 대한 냉소적 태도

일렬 이열 삼렬 횡대로 자기들의 세상을
<small>획일화를 강요하는 군사 문화에 대한 풍자 ①</small>
이 세상에서 떼어 메고
<small>부정적인 현실</small>
이 세상 밖 어디론가 날아간다
<small>화자가 지향하는 세계</small>
우리도 우리들끼리 / 낄낄대면서 / 깔쭉대면서

우리의 대열을 이루며
<small>획일화를 강요하는 군사 문화에 대한 풍자 ②</small>
한 세상 떼어 메고

이 세상 밖 어디론가 날아갔으면
<small>현실에서 벗어나고 싶은 소망</small>
하는데 대한 사람 대한으로 / 길이 보전하세로

각각 자기 자리에 앉는다 / 주저앉는다
<small>현실에서 벗어날 수 없음에서 오는 좌절감</small>

▶ **갈래** 자유시, 참여시

▶ **주제** 암울한 현실로 인한 좌절감

▶ **특징**
① 반어적 표현을 통해 현실을 풍자함.
② 애국가의 시작과 끝에 맞춘 구성을 취함.
③ 의성어를 통해 현실에 대한 부정적 인식을 표현함.

▶ **구성**
• 1~2행: 극장에서 애국가를 경청함.
• 3~10행: 세상 밖으로 날아가는 흰 새 떼들을 부러워함.
• 11~20행: 현실에서 벗어나고 싶지만 다시 주저앉음.

큰 산 _ 이호철

"고무신짝이에요, 또 그, 그, 고무신짝."
불길함을 느끼는 대상 → 액(厄)이 든 대상으로 인식함.
아내의 목소리는 완연히 떨고 있었다. 거의 헐떡거리듯 하였다.

맞다, 그 고무신짝이었다. 그 새하얗게 씻은 남자 고무신짝.

"……."

나는 마치 머릿속의 저 아득한 맨 끝머리에 찌엉스런 깊고 빈 들판
이 있다가, 그것이 또 확 열려 오는 듯한 공포 속으로 휘어 감겼다.
▶ 다시 발견된 고무신짝에 대해 두려움을 느끼는 아내와 '나'
(중략)

그 '큰 산'은 청빛이었다. 서쪽 하늘에 늘 덩더룻이 웅장하게 펴져
평온한 이미지로 사람들에게 안정감을 줌.   매우 덩실하고 두렷이
있었다. 아침저녁으로 혹은 네 철을 따라 표정은 늘 달랐지만, 근원
근원적인 모습을 잃지 않은 큰 산이 지닌 의연함
은 뿌리 깊게 일관해 있었다. 해 뜨기 전 새벽에는 청청한 빛으로 싱
싱하고, 첫 햇볕이 쬐면 산머리에서부터 백금색으로 빛나고, 햇볕 속
의 한낮에는 멀리 물러앉은 청빛이었다. 해 질 녘 저녁에는 골짜기 하
나하나가 손에 잡힐 듯이 거멓게 윤곽을 드러내고, 서서히 보랏빛으
로 물들어 간다. 봄에는 봉우리부터 여드러워지고, 겨울이면 흰색으
로 험준해진다. 가을에는 침착하게 물러앉고, 여름이면 더 높아 보인
다. 그 '큰 산' 쪽으로 샛바람이 불면 비가 왔고, '큰 산' 쪽에서 바다
쪽으로 맞바람이 불면 비가 그치고 하늘이 개었다. 그 '큰 산'은 늘
우리 모든 사람의 마음속에 형태 없는 넉넉함으로 자리해 있었다. 그
큰 산이 주는 안정감
'큰 산'이 그곳에 그렇게 그 모습으로 뿌리 깊게 웅거해 있다는 것이
큰 산은 삶의 근원으로서 존재했음.
늘 안심이 되었던 것이다.

깊숙하게 늘 안심이 되었던 것이다.

아, 그 '큰 산', '큰 산'.
큰 산이 없는 현실에 대한 안타까움 ▶ 사람들의 마음속에 근원으로 자리 잡았던 '큰 산'에 대한 '나'의 회상
「그날 밤 아내는 악착같이 해볼 기세로, 시뻘게진 얼굴로, 그 고무신
「」: 또다시 고무신짝을 다른 집 담장 너머로 버리는 이기적인 행동을 하는 아내
짝을 신문지에 둘둘 말아 싸 가지고 어디론가 나갔다가, 아홉 시가 지
나서야 비시시 웃으며 들어섰다.」 과연 나갈 때의 뭉뚱그려진 표정은
가셔지고, 무거운 짐이라도 벗어 놓은 듯이 분위기가 한결 개운해져
불길함에서 벗어난 아내의 해방감
있었다.

그러나 나는 아무 소리도 안 물었고 아내도 구태여 아무 소리도 안
'나'가 아내의 비합리적인 행동에 대해 묵인함. → 이기적인 소시민의 속성을 보여 줌.
하였다. 우리는 이렇게 이 정도로는 서로 존중해 줄 줄을 알고 있었다.
▶ 고무신짝을 어딘가에 다시 버리고 돌아온 아내와 이를 묵인하는 '나'

▶ **갈래** 현대 소설, 단편 소설

▶ **주제** 이기주의로 가득 찬 소시민의 의식 비판

▶ **특징**
① 상징적 소재를 사용하여 주제를 형상화함.
② 현재의 사건과 과거 회상을 교차하여 서술함.
③ 자연물에서 느낀 서술자의 주관적 체험과 인
식이 사회적 의미로 확대됨.

▶ **전체 줄거리**
'나'는 합리적인 사람임을 자처하는 인물로, '나'
와 아내가 사는 마을은 대학 출신의 젊은 샐러리
맨 부부가 많이 사는 곳이다. 그런데 이러한 동네
임에도 불구하고 굿을 하는 소리가 자주 들려온
다. 어린 시절에 '나'는 버려진 신짝을 보고 공포
심을 느낀 적이 있는데, 며칠 전 고무신짝이 담장
밑에 떨어져 있는 것을 보며 또다시 공포심과 불
길함을 느낀다. 아내는 다른 사람에게 불길함을
떠넘기기 위해 고무신짝을 남의 집 담장 너머로
던져 버리지만, 그 후 고무신짝이 다시 돌아온 것
을 보며 아내와 '나'는 두려워한다. '나'는 이러
한 사태를 보며 현재의 공동체가 동질성을 잃어
가고 있으며, 합리적인 사람들의 인식 속에는 여
전히 비합리적이고 미신적인 사고가 혼재되어 있
음을 깨닫는다. 그리고 공동체의 질서와 균형을
유지시킬 수 있는 '큰 산'과 같은 존재가 필요하
다고 생각한다.

효과가 상상 이상입니다.

예전에는 아이들의 어휘 학습을 위해 학습지를 만들어 주기도 했는데,
이제는 이 교재가 있으니 어휘 학습 고민은 해결되었습니다.
아이들에게 아침 자율 활동으로 할 것을 제안하였는데,
"선생님, 더 풀어도 되나요?"라는 모습을 보면,
아이들의 기초 학습 습관 형성에도 큰 도움이 되고 있다고 생각합니다.

ㄷ초등학교 안OO 선생님

어휘 공부의 힘을 느꼈습니다.

학습에 자신감이 없던 학생도 이미 배운 어휘가 수업에 나왔을 때 반가워합니다.
어휘를 먼저 학습하면서 흥미도가 높아지고
동기 부여가 되는 것을 보면서 어휘 공부의 힘을 느꼈습니다.

ㅂ학교 김OO 선생님

학생들 스스로 뿌듯해해요.

처음에는 어휘 학습을 따로 한다는 것 자체가 부담스러워했지만,
공부하는 내용에 대해 이해도가 높아지는 경험을 하면서
스스로 뿌듯해하는 모습을 볼 수 있었습니다.

ㅅ초등학교 손OO 선생님

앞으로도 활용할 계획입니다.

학생들에게 확인 문제의 수준이 너무 어렵지 않으면서도
교과서에 나오는 낱말의 뜻을 확실하게 배울 수 있었고,
주요 학습 내용과 관련 있는 낱말의 뜻과 용례를
정확하게 공부할 수 있어서 효과적이었습니다.

ㅅ초등학교 지OO 선생님

학교 선생님들이 확인한
어휘가 문해력이다의 학습 효과!
직접 경험해 보세요

학기별 교과서 어휘 완전 학습
<어휘가 문해력이다>
—— 예비 초등 ~ 중학 3학년 ——

지식과 교양의 광활한 지평을 여는

EBS 30일 인문학 시리즈

1일 1키워드로 30일 만에 훑어보기!

키워드만 연결해도 인문학의 흐름이 한눈에 보인다.

<EBS 30일 인문학> 시리즈는 철학, 역사학, 심리학, 사회학, 정치학 등 우리 삶의 근간을 이루는 학문 분야의 지식을 '1일 1키워드로 30일' 만에 정리할 수 있는 책들로 구성했습니다. 30일 동안 한 분야의 전체적 흐름과 핵심을 파악하고 세상을 보는 시야를 확장시킬 수 있는 지식을 담아냅니다.

🖋 **처음 하는 철학 공부** 윤주연 지음 | 15,000원   🖋 **처음 하는 역사학 공부** 김서형 지음 | 15,000원

🖋 **처음 하는 심리학 공부** 윤주연 지음 | 15,000원   🖋 **처음 하는 사회학 공부** 박한경 지음 | 16,000원

🖋 **처음 하는 정치학 공부** 이원혁 지음 | 16,000원

EBS BOOKS

EBS

중 | 학 | 도 | 역 | 시 EBS

정답과 해설

필독

중학 국어로 수능 잡기

주제로 문학 읽기

중학 국어 | 문학 2

필독 중학 국어 문학 **2**

정답과 해설

실전 연습하기

본문 34~51쪽

01 ⑤   **02** 진달래꽃, 사랑   **03** ③   **04** 예시 답안 이별의 슬픔과 임이 떠나지 않기를 바라는 화자의 소망을 강조하고자 하였다.   **05** ③   **06** 대화, 고향   **07** 예시 답안 '손길'은 화자에게 고향을 떠올리게 하는 매개체로, 가족과 고향에 대한 그리움의 정서를 환기한다.   **08** ②   **09** ⑤   **10** ⑤   **11** ⑤   **12** 예시 답안 떠나는 임을 붙잡으면 임이 영원히 자신을 떠날까 봐 걱정하고 있기 때문이다.   **13** ⑤   **14** 화자, 임   **15** ③   **16** ④   **17** 예시 답안 눈치 없고 무뚝뚝하여 상대의 감정과 행동에 담긴 의도를 정확하게 파악하지 못하는 '나'가 사건을 전달하여 작품에 해학적인 분위기를 형성하고 사춘기 소년과 소녀의 순박한 사랑을 효과적으로 표현한다.   **18** 감자, 갈등   **19** ⑤   **20** ⑤   **21** ④   **22** 예시 답안 통속적일 수 있는 작품의 주제를 좀 더 순수하고 아름답게 전달한다.   **23** 사랑, 내적 갈등   **24** ⑤   **25** ⑤   **26** ④   **27** 예시 답안 새로운 사건의 전개를 예고하고 극적 긴장감을 고조시킨다.   **28** ②   **29** 도치, 해학   **30** ③   **31** ①   **32** ②   **33** 예시 답안 김 진사에 대한 흠모의 마음과 인연을 맺지 못하는 안타까움을 노래하고 있다.   **34** 신분, 사회   **35** ⑤

01

답 ⑤

윗글의 표현상 특징으로 적절하지 않은 것은?

① 민요조의 전통적인 율격을 바탕으로 하고 있다.
   ○ → 7 · 5조 3음보 율격
② 수미상관의 구성을 취하여 주제를 강조하고 있다.
   ○ → 1연과 4연 반복
③ 동일한 종결 표현을 반복하여 운율을 형성하고 있다.
   ○ → '−우리다'의 반복
④ 구체적인 지명을 사용하여 향토적인 분위기를 조성하고 있다.
   ○ → '영변', '약산'이라는 평안북도 지명을 사용함.
❺ 공감각적 심상을 통해 시적 대상을 생동감 있게 형상화하고 있다.
   × → 시각적 심상

공감각적 심상은 하나의 감각적 대상을 다른 종류의 감각으로 전이시켜 표현한 이미지를 말한다. 이 글에는 시적 대상인 '진달래꽃'을 통한 시각적 심상이 나타나 있을 뿐 공감각적 심상은 나타나 있지 않다.

오답 해설

①, ③ 이 글은 7 · 5조 3음보의 민요적 율격과 '−우리다'라는 동일한 종결 표현을 반복하여 운율을 형성하고 있다.
② 수미상관의 구조는 시의 처음과 끝에 형태적, 의미적으로 동일하거나 유사한 시구를 배열하는 시상 전개 방식을 말한다. 이 글은 1연과 4연에 같은 시구를 반복하여 수미상관의 구조를 취하고 있으며, 이러한 수미상관의 구조를 통해 주제를 강조하고 구성에 안정감을 주고 있다.
④ '영변에 약산'에서 영변은 작가의 고향인 평안북도의 한 지명이며, 약산은 영변의 서쪽에 있는 진달래꽃이 곱기로 유명한 산이다. 이 글에서는 '영변'과 '약산'이라는 구체적인 지명을 제시하여 향토적 정서를 불러일으키고 있다.

02

답 진달래꽃, 사랑

이 글에서 '진달래꽃'은 핵심적인 역할을 하는 소재이다. '진달래꽃'은 단순한 자연물이 아니라 화자의 분신이라고 할 수 있으며, 떠나는 임의 앞날을 축복하는 소재이자 임에 대한 화자의 정성과 사랑을 나타낸다.

03

답 ③

윗글에 대한 감상으로 적절하지 않은 것은?

① '체념 → 축복 → 희생 → 극복'의 정서가 나타나 있군.
   ○ → 1연: 체념, 2연: 축복, 3연: 희생적 사랑, 4연: 슬픔의 극복
② 화자를 여성으로 설정하여 이별의 상황을 가정하고 있군.
   ○ → 임을 떠나보내는 여인   ○ → '가실 때에는'에서 이별 상황을 가정함.
❸ '영변에 약산'을 통해 고향에 대한 향수를 구체적으로 드러내고 있군.
   ×
④ 이별의 정한을 사랑으로 승화시키고자 하는 화자의 정서를 엿볼 수 있군.
   ○ → '사뿐히 즈려밟고 가시옵소서'에서 확인할 수 있음.
⑤ 화자는 표면적으로는 이별의 상황을 수용하고 있으나 이면적으로는 임이 떠나는 것을 만류하고 있군.
   ○ → '죽어도 아니 눈물 흘리우리다'에서 확인할 수 있음.

'영변에 약산'에서는 구체적인 지명을 제시하여 향토적 분위기를 형성할 뿐, 고향에 대한 향수를 드러내고 있지는 않다.

오답 해설

① 1연에는 이별의 상황에 대한 체념이, 2연에는 떠나는 임에 대한 축복이, 3연에는 원망을 초월한 희생적 사랑이, 4연에는 슬픔의 극복이 나타나 있다.
② 이 글은 임을 떠나보내는 여인의 마음을 노래하고 있으므로 여성을 화자로 삼고 있음을 알 수 있다. 또한 1연의 '나 보기가 역겨워 / 가실 때에는'을 통해 화자가 이별의 상황을 가정하고 있음을 알 수 있다.

④ 3연의 '사뿐히 즈려밟고 가시옵소서'를 통해 이별의 정한을 자기희생을 통한 숭고한 사랑으로 승화시키고 있음을 알 수 있다.
⑤ 4연의 '죽어도 아니 눈물 흘리우리다'에서 반어법을 사용하여 표면적으로는 슬퍼도 꾹 참고 임을 보내 드리겠다는 뜻을 드러내는 동시에 이면적으로는 임을 붙잡고 싶으며 제발 떠나지 말라는 의미를 드러내고 있음을 알 수 있다.

04
답 예시 답안 참조

⊙은 겉으로는 슬퍼도 꾹 참고 임을 보내 드리겠다는 의미지만, 속으로는 임이 '나'를 버리고 떠나시면 '나'는 너무 고통스러워 몹시 울 것이라는 의미를 담고 있다. 이를 참고할 때 작가는 ⊙에서 반어법을 사용하여 이별의 슬픔을 더욱 강조하고 임이 떠나지 않기를 바라는 소망을 효과적으로 드러내고자 하였음을 알 수 있다.

05
답 ③

윗글은 『개벽』에 처음 발표되었을 때 〈보기〉와 같았다. 수정한 이유를 추측한 내용으로 적절하지 <u>않은</u> 것은?

┌─── 보기 ───┐
나보기가 역겨워

가실째에는 <u>말업시</u>

고히고히 보내들이우리다.

영변엔 약산   *에*

⊙ 그 진달내꽃을

한 아름 싸다 가실길에 샌리우리다.

                 걸음걸음
가시는길 <u>발거름마다</u>

샌려노흔 그꽃을

고히나 즈려밟고 가시옵소서.

나보기가 역겨워

가실째에는

죽어도 아니ᐟ 눈물흘니우리다.
└────────────┘

① 1연의 '말업시'의 행갈이를 통해 4연과의 형태적 안정감
○ → 행갈이를 통해 1연과 4연이 형태적으로 유사해짐.
<u>을 부여하려 한 것이군.</u>

② 2연의 '영변엔 약산'을 수정하여 낭독을 부드럽게 하려 한 것이군.
○ → '엔'에서 '에'로 조사가 바뀜.

❸ 2연의 '그', '한-'을 삭제하여 4음보를 형성하려 한 것이군.
× → 3음보

④ 3연의 '발거름마다'의 일부 단어를 반복하여 리듬감을 살리려 한 것이군.
○ → '발거름마다'가 '걸음걸음'으로 수정됨.

⑤ 4연의 반점을 제거하여 운율의 통일성을 형성하려 한 것이군.
○ → 반점이 제거되어 3음보 율격으로 통일됨.

〈보기〉에서는 지시어 '그'를 넣고, '한아름'과 같이 접두사 '한-'을 사용하였다. 그런데 다시 수정해서 발표한 이 글에서는 이를 삭제하여 1~2행과 3행이 각각 3음보 율격을 새롭게 형성하고 있다. 따라서 2연에서 '그', '한-'을 삭제한 것은 4음보가 아니라 3음보를 형성하려 한 것임을 알 수 있다.

┌ 오답 해설 ┐

① 이 글에서는 〈보기〉의 1연에서 '말업시'를 행갈이하여 '말없이∨고이 보내∨드리우리다'와 같이 3음보 율격을 형성하였다. 이를 통해 1연과 4연의 구조가 같아짐으로써 형태적 안정감을 부여하고 있다.

② 이 글에서는 〈보기〉의 2연의 '영변엔 약산'을 '영변에 약산'으로 조사를 바꾸어 좀 더 부드럽게 낭독되는 효과를 얻고 있다.

④ 이 글에서는 〈보기〉의 3연의 '발거름마다'를 '걸음걸음'으로 바꿈으로써 단어의 반복을 통해 리듬감을 형성하고 있다.

⑤ 이 글에서는 〈보기〉의 4연의 반점(,)을 제거함으로써 '죽어도∨아니 눈물∨흘리우리다'와 같이 3음보로 운율이 통일되는 효과를 거두고 있다.

06
답 대화, 고향

이 글에서 화자는 타향에서 혼자 앓아누워 외로운 처지에 있었으나, 의원과의 대화를 통해 의원이 화자가 아버지로 섬기는 이와 막역지간임을 알게 되어 고향에 가지고 않고도 고향을 느끼게 된다. 이렇듯 화자는 의원과의 대화를 통해 고향과 아버지를 떠올리고 그리움을 느끼고 있다.

07
답 예시 답안 참조

화자는 타향에서 한 의원을 만나 그의 따스하고 부드러운 손길로 인해 고향에서 가족과 함께 있는 것 같은 친근함과 따뜻함을 느낀다. 즉 고향을 떠나 있는 화자가 의원의 손길로 인해 그리운 고향과 아버지를 떠올리게 되는 것이다.

08 답 ②

이 글에서 화자는 의원과의 만남을 통해 느낀 고향과 가족에 대한 그리움을 담담한 어조로 노래하고 있을 뿐, 유년 시절의 추억을 회상하고 있지는 않다.

오답 해설

① '나는 북관에 혼자 앓어누워서'에서 화자가 '나'이며, 시의 표면에 드러나 있음을 확인할 수 있다.

③ '손길은 따스하고 부드러워'에서 촉각적 심상을 활용하여 고향에 대한 정서를 드러내고 있음을 확인할 수 있다.

④ 화자는 북관에 혼자 앓아누워 있을 때는 외로움과 고독감을, 의원이 아버지로 섬기는 이와 절친한 사이임을 알게 되었을 때는 반가움을, 의원의 맥을 짚는 손길을 느끼고서는 따뜻함과 친근감을 느끼고 있다.

⑤ 이 글에서는 대화 형식의 시상 전개를 통해 한 편의 이야기가 전개되는 것 같은 느낌을 주며 시적 상황을 극적이고 생생하게 보여 주고 있다.

09 답 ⑤

⑦~⑩에 대한 설명으로 적절하지 않은 것은?

① ⑦: 고향을 떠나 홀로 병이 든 화자의 처지를 알 수 있다.
　○ → 화자는 '북관'이라는 타향에서 혼자 앓어누워 있음.

② ⑥: 의원의 모습을 비유적 표현을 통해 시각적으로 묘사
　○ → '여래 같은 상', '신선 같은데'를 통해 알 수 있음.
하고 있다.

③ ⑥: 화자와 의원이 서로 관계가 있음을 알게 되는 계기가
　○ → '아무개 씨'는 화자와 의원을 연결해 주는 인물임.
되는 인물이다.

④ ⑧: 의원이 환자를 진찰하는 단순한 의료 행위 이상의 의
　○ → 의원의 손길은 화자에게 고향을 떠올리게 함.
미를 담고 있다.

❺ ⑩: 화자가 고향으로 돌아가 아버지와 아버지의 친구를
　× → 화자는 타향에서 고향의 따뜻함을 느끼고 있음.
만나게 될 것임을 암시하고 있다.

⑩은 의원의 따스하고 부드러운 손길을 통해 마치 고향에서 가족과 함께 있는 듯한 느낌을 받았다는 의미이다. 즉 의원의 따스한 손길에서 고향과 가족을 향한 그리움을 느꼈다는 의미이므로 ⑩이 화자가 고향으로 돌아가 아버지와 아버지의 친구를 만나게 될 것임을 암시한다는 설명은 적절하지 않다.

오답 해설

① ⑦에서 '북관'은 함경도를 뜻하고 화자의 고향은 평안도 정주이므로 화자가 타향살이를 하고 있음을 알 수 있다. 또한 '혼자 앓어누워서'를 통해 화자가 홀로 병을 앓고 있음을 알 수 있다.

② ⑥의 '여래 같은 상', '먼 옛적 어느 나라 신선 같은데'를 통해

직유법을 사용하여 의원의 모습을 '여래'와 '신선'에 빗대어 시각적으로 표현하고 있음을 알 수 있다.

③ ⑥의 '아무개 씨'는 화자가 아버지로 섬기는 이이자 같은 고향 사람이고, 의원은 '아무개 씨'와 막역지간이다. 따라서 '아무개 씨'는 화자와 의원을 연결해 주는 존재라고 할 수 있다.

④ 6행에 나타나는 의원의 진맥이 의원과 화자가 서로를 알기 전의 의료 행위로서의 진맥이었다면, ⑧의 진맥은 서로가 관련이 있는 사이임을 알고 난 후에 이루어진 진맥으로 화자에 대한 따스한 감정이 담긴 진맥이라고 할 수 있다.

10 답 ⑤

〈보기〉의 마지막 부분은 이 글에서 화자가 의원을 만나 고향과 가족의 따스함을 느끼는 부분에 해당한다. 따라서 ⑥에 '쓸쓸한 표정'은 어울리지 않는다.

오답 해설

① '나는 북관에 혼자 앓어누워서'를 통해 화자가 병을 앓고 있는 처지임을 알 수 있다. 따라서 청년이 '힘없는 목소리'로 대사를 하는 것은 적절하다.

② '여래 같은 상', '관공의 수염', '신선 같은데'를 통해 의원에 대한 첫인상이 인자하고 푸근한 느낌인 것을 알 수 있으므로 의원이 '부드러운 시선으로 바라보며 청년 곁으로 다가앉는' 연기를 하는 것은 적절하다.

③ '묵묵하니 한참 맥을 짚더니'를 통해 의원이 화자를 진맥하는 모습을 묘사하고 있으므로 의원이 '눈을 지그시 감고' 맥을 짚는 모습으로 연기하는 것은 적절하다.

④ '의원은 빙긋이 웃음을 띠고 / 막역지간이라며 수염을 쓴다'를 통해 의원이 따스하게 웃고 있음을 알 수 있으므로 의원이 ○○○ 씨와의 관계를 밝히며 '온화한 표정'을 짓는 것은 적절하다.

11 답 ⑤

이 글에 화자가 자연물에 감정을 이입한 부분은 나타나지 않는다. 감정 이입이란 화자가 자신의 감정을 자연물이나 다른 대상에 적용해 그 자연물이나 대상이 자신과 같은 심정을 가지고 있는 것처럼 표현하는 것을 말한다.

오답 해설

① 1, 2, 4연에서 특별한 의미가 없이 악률을 맞추기 위해 사용하는 '나는'이라는 여음을 확인할 수 있다.

② 1연에서 임과 이별한 슬픔, 2연에서 임에 대한 원망, 3연에서 이별에 대한 체념, 4연에서 재회에 대한 간절한 소망을 드러내고 있으며, 전체적으로 '기-승-전-결'의 4단 구성을 취하고 있다.

③ 1연과 2연에서 '버리고 가시리잇고'를 반복하여 리듬감이 느껴지도록 하고 있다.

④ '가시리'는 '가시리잇고'의 줄임말이고, '가시리잇고'는 '가시렵니까'라는 의미이다. 이로 볼 때 '가시리 가시리잇고'는 의문형 문장을 사용한 구절이라고 할 수 있다. 즉 화자는 의문형 문장을 사용하여 이별 상황을 거듭 확인하고 있으므로 이별에 대한 슬픔과 안타까움을 강조하고 있다고 할 수 있다.

12　　　답 예시 답안 참조

3연에서 화자는 떠나는 임을 붙잡아 두고 싶지만 혹시나 임이 서운하면 다시는 안 올까 두렵다고 말하고 있다. 즉 화자는 떠나는 임을 붙잡으면 마음이 토라져서 돌아오지 않을까 봐 임을 잡지 못하고 있는 것이다.

13　　　답 ⑤

1연에서 화자는 임에게 이별을 통보받은 상황에 대한 슬픔과 안타까움을 나타내다가, 2연에서 나를 버리고 가면 나 보고는 어찌 살라는 거냐며 임에 대한 원망을 표현한다. 그러다가 3연에서 임을 붙잡고 싶지만 서운하면 다시 안 올까 두렵다며 이별의 상황을 체념하며 감정을 절제한다. 그리고 4연에서 임에게 가시자마자 돌아와 달라고 하며 임을 다시 만나고 싶은 소망을 드러낸다.

14　　　답 화자, 임

'설온 님'은 서러움의 주체를 누구로 보느냐에 따라 의미가 달라질 수 있다. 서러움을 느끼는 것이 화자('나')라면 '설온 님'은 '나를 서럽게 하는 임'이라고 해석할 수 있고, 서러움을 느끼는 것이 '임'이라면 '설온 님'은 '이별을 서러워하는 임'이라고 해석할 수 있다.

15　　　답 ③

'날러는 어찌 살라 하고'는 '임이 가시면 나 보고는 어찌 살라고'라는 뜻으로 이별 상황에서 화자가 임에게 떠나지 말 것을 하소연하며 원망을 드러내고 있는 부분이다. 임을 붙잡지 못하고 체념한 심정을 드러내고 있는 부분은 '잡사와 두어리마나는 / 선하면 아니 올세라'로, '붙잡아 두고 싶지만 / 서운하면 아니 오실까 두렵습니다.'라는 뜻이다.

[오답 해설]

① '가시리 가시리잇고'에서 '가시리∨가시리∨잇고'와 같이 3·3·2조의 3음보 율격을 확인할 수 있다.

② '위 증즐가 대평성대'는 각 연의 마지막 부분에서 되풀이되는 후렴구로서 운율을 형성하여 음악적 효과를 높여 주는 역할을 하고 있다.

④ '선하면 아니 올세라'는 서운하면 돌아오지 않을까 두렵다는 뜻으로, 화자는 떠나는 임을 붙잡으면 임의 마음이 토라져 다시 오지 않을까 두려워 소극적인 대응을 하고 있다.

⑤ '설온 님 보내옵나니'는 '이별을 서러워하는 임을 보낸다.' 내지는 '나를 서럽게 하는 임을 보낸다.'라는 뜻으로, 화자는 임을 떠나보내고 싶지 않지만 어쩔 수 없이 떠나보내며 이별을 받아들이고 있다.

16　　　답 ④

윗글의 서술상 특징으로 적절하지 않은 것은?

① 역순행적 구성으로 사건이 전개된다.
　　○ → '현재－과거－현재'의 순서로 전개됨.
② 등장인물이 사투리를 사용하여 현장감을 높인다.
　　○ → '나'와 점순이 사투리를 사용함.
③ 작품 안에 등장하는 인물이 자신의 이야기를 전달한다.
　　○ → 주인공인 '나'가 자신의 이야기를 전달하는 1인칭 주인공 시점임.
❹ 신분 차이로 인한 계층 간의 갈등을 중심 사건으로 다룬다.
　　✕ → 이 글의 중심 사건은 사춘기 소년과 소녀의 순박하고 풋풋한 사랑임.
⑤ 산골 마을을 배경으로 하여 향토적이고 서정적인 분위기를 형성한다.
　　○ → 1930년대 강원도 산골 마을의 봄을 배경으로 삼음.

이 글의 '나'는 소작농의 아들이고, 점순은 마름의 딸이므로 인물 간의 신분 차이가 드러나지만, 이로 인한 갈등이 사건의 중심이 되는 것은 아니다. 이 글의 중심이 되는 사건은 사춘기 소년과 소녀의 순박하고 풋풋한 사랑이다.

[오답 해설]

① 이 글은 '현재－과거－현재'로 전개되는 역순행적 구성을 통해 사건의 긴밀성을 높이고 독자의 호기심을 유발하고 있다.

② 등장인물인 '나'와 점순의 대화를 통해 사투리의 사용을 확인할 수 있다. 사투리를 사용하면 사실성, 현장감을 높이고 향토적 정감을 불러일으키며 대상에게 친근감을 느끼게 할 수 있다.

③ 이 글은 1인칭 주인공 시점으로 주인공인 '나'의 시선으로 사건을 전달하고 있다.

⑤ 이 글은 1930년대 강원도 산골 마을의 봄을 배경으로 하고 있으며, '감자', '닭싸움' 등의 토속적인 소재를 이용하여 향토적이고 서정적인 분위기를 형성하고 있다.

17　　　답 예시 답안 참조

'나'는 눈치가 없고 어리숙하여 점순이 자신에게 호감을 가지고 있다는 것을 전혀 알지 못하고 점순의 행동 역시 이해하지 못한다. 이러한 '나'의 특성으로 인해 독자도 아는 점순의 마음을 '나'는 모르는 채로 사건이 전달되고 있다. 이로 인해 해학적인 분위기가 두드러지게 나타나고 '나'와 점순 사이의 순박하고 풋풋한 사랑이라는 주제 역시 효과적으로 드러난다.

18
답 감자, 갈등

(가)에서 점순은 '나'에게 호감의 표시로 '감자'를 건네지만 '나'는 이를 거절한다. 즉 '감자'는 '나'에 대한 점순의 관심과 애정의 표시라고 볼 수 있다. 그리고 '나'가 이러한 점순의 호의를 거절함으로써 둘 사이에 갈등이 발생하게 되므로 '감자'는 '나'와 점순 사이에 갈등이 일어나는 계기가 된다고 할 수 있다.

19
답 ⑤

㉠~㉤에 대한 설명으로 적절하지 않은 것은?

① ㉠: '나'는 점순의 마음을 전혀 눈치채지 못하고 있다.
○ → '나'는 점순이 자신에게 관심과 호의를 갖고 있음을 알지 못하고 있음.

② ㉡: '나'가 점순이 건넨 감자를 거절하는 이유가 된다.
○ → '나'는 점순의 말에 자존심이 상함.

③ ㉢: 인물의 외양을 묘사하여 인물의 심리를 짐작하게 하고 있다.
○ → 점순의 외양을 묘사하여 화가 난 점순의 심리를 간접적으로 전달함.

④ ㉣: '나'와 점순 사이의 갈등이 최고조에 이르렀음을 알 수 있다.
○ → '나'가 점순네의 수탉을 죽임으로써 점순과 '나' 사이의 갈등이 최고조에 이르게 됨.

❺ ㉤: '나'가 점순의 마음을 이해하고 자신의 잘못을 뉘우치게 되었음을 알 수 있다.
× → '나'는 점순의 말을 제대로 이해하고 있지 못함.

'나는 눈물을 우선 씻고 뭘 안 그러는지 명색도 모르건만'을 통해 '나'가 점순이 하는 말의 의도를 제대로 이해하지 못하고 있음을 알 수 있다. '나'는 자신이 점순네 닭을 죽였다는 사실에 경황이 없어서 점순이 하는 말이 무슨 뜻인지도 모르고 "그래 그래"라고 답하고 있는 것이다. 따라서 '나'가 점순의 마음을 이해하고 자신의 잘못을 뉘우치게 되었다는 설명은 적절하지 않다.

오답 해설

① '나흘 전 감자 쪼깐'은 점순이 호의를 가지고 건넨 감자를 '나'가 거절한 사건이다. 이를 두고 '나'는 자신은 조금도 잘못한 것이 없다고 말하고 있으므로 '나'가 점순의 마음을 전혀 눈치채지 못하고 있음을 알 수 있다.

② '나'는 소작농의 아들이고, 점순은 마름의 딸이다. 둘 사이에 이러한 계층 간의 차이가 있으므로 "느 집엔 이거 없지?"라는 말이 '나'의 자존심을 건드려 '나'가 점순이 호의로 건넨 감자를 거절하게 되는 것이다.

③ '나'가 점순이 건넨 감자를 거절하여 점순이 몹시 무안하고 화가 났음을 점순의 외양 묘사를 통해 간접적으로 드러내고 있다.

④ 점순이 이전부터 자신의 집 수탉과 '나'의 집 수탉을 닭싸움을 시켜 '나'를 괴롭혀 왔고, 이러한 상태에서 '나'가 점순네 수탉을 때려죽임으로써 둘 사이의 갈등이 최고조에 이르게 된다.

20
답 ⑤

이 글에서는 소극적인 '나'와 적극적인 점순이라는 대립적인 성격을 지닌 인물을 설정하여 갈등을 유발하고 있다. '나'에게 먼저 말을 걸고 감자로 호의를 표하는 등의 모습으로 볼 때 점순은 조숙하고 당돌하며 적극적인 인물임을 알 수 있다.

오답 해설

① '닭싸움'은 '나'에 대한 점순의 애정을 반어적으로 드러내는 소재이다. 이는 '나'와 점순 사이의 갈등을 심화시키는 소재이면서 갈등 해소의 매개체가 된다.

② 점순은 '나'가 자신이 호의로 건네준 감자를 거절하자 민망하고 자존심이 상해 얼굴이 빨개지고 이를 악물고 논둑을 횅하니 달려가 버린다.

③ '나'는 화가 나 점순네 수탉을 때려죽였으나 이 일로 인해 소작하던 땅도 떨어지고 집도 내쫓길까 봐 겁이 나 울음을 놓아 버린다.

④ '나'는 점순과 함께 동백꽃 속에 파묻히고 알싸하고 향긋한 동백꽃 냄새에 정신이 아찔하였다. 이로 볼 때 '동백꽃'은 '나'와 점순이 화해하는 분위기를 조성하고 '나'와 점순 사이의 풋풋한 감정을 감각적으로 보여 준다고 할 수 있다.

21
답 ④

윗글에 대한 감상으로 적절하지 않은 것은?

① 순차적인 시간의 흐름에 따라 사건이 전개되고 있어.
○ → 아저씨가 하숙을 하러 왔다가 떠날 때까지의 사건을 시간의 흐름에 따라 전개함.

② 천진스러운 구어체를 사용하여 독자에게 친밀감을 형성하고 있어.
○ → 여섯 살 난 여자아이 옥희의 목소리로 내용을 전달함으로써 친밀감을 느끼게 함.

③ 겉으로 드러낼 수 없는 어머니와 아저씨의 사랑이 애틋하게 느껴졌어.
○ → 어머니는 과부이고 당대 사회는 과부의 재혼을 부정적으로 여기던 시대이기 때문에 어머니와 아저씨는 서로의 감정을 겉으로 드러낼 수 없었음.

❹ 어린아이가 어른들의 세계를 관찰하며 정신적으로 성숙해 가는 모습을 그리고 있어.
× → 이 글의 중심 사건은 어머니와 아저씨의 사랑과 이별임.

⑤ 이야기를 전달하는 서술자가 어른들의 마음을 이해하지 못한 채 서술하는 내용이 재미를 더하고 있어.
○ → 서술자인 옥희가 어른들의 심리나 행동을 이해하지 못해 웃음을 유발함.

이 글은 여섯 살 난 여자아이인 옥희의 시선을 통해 사랑과 보수적 윤리관 사이에서 갈등하는 어머니와 사랑손님의 애틋한 사랑과 이별을 그리고 있다. 그러나 이 글에 어린아이인 옥희의 정신적 성장은 드러나지 않는다.

오답 해설

① 이 글에서는 아저씨가 '나'의 집에 하숙을 하고부터 어머니의 거절 편지를 받고 집을 떠날 때까지의 사건을 시간의 흐름에 따

라 서술하고 있다.
② 이 글은 여섯 살 난 여자아이인 옥희의 목소리를 통해 내용을 전달함으로써 친밀감을 느끼게 하고 있다.
③ 어머니는 젊은 과부이고, 당대 사회에서는 과부의 재혼을 부정적 시선으로 바라보았기 때문에 어머니와 아저씨는 서로에 대한 감정을 겉으로 드러내지 못한다.
⑤ 이 글의 서술자는 여섯 살 난 옥희이다. 옥희는 어린아이가 가진 한계로 인해 어른들의 심리나 행동의 의미를 제대로 이해하지 못하여 독자들에게 웃음을 유발한다.

22 [답] 예시 답안 참조

이 글에서는 여섯 살 난 어린아이인 옥희를 서술자로 설정해 어른들의 일을 관찰하여 서술하게 함으로써 자칫 통속적으로 흐를 수 있는 어른들의 사랑 이야기를 순수하고 아름답게 그려 내고 있다.

23 [답] 사랑, 내적 갈등

이 글에는 봉건적 윤리관, 옥희의 미래에 대한 염려와 아저씨에 대한 사랑 사이에서 갈등하는 어머니의 내적 갈등이 주로 드러나 있다. 한편 서로에게 관심과 애정을 갖게 된 어머니와 아저씨, 그리고 여성의 재혼을 부정적으로 바라보는 당대 사회와의 외적 갈등 역시 드러나 있다.

24 [답] ⑤

㉠~㉤의 의미 및 역할에 대한 설명으로 적절하지 않은 것은?

① ㉠: 아저씨에 대한 어머니의 마음을 알 수 있게 한다.
   ○ → 어머니는 꽃을 받고 아저씨의 고백이라고 생각하여 그 꽃을 소중하게 간직함.
② ㉡: 어머니가 다른 사람의 이목을 신경 쓰고 있음을 알 수 있다.
   ○ → 어머니는 아저씨에게 꽃을 받은 것이 소문날까 봐 두려워함.
③ ㉢: 어머니의 감정이 사물에 이입되어 나타나고 있다.
   ○ → 풍금 소리는 어머니의 내적 갈등을 보여 주는 소재임.
④ ㉣: 어머니가 아저씨와의 사랑을 포기할 것임을 암시하고 있다.
   ○ → 어머니가 아저씨에 대한 감정을 억누르고 있음을 알 수 있음.
❺ ㉤: 어머니의 거짓말이 탄로 나면서 이전까지의 갈등이 해소되었음을 알 수 있다.
   × → 어머니가 아저씨의 사랑을 거절하고 아저씨가 떠남으로써 갈등이 해소됨.

㉤은 옥희의 순진함이 드러나는 부분으로, 옥희가 아저씨와의 추억을 정리하는 어머니의 마음을 이해하지 못하고 있음을 알 수 있다. 한편 어머니의 갈등은 어머니가 아저씨의 사랑을 거절하고

아저씨가 떠남으로써 해소되므로 ㉤에서 갈등이 해소되었음을 알 수 있다는 것은 적절하지 않다.

오답 해설

① 옥희가 어머니에게 꽃을 주며 아저씨가 준 꽃이라고 말하자, 어머니는 부끄러워하며 그 꽃을 소중하게 간직한다. 이로 볼 때 ㉠은 아저씨에 대한 어머니의 마음을 보여 주는 소재이다.
② ㉡에서 어머니는 당시의 보수적인 분위기에서 용인될 수 없는 일이기에 아저씨에게 꽃을 받은 것이 소문날까 봐 두려워하고 있다.
③ 풍금 소리는 어머니의 내적 갈등을 보여 주는 소재이다. ㉢의 앞부분에서 내적 갈등으로 인해 어머니의 목소리가 약간 떨리기 시작하고, 가늘게 떨리는 노랫소리, 그에 따라 풍금의 가는 소리도 바르르 떠는 듯했다고 하였으므로 ㉢은 어머니의 갈등하는 마음이 풍금 소리에 이입된 부분이라고 할 수 있다.
④ 어머니는 봉건적 윤리관, 옥희의 미래에 대한 염려와 아저씨에 대한 사랑 사이에서 갈등하고 있었으나, ㉣에서 옥희에게 "나는 너 하나면 그뿐이다."라고 말하는 것으로 보아 아저씨와의 사랑을 포기할 것임을 알 수 있다.

25 [답] ⑤

〈보기〉는 [A]의 내용을 바꾸어 쓴 것이다. [A]와 〈보기〉를 비교하여 이해한 내용으로 적절하지 않은 것은?

┤ 보기 ├

나는 사랑손님이 주었다는 그 꽃을 꽃병에 꽂아서 풍금 위에 놓아두었다. 꽤 여러 날 동안 놓아두었기 때문에, 결국에는 꽃이 시들었다. 꽃이 다 시들자 나는 사랑손님의 사랑이 담긴 그 꽃을 잘 간직하기 위해 가위로 그 대는 잘라 내 버리고, 꽃만은 찬송가 갈피에 잘 끼워 두었다.

① [A]와 〈보기〉 모두 서술자가 작품 속에 위치해 있다.
   ○ → [A]의 서술자는 옥희('나')이며, 〈보기〉의 서술자는 어머니('나')임.
② 〈보기〉와 달리 [A]에서는 서술자가 인물의 심리를 이해하지 못하고 있다.
   ○ → [A]의 옥희는 어려서 어머니의 마음을 이해하지 못함.
③ [A]와 달리 〈보기〉에서는 인물이 자신의 이야기를 전달하고 있다.
   → [A]에서는 옥희가 서술자로서 어머니를 관찰하여 전달하고 있고, 〈보기〉에서는 어머니가 서술자로서 자신의 상황을 전달하고 있음.
④ [A]와 달리 〈보기〉에는 상대에 대한 사랑의 감정이 분명하게 제시되고 있다.
   ○ → [A]에서는 주인공인 어머니가 자신의 감정을 직접적으로 드러냄.
❺ [A]와 달리 〈보기〉에서는 대상에 대해 관찰한 내용을 객관적으로 서술하고 있다.
   × → 1인칭 주인공 시점이 아니라 1인칭 관찰자 시점에 관련된 설명임.

〈보기〉는 [A]를 1인칭 주인공 시점으로 바꾼 것이다. 1인칭 주인공 시점은 주인공이 직접 자신의 이야기를 전달하므로 주인공의 내면세계를 드러내는 데 효과적이며 주관적 입장에서 내용이 서술된다고 할 수 있다.

오답 해설

① [A]의 서술자는 옥희('나')이며, 〈보기〉의 서술자는 어머니('나')이므로 이 글과 〈보기〉 모두 서술자가 작품 속에 있다.
② [A]의 '어머니가 그 꽃을 곧 내버릴 줄로 나는 생각했습니다마는'으로 보아 서술자인 '나'(옥희)는 아저씨의 마음을 소중하게 간직하려는 어머니의 마음을 이해하지 못하고 있다.
③ [A]에서는 옥희가 서술자이며, 옥희가 어머니의 모습을 관찰한 내용을 서술하고 있다. 〈보기〉에서는 어머니가 서술자로, 어머니가 자신의 이야기를 서술하고 있다.
④ [A]에서는 옥희가 어머니의 모습을 관찰하여 서술함으로써 어머니의 말과 행동을 통해 어머니의 감정이 간접적으로 제시된다. 반면 〈보기〉에서는 '사랑손님의 사랑'이라는 부분에서 어머니에 대한 아저씨의 감정이 분명하게 드러나 있으며, 그러한 아저씨의 마음을 소중하게 간직하려는 어머니의 감정을 '꽃이 다 시들자 나는 ~ 그 꽃을 잘 간직하기 위해 ~ 꽃만은 찬송가 갈피에 잘 끼워 두었다.'와 같이 직접 서술하고 있다.

26
답 ④

춘향은 어사또가 떠보는 말을 듣고 "내려오는 사또마다 빠짐없이 명관이로구나!"라고 말하는데, 이는 반어적 표현으로 어사또 또한 변 사또 못지않은 부정한 관리라고 비꼬는 말이다. 따라서 이몽룡을 명관이라고 칭송한 것이 아니며, 이 말을 할 때 춘향은 어사또가 이몽룡인지 알지 못하였다.

오답 해설

① '이렇게 시를 지어 보이니 술에 취한 변 사또는 무슨 뜻인지도 모르지만'을 통해 변 사또가 어사또가 지은 한시의 내용이 무엇인지 파악하지 못하였음을 알 수 있다.
② '글을 받아 본 운봉은 속으로, / '아뿔싸! 일 났다.' / 가슴이 철렁 내려앉았다.'를 통해 운봉은 어사또가 지은 한시의 내용을 이해하고 어사또가 단순한 걸인이 아님을 눈치챘음을 알 수 있다.
③ 어사또는 "너만 한 년이 수절한다고 나라의 관리를 욕보였으니 살기를 바랄 것이냐. 죽어 마땅할 것이나 기회를 한 번 더 주마. 내 수청도 거역할 테냐?"라고 말하며 춘향의 마음을 떠봄으로써 자신을 향한 춘향의 마음이 변하지 않는지 확인하려 한다.
⑤ 어사또는 변 사또를 봉고파직한 뒤 옥에 갇힌 죄인들을 다 올리라고 하여 각각의 죄를 물은 후에 죄 없는 자들을 풀어 주었다.

27
답 예시 답안 참조

[A]는 어사또가 쓴 한시로 변 사또의 사치스러운 생일잔치와 백성들의 고통을 대비하여 탐관오리의 횡포와 가렴주구를 질타하는 내용을 담고 있다. 이는 현실 상황에 대한 비판 의식(주제)을 형상화하고 새로운 사건이 전개될 것임을 예고하여 극적 긴장감을 높인다.

28
답 ②

㉠~㉤에 대한 설명으로 적절하지 않은 것은?

① ㉠: 어사또가 형편없는 대접을 받았음을 반어적으로 드러내고 있다.
  ○ → [앞부분의 줄거리]에서 어사또가 홀대를 받았음을 알 수 있음.
❷ ㉡: 요약적 제시를 통해 관리들의 모습을 우스꽝스럽게 표현하고 있다.
  × → 열거와 과장, 대구를 통해 도망가는 관리들의 모습을 우스꽝스럽게 표현함.
③ ㉢: 은유법과 설의법을 사용하여 춘향의 지조와 절개를 강조하고 있다.
  ○ → '층층이 높은 절벽 높은 바위', '푸른 솔 푸른 대'는 춘향의 절개를, '바람', '눈'은 시련과 고난을 비유함. '눈이 온들 변하리까.'에서 설의법을 확인할 수 있음.
④ ㉣: 죽음으로 절개를 지키고자 하는 춘향의 강한 의지를 보여 주고 있다.
  ○ → 어사또의 요구를 거부하며 어서 빨리 죽여 달라고 말함.
⑤ ㉤: 위기에 처했던 춘향이 다시 살아나게 되었다는 의미를 담고 있다.
  ○ → '가을'은 변 사또의 횡포를, '낙엽처럼 질' 처지는 춘향의 위기를, '봄바람에 핀 오얏꽃'은 이몽룡을 의미함.

㉡은 열거와 과장, 대구 등을 통해 도망가는 관리들의 모습을 우스꽝스럽게 표현하고 있는 부분이다.

오답 해설

① [앞부분의 줄거리]에서 어사또가 홀대를 받았음을 알 수 있으므로 ㉠은 반어적 표현이 사용된 부분임을 알 수 있다.
③ ㉢에서는 '층층이 높은 절벽 높은 바위', '푸른 솔 푸른 대'로 춘향의 절개를, '바람', '눈'으로 시련과 고난을 비유적으로 표현하고 있으며, "눈이 온들 변하리까."라는 설의적 표현을 사용하여 이몽룡에 대한 절개를 굽히지 않겠다는 춘향의 의지를 드러내고 있다.
④ ㉣에서 춘향은 "그런 분부 마옵시고"라고 하며 부당한 어사또의 요구를 거부하고, "어서 빨리 죽여 주오."라고 하며 죽어서라도 자신의 절개를 지키겠다는 의지를 보여 주고 있다.
⑤ ㉤에서 '가을'은 변 사또의 횡포를, '낙엽처럼 질' 처지는 춘향의 위기를, '봄바람에 핀 오얏꽃'은 이몽룡을 의미한다. 이러한 의미를 바탕으로 할 때 ㉤은 변 사또의 횡포로 위기에 처했던 춘향이 이몽룡을 만나 다시 살아나게 되었음을 나타낸다고 할 수 있다.

29
답 도치, 해학

ⓐ에서는 낱말의 위치를 바꾸어 말하여 혼비백산한 관리들의 모습을 해학적으로 표현하고 있다.

30
답 ③

춘향은 이몽룡의 부인이 됨으로써 기생의 딸이라는 천한 신분에서 벗어나게 된다. 이 작품의 배경이 되는 조선 사회는 신분제 사회였으므로 자신의 신분에서 벗어나는 춘향의 모습에는 신분 상승을 향한 열망, 신분의 차이가 없는 평등한 사회에 대한 갈망이 담겨 있다고 할 수 있다.

> **오답 해설**

① '탐관오리에 대한 응징' 역시 「춘향전」에 대한 이면적 주제라고 할 수 있으나 이는 〈보기〉의 '춘향이 이몽룡의 부인이 됨으로써 기생의 딸이라는 신분적 한계를 극복하는 모습'과는 관련이 없다.

②, ⑤ 남녀 차별에 대한 비판이나 양반들의 특권 의식에 대한 풍자는 「춘향전」과 관련이 없는 내용이다.

④ 〈보기〉를 통해 춘향이 신분적 한계를 극복하였다는 것을 알 수 있으므로 신분제의 속박으로 인한 비극은 「춘향전」의 이면적 주제가 될 수 없다.

31
답 ①

윗글에 대한 설명으로 적절하지 않은 것은?

❶ 시간의 순서에 따라 사건이 전개되고 있다.
　× → 역순행적 구성을 취함.
② 궁이라는 특별한 장소를 배경으로 삼고 있다.
　○ → 수성궁이라는 폐쇄적인 공간을 배경으로 하고 있음.
③ 궁녀와 선비의 사랑을 중심 소재로 다루고 있다.
　○ → 궁녀인 운영과 선비인 김 진사의 사랑을 다룸.
④ '나'가 자신의 이야기를 들려주는 방식을 취하고 있다.
　○ → 1인칭 주인공 시점
⑤ 이야기 속에 이야기가 들어 있는 구조로 이루어져 있다.
　○ → 액자식 구성을 취함.

[앞부분의 줄거리]에서 김 진사와 운영이 선비 유영에게 자신들의 과거 이야기를 하고 있음을 알 수 있다. 따라서 현재에서 과거로 이야기가 전개되고 있다.

> **오답 해설**

② 이 글은 안평 대군의 궁인 한양의 수성궁을 공간적 배경으로 삼고 있다.

③ 이 글은 궁녀인 운영과 선비인 김 진사의 비극적 사랑을 그리고 있다.

---

④ '저는 뜰로 내려가 엎드려 울며 대답했습니다.'를 통해 서술자는 주인공 운영임을 알 수 있다.

⑤ [앞부분의 줄거리]에서 유영은 우연히 운영과 김 진사를 만나 그들의 사랑 이야기를 듣게 되었다고 하였다. 이로 볼 때 유영이 운영과 김 진사를 만나 이야기를 듣는 것은 외부 이야기이고, 운영이 자신의 목소리로 김 진사와 만남과 사랑을 이야기하는 부분은 내부 이야기이다. 즉 이 글은 외부 이야기에 내부 이야기가 들어 있는 액자식 구성을 취하고 있다.

32
답 ②

윗글의 등장인물에 대한 설명으로 가장 적절한 것은?

① 안평 대군은 운영을 의심하여 운영을 엄히 벌하였다.
　× → 안평 대군은 운영을 의심하였지만 이를 덮어 두려 함.
❷ 자란은 운영에게 김 진사와의 만남에 대한 이야기를 들었다.
　○ → [중략 부분의 줄거리]를 통해 알 수 있음.
③ 운영은 김 진사에게 편지를 전하기 위해 술자리에 참석하였다.
　× → 운영은 술자리에 참석한 것이 아니라 벽에 구멍을 뚫고 엿보았음.
④ 사람들은 김 진사의 외모를 칭찬하며 깍듯하게 예의를 갖추었다.
　× → 초췌한 모습을 보고 농담을 던지며 한바탕 웃음.
⑤ 김 진사는 안평 대군의 질투심으로 인해 사람들 앞에서 망신을 당했다.
　× → 김 진사의 초췌한 모습을 굴원에 비유하며 농담을 한 것임.

[중략 부분의 줄거리]에서 운영이 자란에게 김 진사와 처음 만났을 때의 일을 들려주며 김 진사에 대한 자신의 마음을 자란에게 털어놓았음을 알 수 있다.

> **오답 해설**

① "준엄히 캐물을 일이로되 그 재주가 아까워 그냥 덮어 두기로 한다."라는 안평 대군의 말을 통해 운영을 벌하지 않았음을 알 수 있다.

③ 운영은 수성궁에 김 진사가 찾아올 때마다 문틈으로 엿보았으며, 편지를 전달하기 위해 벽에 구멍을 뚫어 술자리를 엿보았다.

④, ⑤ 안평 대군이 김 진사의 초췌한 모습을 보고 그의 모습이 굴원과 같다고 하며 김 진사에게 농담을 던지자 사람들은 한바탕 웃는다. 하지만 김 진사가 자신의 모습이 질병 때문이라고 말하자 모두 그에게 예를 갖추어 존중하는 태도를 보인다. 이로 볼 때 사람들이 김 진사의 외모를 칭찬하며 깍듯하게 예의를 갖추었다고 볼 수 없으며, 안평 대군이 질투심으로 인해 김 진사에게 망신을 줄 의도로 농담을 한 것이 아님을 알 수 있다.

33

답 예시 답안 참조

[A]에서 '베옷 입고 가죽 띠 두른 선비'는 김 진사를 나타낸다. 또한 '옥 같은 얼굴 신선과 같다.'라고 하며 김 진사를 흠모하는 마음을 드러내고 있으며, '월하노인의 인연 어디 없는지?'라며 김 진사와 인연을 맺지 못하는 상황에 대한 안타까움을 드러내고 있다.

34

답 신분, 사회

이 글에서 운영과 김 진사의 사랑을 가로막는 현실적 장애물로서의 기능하는 인물은 안평 대군이다. 운영은 안평 대군의 궁녀로 다른 남자와의 사랑이 원천적으로 금지되어 있는 신분이기 때문이다. 따라서 이 작품의 갈등은 표면적으로는 개인과 개인 간의 갈등으로 보이지만, 이면적으로는 개인과 사회 간의 갈등이 핵심 갈등으로 작용하고 있다고 볼 수 있다.

35

답 ⑤

이 글에서 궁녀의 신분을 지닌 운영이 사랑하는 김 진사를 만나지 못하고 다른 사람들에게 김 진사와의 사랑을 밝히지 못하는 모습은, 〈보기〉에 나타나 있는 자연스러운 인간의 본성마저 억압당하며 제한된 삶을 살아가야 하는 조선 시대 궁녀의 모습과 연결 지을 수 있다. 〈보기〉의 내용을 바탕으로 할 때, 운영이 김 진사와의 사랑을 이루고자 노력하는 것은 이성과의 사랑이라는 인간의 본성을 추구하는 행동이며, 현실은 이러한 운영의 사랑을 방해하고 억압하는 상황이다.

오답 해설

①, ② 운영은 궁녀라는 신분적인 한계에도 자신의 사랑을 포기하지 않고 김 진사에게 편지를 통해 마음을 드러내는 등 사랑의 성취를 위해 노력하는 모습을 보이므로 운영이 비극적 운명에 체념하거나 시대의 모순을 외면한다는 것은 적절하지 않다.

③, ④ 운영이 신분 상승을 꾀하거나 이상향을 건설하려는 모습은 이 글에서 확인할 수 없다.

II 자연과 삶

실전 연습하기

01 ⑤ **02** ③ **03** 뒷모습, 성숙한 **04** 예시 답안 '결별이 이룩하는 축복'이라는 역설적 표현을 사용하여 이별을 통한 영혼의 성숙이라는 주제 의식을 드러내고 있다. **05** ④ **06** ④ **07** 설의, 인간적 **08** ① **09** 예시 답안 당시 젊은이들을 안타깝게 여기고 그들을 위로하고자 작품을 창작하였다. **10** ④ **11** ⑤ **12** ② **13** 인격, 덕성 **14** 예시 답안 윗글에서 부정적 의미를 지닌 대상은 '구름, 바람, 꽃, 풀'로, 이들은 가변적이고 순간적이라는 공통점이 있다. **15** ④ **16** ③ **17** 예시 답안 주인 영감의 비양심성, 부도덕성을 상징한다. **18** 갈등, 물질적 **19** ③ **20** ② **21** ① **22** ② **23** 개입, 공감 **24** 예시 답안 심청에게 앞으로 일어날 일을 암시한다. **25** ⑤ **26** ④ **27** 외물, 깨달음 **28** ④ **29** 예시 답안 글쓴이는 제 몸가짐에 능란하며 스스로 총명한 체하는 자들에게 경계하기 위해 윗글을 집필하였다. **30** ②

01

답 ⑤

윗글에 대한 설명으로 적절하지 <u>않은</u> 것은?

① 의문형 문장을 통해 의미를 강조하고 있다.
  ○ → '뒷모습은 얼마나 아름다운가.'에서 설의법을 사용함.
② 생략법을 사용하여 시적 여운을 주고 있다.
  ○ → '분분한 낙화……'에서 말줄임표를 사용함.
③ 대상에 인격을 부여하여 시적 상황을 표현하고 있다.
  ○ → '섬세한 손길을 흔들며 / 하롱하롱 꽃잎이 지는' 등에서 의인법을 사용함.
④ 하강적 이미지를 통해 쓸쓸한 분위기를 조성하고 있다.
  ○ → '지고 있다', '낙화' 등에서 하강적 이미지가 나타남.
❺ 시의 처음과 끝에 같은 내용을 반복하여 구조적 안정감
  ✕ → 수미상관 구조에 대한 설명으로, 이 글에는 나타나 있지 않음.
  을 형성하고 있다.

이 글에서는 시의 처음과 끝에 같은 내용을 반복하여 구조적 안정감을 형성하는 수미상관의 구조를 취하고 있지 않다.

오답 해설

① '뒷모습은 얼마나 아름다운가.'에서 설의법을 통해 시적 의미를 강조하고 있다.

② '분분한 낙화……'에서 말줄임표를 사용하여 내용을 생략하고 여운을 주고 있다.

③ '격정을 인내한 / 나의 사랑', '나의 청춘은 꽃답게 죽는다.', '섬세한 손길을 흔들며 / 하롱하롱 꽃잎이 지는' 등에서 의인법을 사용하고 있다.

④ 이 글에서는 '지고 있다', '낙화' 등의 하강적 이미지를 지닌 시어를 사용하여 쓸쓸하고 안타까운 분위기를 형성하고 있다.

02 <답 ③>

이 글에서는 자연 현상을 인간의 삶과 연결 짓고 있다. 따라서 '꽃'은 '사랑, 젊음'을, '낙화'는 '이별, 결별, 죽음'을, '녹음'과 '열매'는 '영혼의 성숙'을, '가을'은 '내적으로 성숙해지는 시간'을 빗대어 표현한 것이라고 할 수 있다.

03 <답 뒷모습, 성숙한>

1연에서 화자는 이별의 순간을 알고 가는 이, 즉 이별을 인정하고 떠나는 이의 뒷모습이 아름답다고 말하고 있다. 이로 보아, 화자는 이별의 상황을 받아들이는 성숙한 사랑을 추구하고 있음을 알 수 있다.

04 <답 예시 답안 참조>

이 글의 화자는 '결별'을 '축복'이라고 역설적으로 인식하며 '낙화'라는 자연 현상에서 얻은 깨달음을 강조하여 드러내고 있다.

05 <답 ④>

이 글은 꽃이 지는 모습을 인간의 이별 모습에 비유하여 내용을 전개하고 있을 뿐 '사랑 → 이별 → 사랑'의 순환적 삶을 표현하고 있지 않다.

[오답 해설]

① 2연의 '나의 사랑은 지고 있다.'에서 화자가 '나'로 드러나고 있다.
② 이 글의 화자는 낙화를 바라보며 얻은 깨달음을 독백하듯이 전달하고 있다.
③ 2연과 3연에서 화자가 봄에 분분히 꽃잎이 떨어지는 것을 바라보고 있음을 알 수 있다.
⑤ 이 글에서는 직유법, 은유법, 의인법 등의 비유법과 역설법, 설의법 등 다양한 표현 방법을 사용하여 이별의 참된 의미에 대한 깨달음을 표현하고 있다.

06 <답 ④>

이 글에서는 시각적 심상, 청각적 심상, 촉각적 심상 등 다양한 심상을 활용하여 시적 상황과 화자의 감정을 효과적으로 드러내고 있다.

[오답 해설]

① 이 글은 '현재(1~7행) – 과거(8~15행) – 현재(16~18행)'의 구성으로 이루어져 있으므로 시간의 흐름에 따라 전개되고 있다고 보기 어렵다. 또한 화자는 외로움, 두려움, 그리움, 사랑과 같은 인간적인 감정들을 모르지 않지만 가난하기 때문에 이 모든 것들

을 버려야 한다고 하고 있을 뿐, 정서의 변화를 보이고 있는 것은 아니다.
② 이 글에 대립적인 의미를 지닌 시어는 나타나지 않는다.
③ 반어적 표현은 겉으로 표현된 의미와 속에 숨어 있는 참의가 서로 다른 표현을 의미한다. 이 글에는 이러한 반어적 표현이 나타나지 않는다.
⑤ 이 글에 '너'라는 구체적인 청자가 나타나지만, 지금 화자의 곁에 없다는 점에서, 그리고 대답을 기대하고 하는 말이 아니라는 점에서 독백적 어조가 나타나 있다고 할 수 있다.

07 <답 설의, 인간적>

설의법은 누구나 쉽게 판단할 수 있는 사실을 의문의 형식으로 표현하여 그 의미를 강조하는 방법이다. ㉠에서는 설의법을 사용하여 가난하지만 외로움, 두려움, 그리움, 사랑 등의 인간적인 감정을 알고 있다는 의미를 강조하고 있다.

08 <답 ①>

ⓐ~ⓔ에 대한 설명으로 적절하지 않은 것은?

❶ ⓐ: 색채 대비를 통해 낭만적인 분위기를 조성하고 있다.
　　× → 흰색과 파란색의 색채 대비 → 외롭고 쓸쓸한 분위기
② ⓑ: 1970~80년대의 시대적 상황을 배경으로 하고 있음을 알 수 있다.
　　○ → 방범대원의 호각 소리를 통해 통행금지가 있었던 시기임을 알 수 있음.
③ ⓒ: 화자가 고향에 돌아갈 수 없는 처지에 있음을 짐작할 수 있다.
　　○ → 고향의 어머님이 보고 싶으나 고향에 갈 수 없기에 이를 수없이 말하고 있음.
④ ⓓ: 화자가 외로움, 두려움, 그리움, 사랑을 버려야 하는 이유에 해당한다.
　　○ → 화자는 가난하기 때문에 인간적인 감정을 버려야만 했음.
⑤ ⓔ: 어순의 도치를 통해 화자의 안타까움을 부각하고 있다.
　　○ → 말의 순서를 바꾸어, '가난하다고 해서 왜 모르겠는가'를 먼저 제시함.

ⓐ에서는 '눈'과 '달빛', 즉 흰색과 파란색의 색채 대비가 나타난다. 이러한 색채 대비를 통해 외롭고 쓸쓸한 분위기가 조성되고 있으므로 색채 대비를 통해 낭만적인 분위기가 조성된다는 설명은 적절하지 않다.

[오답 해설]

② '두 점을 치는 소리', '방범대원의 호각 소리' 등을 통해 통행금지가 있어서 위반자를 방범대원들이 잡아갔던 시대인 1970~80년대 산업화 시기의 풍경을 엿볼 수 있다.
③ 화자는 고향을 떠나 도시에 와 있는 상황이다. ⓒ에서 화자는 어머님이 보고 싶고 고향에 돌아가고 싶지만, 돌아갈 수 없기에 이를 수없이 뇌일 뿐이다. 즉 ⓒ에는 고향에 돌아갈 수 없는 화자의 안타까움이 드러나 있다.

④ 17~18행에서 화자는 '가난하기 때문에 이것들을 / 이 모든 것들을 버려야 한다는 것을.'이라고 말한다. 즉 가난하기 때문에 외로움, 두려움, 그리움, 사랑 등의 인간적인 감정을 버려야 한다는 의미이므로 '가난'은 인간적인 감정을 버려야 하는 이유에 해당한다.

⑤ 16~18행에서는 문장의 어순을 바꾸어 표현하는 도치법을 사용하여 가난 때문에 인간적인 감정들을 버려야 하는 상황에 대한 안타까움을 부각하고 있다.

09　　답 예시 답안 참조

이 글은 산업화 시기에 도시 노동자로 힘겹게 살아가는 젊은이들의 삶을 보여 주고 그들을 위로하고자 쓴 작품이다.

10　　답 ④

9~11행에서 화자가 고향을 떠나온 젊은이임을 알 수 있으며, '어머님 보고 싶소'라고 '수없이 뇌어 보는' 모습을 통해 어머니에 대한 화자의 그리움을 알 수 있다(ㄴ). 또한 화자는 가난하기 때문에 인간적인 감정마저 버려야 하는 현실을 안타까워하고 있으므로 작가는 가난한 젊은이를 통해 당시의 부정적 현실을 보여 주고자 하였음을 알 수 있다(ㄷ).

오답 해설

ㄱ. 12~15행에서 화자가 사랑하는 사람과 이별하고 느끼는 슬픔이 드러난다. 하지만 화자가 원망의 감정을 드러내고 있는 것은 아니다.

ㄹ. 작가는 고향을 떠나 도시 노동자로 힘겹게 살아가는 가난한 젊은이를 화자로 삼아 이들의 삶을 연민의 시선으로 그려 내고 있다. 이 글의 화자는 가난한 현실로 인해 힘겨워하고 있을 뿐, 지나치게 물질적인 것만을 추구하는 모습은 보이고 있지 않다. 또한 작가는 화자에 대해 비판적 시선을 드러내고 있지 않다.

11　　답 ⑤

이 글은 화자가 벗으로 삼은 자연물을 통해 인간이 지향해야 할 바람직한 가치를 형상화하고 있다.

오답 해설

① 이 글은 사설시조가 아니라 연시조이다. 연시조는 두 개 이상의 평시조가 하나의 제목으로 엮어져 있는 시조를 뜻한다.

② 이 글에 공간의 이동은 나타나지 않는다. 이 글은 제1수에서 화자가 자신이 벗이라 생각하고 있는 다섯 가지 자연물을 제시하고, 나머지 다섯 수에서 다섯 자연물의 속성을 근거로 삼아 이를 예찬하는 방식을 전개되고 있다.

③ 자연물에 감정을 의탁한다는 것은 감정 이입이 나타난다는 것이다. 감정 이입은 어떤 대상에 자신의 감정을 불어넣어 대상과 자신을 동일하게 느끼는 것이다. 이 글에는 이러한 감정 이입이 나타나지 않는다.

④ 화자는 자연물을 벗으로 의인화하여 벗이 지닌 덕성을 예찬하며 이를 본받고자 하고 있다. 이 글에서 화자가 과거를 회상하고 이에 대해 반성하는 모습은 찾아볼 수 없다.

12　　답 ②

윗글에 드러나는 화자의 모습으로 적절하지 않은 것은?

① 자연물을 가까이하려는 태도를 보이고 있다.
　　○ → 화자는 자연물을 벗으로 여기고 있음.
❷ 자연물을 묘사하며 아름다움을 예찬하고 있다.
　　× → 자연물의 아름다움이 아닌 자연물의 덕성을 예찬함.
③ 자연물과 함께하는 삶에 만족감을 드러내고 있다.
　　○ → '두어라 이 다섯밖에 또 더하여 무엇하리.'를 통해 알 수 있음.
④ 자연물을 통해 자신이 지향하는 바를 나타내고 있다.
　　○ → 지조와 절개를 지키면서 겸허하게 사는 삶에 대한 지향을 드러냄.
⑤ 자연물이 지닌 속성을 유교적 이념과 관련짓고 있다.
　　○ → 자연물의 속성을 지조, 절개 등 유교적 이념과 관련짓고 있음.

제5와 제6수에서 '대나무'와 '달'이라는 명시적 표현 없이 대상의 외형과 속성을 드러내고 있으나, 그러한 묘사를 통해 대상의 아름다움을 예찬하고 있는 것이 아니라 대상으로부터 이끌어 낸 유교적 덕성을 예찬하고 있다.

오답 해설

①, ③ 제1수에서 화자는 물, 바위, 소나무, 대나무, 달을 벗으로 여기며 '두어라 이 다섯밖에 또 더하여 무엇하리.'라고 하며 자연물과 함께하는 삶에 만족감을 드러내고 있다.

④, ⑤ 화자는 다섯 가지 자연물의 속성으로부터 유교적 덕성을 이끌어 내고 이를 예찬함으로써 지조와 절개를 지키면서 겸허하게 사는 삶이라는 자신이 지향하는 삶의 방식을 제시하고 있다.

13　　답 인격, 덕성

이 글에서 화자는 다섯 가지 자연물을 단순한 사물로 그린 것이 아니라 인격적 덕성을 가진 존재로 표현하고 있다. 그리고 다섯 자연물을 벗(친구)이라고 칭하며 대상의 긍정적인 면모를 예찬하고 이를 본받으려고 하고 있다.

14　　답 예시 답안 참조

'구름, 바람, 꽃, 풀'은 모두 불변하고 영원한 속성을 지닌 '물, 바위'와 대조적인 속성을 지닌다.

15 답 ④

〈보기〉는 윗글의 시상 전개 과정을 나타낸 것이다. 이를 바탕으로 윗글을 이해한 내용으로 적절하지 <u>않은</u> 것은?

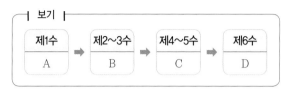

① A에서는 중심 소재를 무생물, 생물, 천상의 자연물로 묶어 제시하고 있다.
○ → 물과 바위, 소나무와 대나무, 달
② B에서는 대조의 방식을 활용하여 중심 소재를 예찬하고 있다.
○ → '구름, 바람'을 '물'과 대조하고, '꽃, 풀'을 '바위'와 대조함.
③ C에서는 B와 유사하게 대구의 방법을 활용하여 시적 운율감을 이어 가고 있다.
○ → 제2, 3수의 초장과 중장, 제4수의 초장. 제5수의 초장과 중장에 대구법이 쓰임.
❹ B와 C에서 중심 소재로 향했던 화자의 시선이 D에서는 내면으로 이동하고 있다.
✕ → 화자의 내면 탐색은 나타나지 않음.
⑤ B, C, D의 각 수에서는 A에서 언급된 중심 소재를 순차적으로 배치하고 있다.
○ → 물, 바위, 소나무, 대나무, 달 순으로 배치됨.

D에서 화자는 광명과 과묵함의 존재인 달이 자신의 벗이라고 말하고 있을 뿐이므로, 화자의 시선이 내면으로 이동한다고 보는 것은 적절하지 않다.

오답 해설

① A의 제1수에서는 다섯 벗을 '수석', '송죽', '달'로 묶어 제시하고 있다. 여기서 '수석'은 물과 바위로 무생물, '송죽'은 소나무와 대나무로 생물, '달'은 천상의 자연물이다.
② B의 제2수와 제3수에서는 물과 바위의 덕성을 부각하기 위해 대조적인 속성을 지닌 존재인 구름, 바람, 꽃, 풀을 각 수의 초, 중장에 배치하고 있다.
③ B의 제2수와 제3수에서는 초장과 중장이 서로 대구를 이루고 있고, C의 제4수의 초장, 제5수의 초장, 중장에서도 대구가 이루어지고 있다.
⑤ 제1수에서 언급된 다섯 자연물은 이후 제2수에서 제6수까지 각 수에 순차적으로 배치되고 있다.

16 답 ③

윗글을 통해 알 수 있는 사실로 적절하지 <u>않은</u> 것은?

① 주인 영감에 대한 수남의 생각이 바뀌었다.
○ → 수남은 늘 좋아했던 주인 영감의 손길에 거부감을 느낌.
② 주인 영감은 수남을 촌놈처럼 생각하고 있었다.
○ → "만날 촌놈인 줄만 알았더니"라는 주인 영감의 말을 통해 알 수 있음.
❸ 신사는 수남의 처지를 고려하여 해결책을 제시하였다.
✕ → 신사는 수남의 처지를 고려하지 않고 계속 수리비를 요구함.
④ 수남은 '도둑놈 꼴'이라는 말에서 양심을 가책을 느꼈다.
○ → 수남은 도둑놈 꼴이라는 소리가 가슴에 가시처럼 걸렸음.
⑤ 수남은 신사와의 갈등 상황에서 자전거를 들고 도망쳤다.
○ → 차 수리비를 면해 보려는 수남과 차 수리비를 받아 내려는 신사 사이에 발생한 갈등임.

신사는 인정이 없고 이해타산적인 인물로, 차 수리비를 보상받는 것에만 관심이 있을 뿐 수남의 처지는 전혀 고려하지 않는다. 수남이 "아저씨, 잘못했습니다. 한 번만 용서해 주십시오."라며 잘못을 빌고 있지만 신사는 수남에게 계속 수리비를 요구하며 화를 내고 있다.

오답 해설

① 수남은 주인 영감이 자전거를 들고 도망친 자신의 행동을 칭찬하자 그가 양심보다는 금전적 이익을 중요시하는 인물임을 깨닫고 거부감을 느끼고 있다.
② "잘했다. 잘했어. 만날 촌놈인 줄만 알았더니 제법인데, 제법이야."라는 주인 영감의 말을 통해 주인 영감이 수남을 촌놈으로 생각하고 있었음을 알 수 있다.
④ 자전거를 들고 도망쳐 온 수남을 보고 주인 영감이 "영락없이 도둑놈 꼴"이라고 말하자, '도둑놈 꼴이라는 소리가 수남이의 가슴에 가시처럼 걸린다.'라고 하였다. 이는 수남이 자신의 행동에 대해 죄책감을 느끼고 있음을 보여 준다.
⑤ 수남은 차 수리비를 요구하며 자전거를 잡아 두려는 신사와의 갈등 상황에서 결국 자물쇠가 걸린 자전거를 들고 도망쳤다.

17 답 예시 답안 참조

'누런 똥빛'은 수남이 자전거를 들고 도망쳐 온 일을 칭찬하던 주인 영감의 얼굴빛을 나타내는 말로 비양심성, 부도덕성을 상징한다.

18 답 갈등, 물질적

이 글에는 도시화, 산업화가 급격하게 이루어진 1970년대 우리 사회의 모습이 잘 반영되어 있다. 작가는 수남이라는 순진한 소년이 도시로 와 속물적인 어른들과 겪는 갈등, 그로 인해 겪는 내적 갈등을 보여 줌으로써 비양심적이고 물질적 이익만을 추구하는 도시 사람들을 비판하고 있다.

19   답 ③

⊙∼⊚에 대한 설명으로 적절하지 않은 것은?

① ⊙: 수남이 이후에 죄책감을 느끼며 갈등하는 원인이 된다.
　○ → 수남이 자전거를 들고 도망치는 사건은 수남의 내적 갈등을 일으킴.

② ⊙: 수리비를 물어 주지 않아도 된다는 안도감이 담겨 있다.
　○ → 수남이 자전거를 들고 도망침으로써 자동차 수리비로 인한 신사와의 갈등이 해소됨.

❸ ⊙: 수남이 자전거를 들고 도망친 일에 대해 반어적으로 야단치는 말이다.
　× → 주인 영감이 수남의 잘못된 행동을 칭찬하는 말

④ ⊚: 수남이 주인 영감이 속물적 인물임을 깨닫고 거부감을 느끼고 있다.
　○ → 주인 영감이 자신의 잘못된 행동을 칭찬하자 주인 영감의 손길에 거부감을 느낌.

⑤ ⊚: 수남이 낮에 있었던 일을 생각하며 내적 갈등을 겪고 있음을 알 수 있다.
　○ → 수남은 낮에 자전거를 들고 도망친 일 때문에 마음이 심란한 상태임.

⊙은 주인 영감이 수남의 잘못된 행동을 칭찬하는 말이다. 이 말을 듣고 수남은 자신의 도둑질을 칭찬하는 주인 영감에게 실망하고 그에게 거부감을 느끼게 된다.

오답 해설

① 수남은 자전거를 들고 도망치면서 느꼈던 쾌감과 도덕성 사이에서 고민하게 되므로 수남이 자전거를 들고 도망치는 것은 수남이 갈등을 겪는 원인이 된다고 할 수 있다.

② 수남은 자전거를 들고 도망치면서 수리비를 물어 주지 않아도 된다는 안도감, 내면의 부도덕성으로 짜릿함을 느낀다.

④ 주인 영감이 차 수리비를 물어내지 않고 자전거를 들고 도망친 수남의 행동을 칭찬하자 수남은 주인 영감이 양심보다는 금전적 이익을 중요하게 여기는 속물적인 인물임을 깨닫고 늘 좋아했던 주인 영감의 손길에 거부감을 느끼게 된다.

⑤ 수남은 낮에 자전거를 들고 도망친 일에 대해 옳을 것도 없지만 나쁘지도 않다고 스스로에게 말하면서도 도둑질이라고 생각하고 있다. 즉 수남은 부도덕성과 도덕성 사이에서 내적으로 갈등하는 모습을 보여 주고 있다.

20   답 ②

이 글의 서술자는 전지적 위치에서 주인공 수남의 행동과 상황에 대한 태도, 내면 심리에 초점을 두어 사건을 서술하고 있으며, 수남의 내면적 갈등 양상까지 구체적으로 드러내고 있다. 〈보기〉는 3인칭 관찰자 시점에서 인물의 행동을 관찰하여 서술하고 있어 인물의 심리 상태를 정확하게 알 수 없다. 따라서 독자가 상상할 수 있는 여지가 넓어지는 것은 〈보기〉이므로 독자가 상상할 수 있는 여지가 넓어진다는 것은 〈보기〉를 [A]로 바꿔 썼을 때의 효과로 볼 수 없다.

오답 해설

① [A]를 통해 책을 집어 던지고, 안절부절못하는 이유가 낮에 했던 자전거 도둑질 때문이란 것을 명확히 알 수 있다.

③ 서술자가 전지적 위치에서 주인공 수남의 내면 심리에 초점을 두고 서술하고 있으므로 [A]에는 수남의 심리가 세밀히 드러난다.

④ [A]에서는 주인 영감님이 "네 놈 꼴이 꼭 도둑놈 꼴이다."라고 한 말을 추가하여 갈등의 초점이 도둑질한 행동에 있음을 명확히 하고 있다.

⑤ [A]에는 '낮에 내가 한 짓은 옳은 짓이었을까?' 등 스스로에게 물어보는 부분이 추가되어 수남의 고민하는 모습이 강화되어 나타나고 있다.

21   답 ①

이 글은 판소리계 소설로, 묘사보다는 주로 대화를 중심으로 내용이 전개된다. 이 글에서도 심청과 뱃사람들의 대화, 심청과 심 봉사의 대화를 통해 사건이 전개되고 있다.

오답 해설

② 이 글에서 심 봉사는 심청이 하는 거짓말을 그대로 믿는 등 순진하고 어리숙한 면모를 보인다. 하지만 인물을 희화화하거나 이를 통해 현실 세태를 풍자하는 부분은 이 글에 나타나지 않는다.

③ 이 글은 작품 밖의 서술자가 전지전능한 입장에서 인물들의 이야기를 서술하고 있다.

④ 이 글은 시간의 순서대로 사건이 진행되고 있으므로 과거와 현재를 대비하여 사건을 입체적으로 서술하고 있다는 설명은 적절하지 않다.

⑤ 전기적 요소는 현실에서 일어날 수 없는 기이한 현상이나 사건, 즉 도술, 둔갑술 등의 비현실적 요소를 가리킨다. 이 글에는 이러한 비현실적 요소가 나타나지 않으므로 전기적 요소를 활용하고 있다는 진술은 적절하지 않다.

22   답 ②

윗글을 읽은 학생의 반응으로 적절하지 않은 것은?

① 심청은 상대방을 배려할 줄 알고 효심이 지극한 인물이군.
　○ → 아버지가 가슴 아파하실까 봐 장 승상 댁 수양딸로 간다고 거짓말하고 마지막까지 아버지를 극진히 봉양함.

❷ 심 봉사는 심청이 장 승상 댁 수양딸로 가는 것을 언짢게 여기고 있군.
　× → 심청이 수양딸로 팔렸다는 말을 하자 심 봉사는 이를 반겨 듣고 있음.

③ 당시 사람들은 지성으로 불공하면 소원이 이루어질 수 있다고 생각하였군.
○ → '공양미 3백 석을 지성으로 불공하면 눈을 떠'에서 알 수 있음.

④ 마지막 밥상을 받고 즐거워하는 심 봉사로 인해 상황이 더욱 비극적으로 느껴지는군.
○ → 심청과 심 봉사가 영원히 이별하는 상황에서 심 봉사는 이를 모르고 반찬이 좋다며 기뻐함. – 심청이 느끼는 슬픔과 비참함이 커짐.

⑤ 심청이 사당에 가서 하직 인사를 올리는 것에서 당시의 유교적 풍습을 엿볼 수 있군.
○ → 사당은 조상의 신주를 모셔 놓은 집을 말하므로 이는 집을 떠나기 전에 조상님들께 인사를 올리는 모습임.

심 봉사는 공양미 3백 석을 구하는 대신 심청이 잘사는 집의 수양딸로 가게 된 것을 기뻐하고 있다.

【오답 해설】

① 심청은 자신이 인당수 제물로 팔렸다고 하면 아버지가 가슴 아파하실까 봐 장 승상 댁 수양딸로 가게 되었다는 거짓말을 한다. 이를 통해 심청이 상대방을 배려하는 인물임을 알 수 있다. 또한 혼자 남게 될 아버지를 위해 의복 빨래를 하고, 마지막까지 진짓상을 차려 드리는 등의 모습에서 심청이 효심이 지극함을 알 수 있다.

③ '공양미 3백 석을 지성으로 불공하면 눈을 떠' 보게 될 것이라는 말을 듣고 공양미 3백 석에 자신을 팔려고 하는 심청의 모습에서 당시 사람들이 부처와 같은 신적 대상에게 소원을 빌면 이루어질 수 있다고 생각하였음을 알 수 있다.

④ 심청과 심 봉사가 이별하는 상황에서 심 봉사는 반찬이 좋다며 기뻐하고 좋은 꿈을 꾸었다고 즐거워하고 있다. 이런 상황에서 심청은 이제 곧 떠나야 하므로, 심청이 느끼는 슬픔과 비참함이 더욱 커진다.

⑤ 사당은 조상의 신주를 모셔 놓은 집이고 심청이 사당에 하직 인사를 하는 것은 조상님들께 떠나기 전에 인사를 하는 것이다. 따라서 이를 통해 당시의 유교적 풍습을 엿볼 수 있다.

23 【답】 개입, 공감

이 글은 3인칭 전지적 시점을 취하며 서술자가 이야기 밖에서 인물의 심리를 모두 파악하여 전달하고 있다. 서술자는 심청에 대한 긍정적 태도를 드러내며 이야기 속에 개입하고 있는데, 이를 서술자의 개입이라고 한다. 특히 ㉠에서는 서술자의 개입을 통해 심청의 심정에 적극적으로 공감하는 태도를 보이고 있다.

24 【답】 예시 답안 참조

'부자간은 천륜지간이라 꿈에 미리 보여 주는 바가 있었다.'라는 부분을 통해 심 봉사의 꿈이 심청에게 앞으로 일어날 일을 암시하는 역할을 한다는 것을 알 수 있다.

25 【답】 ⑤

〈보기〉에서는 독자가 작품 해석의 중심이 되어 작품의 내용을 일상의 삶과 연결 지으며 감상하는 방법에 대해 설명하고 있다. ⑤에서는 심청의 모습과 자신의 삶을 연결 지어 자신을 반성하고 있으므로 독자가 작품 해석의 중심이 되어 작품의 내용을 일상의 삶과 연결 짓고 있다고 볼 수 있다.

【오답 해설】

①, ② 작품에 사용된 표현, 작품의 구성 방식을 중심으로 작품을 감상하고 있으므로 독자가 작품 해석의 주체가 되는 관점이라고 볼 수 없고, 작품의 내용을 일상의 삶과도 연결 짓고 있지 않다.

③, ④ 작품에 나타난 현실이 실제 시대적 현실을 어떻게 반영하고 있는지를 중심으로 작품을 감상하고 있으므로 독자가 작품 해석의 주체가 되는 관점이라고 볼 수 없고, 작품의 내용을 일상의 삶과도 연결 짓고 있지 않다.

26 【답】 ④

윗글에 대한 설명으로 적절하지 않은 것은?

① 여행에서의 견문과 감상이 드러나 있다.
○ → 이 글은 기행 수필로, 여정, 견문, 감상이 드러나 있음.

② 경험한 사실을 토대로 깨달음을 이끌어 내고 있다.
○ → 강을 건넌 경험에서 외물에 현혹되지 않는 삶의 자세라는 깨달음을 얻음.

③ 고사를 인용하여 글쓴이의 의견을 뒷받침하고 있다.
○ → 우임금의 고사를 인용함.

❹ 현재와 과거를 대비하여 현실 세태를 비판하고 있다.
✕ → 현재와 과거를 대비하고 있지 않음.

⑤ 설의법을 사용하여 글쓴이의 의견을 효과적으로 전달하고 있다.
○ → '귀에 무엇이고 들릴 리가 있겠는가?', '보고 듣는 것이 번번이 병이 될 것이 아닌가?'에서 확인할 수 있음.

이 글에서 글쓴이는 현재와 과거를 대비하고 있지 않으며, 제 몸가짐에 능란하며 스스로 총명한 체하는 자들을 경계하고 있을 뿐, 현실 세태를 비판하고 있는 것은 아니다.

【오답 해설】

① 이 글은 글쓴이가 중국 청나라에 가는 사신을 따라갔을 때 쓴 기행문의 일부로, 중국 백하 하류에서 한밤중에 강을 건넌 여정과 그곳에서 보고 들은 견문, 그리고 강을 건너는 일을 통해 얻은 깨달음(감상)을 담고 있다.

② 한밤중에 강을 아홉 번 건넌 경험에서 외물에 현혹되지 않는 삶의 자세를 가져야 한다는 깨달음을 이끌어 내고 있다.

③ 이 글에서 글쓴이는 우임금의 고사를 인용하여 자신의 의견에 설득력을 부여하고 있다.

⑤ '귀에 무엇이고 들릴 리가 있겠는가?', '보고 듣는 것이 번번이 병이 될 것이 아닌가?'에서 설의법이 쓰이고 있음을 확인할 수 있다.

27

답 외물, 깨달음

이 글의 글쓴이는 강을 건너는 경험을 통해 마음이 고요한 사람은 귀와 눈이 탈이 되지 않으나 귀와 눈만 믿는 사람은 보고 듣는 힘이 밝아져서 더욱 병이 됨을 깨달았다. 즉 글쓴이는 눈과 귀에 현혹되면 사물의 본질을 제대로 파악할 수 없으므로 외물에 흔들리지 않는 삶의 자세가 필요하다는 깨달음을 전달하고 있다.

28

답 ④

㉠~㉤에 대한 설명으로 적절하지 <u>않은</u> 것은?

① ㉠: 사람들의 잘못된 판단에 해당한다.
　　　○ → 낮에는 눈이 위험한 데에만 쏠려 귀에 물소리가 들리지 않음.
② ㉡: 눈에 보이는 위험에 신경을 써서 물소리가 들리지 않는다는 뜻이다.
　　　○ → 낮에는 눈으로 강물의 위험을 느껴 귀로는 물소리를 인식하지 못함.
③ ㉢: 보고 듣는 것에 치우치지 않는 사람을 의미한다.
　　　○ → 귀와 눈이 탈이 되지 않는 사람임.
❹ ㉣: 두려움으로 아무 소리도 들리지 않게 되었음을 의미한다.
　　　× → 글쓴이는 강물 소리에 대한 두려움이 사라진 상태임.
⑤ ㉤: 경험을 통해 알게 된 이치를 삶에 적용하고 있다.
　　　○ → 강을 건너는 경험을 통해 얻은 깨달음을 삶 전반으로 확장함.

㉣은 글쓴이가 강을 건너며 강물 소리에 현혹되지 않게 되었음을 의미한다. 즉 강물 소리에 대한 두려움이 사라진 상태를 말하므로 두려움으로 아무 소리도 들리지 않게 되었음을 의미한다는 것은 적절하지 않다.

오답 해설

① ㉠ 뒤에 이어지는 '허나 이는 물소리를 모르는 말이다. 요동 땅 강물들이 물소리를 안 내는 것이 아니라 밤에 건너지 않았기 때문이다.'를 통해 사람들이 ㉠과 같이 잘못 판단하고 있음을 알 수 있다. 글쓴이는 요동 벌이 넓고 편편하기 때문에 물소리가 요란하지 않은 것이 아니라 낮에는 눈으로 물을 볼 수 있으니 눈이 위험한 데에만 쏠려 귀에 물소리가 들리지 않는 것이라고 말한다.
② 낮에 강을 건너면서 물소리를 잘 듣지 못하는 것은 낮에는 물을 볼 수 있으니 눈으로 강물의 위험을 느껴 귀로는 물소리를 잘 인식하지 못하기 때문이다.
③ '마음이 고요한 사람은 귀와 눈이 탈이 될 턱이 없으나, 귀와 눈만 믿는 사람은 보고 듣는 힘이 밝아져서 더욱 병이 되는 것이다.'를 통해 '마음이 고요한 사람'은 귀와 눈이 탈이 되지 않는, 즉 보고 듣는 것에 치우치지 않는 사람임을 알 수 있다.
⑤ ㉤에서 글쓴이는 강을 건너며 얻은 깨달음을 '사람이 한세상을 살아가는 데'까지 확장하여 적용하고 있다.

29

답 예시 답안 참조

이 글의 글쓴이는 외물에 현혹되지 않고 마음을 다스리는 삶의 태도를 가져야 한다는 깨달음을 바탕으로 제 몸가짐에 능란하며 스스로 총명한 체하는 자들에게 경계하겠다고 말하고 있으므로 이와 같은 사람들에게 경계하기 위해 이 글을 집필하였다.

30

답 ②

낮에 강을 건널 때 사람들이 고개를 쳐들고 하늘을 우러러보는 것은 강물을 보지 않기 위함이다. 강물을 보면 어지럼증이 생기면서 물에 빠질 수 있기 때문에 강물을 보지 않으려 하는 것이다.

오답 해설

① 낮에 강을 건널 때 사람들은 강물을 보지 않으려고 고개를 젖히고 하늘을 우러러보며 건넜다.
③, ④ 이치를 알기 전 글쓴이는 위험이 듣는 데만 쏠려 강물 소리를 더욱 잘 듣게 되었기 때문에 두려움에 벌벌 떨면서 밤의 강을 건너는 것을 걱정하였다.
⑤ 글쓴이는 마음이 고요한 사람, 즉 마음을 차분히 잘 다스린 사람은 눈과 귀가 탈이 될 수 없음을 깨닫고 물에 빠질 것을 각오하고 마음을 다스린 후에 아무런 걱정 없이 아홉 번이나 강을 건넜다.

Ⅲ 인간과 사회

실전 연습하기
본문 123~141쪽

01 ④ **02** 일제 강점기, 조국의 광복 **03** [예시 답안] 손님이 오실 것을 확신하며 정성스러운 태도로 손님맞이를 준비하고 있다. **04** ④ **05** ③ **06** ① **07** 자연, 물질문명 **08** [예시 답안] ㉠은 인간의 삶의 터전인 문명을, ㉡은 비둘기의 삶의 터전인 자연을 의미한다. **09** ② **10** ④ **11** ② **12** ③ **13** 과장법, 거리감 **14** [예시 답안] 저 물도 내 안 같아서 울어 밤길 가는구나 / '물'에 자신의 감정을 이입하여 임과 이별한 슬픔을 효과적으로 드러내고 있다. **15** ② **16** ② **17** 시련, 가능성 **18** [예시 답안] 제목인 '수난이대'는 만도와 진수 2대가 일제 강점기와 6.25 전쟁 때 받은 수난을 의미하는 것으로, 암울한 시대에 우리 민족이 당한 수난을 상징한다. **19** ⑤ **20** ④ **21** ④ **22** ③ **23** 비판, 순응 **24** [예시 답안] ㉠: 현실에서 있을 수 없는 기이한 일들이 벌어진다. ㉡: 필연적인 인과 관계 없이 사건이 우연적으로 전개된다. **25** ② **26** ③ **27** ⑤ **28** 날씨, 비 **29** [예시 답안] '민들레꽃'은 형제의 우애를 상징하며, 형과 아우 사이의 갈등을 해소하는 매개체 역할을 한다. **30** ③ **31** ① **32** ④ **33** 사람, 소모품 **34** [예시 답안] '쇠'는 인간에 의해 만들어진 문명을 상징하고, '세상의 모든 나무들'은 문명의 폭력에 의해 파괴되어 가는 자연 또는 인간을 상징한다. **35** ①

01
답 ④

윗글에 대한 설명으로 적절하지 <u>않은</u> 것은?

① 미래에 대한 소망을 노래하고 있다.
　○ → 풍요롭고 평화로운 세계가 오기를 바라는 마음을 노래함.
② 간절한 기다림의 정서가 나타나 있다.
　○ → 화자는 손님이 오기를 기다리고 있음.
③ 시각적 이미지를 통해 주제를 형상화하고 있다.
　○ → 푸른색과 흰색의 색채 대비가 나타남.
❹ 역설적 표현을 통해 대상에서 느끼는 모순된 감정을 강
　✕ → 역설법이 사용되지 않음.
　조하고 있다.
⑤ 각 연을 동일한 수의 행으로 배열하여 시적 안정감을 형
　○ → 각 연이 2행으로 구성됨.
　성하고 있다.

이 글에서 표면적으로는 이치에 어긋나는 듯하나 그 속에 진리 (진실)를 담는 역설법은 사용되지 않았다.

오답 해설

①, ③ 화자는 풍요롭고 평화로운 세계가 오기를 바라는 소망을 상징적 시어와 선명한 색채 대비를 통해 표현하고 있다.
② 3~6연에서 화자는 손님을 기다리는 마음, 손님을 맞이하여

기뻐하고 싶은 소망, 손님을 기다리며 준비하는 자세를 노래하고 있다. 이로 볼 때 이 글에는 손님을 향한 간절한 기다림의 정서가 나타나 있다고 할 수 있다.
⑤ 이 글은 각 연을 2행으로 균일하게 배열하여 시적 안정감을 부여하고 있다.

02
답 일제 강점기, 조국의 광복

이 글이 발표된 1939년은 우리나라가 일제 강점기를 겪고 있을 때이다. 이러한 역사적 상황을 바탕으로 할 때 화자가 간절하게 오기를 바라는 '손님'은 조국의 광복이라고 할 수 있다.

03
답 [예시 답안] 참조

'은쟁반', '모시 수건'은 '손님'(조국의 독립)을 맞이하는 정성의 의미이자 순수, 순결의 상징이다. 그리고 그것들을 마련해 두라는 것에서 조국 광복에 대한 확신, 예언자적 자세가 드러난다.

04
답 ④

이 글은 푸른색과 흰색의 선명한 색채 대비를 통해 화자의 소망을 강조하고 있다. ㉠, ㉡, ㉣은 푸른색의 이미지이고, ㉢, ㉤은 흰색의 이미지이다.

05
답 ③

이 글에 나타나는 '청포도'와 '청포'는 모두 밝고 평화로운 푸른색의 이미지로 연결된다. 따라서 '청포를 입고 오는 손님'을 괴롭고 답답한 심정으로 표현하는 것은 적절하지 않다.

오답 해설

① '하늘'과 '바다'는 희망, 동경 등을 나타내므로 '바다'를 '하늘'과 이어져 밝고 평화로운 느낌이 들도록 표현하는 것은 적절하다.
② '흰 돛단배'는 흰색의 이미지이므로, 푸른색 이미지의 '바다'와 색채 대비를 이루어 선명한 느낌이 들도록 표현하는 것은 적절하다.
④ '청포도'는 싱그러운 이미지와 더불어 '주저리주저리', '알알이' 등의 표현을 통해 풍성한 느낌을 주므로 싱그러우면서도 풍성한 느낌이 들도록 표현하는 것이 적절하다.
⑤ '은쟁반'은 흰색의 이미지로, 순수, 정성 등을 나타내므로 '은쟁반'을 깨끗하고 정성 어린 느낌이 들도록 표현하는 것은 적절하다.

06 　　　　　　　　　　　　답 ①

윗글에 대한 설명으로 적절하지 않은 것은?

❶ 자연에 대한 예찬적 태도를 드러낸다.
　　　✕ → 파괴된 자연에 대해 안타까움을 드러냄.
② 상징적 시어를 사용하여 주제를 전달한다.
　　　○ → '비둘기'는 자연을 상징함.
③ 상황을 구체적으로 제시한 후 주제를 집약시킨다.
　　　○ → 1, 2연의 내용　　　　　○ → 3연의 내용
④ 대상을 의인화하여 비판 의식을 우의적으로 표현한다.
　　　○ → '비둘기'를 의인화하여 자연을 파괴하는 현대 문명을 비판함.
⑤ 감각적 이미지를 통해 시적 상황을 선명하게 제시한다.
　　　○ → 시각, 청각, 촉각으로 다양한 감각적 이미지를 사용함.

이 글에서 화자는 산업화와 도시화로 인해 파괴된 자연에 대한 안타까움과 향수를 드러내고 있다.

오답 해설

② 이 글에서 '비둘기'는 개발만을 앞세우는 인간들에 의해 파괴되고 훼손되어 가는 자연을 상징하는 동시에 우의적으로는 개발과 문명화의 과정에서 소외된 인간을 상징한다.
③ 1, 2연에서 보금자리를 잃고 쫓겨난 '비둘기'의 상황을 제시하고 3연에서 화자의 우의적 해석을 통해 현대 물질문명 비판이라는 주제 의식을 드러내고 있다.
④ '비둘기'를 의인화하여 문명 비판적 내용을 우의적으로 표현하고 있다.
⑤ '가슴에 금이 갔다', '새파란 아침 하늘'에서 시각적 이미지를, '돌 깨는 산울림', '채석장 포성'에서 청각적 이미지를, '금방 따낸 돌 온기'에서 촉각적 이미지를 활용하고 있다.

07 　　　　　　　　　답 자연, 물질문명

1960년대 이후 급격한 산업화·도시화로 인해 자연이 무참히 훼손된 상황을 고려할 때, 이 작품의 작가는 파괴되어 가는 자연에 대해 안타까움과 향수를 느끼고 현대 물질문명에 의한 자연 파괴를 비판하며 인간과 자연의 공존을 촉구하고 있다.

08 　　　　　　　　　답 예시 답안 참조

비둘기가 살던 곳에 사람들이 집을 짓고 살게 되면서 비둘기의 보금자리가 없어졌다고 하였으므로 ㉠은 인간의 삶의 터전인 문명을, ㉡은 비둘기의 삶의 터전인 자연을 의미한다.

09 　　　　　　　　　　　　답 ②

비둘기가 살던 곳에 사람들이 집을 짓고 살게 되면서 비둘기는 보금자리인 자연을 빼앗기고 쫓기는 새가 되었다. 따라서 '비둘기'는 개발만을 앞세우는 사람들에 의해 파괴된 자연을 의미한다

고 볼 수 있다(ㄱ). 또한 같은 맥락에서 '비둘기'를 인간을 우의적으로 표현한 대상으로 보면, 개발로 인해 삶의 터전을 잃고 어딘가로 떠밀려 가야 하는 소외 계층을 의미한다고도 볼 수 있다(ㄷ).

10 　　　　　　　　　　　　답 ④

'사랑과 평화의 새 비둘기'는 1960년대의 급격한 산업화, 도시화가 있기 이전에 존재했던 평화로웠던 시절의 비둘기를 의미한다. 이 글에서는 산업화와 도시화 과정에서 인간에 의해 파괴된 자연에 대한 안타까움과 현대 문명에 대한 비판적 태도를 드러내고 있을 뿐, 훼손된 자연을 복구할 수 있다는 희망을 나타내고 있지는 않다.

오답 해설

① '성북동 산에 번지가 새로 생'긴다는 것은 비둘기가 살던 자연에 인간이 들어와 살게 되었다는 것을 의미한다. 또한 돌을 깨며 산을 파괴하는 모습은 산업화·도시화에 의해 자연이 파괴되는 모습을 보여 주는 것이다. 따라서 '성북동 산'은 무분별한 도시화 과정에서 무참히 훼손된 공간이라고 할 수 있다.
② '돌 깨는 산울림'과 '채석장 포성'은 도시화 과정에서 성북동 산을 개발하는 소리로, 인간 문명에 의한 자연 파괴를 청각적 이미지로 형상화한 것이다.
③ '피난하듯 지붕에 올라앉아'는 보금자리를 잃은 비둘기의 절박한 현실을 보여 주는 것이다. 산업화 과정에서 도시에 살아가던 사람들까지도 빈민이 되어 도시 외곽으로 내몰리는 일이 일어났다는 〈보기〉의 내용을 참고할 때 '피난하듯 지붕에 올라앉아'는 보금자리를 잃고 빈민이 된 사람들의 모습을 보여 주는 것이라고도 해석할 수 있다.
⑤ '산도 잃고'는 1960년대의 급격한 산업화 과정에서 자연이 사라져 비둘기가 보금자리를 잃게 된 상황을 의미하고, '사람도 잃고'는 사람과 가까이 지내며 공존했던 과거와는 달리 삶의 터전을 함께했던 사람들까지도 잃어버린 현실 상황을 의미한다.

11 　　　　　　　　　　　　답 ②

'천만리∨머나먼 길에∨고운 님∨여의옵고'와 같이 4음보의 운율을 가지고 있으므로 각 장을 네 마디로 끊어 읽을 수 있다.

오답 해설

① 이 글은 시조로, 초장, 중장, 종장의 3장으로 이루어져 있다.
③ 시조는 '저 물도'와 같이 종장의 첫 음보를 세 글자로 맞추는 규칙을 가지고 있다.
④, ⑤ 음수율이란 일정한 글자 수가 반복되면서 생기는 운율을 말한다. 시조에서는 세 글자, 네 글자 또는 네 글자, 네 글자가 짝을 이루어 반복됨에 따라 운율을 형성한다.

12

답 ③

〈보기〉는 이 글의 창작 배경을 설명하는 내용이다. 〈보기〉를 참고할 때 이 글은 왕으로 모셨던 단종에 대한 애절한 마음을 읊은 시조이므로 '고운 님'은 단종을 가리키며, 충절의 대상임을 알 수 있다.

13

답 과장법, 거리감

'천만리 머나먼 길에 고운 님 여의옵고'는 단종을 유배지에 남겨 두고 떠나왔음을 나타내는 표현이다. 그중 '천만리'는 실제 거리가 아니라 단종과 이별한 화자의 슬픔이 크다는 것을 과장하여 표현한 것으로, 임과의 거리가 아주 멀게 느껴진다는 심리적 거리감을 나타낸 것이다.

14

답 예시 답안 참조

'저 물도 내 안 같아서 울어 밤길 가는구나'에서 화자는 흐르는 냇물에 자신의 감정을 이입하여 흘러가는 물소리가 자신의 울음소리와 같다고 표현하며 임과 이별한 슬픔을 효과적으로 드러내고 있다.

15

답 ②

윗글과 〈보기〉를 비교하여 감상한 내용으로 적절하지 않은 것은?

┤ 보기 ├
뫼버들 가려 꺾어 보내노라 임에게
　사랑의 증표　　　　　　도치법
주무시는 창밖에 심어 두고 보소서
　임이 있는 공간
밤비에 새잎 나거든 날인가도 여기소서
　뫼버들에 돋은 새잎, 화자의 분신
　　　　　　　　　　　　　　　　　　　－ 홍랑

① 윗글과 〈보기〉 모두 화자가 임과 이별한 상황에 처해 있다.
　○ → 〈보기〉의 화자는 이별 후에 임을 그리워하고 있음. 이 글의 화자는 임과 이별한 후의 슬픔을 노래하고 있음.

❷ 윗글과 〈보기〉 모두 임과의 재회를 소망하는 마음을 담고 있다.
　✕ → 이 글에는 임과의 재회를 소망하는 모습이 나타나지 않음.

③ 윗글과 달리 〈보기〉에는 문장의 어순을 바꾸는 표현이 나타나 있다.
　○ → 〈보기〉에 도치법이 사용됨.

④ 〈보기〉와 달리 윗글에는 구체적 수치를 활용하는 표현이 나타나 있다.
　○ → 이 글의 '천만리'에서 구체적 수치가 나타남.

⑤ 〈보기〉와 달리 윗글에는 대상에 인격을 부여하는 표현이 나타나 있다.
　○ → 이 글에는 의인법이 사용됨.

〈보기〉에는 '뫼버들'이 되어서라도 임과 재회하고자 하는 소망이 나타나 있지만, 이 글에는 이별 상황에 대한 슬픔만이 나타날 뿐 임과 재회하고자 하는 소망은 나타나 있지 않다.

오답 해설

① 〈보기〉에는 이별 후에도 임을 그리워하며 임이 자신을 기억해 주기를 바라는 마음이 나타나 있다. 이 글에도 임을 여의고 돌아오는 길에 이별을 슬퍼하는 화자의 모습이 나타나 있다. 따라서 이 글과 〈보기〉 모두 화자가 임과 이별한 상황에 처해 있다.
③ 〈보기〉의 '보내노라 임에게'에서 문장의 어순을 바꾸어 의미를 강조하는 도치법을 사용하고 있다.
④ 이 글은 '천만리'에서 '천만'이라는 구체적 수치를 활용하여 이별한 임과의 심리적 거리가 멀고 화자가 느끼는 슬픔의 깊이가 깊음을 표현하고 있다.
⑤ 이 글의 '저 물도 내 안 같아서 울어 밤길 가는구나'에서 '물'이 '밤길'을 울며 흘러간다고 하였으므로 '물'을 의인화하여 표현한 것이다.

16

답 ②

윗글을 읽은 후의 감상으로 적절하지 않은 것은?

① 사투리를 사용하여 대화 상황이 실감 나게 느껴지는군.
　○ → 경상도 사투리를 사용함.
❷ 등장인물을 서술자로 삼아 인물의 내면 심리를 서술하고 있군.
　✕ → 전지적 위치의 서술자가 인물의 내면을 서술함.
③ 우리 민족의 수난의 역사를 사회·문화적 배경으로 하고 있군.
　○ → 일제 강점기, 6.25 전쟁을 배경으로 함.
④ 자신의 처지에 대한 아버지와 아들의 상반된 태도가 나타나는군.
　○ → 진수는 소극적 태도, 만도는 적극적 태도를 보여 줌.
⑤ 결말 부분에서는 '용머리재'를 의인화하여 여운과 감동을 주고 있군.
　○ → '용머리재'가 만도 부자의 상황을 내려다보는 것으로 표현함.

이 글은 3인칭 전지적 시점을 취하고 있다. 등장인물을 서술자로 삼는 것은 1인칭 시점에 해당한다.

오답 해설

① 이 글에서는 경상도 사투리를 사용하여 향토적인 느낌을 더해 주고 현장감과 생동감을 살려 준다.
③ 만도는 일제 강점기에 강제 징용으로 한쪽 팔을 잃은 인물이고, 진수는 6.25 전쟁 참전으로 한쪽 다리를 잃은 인물이다. 이로 볼 때 이 글은 일제 강점기와 6.25 전쟁이라는 우리 민족의 수난의 역사를 사회·문화적 배경으로 하고 있다.

④ 진수는 한쪽 다리가 없이 살아가야 할 앞날을 걱정하는 소극적 태도를 보여 주고 있다. 반면에 만도는 진수를 위로하면서 삶의 길을 찾고자 하는 적극적, 의지적 태도를 보여 주고 있다.

⑤ 이 글의 결말 부분에서는 '용머리재'를 의인화하여 자연이 인간을 바라보도록 서술 시점에 변화를 줌으로써 여운과 감동을 주고 있다.

17   **답** 시련, 가능성

'외나무다리'는 만도 부자에게 닥친 시련을 상징하면서 두 사람이 서로 도우며 살아갈 수 있으리라는 가능성을 보여 주는 소재이다.

18   **답** 예시 답안 참조

이 작품의 제목 '수난이대'는 아버지 만도와 아들 진수에 걸쳐 2대(二代)가 겪은 수난을 의미한다. 여기서 수난은 만도는 일제 강점기의 강제 징용으로 끌려가 한쪽 팔을 잃고, 진수는 6.25 전쟁으로 인해 다리 한쪽을 잃음으로써 신체적 불구가 된 것을 뜻한다. 이것은 아버지와 아들, 두 세대가 겪은 가족사적 수난을 넘어서 우리 민족이 겪은 역사적 비극을 상징한다.

19   **답** ⑤

㉠~㉤에 대한 설명으로 적절하지 않은 것은?

① ㉠: 만도와 진수의 대화가 이루어지는 공간이다.
　○ → 두 사람이 논두렁길에 접어들어 대화를 시작하게 됨.
② ㉡: 진수가 한쪽 다리를 잃게 된 원인에 해당한다.
　○ → 진수는 수류탄 파편에 맞아 다리 한쪽을 잃었음.
③ ㉢: 만도의 긍정적, 의지적 태도가 드러나는 부분이다.
　○ → 만도는 자신과 아들이 처한 현실을 받아들이고 계속 살아가려 함.
④ ㉣: 만도와 진수의 불편한 처지를 드러내는 소재이다.
　○ → 지팡이는 진수의 불편한 처지를, 고등어는 만도의 불편한 처지를 드러냄.
❺ ㉤: 만도가 세상에 대한 원망과 불신을 쏟아 내는 말이다.
　× → 아들에 대한 걱정을 해학적으로 드러낸 부분

㉤은 진수의 불행을 안타까워하는 만도의 마음이 담긴 말로 아들 진수에 대한 걱정을 해학적으로 드러낸 부분에 해당한다.

> **오답 해설**

① 만도와 진수는 논두렁길에 접어들어 대화를 함으로써 서로의 수난을 이해하고 극복 의지를 내보이게 된다.
② 진수는 수류탄 파편에 맞아 한쪽 다리를 잃게 되었으므로 '수류탄 쪼가리'는 진수가 한쪽 다리를 잃게 된 원인이라고 할 수 있다.
③ ㉢에서 만도는 아들 진수를 위로하며 자신과 아들이 처한 현실을 받아들이고 계속 살아가고자 하는 의지를 드러내고 있다. 따라서 ㉢은 만도의 긍정적, 의지적 태도를 드러내는 부분이라고 할 수 있다.
④ '지팡이'는 다리가 불편한 진수의 처지를, '고등어'는 팔이 불편한 만도의 처지를 드러내 주는 소재이다.

20   **답** ④

[A]를 영화로 제작하기 위한 회의에서 연출자가 요구할 내용으로 적절하지 않은 것은?

① 음향 감독은 다리 위에서 만도의 목소리만 나오는 부분이 있으니 미리 녹음해 주세요.
　○ → 만도가 속으로 말하는 부분이 나옴.
② 만도 역을 맡은 배우는 외나무다리를 건널 때 아슬아슬한 느낌이 들도록 연기해 주세요.
　○ → 만도가 외나무다리 위로 조심히 발을 내디디는 모습이 나옴.
③ 카메라 감독은 마지막 장면에서 용머리재가 두 사람을 바라보는 느낌이 살도록 촬영해 주세요.
　○ → 용머리재가 만도 부자의 모습을 가만히 내려다봄.
❹ 진수 역을 맡은 배우는 술에 취해 비틀거리는 만도를 언짢아하는 마음이 잘 드러나도록 연기해 주세요.
　× → 진수는 만도에게 고마움과 미안함을 느끼고 있음.
⑤ 카메라 감독은 만도가 진수를 업고 일어서는 장면에서 힘을 쓰는 만도의 얼굴 표정이 부각되도록 촬영해 주세요.
　○ → 만도가 진수를 업으며 끙! 하고 일어남.

진수가 외나무다리에서 중얼거리는 내용 등을 보면, 진수가 아버지 만도에게 고마움과 미안함을 느끼고 있음을 알 수 있으므로 진수 역을 맡은 배우가 만도를 언짢아하는 마음이 드러나도록 연기하는 것은 적절하지 않다.

> **오답 해설**

① 만도가 외나무다리를 건너며 속으로 '이제 새파랗게 젊은 놈이 벌써 이게 무슨 꼴이고. 세상을 잘못 타고나서 진수 니 신세도 참 똥이다. 똥.'이라고 말하고 있으므로 해당 연출은 적절하다.
② 만도가 외나무다리 위로 조심조심 발을 내디디며 건너가는 모습이 나타나므로 해당 연출은 적절하다.
③ '눈앞에 우뚝 솟은 용머리재가 이 광경을 가만히 내려다보고 있었다.'라고 하였으므로 해당 연출은 적절하다.
⑤ '만도는 아랫배에 힘을 주며 끙! 하고 일어났다.'라고 하였으므로 해당 연출은 적절하다.

21   **답** ④

이 글은 조선 시대라는 실제로 존재하는 배경에서 사건과 이야기가 전개된다.

> **오답 해설**

① 이 글은 시간의 흐름에 따라 사건이 진행되는 순행적 구성을 취하고 있다.
② "대장부가 세상에 나서 ~ 통탄할 일이 아니겠는가!"에 길동의 내적 갈등이 드러나 있다.

③ '칼로 치니, 처참하기 그지없었다.'에서 서술자가 개입하여 자신의 생각을 드러내고 있다.
⑤ 이 글은 3인칭 전지적 시점을 취하고 있다.

22
답 ③

'길동'의 심리를 당대의 사회 모습과 연관 지어 해석한 내용으로 적절한 것은?

① 신분 제도로 인해 종들이 천대받는 현실을 안타까워하고 × → 길동이 종들에게 천대받고 있음.
있군.

② 입신양명의 삶을 최고로 여기는 세태를 부정적으로 보고 × → 길동은 입신양명을 이룰 기회가 없어서 서러워하고 있음.
있군.

❸ 적서 차별 제도로 인해 자신의 꿈을 펼칠 수 없어 원통해 ○ → 적서 차별 제도로 인해 호부호형할 수 없고 입신양명할 수 없음.
하고 있군.

④ 신분에 따라 다른 호칭을 쓰는 관습으로 인해 소외감을 × → 길동이 소외감을 느끼는 모습은 나타나지 않음.
느끼고 있군.

⑤ 축첩 제도로 인해 서자인 자신을 가까이할 수 없는 홍 판
서를 안쓰러워하고 있군.
× → 길동이 홍 판서를 안쓰러워하는 모습은 나타나지 않음.

이 글에서 길동은 적서 차별 제도가 존재하는 사회적 상황 때문에 호부호형을 할 수 없고 입신양명을 꿈꿀 수 없는 자신의 처지를 한탄하고 있다.

오답 해설

① 이 글에 종들이 천대받는 모습은 나타나 있지 않으며, 오히려 길동이 서자 신분으로 인해 종들에게 천대받는다. 이는 당시에 신분 제도가 유지되고 있었음을 보여 준다.

② 길동의 말을 통해 당대 사회는 유교 중심 사회로 입신양명의 출세를 지향하였음을 알 수 있다. 길동 역시 입신양명을 지향하고 있으므로 입신양명을 최고로 여기는 세태를 부정적으로 보는 것이 아니라 입신양명을 할 수 있는 기회조차 얻을 수 없는 서자이기에 서러워하고 있는 것이다.

④ 길동은 서자이기에 아버지인 홍 판서 앞에서 자신을 소자(小子)가 아닌 소인(小人)으로 칭하고, 홍 판서를 아버지라 부르지 못하고 '대감'이라고 부른다. 이를 통해 당대 사회에는 신분에 따라 서로 다른 호칭을 쓰는 관습이 있었음을 알 수 있다. 하지만 이러한 관습으로 인해 길동이 소외감을 느끼고 있는 모습은 이 글에서 찾아볼 수 없다.

⑤ "재상 집안에 천한 종의 몸에서 태어난 자식이 너뿐이 아닌데"라는 말을 통해 당대 사회에 축첩 제도가 있었음을 알 수 있다. 그리고 길동은 자신의 처지를 홍 판서에게 하소연하거나 호

부호형을 허락하지 않은 홍 판서에게 원망의 마음을 드러내고 있을 뿐이다. 길동이 홍 판서에게 안쓰러움을 느끼는 모습을 이 글에서 찾아볼 수 없다.

23
답 비판, 순응

길동은 적서 차별이라는 현실을 받아들이지 못하고 출생이 천하다는 이유로 호부호형도 하지 못하고, 입신양명도 할 수 없는 현실을 지적하고 바로잡으려고 하는 것으로 볼 때 현실 비판적 태도를 지니고 있음을 알 수 있다. 반면에 홍 판서는 길동이 자신의 아들임에도 서자라는 이유로 호부호형을 허락하지 않고 괴로워하는 길동을 책망한다는 점에서 현실 순응적 태도를 지니고 있음을 알 수 있다.

24
답 **예시 답안** 참조

㉠에서 길동이 특재와의 갈등을 해결하는 데 요술을 사용하는 것은 현실에서는 있을 수 없는 기이한 일들이 벌어지는 고전 소설의 전기성을 보여 준다. 또한 ㉡에서 길동이 특재와 관상녀를 죽이고 홍 판서 침소로 가 하직 인사를 하려고 할 때 마침 홍 판서가 창문을 열고 살피는 것은 필연적 인과 관계 없이 사건이 우연적으로 전개되는 고전 소설의 우연성을 보여 준다.

25
답 ②

[A]는 길동에게 초란이 보낸 자객인 특재가 찾아와 길동을 해하려는 장면이다. 이 글은 영웅의 일대기 구조를 보이고 있으므로 [A]와 관련된 부분은 길동이 위기에 처하는 ㉣ '죽을 고비를 맞음.'에 해당함을 알 수 있다.

26
답 ③

이 글은 희곡으로, 희곡에서는 서술자가 인물과 사건을 전달하는 것이 아니라 인물의 대사와 행동을 통해 사건이 전개된다. 서술자가 인물과 사건을 전달하는 것은 소설에 해당한다.

오답 해설

①, ② 이 글은 희곡으로, 희곡은 무대 상연을 전제로 하는 문학이다. 따라서 등장인물의 행동, 대사 등이 현재화되어 표현되며, 시간, 공간, 등장인물 수 등에 제약이 있다.

④ 희곡은 대립과 갈등의 문학으로, 등장인물 간의 대립과 갈등을 중심으로 이야기가 전개된다.

⑤ 소설과 달리 희곡은 서술자 없이 사건의 전개, 인물의 성격, 심리, 주제 등이 인물의 대사와 행동을 통해 표현된다.

27 답 ⑤

윗글을 연극으로 공연하기 위해 나눈 대화 내용으로 적절하지 않은 것은?

① 말뚝, 밧줄, 벽, 전망대, 총, 민들레꽃 등을 소품으로 준
  ○ → '말뚝, 밧줄, 벽, 전망대, 총, 민들레꽃' 등에 상징적 의미를 담아 내용을
  비하자. 표현하고 있음.

② 천둥소리, 빗소리 등의 효과음을 사용하여 날씨 배경을
  ○ → 형과 아우가 서로 반성하는 부분에서 천둥이 치고 비가 내림.
  표현하자.

③ 풀을 만들어 무대에 붙여 배경인 들판의 모습이 드러나
  ○ → 이 글의 공간적 배경은 들판임.
  도록 하자.

④ 측량 기사 역을 맡은 사람은 교활하고 음흉한 느낌이 들
  ○ → 측량 기사는 형제를 이간질하여 땅을 빼앗으려 하는 인물임.
  도록 연기하자.

❺ 형과 아우는 측량 기사와 대립하는 자세를 보여 줄 수 있
  ✕ → 형과 아우는 측량 기사의 꾐에 넘어가는 모습을 보임.
  도록 당당한 느낌이 들게 연기하자.

이 글에서 형과 아우는 측량 기사의 꾐에 넘어가는 모습을 보이고, 측량 기사의 이간질에 당해 서로 대립하게 된다. 따라서 형과 아우가 측량 기사와 대립하는 자세를 보여 줄 수 있도록 당당한 느낌이 들게 연기한다는 것은 적절하지 않다.

오답 해설

① 이 글에서는 '말뚝, 밧줄, 벽, 전망대, 총' 등을 통해 인물 간의 갈등을, '민들레꽃'을 통해 인물 간의 화해를 그려 내고 있으므로 이를 소품으로 준비하는 것은 적절하다.
② '측량 기사, 퇴장한다. 번개가 치고 천둥이 울리면서 비가 쏟아진다.'를 통해 천둥이 치고 비가 내림을 알 수 있으므로 이와 같은 효과음을 사용하는 것은 적절하다.
③ 들판은 이 글의 공간적 배경이므로 풀을 만들어서 무대에 붙여 공간적 배경을 표현하는 것은 적절하다.
④ 측량 기사는 형제를 이간질하여 땅을 빼앗으려는 인물이므로 교활하고 음흉한 느낌이 들도록 연기하는 것은 적절하다.

28 답 날씨, 비

이 글에서는 사건의 전개에 따라 분위기와 인물의 심리를 드러내는 날씨가 의도적으로 설정되고 있다. 특히 '천둥', '번개', '비'가 나타나는 하강 부분에서는 형제가 빗속에서 자신의 잘못을 깨닫고 후회하는 모습을 보인다.

29 답 예시 답안 참조

'민들레꽃'은 형과 아우가 우애를 맹세한 것으로, 형과 아우가 서로에게 민들레꽃을 던져 주며 화해하는 모습으로 볼 때, 형제간의 갈등을 해소시켜 주는 매개체 역할을 하고 있다.

30 답 ③

〈보기〉의 관점에서 윗글을 해석할 때, 인물과 소재가 상징하는 의미로 적절하지 않은 것은?

보기

「들판에서」는 인간의 이기심과 질투의 문제를 다룬 작품으로 볼 수도 있지만, 이념의 차이와 외세의 영향으로 인해 남과 북으로 분단된 한국 사회의 문제를 그
            〈보기〉에서 제시하고 있는 관점
려 낸 작품으로도 볼 수 있다. 인물들이 갈등하고 그 갈등을 해소하는 모습을 통해 분단 문제를 안고 살아가는 우리가 어떤 태도를 지녀야 할지 생각해 보게 함으로써 한국 사회의 문제와 그 해결 방안을 제시하고
            남북 분단 문제와 해결 방안
있는 작품이라고 할 수 있다.

① '들판'은 분단 문제를 안고 있는 우리의 국토를 의미한
  ○ → 형과 아우가 지내는 공간적 배경임.
  다.

② '형과 아우'는 남과 북에 살고 있는 우리 민족을 상징한
  ○ → 형과 아우의 갈등을 통해 분단 문제를 드러냄.
  다.

❸ '산들바람'은 남북이 외세로부터 독립하게 될 것임을 암
  ✕ → 남북이 외세로부터 독립하는 것과는 관련이 없음.
  시한다.

④ '말뚝'과 '밧줄'은 형과 아우를 갈라놓은 소재로, 남북 분
  ○ → 형제간의 갈등이 시작됨.
  단을 뜻한다.

⑤ '벽'은 형제간의 소통을 단절시키는 소재로, 남북 사이에
  ○ → 형제간의 의사소통의 단절을 가져옴.
  놓인 휴전선을 나타낸다.

〈보기〉에 따르면, 이 글은 우리나라의 분단 현실과 그 극복 의지를 상징적 소재를 통해 그려 낸 작품이다. '산들바람'은 비가 그치고 불어오는 것으로 형과 아우의 갈등이 해소될 것임을 암시하는 소재이므로 남북이 외세로부터 독립하게 될 것임을 암시한다고 보기는 어렵다.

오답 해설

①, ② 〈보기〉에서는 이 글이 남북 분단의 문제를 다루고 있다고 하였다. 따라서 형과 아우는 우리 민족을 상징하며, 이 글의 공간적 배경이 되는 '들판'은 형과 아우가 지내는, 우리의 국토를 의미한다고 할 수 있다.
④ '말뚝'과 '밧줄'은 형제간의 대립과 갈등을 가져오는 소재이므로 남북 분단을 의미한다고 할 수 있다.
⑤ '벽'은 형제간의 완전한 단절과 의사소통의 단절을 가져오는 소재이므로 남북 사이에 놓인 휴전선을 의미한다고 할 수 있다.

31

답 ①

윗글에 대한 설명으로 적절하지 않은 것은?

❶ 계절의 변화에 따른 솔숲의 모습을 서술하고 있다.
  ✕ → 계절의 변화를 확인할 수 없음.
② 편지글 형식을 사용하여 독자에게 친밀감을 주고 있다.
  ○ → '당신'에게 보내는 편지글의 형식을 취함.
③ 자연에서 얻은 깨달음을 인간의 문제로 확장하고 있다.
  ○ → 소나무에서 얻은 깨달음을 현대인의 삶의 문제로 확장함.
④ 소광리 소나무 숲을 탐방한 경험을 소재로 다루고 있다.
  ○ → 소광리 소나무 숲을 바라보며 성찰한 내용을 담고 있음.
⑤ 자연물이 처한 상황에 빗대어 인간이 처한 상황을 제시하고 있다.
  ○ → 외딴섬에 갇혀 있는 남산의 소나무를 통해 인간이 처한 상황을 드러냄.

이 글은 글쓴이가 소광리 소나무 숲에 들어서 바라본 숲의 모습에 대한 짧은 감상과 현대 문명에 대한 비판 위주로 이루어져 있다. 계절의 변화에 따른 솔숲의 모습은 이 글에서 확인할 수 없다.

오답 해설

② '오늘은 당신이 ~ 엽서를 띄웁니다.'를 통해 '당신'에게 보내는 편지글의 형식을 취하고 있음을 알 수 있다.
③ 글쓴이는 '소나무'에서부터 '소나무 같은 사람'으로 인식을 확장하면서 무한 경쟁의 척박한 사회를 비판하고 있다.
④ 이 글은 글쓴이가 태백산맥 속의 소광리 소나무 숲을 찾아가 소나무 숲을 바라보며 성찰한 내용을 담고 있다.
⑤ 글쓴이는 남산의 소나무가 황폐한 환경에 처해 있는 것을 제시하고 이와 관련하여 현대인들도 유사한 환경에 처해 있다고 말하고 있다.

32

답 ④

윗글에 드러난 '소나무'에 대한 글쓴이의 인식으로 적절하지 않은 것은?

① 인간에게 깨달음과 교훈을 주는 대상이다.
  ○ → '회초리를 들고 기다리는 엄한 스승'에 비유함.
② 사람들이 본받아야 할 덕성을 지닌 자연물이다.
  ○ → 고절의 상징임.
③ 고절(高節)의 상징으로 정신을 지탱하는 기둥이다.
  ○ → 높은 절개의 의미를 일깨우는 나무임.
❹ 목재, 약재 등으로 쓰이는 생산에 필요한 소비재이다.
  ✕ → 자연을 생산의 요소로만 규정하는 것을 비판함.
⑤ 사람 가까이에서 오랜 세월을 함께한 혈육과 같은 존재이다.
  ○ → 사람과 일생을 함께하는 존재임.

이 글에서 글쓴이는 소나무를 사람의 생활을 위해 다양한 용도로 활용할 수 있는 재료로만 인식하고 있지 않으며 이와 같이 자연을 생산의 요소로만 규정하는 것을 비판하고 있다.

오답 해설

① 소나무를 '회초리를 들고 기다리는 엄한 스승'이라고 표현한 것에서 소나무를 가르침과 교훈을 주는 대상으로 여기고 있음을 알 수 있다.
②, ③ '소나무는 고절의 상징으로 우리의 정신을 지탱하는 기둥이 되고 있습니다.'에서 소나무를 높은 절개의 의미를 일깨우는, 덕성을 지닌 대상으로 여기고 있음을 알 수 있다.
⑤ '소나무는 우리의 삶과 가장 가까운 자리에서 우리와 함께 풍상을 겪어 온 혈육 같은 나무입니다.'에서 소나무를 혈육과 같은 존재로 여기고 있음을 알 수 있다.

33

답 사람, 소모품

㉠에서 글쓴이는 자연이나 사람이 지닌 고유한 가치보다는 효율성과 이윤만을 추구하는 현대 사회에서 사람이 다른 사람의 몸이나 인격, 감정까지 돈으로 살 수 있다고 여기게 된 폭력적 소비 현실을 비판하고 있다.

34

답 예시 답안 참조

글쓴이는 [A]를 통해 문명과 자연(인간)의 관계, 문명의 폭력에 맞서기 위한 대안을 제시하고 있다. '쇠'는 인간에 의해 만들어지고 발전하여 온 문명을, '세상의 모든 나무들'은 문명이 폭력적으로 사용될 때마다 위협받는 자연과 인간을 상징한다.

35

답 ①

윗글의 글쓴이가 〈보기〉에 대해 할 수 있는 말로 가장 적절한 것은?

┤ 보기 ├

더우면 꽃 피고 추우면 잎 지거늘
  외부의 시련에 굴복하는 모습
솔아 너는 어찌 눈서리를 모르는가.
  고난과 시련을 이겨 냄.
구천에 뿌리 곧은 줄을 그것으로 미루어 아노라.
  지조와 절개를 지님.

– 윤선도, 「오우가」

❶ 소나무에서 지조와 절개라는 가치를 읽어 낸 작품이군요.
  ○ → 지조와 절개의 의미를 일깨우는 나무임.
② 무한 경쟁에 지친 현대인들에게 공감과 위로를 전해 주는 작품이군요.
  ✕ → 공감과 위로는 나타나지 않음.
③ 소나무의 아름다움을 통해 오늘날의 상품 미학에 대해 성찰할 수 있는 작품이군요.
  ✕ → 소나무의 덕성이 드러남.

④ 소나무의 한결같은 모습을 바탕으로 변변하게 이룬 것
× → 〈보기〉에서 인간들을 비판하지는 않음.
없는 인간들을 비판하는 작품이군요.

⑤ 소나무의 솔빛, 솔향 등이 현대인의 정서를 풍요롭게 해
× → 〈보기〉에서 '솔빛', '솔향'은 나타나지 않음.
줄 수 있음을 보여 주는 작품이군요.

〈보기〉는 소나무의 지조와 절개를 예찬하고 있다. 이 글에서 글쓴이는 소나무를 '고절'의 상징으로 우리의 정신을 지탱하는 기둥이 된다고 여기고 있으므로 〈보기〉를 보고 소나무에서 지조와 절개의 가치를 읽어 낸 작품이라고 평가할 수 있다.

오답 해설

② 〈보기〉는 공감과 위로를 전달하는 내용을 담고 있지 않다. 그리고 이 글의 글쓴이 역시 무한 경쟁의 논리가 지배하는 현실을 비판하고 있을 뿐, 소나무로부터 공감과 위로를 이끌어 내고 있지 않다.

③ 〈보기〉에는 소나무의 아름다움보다는 소나무가 지닌 덕성이 드러나 있다.

④ 〈보기〉에 시련과 고난에도 굽히지 않는 한결같은 소나무의 모습이 나오기는 하지만 이를 통해 인간들을 비판하고 있는 것은 아니다.

⑤ 〈보기〉에 '소나무의 솔잎, 솔향'과 관련된 부분은 나타나 있지 않다.

Ⅳ 비판과 풍자

실전 연습하기
본문 174~193쪽

01 ④ **02** 기쁨, 슬픔 **03** 예시 답안 소외된 이웃의 아픔에 공감할 수 있는 시간, 진정한 사랑을 알기 위한 고통과 시련의 시간을 의미한다. **04** ⑤ **05** ② **06** ⑤ **07** 텔레비전, 풀벌레들 **08** 예시 답안 청각을 시각화한 공감각적 심상을 사용하여 풀벌레 소리가 들려오는 것을 생생하게 표현하고 있다. **09** ⑤ **10** ③ **11** ③ **12** ㉠: 중앙 관리 ㉡: 지방의 탐관오리 ㉢: 힘없는 백성 **13** ⑤ **14** 예시 답안 힘없는 백성들을 착취하는 지방의 탐관오리의 횡포와 허장성세를 풍자하고자 하였다. **15** ③ **16** ① **17** 친일, 일본어 **18** 예시 답안 반어법, 반어적 표현을 사용하여 시대와 상황에 따라 빠르게 변신하는 기회주의자 이인국 박사의 삶을 비판·풍자하고자 하였다. **19** ③ **20** ⑤ **21** ④ **22** ② **23** 갈등, 물질 만능 **24** 예시 답안 발음의 유사성을 활용한 언어유희 / 고상한 척하는 총수의 위선과 허영, 사치를 비판·풍자한다. **25** ⑤ **26** ④ **27** ④ **28** 백성, 지배층 **29** 예시 답안 자신의 욕심을 채우려고 힘없는 백성을 희생시키는 지배층을 향한 비판 / 어리석고 무능한 지배층에 대한 비판 **30** ② **31** ⑤ **32** ④ **33** 오아시스, 물질 만능 **34** 예시 답안 물질만을 중요시하고 인간성을 상실해 가는 현대 사회의 모습을 비판하고자 하였다. **35** ②

01
 답 ④

윗글의 표현상 특징으로 적절하지 않은 것은?

① 추상적 대상을 '나'와 '너'로 의인화하고 있다.
○ → '슬픔'과 '기쁨'을 '나'와 '너'로 의인화함.
② 말을 건네는 방식을 통해 시상을 전개하고 있다.
○ → '나'가 '너'에게 말을 건네는 방식으로 시상을 전개함.
③ '-겠다'를 반복하여 의지적 태도를 드러내고 있다.
○ → '-겠다'를 반복하여 단정적 어조로 화자의 의지를 드러냄.
❹ 반어적 표현을 활용하여 시적 의미를 부각하고 있다.
× → 역설적 표현을 사용함.
⑤ 새로운 의미를 부여한 시어를 사용하여 주제를 전달하고 있다.
○ → '슬픔'에 긍정적 의미를, '기쁨'에 부정적 의미를 부여함.

이 글에서는 '사랑보다 소중한 슬픔'에서 역설적 표현을 사용하여 시적 의미를 부각하고 있으나, 반어적 표현은 나타나지 않는다.

오답 해설

①, ② 추상적 대상인 '슬픔'과 '기쁨'을 '나'와 '너'로 의인화하여 '나'가 '너'에게 말을 건네는 방식을 시상을 전개하고 있다.

③ '-겠다'의 반복하여 청자인 '너'에게 자신의 생각을 분명히 전

달하겠다는 화자의 의지를 보여 주고 있다.
⑤ 일반적으로 '슬픔'은 회피해야 할 부정적 감정이고, '기쁨'은 추구해야 할 긍정적 감정이지만, 작가는 이러한 일반적인 의미에서 벗어나 '슬픔'에 긍정적 의미를, '기쁨'에 부정적 의미를 부여하여 신선한 느낌을 주고 주제를 강조하고 있다.

02
답 기쁨, 슬픔

이 글에서 작가는 '슬픔'과 '기쁨'에 새로운 의미를 부여하여 '기쁨'을 타인의 고통에 무관심한 이기적인 존재로 그려 부정적 의미를 부여하고, '슬픔'을 소외된 이웃에게 관심을 갖고 그들을 따뜻하게 보듬어 안는 이타적인 존재로 그려 긍정적 의미를 부여하고 있다.

03
답 예시 답안 참조

'기다림'은 '기쁨'이 '슬픔'에 도달하기 위한 전제 조건으로 소외된 이웃의 아픔에 공감할 수 있는 시간, 진정한 사랑을 알기 위한 고통과 시련의 시간을 의미한다.

04
답 ⑤

㉠~㉤에 대한 설명으로 적절하지 <u>않은</u> 것은?

① ㉠: 자신의 이익만을 추구하는 '너'의 모습이 나타난다.
    ○ → 할머니를 배려하지 않고 자신의 이익에 기뻐하는 모습
② ㉡: '너'에게도 슬픔을 보여 주고자 하는 화자의 태도가 드러난다.
    ○ → 이기적인 '너'에게 슬픔을 주고자 함.
③ ㉢: 소외된 이웃들에게 최소한의 관심도 보여 주지 않는 태도를 의미한다.
    ○ → 인정이 메마른 태도를 보여 줌.
④ ㉣: 가진 자들에게는 행복을, 소외된 이들에게 고통을 주는 존재를 뜻한다.
    ○ → 추위에 떠는 사람들에게는 삶의 고통을 가중시키는 존재임.
❺ ㉤: '너'의 고난을 대신 짊어지겠다는 화자의 희생정신을 보여 준다.
    ✕ → 화자는 '너'에게 소외된 자들과 함께하는 삶을 알려 주고자 함.

㉤은 슬픔의 진정한 의미를 모르는 '너'에게 참다운 사랑의 의미를 깨닫도록 하겠다는 화자의 의지를 나타낸 시구이다. 화자는 이기적이고 무관심한 '너'에게 소외된 자들과 함께하는 삶을 알려 주고자 하므로 ㉤은 '너'의 고난을 대신 짊어지겠다는 희생정신과는 관련이 없다.

오답 해설

① ㉠은 자신의 이익만을 추구하고 남을 배려할 줄 모르는 이기적인 '너'의 모습을 보여 준다.

② ㉡에서 '슬픔의 평등한 얼굴'은 소외된 이들을 평등한 존재로 바라볼 수 있는 얼굴을 의미한다. 따라서 ㉡은 이기적인 '너'에게 슬픔을 주고자 하는 화자의 태도가 드러나는 부분이라고 할 수 있다.

③ ㉢에서 '가마니 한 장'은 소외된 이웃들을 향한 최소한의 관심을 의미하므로 ㉢은 이러한 최소한의 관심도 소외된 이웃들에게 기울이지 않는 이기적이고 메마른 태도를 의미한다.

④ '함박눈'은 가진 사람들에게는 풍요롭고 포근한 존재이지만, 헐벗은 이들에게는 추위와 고통을 주는 존재이다.

05
답 ②

이 글에서는 타인에 대해 무관심하고 자신만을 아는 현대인의 이기적인 태도를 비판하고 소외된 이웃과 더불어 사는 삶의 소중함을 깨닫게 하겠다는 주제를 드러내고 있다. 따라서 이 글의 작가가 타인에게 무관심한 현대 사회의 냉정함을 보여 주는 〈보기〉를 읽고 힘들고 가난한 이웃들에게 관심을 가져야 한다고 반응하는 것은 적절하다고 할 수 있다.

오답 해설

① 이 글에서 작가는 소외된 이웃들에 대한 관심과 사랑을 촉구하고 있으므로 모든 행위에 대가가 따른다고 반응한다는 것은 적절하지 않다.

③ 이 글의 작가는 이기적이고 무관심한 현대인을 비판하고 이들에게 각성을 촉구하고 있을 뿐 소외된 이웃들에게 희망을 가져야 한다는 메시지를 전달하고 있는 것은 아니다.

④, ⑤ 이 글의 작가가 모든 사람들을 평등하게 대해야 한다고 여기는지나 소외된 이웃들에게 실질적인 도움을 줄 수 있는 제도의 마련이 필요하다고 생각하는지는 이 글을 통해 알 수 없다.

06
답 ⑤

이 글의 화자는 현대 문명을 상징하는 텔레비전 소리로 인해 자연의 소리인 '풀벌레 소리'를 듣지 못했던 자신의 삶을 반성하고 온몸으로 풀벌레 소리를 받아들이며 자연과의 공존을 노래하고 있다. 따라서 이 글을 읽고 현대인이 관심을 기울이지 않는 작은 것들의 의미를 깨닫게 되었다는 감상은 적절하다.

오답 해설

① 이 글의 화자는 문명에서 벗어나 자연의 소리를 느끼고 자연과의 공존을 노래하고 있으므로, 도시에서의 삶이 지닌 편리함에 감사하게 되었다는 것은 적절하지 않다.

② 이 글에는 풀벌레 소리를 듣게 된 화자의 경험이 제시되어 있을 뿐 풀벌레들의 소통 방법은 나타나지 않는다.

③ 화자는 인공적인 현대 문명의 이기(利器)에 빠져서 자연의 소리를 잊고 살았던 자신의 삶을 반성하고 있다. 그러나 환경 오염 문제

와는 관련이 없으므로 환경 오염을 막기 위해 노력을 기울일 것을 다짐하게 되었다는 것은 적절하지 않다.

④ 이 글에서 화자는 어려운 상황에 처해 있지 않으며, 마음의 여유가 필요하다고 말하고 있는 부분도 나타나지 않는다.

07
답 텔레비전, 풀벌레들

화자는 텔레비전을 끈 뒤 몰려든 어둠 속에서, 그동안 브라운관이 뿜어내는 현란한 빛에 빠져서 미처 알아차리지 못했던 다양한 풀벌레들의 소리를 듣고 인공적인 문명의 이기(利器)에 빠져서 자연의 소리를 잊고 살았던 자신의 삶을 반성하며 온몸으로 풀벌레 소리를 받아들이고 있다.

08
답 예시 답안 참조

[A]에서는 하나의 감각적 대상을 다른 종류의 감각으로 옮겨 표현하는 공감각적 심상을 사용하여 풀벌레 소리가 들려오는 것을 생생하게 표현하고 있다.

09
답 ⑤

㉠~㉤에 대한 설명으로 적절하지 <u>않은</u> 것은?

① ㉠: 풀벌레들의 작은 귀를 의미한다.
　ㅇ → 8행에서 알 수 있음.
② ㉡: 문명의 이기에 빠져 자연의 소리를 외면해 온 화자의
　ㅇ → 텔레비전과 같은 문명의 소리로 인해 풀벌레들의 소리를 듣지 못함.
　모습을 보여 준다.
③ ㉢: 인간과 문명의 야만성에 상처받은 자연의 모습을 형
　ㅇ → 인간의 문명에 의해 상처받고 외면당하는 자연의 모습을 나타냄.
　상화한 것이다.
④ ㉣: 화자가 풀벌레들의 소리를 내면으로 받아들이고 있
　ㅇ → '허파'라는 화자의 내면으로 풀벌레들의 소리가 들어오는 모습임.
　음을 알 수 있다.
❺ ㉤: 자연과의 동화를 통해 화자가 내적 평화를 얻게 되었
　　　　　　　× → 자연과 소통하게 되었음을 나타냄.
　음을 나타낸다.

㉤은 화자가 내적 평화를 얻게 되었음을 나타내는 부분이 아니라 풀벌레 소리를 내면으로 받아들이면서 자연과 소통하게 되었음을 나타내는 부분이다.

오답 해설

① '그 풀벌레들의 작은 귀를 생각한다'라는 8행을 참고할 때 ㉠은 화자가 떠올린 풀벌레들의 작은 귀를 의미한다는 것을 알 수 있다.

② ㉡에서 풀벌레들의 소리는 '발뒤꿈치처럼 두꺼운 내 귀'에 부딪쳤다가 되돌아간다. 이를 통해 볼 때 ㉡은 그동안 현대 문명의 소음으로 인해 무뎌져 자연의 소리를 귀담아듣지 않거나 외면해 온 모습을 나타낸다고 할 수 있다.

③ ㉢은 풀벌레들의 소리가 인간의 문명인 전등에 상처받은 모습을 나타낸 것으로 인간과 문명의 야만성에 상처받은 자연의 모습을 형상화하고 있다.

④ ㉣에서 '허파'는 화자의 내면을 나타내는 것으로, ㉣은 풀벌레들의 소리를 마음으로 받아들이는 화자의 모습을 형상화하고 있다.

10
답 ③

윗글과 〈보기〉를 비교하여 감상한 내용으로 적절하지 <u>않</u>은 것은?

> **│ 보기 │**
>
> 어둠은 새를 낳고, 돌을
> 아침이 밝아오면서 물상들의 모습이 보이는 것을 '낳는다'라고 표현함.(활유법)
> 낳고, 꽃을 낳는다.
>
> 아침이면,
> 어둠은 온갖 물상(物象)을 돌려주지만
>
> 스스로는 땅 위에 굴복한다.
> 만물의 생성을 위한 어둠의 소멸. 활유법
>
> 　　　　　　　　　　　　　　　– 박남수, 「아침 이미지 1」
>
> ❖ 물상: 자연계의 사물과 그 변화 현상.

① 윗글과 〈보기〉 모두 시어의 반복을 통해 운율을 형성한다.
　　ㅇ → 이 글: '생각한다', '–을 것이다'가 반복됨. 〈보기〉: '낳고'가 반복됨.
② 윗글에서는 〈보기〉와 달리 '어둠'이 특정한 소리를 도드
　라지게 하는 역할을 한다.
　　ㅇ → '어둠'이 풀벌레들의 소리를 도드라지게 함.
❸ 윗글은 시각적 심상을 중심으로, 〈보기〉는 청각적 심상
　　× → 청각적 심상을 중심으로 시각적 심상, 공감각적 심상이 모두 나타남.
　을 중심으로 시상을 전개한다.
　　× → 시각적 심상 중심
④ 윗글은 '어둠'이 지속되는 시간을, 〈보기〉는 '어둠'이 사
　　ㅇ → 화자는 어둠 속에서 풀벌레 소리를 들음.
　라지는 시간을 배경으로 한다.
　　ㅇ → 어둠이 사라지고 아침이 밝아오는 상황임.
⑤ 윗글에는 대상에 인격을 부여하여 사람처럼 나타내는 표
　　ㅇ → '여린 마음들을 생각한다'에서 의인법이 사용됨.
　현법이, 〈보기〉에는 무생물을 생물인 것처럼 나타내는
　　ㅇ → '어둠은 새를 낳고, 돌을 / 낳고, 꽃을 낳는다.'에서 활유법이 사용됨.
　표현법이 사용되었다.

이 글에는 청각적 심상('풀벌레 소리')을 중심으로 시각적 심상과 공감각적 심상이 함께 나타난다. 반면 〈보기〉에는 '어둠은 온갖 물상을 돌려주지만'으로 볼 때 시각적 심상이 주로 나타난다.

① 이 글에서는 '생각한다', '—을 것이다'의 반복을 통해 운율을 형성하고 있고, 〈보기〉에서는 '낳고'의 반복을 통해 운율을 형성하고 있다.

② 이 글에서 화자는 텔레비전의 빛이 사라진 뒤 어둠 속에서 방 안 가득 풀벌레 소리가 들린다고 하였으므로 '어둠'은 '풀벌레 소리'를 도드라지게 하는 역할을 한다고 볼 수 있다. 반면 〈보기〉에서는 아침이 되면서 '어둠'이 사라지고 만물들의 모습이 드러나는 상황을, 마치 '어둠'이 물상을 품고 있다가 아침이 되자 돌려주는 것으로 표현하고 있다.

④ 이 글은 '어둠'이 지속되는 밤 시간을 배경으로 하여 풀벌레 소리가 들리는 상황을 제시하고 있고, 〈보기〉는 '어둠'이 걷히고 아침이 오는 상황을 제시하고 있다.

⑤ 이 글의 '여린 마음들을 생각한다'에서 의인법이 사용되었음을 확인할 수 있고, 〈보기〉의 '어둠은 새를 낳고, 돌을 / 낳고, 꽃을 낳는다.'에서 활유법을 사용하여 어둠이 물러가고 사물의 윤곽이 드러나기 시작하는 것을 생물의 출산 과정에 빗대어 표현하고 있음을 확인할 수 있다.

11 **답** ③

3장 6구 45자 내외의 형식을 보이는 것은 평시조이다. 사설시조는 평시조의 틀에서 초장이나 중장, 종장 중 두 구 이상에서 각각 글자 수가 10자 이상으로 늘어난 시조를 말한다.

①, ② 사설시조는 조선 중기 이후에 발달하였으며, 임진왜란과 병자호란으로 인한 우국충절(憂國忠節), 자연과 인정, 서민적이고 소박한 생활 감정 등을 주로 다루었다.

④ 사설시조 역시 평시조와 같이 종장의 첫 음보를 세 글자로 맞추는 규칙을 가지고 있다.

⑤ 사설시조는 일반적으로 초장·종장이 짧고 중장이 제한 없이 길며, 종장의 첫 구만이 겨우 평시조의 형태를 띤다.

12 **답** ⊙: 중앙 관리 ⓒ: 지방의 탐관오리 ⓒ: 힘없는 백성

〈보기〉를 통해 '백성'과 '지방의 탐관오리', '중앙의 높은 관리' 간의 권력 관계를 짐작할 수 있다. 즉 '지방의 탐관오리'는 약자인 '백성'에게 강자로서 군림하는 한편, '중앙의 높은 관리' 앞에서는 약자로서 자세를 낮출 수밖에 없었다. 이와 같은 권력 관계를 고려할 때 이 글에서 '파리'는 '힘없는 백성'을, '두꺼비'는 '지방의 탐관오리'를, '백송골'은 '중앙 관리'를 의미한다고 할 수 있다.

13 **답** ⑤

종장에서 '두꺼비'가 '어혈 질 뻔하여라.'라고 말한 것에는 자신을 안타깝게 여기는 것이 아니라 두엄 아래 자빠진 것에 대해 겸연쩍어하면서도 허세를 부리며 자신을 합리화하는 태도가 담겨 있다.

① 종장에서 '두꺼비'가 사람처럼 말하는 것으로 표현하여 풍자의 효과를 높이고 있다.

② 이 글에서는 '두꺼비'가 약한 '파리'를 괴롭히고 강한 '백송골'을 무서워하는 모습을 통해 '두꺼비', '파리', 백송골'의 우위 관계를 그리고, 이를 바탕으로 하여 약육강식의 세태를 풍자하고 있다.

③, ④ 중장에서는 '두꺼비'가 건너편 산의 '백송골'을 보고 놀라 뛰어 내닫다가 두엄 아래 자빠지는 모습을 우스꽝스럽게 그리고 있다. 즉 중장은 해학성이 두드러지는 부분으로 '두꺼비'를 '백송골'에게 맥을 못 추는 비굴하고 무능한 모습으로 그림으로써 '두꺼비'를 희화화하고 있다.

14 **답** 예시 답안 참조

이 글에서는 강자에게는 꼼짝 못 하면서 약자만을 괴롭히는 '두꺼비'의 모습을 통해 힘없는 백성들을 착취하는 지방의 탐관오리의 횡포와 허장성세를 풍자하고 있다.

15 **답** ③

〈보기〉를 바탕으로 윗글을 이해한 내용으로 적절하지 않은 것은?

| 보기 |

우의적 기법은 다른 사물에 빗대어 비유적인 뜻을 나타내거나 풍자하는 방법으로, 이때 겉으로 드러나는 이야기의 이면에 더 중요한 의미가 숨겨져 있기 마련이다. 우의적으로 표현되는 대상은 주로 직접적으로 비판하기 어려운 계층이나 계급인 경우가 많으며, 어떤 관념이나 세태가 그 대상이 되기도 한다.

① 윗글에는 특정 계층을 풍자하고자 하는 의도가 담겨 있다.
　○ → 지방의 탐관오리를 풍자하고자 하는 의도가 담겨 있음.

② 윗글에서는 권력 관계를 우의적 기법을 통해 보여 주고 있다.
　○ → '백성', '지방의 탐관오리', '중앙 관리' 간의 권력 관계를 '파리', '두꺼비', '백송골'의 관계에 빗댐.

❸ 윗글에서는 자기 합리화하는 세태를 우의적으로 비판하
고 있다.
× → 종장에 '두꺼비'의 자기 합리화하는 모습이 나타나지만
이를 비판하고 있는 것은 아님.

④ 윗글에서는 직접적인 비판이 어려워 대상을 동물에 빗대
어 표현하고 있다.
○ → 비판 대상이 '관리'이기 때문에 직접 비판이 어려움.

⑤ 윗글과 같은 작품은 이면에 숨어 있는 작가의 의도를 파
악하는 것이 중요하다.
○ → 우의적 기법은 이면에 중요한 의미가 숨겨져 있음.

이 글에서는 우의적 기법을 사용하여 힘없는 백성들을 착취하는
지방의 탐관오리의 횡포와 허장성세를 풍자하고 있다. 종장에서
'두꺼비'가 자기 합리화하는 모습이 나타나지만, 이를 비판하고
있는 것은 아니다.

[오답 해설]

① 이 글에는 '지방의 탐관오리'를 풍자하고자 하는 의도가 담겨
있다.

②, ④ '백성', '지방의 탐관오리', '중앙 관리' 간의 권력 관계를
'파리', '두꺼비', '백송골'의 관계에 빗대어 우의적으로 표현하
고 있다. 〈보기〉에 따르면 이는 비판의 대상이 관리 계층이었기
때문에 당시에는 직접적인 비판이 어려워 우의적 기법을 활용하
고 있는 것이라고 할 수 있다.

⑤ 〈보기〉에서 우의적 기법은 겉으로 드러나는 이야기의 이면에
더 중요한 의미가 숨겨져 있다고 하였다.

16
답 ①

이 글은 현재에서 출발하여 과거 회상으로, 다시 현재 장면으로
돌아오는 역순행적 구성으로 이루어져 있다.

[오답 해설]

②, ⑤ 이 글은 3인칭 전지적 시점을 취하여 인물에 대한 비판적
거리를 유지함으로써 주인공의 삶을 보다 극명하게 드러내고
있다.

③ 이 글은 일제 강점기에서 시작하여 해방 직후를 지나 6.25 전
쟁 이후까지의 사건을 다루고 있다.

④ 이 글의 주인공인 이인국 박사는 일제 강점기에는 친일파로,
소련군 주둔 시기에는 친소파로, 6.25 전쟁 이후에는 친미파로
시류에 따라 변절해 가며 사회에 적응하는 모습을 보여 준다.

17
답 친일, 일본어

일제 강점기에 '국어'는 일본어를 가리키므로 '국어 상용의 가'는
'일본어를 늘 사용하는 집'이라는 뜻이다. 따라서 이것은 이인국
박사와 그의 가족들이 일상에서 우리말을 쓰지 않고 일본어를 썼

음을 보여 준다. 즉 이인국 박사가 일제의 정책에 적극적으로 동
조하였음을 보여 주는 친일 행위의 확실한 증거라고 할 수 있다.

18
답 예시 답안 참조

〈보기〉에 따르면 '꺼삐딴'은 '우두머리', '최고'의 뜻이지만, 이
인국 박사의 행동으로 볼 때 그를 '꺼삐딴'으로 보기는 어려우므
로 '꺼삐딴 리'라는 제목은 반어법이 사용된 반어적 표현이라고
할 수 있다. 작가는 이렇듯 이인국 박사의 행태를 반어적으로 표
현한 '꺼삐딴 리'라는 말을 통해 이인국 박사의 기회주의적 삶을
비판, 풍자하고 있는 것으로 볼 수 있다.

19
답 ③

㉠~㉤에 대한 설명으로 적절하지 <u>않은</u> 것은?

① ㉠: 과거 회상의 매개체로 이인국 박사의 분신이다.
○ → 회중시계를 꺼내 시간을 보다가 과거를 회상함. 이인국 박사의 분신임.

② ㉡: 친일을 했던 사람들을 찾아 벌을 주려 했던 당대 상
황을 엿볼 수 있다.
○ → 친일 행위를 한 이인국 박사가 벽보를 보
고 두려워하고 있는 모습에서 알 수 있음.

❸ ㉢: 일제가 물러간 것에 대한 이인국 박사의 기쁨이 행동
으로 나타나 있다.
× → 이인국 박사는 자신의 친일 행적을 지우려고 하고 있음.

④ ㉣: 이인국 박사가 자신의 처세술에 대해 만족감을 느끼
고 있음을 알 수 있다.
○ → 기고만장한 이인국 박사의 태도를 통해 알 수 있음.

⑤ ㉤: 스스로의 처신에 대해 자기 합리화하는 이인국 박사
의 모습이 드러나 있다.
○ → 자신보다 더한 사람이 있다는 점을 강조하며 자신의 행동을 정당화하고 있음.

㉢은 이인국 박사가 친일을 한 사실을 숨기기 위해 자신의 친일
의 증거를 없애는 행동이다. 또한 '이 종잇장 하나만 해도 일본인
과의 교제에 있어서 얼마나 떳떳한 구실을 할 수 있었던 것인가.
야릇한 미련 같은 것이 섬광처럼 머릿속을 스쳐 갔다.'를 통해 바
뀐 사회적 상황 때문에 어쩔 수 없이 종이를 찢었지만, 이인국 박
사가 그동안의 혜택을 생각하며 아쉬워하고 있음을 알 수 있으므
로 ㉢이 일제가 물러간 것에 대한 이인국 박사의 기쁨이 행동으
로 나타난 것이라는 설명은 적절하지 않다.

[오답 해설]

① 회중시계를 꺼내어 시간을 보다가 과거를 회상하게 되므로 ㉠
은 과거 회상의 매개체라고 할 수 있으며, 이인국 박사와 생사를
함께해 왔다는 측면에서 이인국 박사의 분신이라고 할 수 있다.

② '타도하다'는 '어떤 대상이나 세력을 쳐서 거꾸러뜨리다.'라는
뜻이고, 이인국 박사가 친일파, 민족 반역자를 타도하자는 벽보
의 내용을 보고 두려움에 떨고 있는 것으로 볼 때, ㉡은 광복 이

후 친일파, 민족 반역자에게 죄를 물어 벌을 주고자 했던 당대 상황을 보여 준다고 할 수 있다.
④ '기고만장하다'는 '일이 뜻대로 잘될 때, 우쭐하여 뽐내는 기세가 대단하다.'라는 뜻이다. 이를 참고할 때 ㉢은 이인국 박사가 득세하는 미국과 우호적 관계를 맺어 부와 권력을 누리는 자신의 처세술에 대해 만족감을 드러내는 부분이라고 할 수 있다.
⑤ ㉣에서 이인국 박사는 자신보다 더 기회주의적으로 행동하는 사람들이 있다고 말하면서 자신의 기회주의적 태도를 합리화하고 있다.

20 답⑤

이인국 박사는 '어디 나두 댕겨오구 나면 보자!'라고 하며 출세에 대한 강한 의지를 드러내고 있고, '흥, 그 사마귀 같은 ~ 이 이인국의 살 구멍은 막히지 않았다.'라고 하며 시대가 어떻게 바뀌든 자신은 그 상황에 적응하여 잘살 수 있다고 기회주의적 태도를 드러내고 있다.

오답 해설

①, ② [A]에서 이인국 박사의 불안정하고 예민한 정서나, 극단적이고 폭력적인 말투는 나타나지 않는다.
③ [A]에서 이인국 박사는 미국에 갔다 와 성공하겠다는 의지를 드러내고 있으므로 운명에 순응하는 체념적인 태도를 드러내고 있다고 할 수 없다.
④ [A]에서 이인국 박사는 미국행이 성사되자 미국에 갈 생각에 들떠 있으므로 과거에 집착하는 모습을 보인다고 할 수 없다.

21 답④

윗글의 서술상 특징으로 적절하지 않은 것은?

① 사투리를 사용하여 현장감을 높이고 있다.
　　○ → 충청도 사투리를 사용함.
② 인물에 관한 짧은 이야기를 제시하고 있다.
　　○ → 삽화적 구성을 취함.
③ 우스꽝스러운 표현을 통해 웃음을 유발하고 있다.
　　○ → 언어유희가 나타남.
❹ 시대적 배경을 묘사하여 당대 세태를 비판하고 있다.
　　✕ → 시대적 배경이 묘사되지 않음.
⑤ 작품 속 서술자가 주인공을 관찰하여 서술하고 있다.
　　○ → 1인칭 관찰자 시점을 취함.

이 글에서는 총수의 모습을 통해 물질 만능주의에 빠진 세태를 비판하고 있다. 그러나 시대적 배경을 구체적으로 묘사하고 있지는 않으므로 시대적 배경을 묘사하여 당대 세태를 비판하고 있다는 설명은 적절하지 않다.

오답 해설

① 이 글에서는 충청도 사투리를 사용하여 토속적 정감을 느끼게 하고 현장감과 사실감을 획득하고 있다.
② 유자와 관련된 일화를 제시하여 유자라는 인물에 대해 구체적으로 알 수 있게 하고 있다.
③ 외국 음악가의 이름을 우리말로 우스꽝스럽게 바꿈으로써 웃음을 유발하고 있다.
⑤ 이 글은 서술자 '나'가 주인공 '유자'를 관찰하여 서술하는 1인칭 관찰자 시점을 취하고 있다.

22 답②

윗글을 통해 알 수 있는 내용으로 적절하지 않은 것은?

① 유자는 비싼 몸값의 비단잉어를 못마땅하게 여겼다.
　　○ → 유자는 비단잉어에 대해 처음부터 흘기눈을 뜨며 못마땅하게 여겼음.
❷ 유자는 비단잉어가 죽은 진짜 이유를 은폐하려고 하였다.
　　✕ → 유자는 비단잉어가 죽은 원인을 알지만 일부러 총수에게 말하지 않았음.
③ 총수는 유자에게 비단잉어의 죽음에 대한 화풀이를 하려고 하였다.
　　○ → 총수는 유자를 혐의자 취급하였음.
④ 유자는 비꼬는 어투로 총수에 대한 불만을 간접적으로 드러내었다.
　　○ → 사투리, 비속어, 우스꽝스러운 말로 총수의 태도를 비판함.
⑤ 총수는 값비싼 비단잉어를 먹은 직원들의 몰인정함을 강하게 비난하였다.
　　○ → 비단잉어를 먹은 직원들에게 독종이라고 말함.

유자는 자신의 일을 돌보아 주는 사람보다 비단잉어를 더 소중하여 여기는 총수의 태도를 고깝게 여겨 비단잉어의 죽음에 대해 일부러 말도 안 되는 어리석은 소리를 하며 의뭉을 떨었다.

오답 해설

① 유자는 회사 직원 몇 사람 치 월급을 합쳐도 못 미치는 비상식적으로 비싼 몸값을 가진 비단잉어를 '흘기눈'을 뜨며 못마땅하게 여겼다.
③ '총수는 그가 마치 혐의자나 되는 것처럼 화풀이를 하려 드는 것이었다.'를 통해 알 수 있다.
④ "그야 팔자가 사나서 ~ 탈이 많은 법이께……."에서 유자는 비꼬는 어투를 사용하여 총수의 사치와 허영심, 이기심 등을 비꼬고 비판하고 있다.
⑤ "그 불쌍한 것들을 ~ 피두 눈물도 없는 독종들……."에서 총수가 비단잉어를 먹은 직원들의 몰인정함을 비난하고 있음을 알 수 있다.

23
답 갈등, 물질 만능

비상식적인 가격을 주고 비단잉어들을 사들인 총수는 물질 만능 주의적인 태도를 보이는 사람으로서 상류층의 허영심과 사치를 드러내는 인물이다. 또한 비단잉어가 떼죽음을 당하자 총수는 유자를 불러 화풀이를 하고, 애초부터 비싼 잉어를 사들인 총수의 행동이 못마땅했던 유자는 죽은 물고기를 안주 삼아 먹었다며 우회적으로 불만을 표출하는 모습을 보이므로 비단잉어는 총수와 유자 사이의 갈등을 유발하는 소재라고 할 수 있다.

24
답 예시 답안 참조

'뺄어낸메네또'와 '차에코풀구싶어'는 '베토벤'과 '차이콥스키'와의 발음상의 유사성을 이용한 언어유희이다. 고상한 외국 음악가의 이름을 우리말로 우스꽝스럽게 바꿔서 고상한 척하는 총수의 위선과 허영, 사치를 은근히 비꼬고 있는 것이다.

25
답 ⑤

〈보기〉를 참고하여 윗글을 이해한 내용으로 적절하지 않은 것은?

┤ 보기 ├

　　전(傳)은 교훈을 목적으로 역사적으로 남다른 일을
　　　　　　　③ 관련 내용
한 사람이나 인물에 대한 흥미로운 이야기를 서술한
갈래로, 한 인물의 일대기를 요약하여 서술하거나 사
　　　　　　　　　　　　　　　　　　　① 관련 내용
람의 독특한 행적을 기록하고 여기에 교훈적인 내용이
나 평가를 덧붙인 것이다. 「박씨전」, 「춘향전」 등으로
　　　　　　　　　　　　② 관련 내용
고전 소설의 제목이 대부분 '전'으로 되어 있는 것은
고전 소설이 '전'의 양식을 계승했음을 보여 주는 증거
　　　　　　　　　　　　　　　　　　④ 관련 내용
라고 할 수 있다.

① 유자의 삶과 행적을 서술한 글이군.
　○ → 〈보기〉에서 확인 가능한 내용
② 유자의 삶에 대한 서술자의 평가가 담겨 있겠군.
　　　　　　　　○ → 〈보기〉에서 확인 가능한 내용
③ 유자의 삶을 통해 교훈을 전달하려는 목적을 지니고 있군.
　　　　　　　　○ → 〈보기〉에서 확인 가능한 내용
④ 제목을 통해 '전(傳)'의 양식을 차용하고 있음을 알 수 있군.
　　　　　　　○ → '유자소전'이라는 제목을 통해 알 수 있음.
❺ 우리 전통의 서정 갈래 양식을 계승하고 있음을 알 수 있군.
　　　　　× → 서사 갈래 양식

〈보기〉를 통해 볼 때 「유자소전」은 '전'의 양식을 빌린 우리나라 소설의 전통을 이어받고 있다고 할 수 있으므로 우리 전통의 서사 갈래 양식을 계승하고 있음을 알 수 있다.

오답 해설

①, ④ '유자소전'이라는 제목을 통해 이 글이 '전'의 형식을 취하고 있음을 알 수 있고, 〈보기〉에서 '전'은 한 인물의 일대기를 요약하여 서술하거나 사람의 독특한 행적을 기록한 것이라고 하였으므로, 이 글은 유자(유재필)라는 인물의 삶과 행적을 서술한 글이라고 할 수 있다.
② 〈보기〉에서 '전'은 인물의 일대기 또는 행적에 평가를 덧붙인다고 하였고, 이 글은 '전'이므로, 이 글에도 서술자의 평가가 담겨 있을 것임을 알 수 있다.
③ 〈보기〉에서 '전'은 교훈적 목적을 지니고 있다고 하였고, 이 글은 '전'이므로, 이 글에는 유자의 삶을 통해 교훈을 전달하려는 목적이 담겨 있다고 할 수 있다.

26
답 ④

이 글은 전지적 위치의 서술자가 사건을 서술하는 3인칭 전지적 시점을 취하고 있다.

오답 해설

① 「토끼전」은 구전 설화인 「구토 설화」가 판소리 「수궁가」를 거쳐 소설로 정착된 판소리계 소설이다.
② 용왕은 토끼의 간을 얻기를 원하고 토끼는 살기 위해 용왕을 속이려고 하여 둘 사이에 갈등이 발생한다.
③ 육지에 있던 토끼가 별주부의 꾐에 빠져 수궁에 왔다가 다시 위기를 극복하고 육지로 돌아가면서 사건이 전개된다.
⑤ 이 글은 동물을 의인화하여 사람처럼 표현한 우화 소설로, 등장하는 동물을 통해 조선 시대의 다양한 계층의 인물을 풍자하고 있다.

27
답 ④

윗글의 등장인물에 대한 설명으로 적절하지 않은 것은?

① 토끼는 용왕의 의심에 잘 대처하는 임기응변에 능한 인물이야.
　○ → 토끼는 간을 육지에 두고 왔다고 거짓말하고 이를 의심하는
　용왕에게 그럴듯한 이유를 제시하여 용왕을 속임.
② 토끼는 별주부의 꾐에 넘어간 것으로 보아 허욕이 강한 인물이야.
　○ → 별주부는 높은 벼슬을 주겠다는 말로 토끼를 꾀어 수궁으로 데리고 왔음.
③ 별주부는 토끼의 간을 구하기 위해 최선을 다하는 충직한 인물이야.
　○ → 별주부는 용왕을 위해 육지로 나가 토끼를 수궁으로 데려옴.
❹ 용왕은 토끼의 죽음을 기억하려는 것으로 보아 예의가 바른 인물이야.
　× → 토끼를 향한 감언이설임.
⑤ 용왕은 자신의 병을 고치기 위해 토끼를 희생시키려는 이기적인 인물이야.
　○ → 용왕은 자신의 병을 낫게 하기 위해 토끼에게 간을 달라고 함.

용왕은 토끼의 간을 먹고 자신이 병이 낫는다면, 토끼의 공을 잊지 않겠다고 하면서 용궁 최고의 건물에 토끼의 이름을 새겨 길이 보존할 것이라고 말한다. 이는 용왕이 하는 감언이설로 자신의 병을 낫게 하기 위해 토끼를 죽이려는 것일 뿐 토끼의 죽음을 기억하려고 하는 것은 아니므로 이러한 이유로 용왕을 예의 바른 인물로 평가하는 것은 적절하지 않다.

<blockquote>오답 해설</blockquote>

① 토끼는 간을 육지에 두고 왔다고 용왕한테 거짓말을 하고 이를 의심하는 용왕에게 그럴듯한 이유를 제시하며 자신의 주장에 설득력을 더하고 있으므로 임기응변에 능한 인물이라고 할 수 있다.
② 토끼는 높은 벼슬을 주겠다는 별주부의 말에 속아 수궁에 왔으므로 헛된 욕심이 많은 인물이라고 할 수 있다.
③ 별주부는 용왕을 위해 위험한 육지로 나가 토끼를 꾀어 데리고 오고 나서 토끼의 간을 구하기 위해 다시 토끼와 함께 육지로 나간다. 이를 통해 볼 때 별주부는 용왕에게 충심을 다하는 인물이라고 할 수 있다.
⑤ "토끼의 간이 아니면 다른 약이 없는 처지에 별주부가 충성심을 발휘해 그 험한 육지에 가서 너를 잡아 왔느니라."라는 용왕의 말을 통해 용왕이 자신의 병을 낫게 하기 위해 토끼를 희생시키려 함을 알 수 있다. 따라서 용왕은 자신의 욕심을 채우려고 힘없는 이를 희생시키는 이기적인 인물이라고 할 수 있다.

28 　　　　　　　　　　　답 백성, 지배층

이 글은 동물을 의인화하여 인간 사회를 풍자하는 우화 소설로, 등장하는 동물을 통해 조선 시대의 다양한 계층의 인물들을 풍자하고 있다. 용왕은 권위적이고 이기적인 지배층을, 별주부는 충직하지만 어리석은 신하를, 토끼는 지혜로운 백성을 상징한다.

29 　　　　　　　　　　　답 예시 답안 참조

이 글에서 용왕은 자신의 병을 고치기 위해 토끼를 희생시키려는 모습을 보이고 있고, 토끼는 힘없는 백성을, 용왕은 지배층을 상징한다. 따라서 '용왕'을 통해 자신의 욕심을 채우려고 힘없는 백성을 희생시키는 지배층을 향한 비판이라는 주제 의식을 이끌어 낼 수 있다. 또한 용왕은 토끼에게 속아 넘어가는 어리석은 면모를 보여 주므로 '용왕'을 통해 어리석고 무능한 지배층에 대한 비판이라는 주제 의식도 이끌어 낼 수 있다.

30 　　　　　　　　　　　답 ②

"만일 다른 짐승처럼 배 속에만 줄곧 있으면 허다한 짐승 중에 하필 토끼의 간이 좋다 하겠습니까?"에서 토끼는 자신의 간은 비범하기 때문에 약이 될 수 있다고 말하며 자신이 특별한 인물임을 내세움으로써 용왕의 믿음을 얻으려 하고 있다.

<blockquote>오답 해설</blockquote>

① [A]에서 성인(聖人)의 말을 인용하고 있는 부분은 찾아볼 수 없다.
③ 낭야산에서 짐승들의 모임이 있었음을 밝히고 있지만, 이러한 경험을 통해 새로운 사실을 유추하고 있는 것은 아니다.
④ 토끼는 간을 몸 안팎으로 넣고 빼고 할 수 있다는 자신의 주장에 대한 설득력을 높이기 위해 여러 가지 근거를 제시하고 있다. 이는 간을 몸 안팎으로 넣고 빼고 할 수 있음을 용왕에게 믿게 하기 위함이지 위기를 타개할 시간을 마련하기 위함이 아니다.
⑤ 토끼는 용왕 앞에서 침착하고 능청스럽게 행동하고 있으며 근거를 들어 자신의 주장을 펼치고 있으므로 자신이 처한 상황의 절박성을 강조하고 있다고 할 수 없다.

31 　　　　　　　　　　　답 ⑤

윗글에 대한 설명으로 적절하지 않은 것은?

① 오아시스 세탁소를 배경으로 하고 있다.
　○ → 강태국이 운영하는 오아시스 세탁소를 배경으로 함.
② 할머니의 옷 보따리로 인해 갈등이 발생하고 있다.
　○ → 할머니의 재산과 관련된 단서가 담긴 물건으로 강태국은 이를 주려고 하지 않고, 사람들은 이를 차지하려고 함.
③ 대조적인 인물을 등장시켜 작가 의식을 드러내고 있다.
　○ → 강태국과 나머지 인물들이 대조를 이룸.
④ 비현실적인 요소를 이용하여 갈등이 해결되는 모습을 제
　○ → 강태국이 사람들을 세탁하는 장면
시하고 있다.
❺ 사건을 과거형으로 표현하여 인물이 개과천선하는 과정
　✕ → 이 글은 희곡으로 사건이 현재형으로 표현됨.
을 보여 주고 있다.

이 글은 희곡으로, 사건이 현재형으로 표현된다. 또한 강태국이 사람들을 세탁하는 모습을 통해 빨래에 때가 빠지듯이 사람들의 마음이 순수하게 바뀌는 과정을 보여 주고 있을 뿐, 특정 인물의 개과천선 과정을 보여 주고 있지 않다.

<blockquote>오답 해설</blockquote>

①, ② 이 글은 강태국이 아버지의 대를 이어 2대째 운영하고 있는 오아시스 세탁소를 배경으로 하여 세탁소에 맡겨진 할머니의 옷 보따리를 찾기 위해 벌어지는 갈등을 그리고 있다.
③ 자신의 직업에 충실하며 순수한 마음을 지닌 강태국과, 할머니의 재산을 차지하기 위해 탐욕스러운 모습을 보이는 강태국 이외의 사람들이 대조를 이루고 있으며 작가는 이를 통해 물질 만

능주의 세태를 비판하고 바람직한 삶의 태도를 제시하고 있다.
④ 강태국이 사람들을 세탁하는 비현실적인 상황을 가정하여 갈등 상황을 정리하고 있다.

32 답 ④

강태국은 할머니의 임종도 지키지 않고 세탁소에 잠입한 안씨 일가에게 "당신들은 형상만 사람이지 사람이 아니야. 당신 같은 짐승들에게 사람의 것을 줄 순 없어."라고 말하며 물질에 현혹되어 인간의 기본적인 도리를 잊은 사람들을 비난하였다.

오답 해설

① "느이놈들이 다 몰라줘도 나 세탁소 한다. 그게 내 일이거든……."을 통해 세탁소 일에 대한 자부심과 신념을 지키려는 강태국의 모습을 확인할 수 있다.
② 강태국을 제외한 나머지 인물들은 할머니의 재산을 찾기 위해 몰래 세탁소에 잠입하였고, 강태국이 할머니의 재산과 관련된 단서가 있는 옷 보따리를 찾자 그것을 빼앗으려고 하는 모습을 통해 강태국을 제외한 나머지 사람들이 할머니 재산을 탐내고 있음을 알 수 있다.
③ 세탁소에 잠입한 사람들이 고양이나 쥐의 흉내를 내며 자신의 정체가 드러나지 않도록 하는 것 등에서 물질에 눈먼 사람들을 우스꽝스럽게 표현하고 있음을 확인할 수 있다.
⑤ 강태국은 사람들을 세탁기에 넣은 후, 주머니에서 '글씨가 빽빽이 적힌 눈물 고름을 꺼내어 들고' 할머니의 비밀, 즉 자식들 뒷바라지하느라 재산이 하나도 남지 않게 된 사실에 대해 말하고 있다. 따라서 강태국은 눈물 고름에 적힌 글씨를 보고 할머니의 비밀을 알게 된 것임을 알 수 있다.

33 답 오아시스, 물질 만능

'오아시스 세탁소'는 이 글의 공간적 배경으로, 강태국이 세탁소에서 사람들을 세탁하여 정화시키는 것으로 볼 때, 물질 만능주의가 팽배한 세상에서 탐욕스러운 사람들의 마음을 깨끗하고 순수하게 만들어 주는 공간이라고 할 수 있다.

34 답 예시 답안 참조

이 글의 결말 부분에서 작가는 강태국이 물질에 눈이 먼 사람들을 세탁하는 비현실적인 상황을 통해 사람들의 물질만을 추구하는 탐욕스러운 마음이 깨끗해지는 것을 상징적으로 드러내고 있다. 이를 통해 볼 때 작가는 이 장면에서 물질만을 중요시하고 인간성을 상실해 가는 현대 사회를 비판하고 탐욕스러운 사람들의 마음이 정화되기를 바라는 마음을 드러내려고 하였음을 알 수 있다.

35 답 ②

〈보기〉는 작품과 현실 세계의 관계를 중시하는 관점이고, ②는 이 글을 물질 만능주의 세태와 관련지어 해석하였다.

오답 해설

①, ③ 작품이 독자에게 준 영향과 관련지어 해석하는 방법에 해당한다.
④ 작가의 인터뷰 내용을 바탕으로 하였으므로 작가와 관련지어 해석하는 방법에 해당한다.
⑤ 작품에 사용된 문학적 장치를 바탕으로 하였으므로 작품 자체를 보고 해석하는 방법에 해당한다.